はしがき

日本史の伝統的な時代区分では、桓武《かんむ》天皇が平安京《へいあんきょう》に遷都《せんと》した延暦十三年（七九四）から十二世紀末までの約四百年を平安時代と呼んでいる。平安時代といえば、『源氏物語《げんじものがたり》』『枕草子《まくらのそうし》』といった女房文学《にょうぼうぶんがく》や、それを題材にした絵巻物《えまきもの》に描かれた、きらびやかな宮廷文化《きゅうていぶんか》を思い浮かべる読者が多いだろう。

が、平安時代の天皇というと、宮廷の主人であり、当時の文化の中心であったにもかかわらず、んどこれといった印象がないのではなかろうか。それもそのはず、高等学校の日本史の教科書をる、奈良時代の天皇は多くが太字であらわされているのに、平安時代になると、初期の桓武天皇・天皇・嵯峨《さが》天皇を除いて、天皇の名は太字ではあらわされなくなる。そして、その名前自体、めっ出てこなくなっている。したがって、当然、平安時代の天皇は名前自体知られないマニアックなになっているのである。

ように平安時代の天皇の影が薄い理由としては、これ以前に比べて天皇の年齢が若くなったとこともあるだろう。奈良時代の天皇は成人でなければ即位できなかった。ところが、平安時代には、天皇の職務を代行する摂政の制度が創出され、成人前でも即位できるようになった。結果として、即位年齢は低下し、幼帝が続出した。また、そうなると我が子への皇位継承を確実なものにしようとして、天皇は早く譲位したから、在位期間も短くなった。こうなると、奈良時代のように、長期にわたって君臨して貴族たちを人格的にも統制した、カリスマ指導者的な天皇は出てきにくいのである。

とはいえ、この時代の天皇が若いからといって力を失ってしまったかというと、そうではない。摂関政治全盛の藤原道長《ふじわらのみちなが》の時代であっても、政治の最終的な決定権者は天皇であった。当時の記録には、さまざまな問題に苦悩し、ときには藤原氏以下の貴族を抑えて積極的に政務を主導しようとする天皇の姿を見ることができる。そもそも、この時代、天皇家は現在とは違って複数の皇統に分裂することが多かった。こうしたなかで、天皇もライバルの皇統に打ち勝って皇位を自分の子孫に継承させようとし、そのために、強力な貴族と結んで、後ろ盾になってもらおうとした。平安時代の政治というと、藤原氏が天皇の権力を奪ったように理解される方も多いかもしれないが、実際は天皇の側もしたたかに生き残りを図っていたのであり、実は藤原氏の発展もその一つの結果なのである。

本書は、こうした知られざる天皇一人ひとりの姿を通して、平安時代の四百年を見直そうとするものである。執筆者は当該期を専門とする一線の研究者で、現在のところ、望みうる最高のメンバーが揃ったと自負している。書名の『平安時代天皇列伝』は、同じ版元から二〇二〇年に刊行された久水俊和・石原比以呂編『室町・戦国天皇列伝』を踏襲している。中国の正史をはじめとする紀伝体の歴史書において、「列伝」とは人臣の伝記を書き連ねたものをさすので、天皇の評伝を「列伝」とすることには違和感をもつ向きもあろう。紀伝体の歴史書では、本来、天皇の事跡は「本紀」に記されるのである。しかし、本書はあくまで人物としての天皇の評伝の集成なので、「本紀」ではしっくりこない。そもそも「本紀」では、専門家にしか伝わらないだろう。「列伝」には、紀伝体の歴史書における「列伝」のほか、伝記を書き連ねたものという意味があり、本書も前掲書同様、後者の意味で用いていることをお断りしておきたい。

平安時代は時間的にも長く、捉えにくい時代である。日本史研究においても、前半は古代史、後半は中世史の領域として扱われてきたために、研究自体に分断があり、時代の変化がわかりにくくなっている。しかしながら、平安時代を通して、天皇が国家の中心として重要な存在であったのは間違いない。だとすれば、天皇という存在を軸にして、この時代について見ていくことは、研究の分断を埋め、改めて時代の全体像を明らかにするうえでも意義があるだろう。最後まで味読いただければ幸いである。

二〇二三年八月

樋口健太郎

目次

コラム

平安時代天皇家略系図

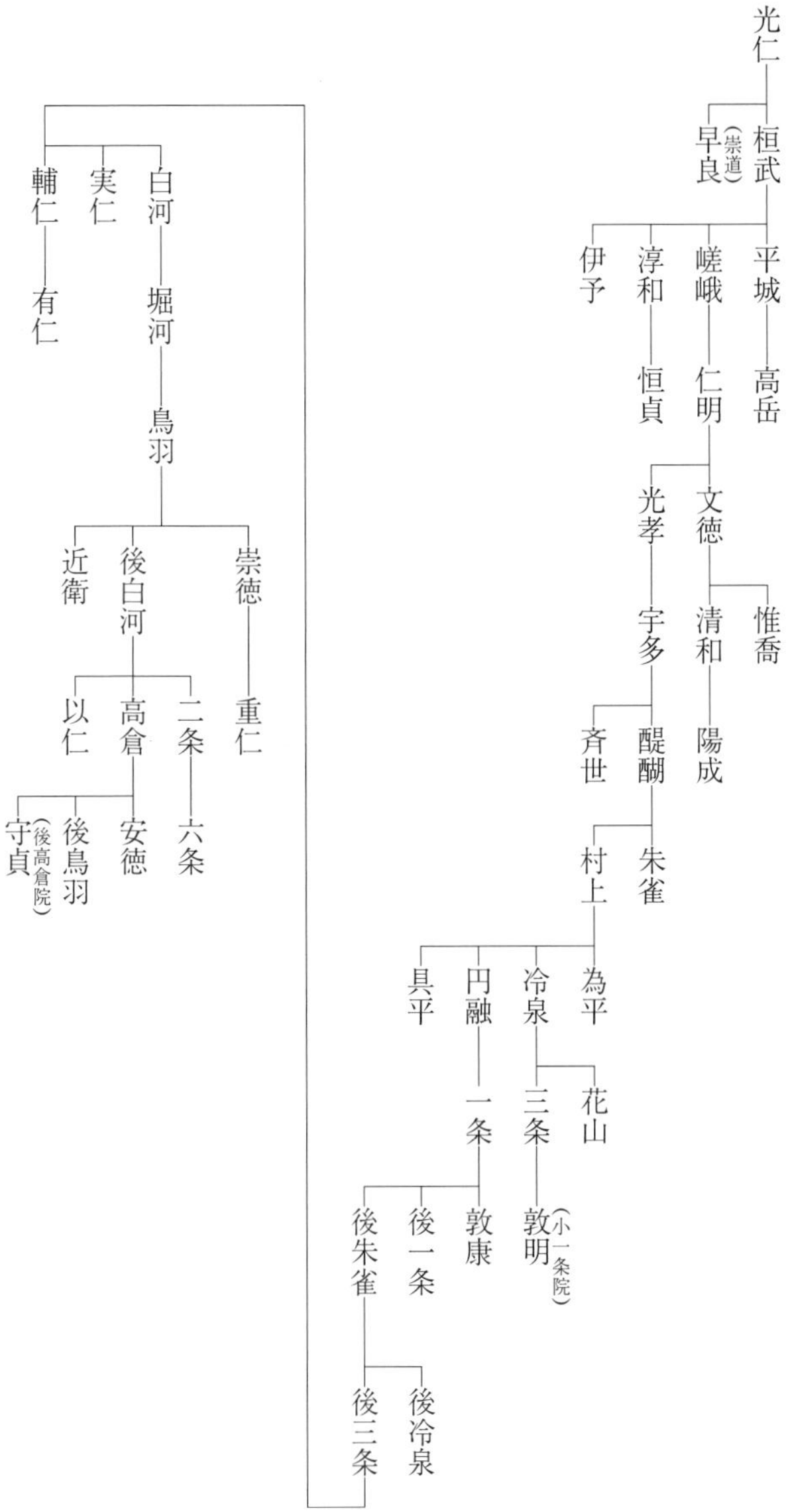
光仁
桓武
早良（崇道）
平城
嵯峨
淳和
伊予
高岳
仁明
恒貞
文徳
光孝
惟喬
清和
宇多
陽成
醍醐
斉世
朱雀
村上
為平
冷泉
円融
具平
花山
三条
一条
敦明（小一条院）
敦康
後一条
後朱雀
後冷泉
後三条
白河
実仁
輔仁
堀河
有仁
鳥羽
崇徳
後白河
近衛
重仁
二条
高倉
以仁
六条
安徳
後鳥羽
守貞（後高倉院）

藤原氏略系図

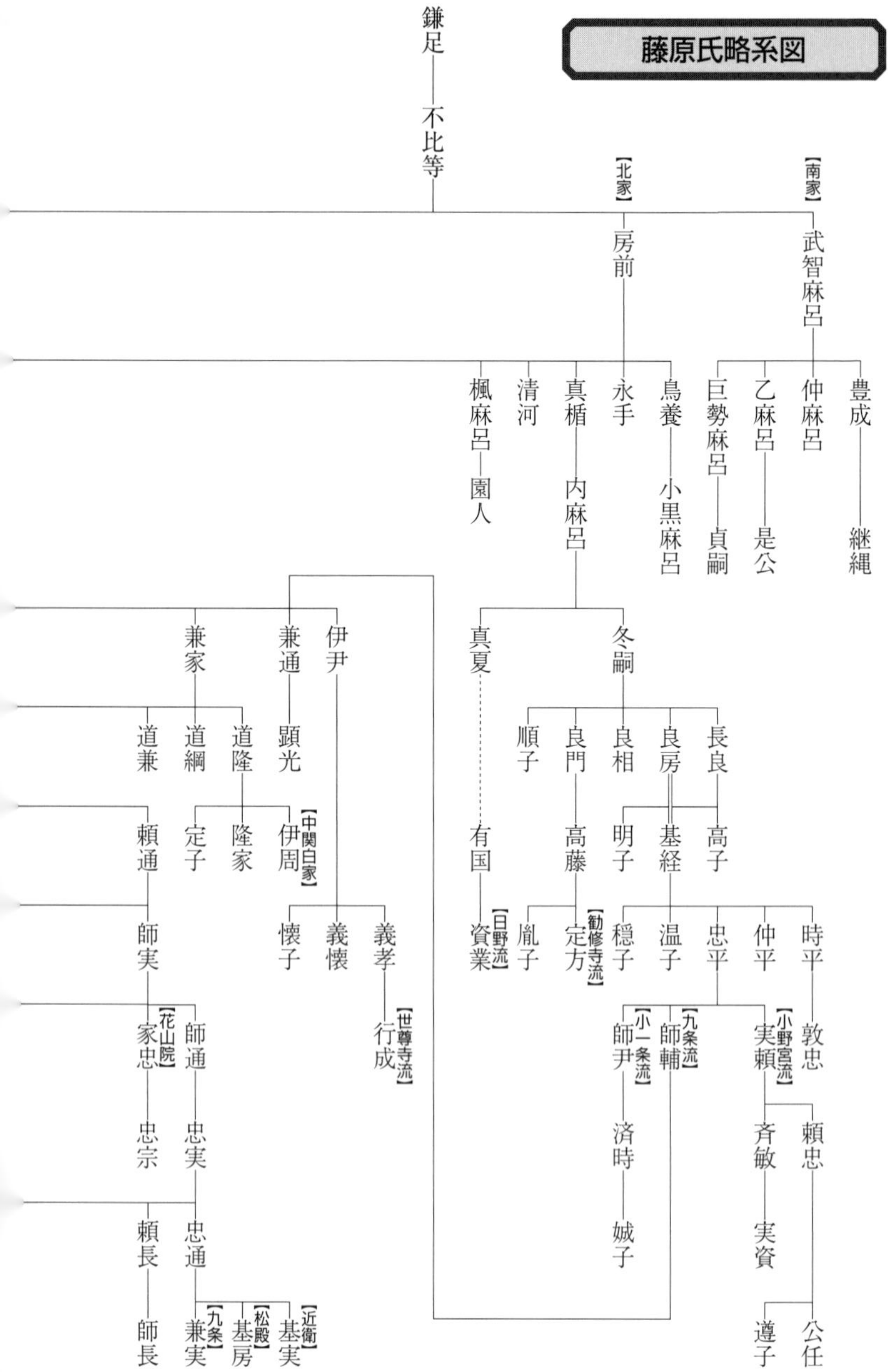
鎌足
不比等
【南家】
武智麻呂
豊成
継縄
仲麻呂
乙麻呂
是公
巨勢麻呂
貞嗣
【北家】
房前
鳥養
小黒麻呂
永手
真楯
内麻呂
清河
楓麻呂
園人
冬嗣
真夏
有国
資業【日野流】
長良
良房
良相
良門
順子
高子
基経
明子
高藤
定方【勧修寺流】
胤子
時平
敦忠
仲平
忠平
温子
穏子
実頼【小野宮流】
頼忠
公任
斉敏
実資
遵子
師輔【九条流】
師尹【小一条流】
済時
娍子
伊尹
義孝
行成【世尊寺流】
義懐
懐子
兼通
顕光
兼家
道隆
伊周【中関白家】
隆家
定子
道綱
道兼
頼通
師実
師通
忠実
忠通
基実【近衛】
基房【松殿】
兼実【九条】
頼長
師長
家忠【花山院】
忠宗

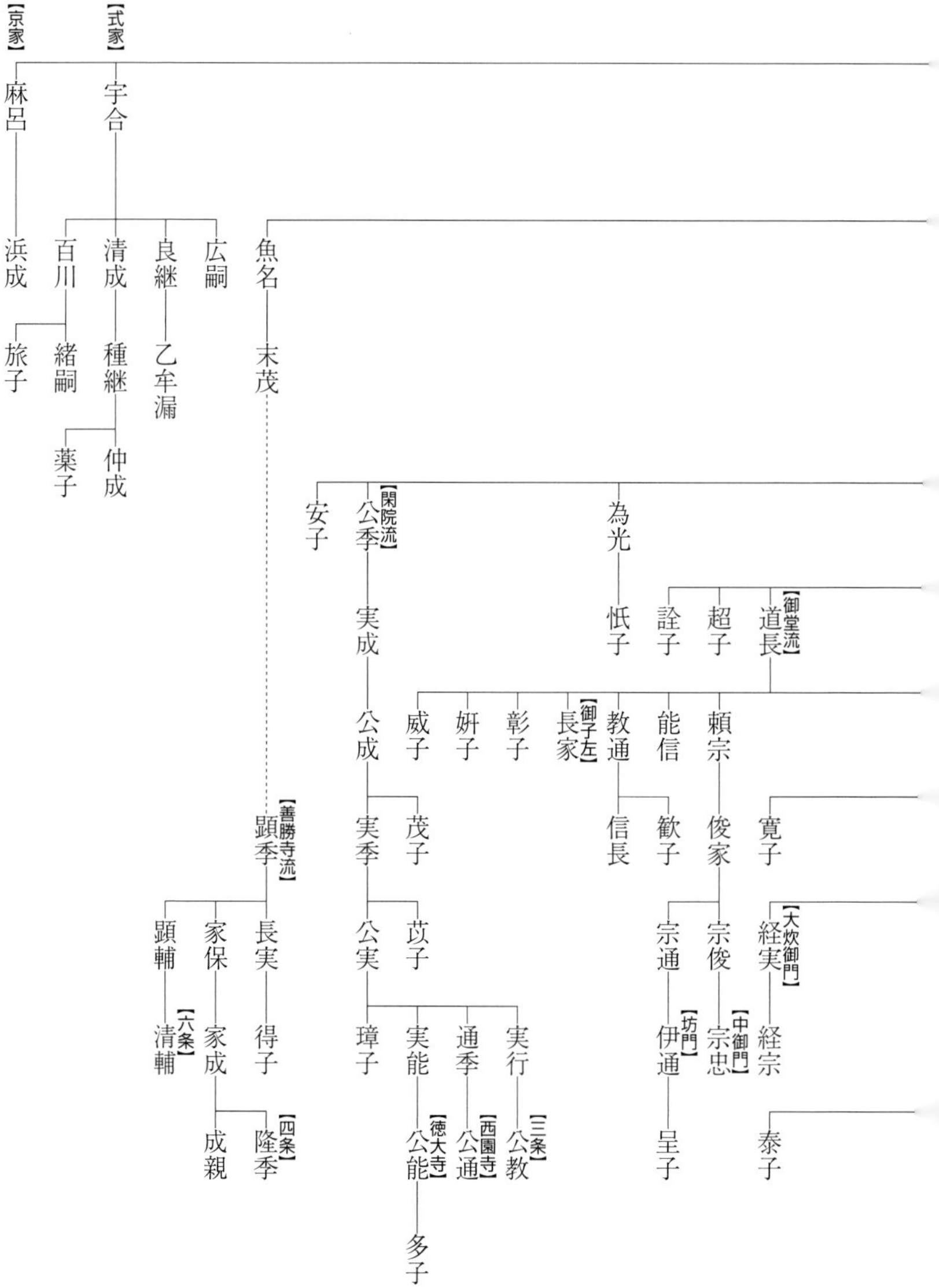
【京家】
麻呂
浜成
旅子
【式家】
宇合
百川
緒嗣
清成
種継
仲成
薬子
良継
乙牟漏
広嗣
魚名
末茂
【善勝寺流】顕季
長実
得子
家保
家成
【四条】隆季
成親
顕輔
【六条】清輔
安子
【閑院流】公季
実成
公成
茂子
実季
苡子
公実
実行
【三条】公教
通季
【西園寺】公通
実能
【徳大寺】公能
多子
璋子
為光
忯子
詮子
超子
【御堂流】道長
頼宗
俊家
宗俊
【中御門】宗忠
宗通
【坊門】伊通
呈子
能信
教通
歓子
信長
【御子左】長家
彰子
妍子
威子
寛子
【大炊御門】経実
経宗
泰子

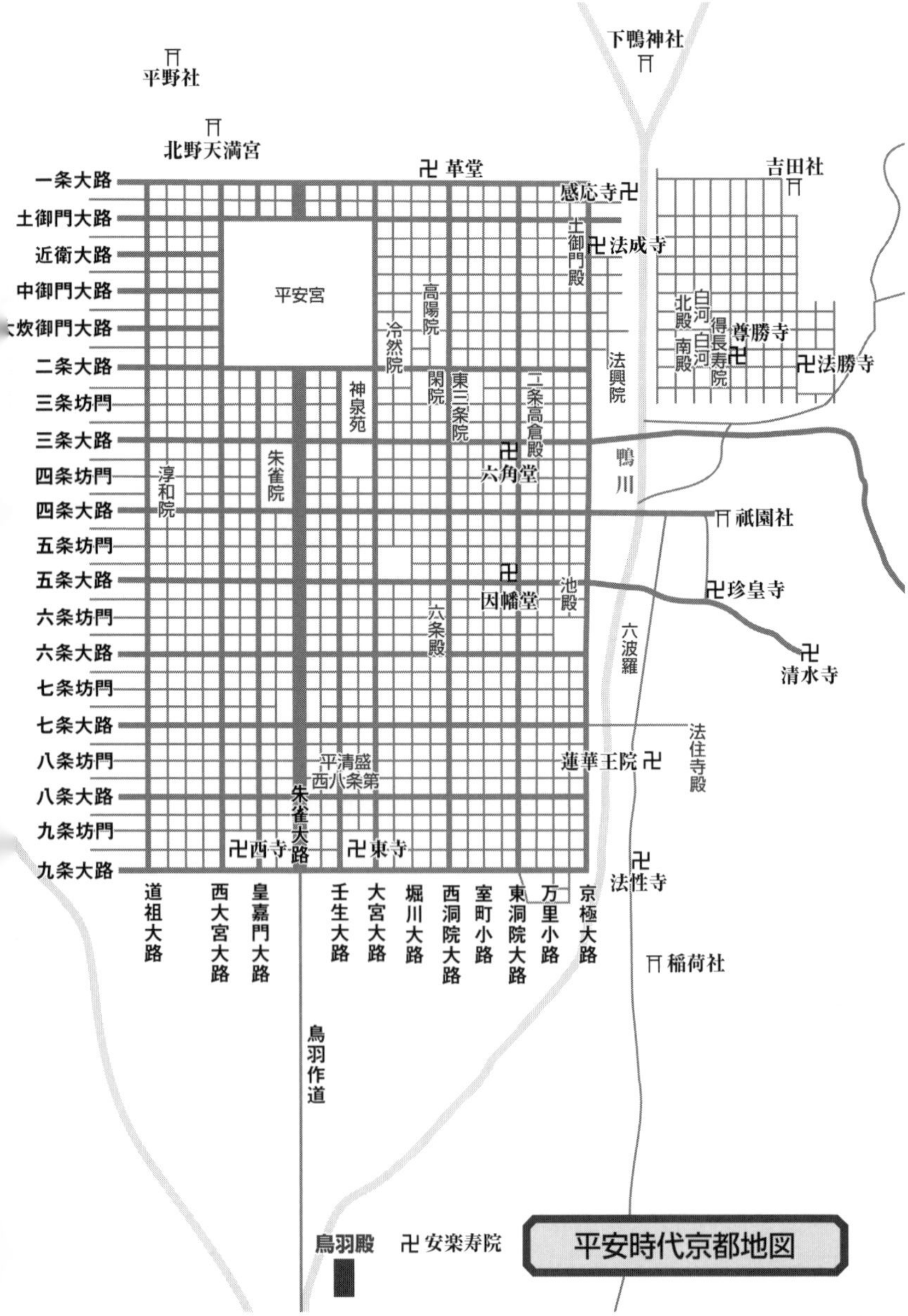

平安時代京都地図
下鴨神社
平野社
北野天満宮
革堂
吉田社
感応寺
法成寺
土御門殿
一条大路
土御門大路
近衛大路
中御門大路
大炊御門大路
二条大路
三条坊門
三条大路
四条坊門
四条大路
五条坊門
五条大路
六条坊門
六条大路
七条坊門
七条大路
八条坊門
八条大路
九条坊門
九条大路
平安宮
高陽院
冷然院
閑院
神泉苑
東三条院
二条高倉殿
法興院
白河北殿
白河南殿
得長寿院
尊勝寺
法勝寺
鴨川
六角堂
朱雀院
淳和院
祇園社
因幡堂
池殿
六条殿
珍皇寺
六波羅
清水寺
法住寺殿
蓮華王院
平清盛西八条第
朱雀大路
西寺
東寺
法性寺
道祖大路
西大宮大路
皇嘉門大路
壬生大路
大宮大路
堀川大路
西洞院大路
室町小路
東洞院大路
万里小路
京極大路
稲荷社
鳥羽作道
鳥羽殿
安楽寿院

凡例

一、本書では、平安時代の天皇三十二人を取り上げた。このほか、天皇にはなっていないが、天皇号を追贈された早良《さわら》親王（崇道《すどう》天皇）、院号を与えられて上皇に準じる存在となった敦明《あつあきら》親王の評伝と、後宮制度に関する解説をコラムとして加えた。

一、内容については、執筆者によって見解の異なる部分も見られるが、各執筆者の意見を尊重し、あえて統一しなかった。

一、退位した天皇について、古代では「太上《だいじょう》天皇」「太上法皇」と表記することが多いが、中世では「上皇」「法皇」「院」などと表記することが多い。いつから「太上天皇」が「上皇」になるのかについては、それ自体が論点になるので、執筆者間で統一していない。このほかの歴史用語についても同様である。

一、年号については、同じ年であっても、改元日の前は旧年号で表記した。

一、人名や歴史用語には適宜ルビを振った。人名については、原則として古代学協会・古代学研究所編『平安時代史事典』（角川書店、一九九四年）の項目表記に従った。

桓武天皇――「千年の都」を用意した専制君主

父：光仁天皇	誕生：天平九年（七三七）
母：高野新笠	崩御：延暦二十五年（八〇六）三月十七日
	諱：山部
在位期間：天応元年（七八一）四月三日〜延暦二十五年（八〇六）三月十七日	
陵墓：柏原陵（京都市伏見区桃山町永井久太郎）	

征夷と造都

「鳴くよウグイス平安京《へいあんきょう》」の語呂合わせで知られるように、七九四年（延暦十三）、平安京に遷都《せんと》した。これ以降、平安京に都が置かれた時代を「平安時代」と呼んでいる。本書のトップバッターを飾るのは、この平安京への遷都を断行した桓武《かんむ》天皇である。

桓武といえば、その二十五年にわたる治世のなかで、さまざまな政治改革を行った専制君主というイメージが定着している。なかでも「征夷《せいい》と造都《ぞうと》」は桓武朝の二大事業と言えるものであろう。それは当時の人々も意識していたようで、晩年の延暦二十四年の徳政相論《とくせいそうろん》に際して、藤原緒嗣《ふじわらのおつぐ》が「まさに今、天下の苦しむところは、軍事と造作なり」として、その中止を求め（『日本後紀《にほんこうき》』延暦二十四年十二月壬寅条）、桓武の崩伝《ほうでん》でも「内に興作《こうさく》を事とし、外に夷狄《いてき》を攘《はら》う」（『日本後紀』大同元年（八〇六）四月庚子条）と評されている。

征夷とは、日本列島東北部に住む蝦夷《えみし》を武力によって制圧し、版図拡大を行うことである。蝦夷というのは、国家の支配に組み込まれていない東北地方の人々に対して中央政府側がつけた蔑称《べっしょう》で、中国の中華思想の東夷《とうい》（東の夷狄）にあたる。日本の古代国家は、彼らとその居住地域に対して支配を拡大するため、さまざまな政策を展開した。その基本的な方法は、城柵の設置と柵戸《さっこ》といわれる移民によって郡を置くことで、直接的な軍事行動をともなう征夷は副次的であった〔鈴木二〇〇八〕。実際、大化《たいか》の改新《かいしん》（六四五年）直後から設置されていた城柵と異なり、征夷は和銅二年（七〇九）に越後の蝦夷に対して行われたものが最初である。しかも、いわゆる「三十八年戦争」が始まる宝亀五年（七七四）以前に行われた征夷は、わずか六回しかない。

桓武天皇画像　東京大学史料編纂所蔵模写

これに対して、桓武朝では五回の征夷が計画され、そのうち三回が実行されている（延暦八年・十三年・二十年）。

このときの征夷では、阿弖流為《あてるい》を中心とした蝦夷側に苦戦を強いられるが、征夷大将軍坂上田村麻呂《さかのうえのたむらまろ》らの活躍で、最終的には延暦二十一年に胆沢城《いさわ》（岩手県奥州市）、翌二十二年に志波城《しわ》（盛岡市）が置かれ、その版図を一気に拡大させた。

一方の造都とは、長岡京《ながおかきょう》・平安京という二つの都の造営をさす。先に平安京遷都について触れたが、それに先立つ延暦三年に、大和国の平城京《へいじょうきょう》（奈良市）から、山背国《やましろ》乙訓郡《おとくに》の長岡京（京都府向日市）へと遷都を行っている。だが、この新京はわずか十年で廃止され、新たに愛宕《おたぎ》・葛野《かどの》の両郡にまたがる平安京（京都市）へと遷都する。短期間での二度の遷都については、従来からさまざまな説が唱えられてきた。なかでも、近年注目されるのが、長岡京遷都によって、それまで難波津《なにわづ》（大阪市中央区）が担っていた外交・物流機能が統合され、本格的古代都市が成立したとする説である〔山中二〇〇九〕。残念ながら、洪水被害や藤原種継《たねつぐ》暗殺事件などによって短期間で廃都となるが、長岡京で新たに獲得した都市性は平安京にも引き継がれ、以後、「千年の都」として栄えることとなる。

このように、桓武は都を遷し、版図を拡大することで、それまでの時代と決別し、新たな時代を切り開いたと言える。だが、それらの政策は晩年「天下の苦しむところ」と評されるように、かなりの負担をともなうものでもあった。桓武はなぜ、民への負担を強いながらも、新たな時代を切り開こうとしたのだろうか。本稿では、その出生と天皇になるまでの軌跡、後宮《こうきゅう》政策といった側面から、専制君主桓武の実像にせまってみたい。

出自とその半生

桓武（諱《いみな》は山部《やまべ》）は、白壁王《しらかべおう》（のちの光仁《こうにん》天皇）の第一子として、天平九年（七三七）に生まれた。父白壁は、天智《てんじ》天皇皇子施基《しき》親王の第六子で、山部の生まれた同年、二十九歳で無位《むい》から従四位下《じゅしいのげ》へと叙《じょ》位《い》されている。母は、百済《くだら》系渡来人《とらいじん》氏族の和《やまと》（のちに高野《たかの》）新笠《にいがさ》で、同母姉に能登《のと》内親王、弟に早良《さわら》親王がいる。

史料上の初出は『続日本紀《しょくにほんぎ》』天平宝字八年（七六四）十月庚午（七日）条で、藤原仲麻呂《なかまろ》の乱の功労者への一括叙位に際して、無位から従五位下《じゅごいのげ》に叙されている。当時二十八歳、二世王の子として蔭位《おんい》の制《せい》が適用されたとみられる。なお、蔭位の制については、律令《りつりょう》の規定で「二十一歳以上」とあることから〔選叙令34授位条〕、山部の二十八歳、白壁の二十九歳での初叙は遅いという評価がなされることもある。だが、二十一歳はあくまで最少年齢であって、叙位されるためには一定年数、朝廷に出仕することが必要であった。そのため、山部にしても白壁にしても、諸王の初叙として、決して早いわけでないが、特別遅くもない年齢であったと考えられる〔遠藤二〇二三〕。

このように、父白壁同様、律令官人としての途を歩み始めた山部は、天平神護二年（七六六）に従五位上に昇叙し、大学頭《だいがくのかみ》となっていた。そんな山部に転機が訪れるのが、宝亀元年（七七〇）八月の称《しょう》徳《とく》天皇崩御である。皇太子を定めていなかった称徳の後継として、当時大納言《だいなごん》正三位《しょうさんみ》であった父白壁が立太子され即位したことで、三世王から天皇の子（親王）となったのである。白壁立太子直後に、従四位下への昇叙・侍従《じじゅう》任官があり、十月の光仁即位の翌月には親王として四品《しほん》に叙されている。

ただし、光仁の後継者として宝亀二年に立太子されたのは、光仁第一皇子で、三十四歳と経験を積んでいた山部ではなく、当時十一歳〔『水鏡《みずかがみ》』〕の異母弟他戸《おさべ》親王であった。他戸の母は前年に立后《りつごう》された、聖武《しょうむ》天皇第一皇女で、称徳天皇の異母姉井上《いのえ》内親王である。対して、山部の母新笠は渡来系氏族出身で、光仁即位にともなって嬪《ひん》となったと想定される〔遠藤二〇一五〕。嬪とは、律令で定められた天皇のキサキのなかでも下位に位置するキサキで〔後宮職員令3嬪条〕、母の地位の差は歴然としていた。

そもそも、光仁擁立の理由の一つとして、井上との婚姻、ひいてはその所生他戸の存在があったことは明らかで、光仁朝は天智系の光仁を聖武の血をひく皇后・皇太子・斎王《さいおう》（酒人《さかひと》内親王）が支える、前政権との連続性を意識して成立した王権だと考えられる〔遠藤二〇二三〕。このことから、おそらく光仁朝発足当初、山部が父光仁の後を継いで天皇となる可能性は、表向きには想定されていなかったとみられる。実際、他戸立太子直後の三月に、山部が中務卿《なかつかさきょう》に任じられていることからも、山部には皇親として、父光仁・弟他戸を支えることが期待されていたことがうかがえる。

突然の皇太子交替劇

ところが、宝亀三年（七七二）三月、井上が光仁を呪詛《じゅそ》したとして廃后《はいこう》にされるという事件が起こる。五月には他戸も廃太子《はいたいし》され、空位となった皇太子には、翌年正月に山部が立てられることとなった。その後、井上と他戸は吉野《よしの》へと幽閉され、宝亀六年には母子揃って謎の死を遂げる。

これら一連の事件に関しては、山部擁立派による策謀説から、記事通りに井上の事件関与を想定する説など、さまざまな説が出されている。いずれの説をとるにしても、この事件の結果、聖武系の象徴であった井上・他戸が姿を消し、渡来系の血をひく山部が擁立されたことからすると、山部擁立派の何らかの動きがあったことは間違いない。

そこで注目されるのが、事件前年の宝亀二年二月に左大臣《さだいじん》藤原永手《ながて》が薨じ、三月に右大臣《うだいじん》吉備真備《きびのまきび》が致仕《ちし》（辞職）したことである。この結果、右大臣に大中臣清麻呂《おおなかとみのきよまろ》、内臣《ないしん》に藤原良継《よしつぐ》、大納言に文室大市《ふんやのおおち》・藤原魚名《うおな》、中納言《ちゅうなごん》に石川豊成《いしかわのとよなり》・藤原縄麻呂《なわまろ》・石上宅嗣《いそのかみのやかつぐ》が任ぜられ、さらに藤原百川《ももかわ》と阿倍毛人《あべのえみし》が新たに参議《さんぎ》となった（『公卿補任《くぎょうぶにん》』宝亀二年条）。

永手は称徳朝以前から政権の中枢を担っており、光仁擁立の中心人物でもあった。おそらく、光仁朝発足当初の聖武系との連続性を強調した構造は、光仁とともに永手らが中心となって模索されたものだと考えられる。これに対して、新たに参議となった百川は、『公卿補任』宝亀二年藤原百川尻附《しづけ》（注記）や『水鏡』にあるように、山部立太子の立役者の一人である。その兄の良継も、のちに桓武の皇后となる藤原乙牟漏《おとむろ》の父で、二人の婚姻はちょうど山部立太子前後とみられる。つまり、光仁擁立の中心であった「守旧派」の永手に代わって、山部擁立を目論む「革新派」の良継・百川兄弟が台頭した直後に起こったのが、今回の皇太子交替劇なのである。守旧派、革新派の対立が光仁擁立当初にまで遡るかは判然としないが、廃后・廃太子事件の裏には両者の対立があったと考えられる〔遠藤二〇二三〕。

新王朝の創始

このように、三世王として生まれた山部は、皇位継承権はもちつつも、その半生を一律令官人として過ごした。さらに、父光仁即位後も、すでに異母弟他戸の立太子が既定路線であったことから、山部が天皇となる可能性は、本来であれば限りなく低い状況であった。にもかかわらず、一転して皇太子の座をつかんだ山部は、天応元年（七八一）四月、光仁の譲位を受け、天皇位に即《つ》く。時に四十五歳であった。

奇しくも桓武の即位した天応元年は、辛酉《しんゆう》の年にあたっていた。中国の讖緯《しんい》説（未来予言の説）によると、辛酉は革命の年、甲子《かっし》は革令《かくれい》の年とされる〔『革命勘文《かくめいかんもん》』〕。革命は天命《てんめい》が革《あらた》まること、革令は政令が革まることで、それぞれ王朝交替や政治改革などの国家の重大事が起こるとされた年である。日本では革命による王朝交替はなかったが、革命思想そのものは伝わっていた。桓武朝では、即位年が辛酉であるだけでなく、長岡遷都の延暦三年（七八四）は甲子にあたる。いずれも偶然の一致ではなく、桓武が自らの即位の正当性を主張するための政治的演出であった。

さらに、日本では三回しか行われなかった郊祀《こうし》を二回も行っている〔『続日本紀』延暦四年十一月壬寅条・同六年十一月甲寅条〕。郊祀は古代中国で天子が郊外で行った天地をまつる大礼のことである。唐制では、昊天上帝《こうてんじょうてい》（天帝《てんてい》）とともに、唐王朝の創始者である高祖《こうそ》（李淵《りえん》）、その祖父である太祖《たいそ》（李《り》虎《こ》）をまつった。桓武朝の二度の郊祀では、唐制にならって昊天上帝がまつられたが、延暦六年の郊祀でともにまつられたのは父光仁であった。これは、中国の革命思想を受け入れた桓武が、父光仁を新王朝の高祖、曽祖父天智を新王朝の太祖になぞらえた結果だと考えられている〔瀧川一九六七〕。

同様のことは、同時期の山陵《さんりょう》祭祀にもあらわれる。たとえば、一回目の郊祀直前の延暦四年十月には、早良の廃太子を曽祖父天智の山科《やましな》山陵、祖父施基の田原《たはら》山陵、父光仁の後佐保《ごさほ》山陵へと奉告している。また、同五年十月には、聖武天皇をはじめとした奈良時代の天武《てんむ》系天皇が多く葬られた佐保山周辺（奈良市）から、祖父施基の眠る田原山陵近くに光仁陵を改葬した〔吉川二〇〇一〕。

これら一連の出来事は、桓武の即位をまるで新王朝の創出であるかのごとく演出するものであった。その象徴とも言えるのが長岡遷都で、天武・聖武系を中心とする旧政権の都であった平城京を脱出し、新しい都を築くことで、新たな時代を切り開こうとしたのである。また、同時期（延暦三年）、実施はされなかったものの、征夷計画が立てられていた。東夷である蝦夷を征討することは、強い君主であることを示すことにもなる。桓武朝の二大事業である「征夷と造都」は、中国の革命思想・中華思想にもとづき、桓武の創出した新王朝を維持・強化するためにも重要な事業であったと思われる。

後宮の拡大

自らの即位を新王朝の創始になぞらえた桓武は、即位後からさまざまな改革に着手する。なかでも注目したいのが、天皇の再生産を担う後宮の拡大である。八世紀の律令制下において、「後宮」とは後宮職員令で定められた妃《ひ》・夫人《ぶにん》・嬪＝令制キサキをさす。それぞれの定員は二・三・四の計九人である。もちろん、律令で規定された定員は目安にすぎないが、光仁朝まではおおむねこの定員前後で推移していた〔遠藤二〇一五〕。

ところが、桓武朝では、史料上キサキと確認できる例だけでなく、皇子女を産んだ女性を含めると三十人ほどのキサキが存在する。所生子のいない女性も含めると、相当な数の女性と関係をもっていたことがうかがえ、皇子女も三十五人におよぶ。女帝も続き、皇親の数が抑制されていた奈良時代に比べ、一気に皇子女の数を増やしたのである。

ただ意外なことに、桓武の第一子は、宝亀五年（七七四）生まれの安殿《あて》親王（のちの平城《へいぜい》天皇）である。安殿の母は、延暦二年（七八三）四月に立后された藤原乙牟漏で、その婚姻は宝亀四年の立太子前後とみられている。立太子時点で桓武は三十七歳の壮年であったが、それ以前の所生子や女性関係については一切記録がない。それが一転、立太子以後は精力的に子孫繁栄に努めたのである。英雄色を好むと言えば納得しそうだが、政権中枢に躍り出る立太子以前との対比からすると、この後宮拡大策もまた先述した「新王朝の創始」をめざす桓武の政治戦略の一環とみることもできる。

井上と婚姻を結び、聖武の娘婿というつながりのあった父光仁と異なり、渡来系氏族出身の母をもつ桓武自身に前政権との特別なつながりはない。しかも、聖武の孫にあたる他戸の廃太子にともない立太子した桓武にとって、排除された他戸の正当性を保証する前政権とのつながりはむしろ、自身の即位の正当性を脅かすものですらあった。即位直後の氷上川継《ひかみのかわつぐ》の乱、三方王《みかたおう》の変、長岡京遷都直後の藤原種継暗殺事件などの政変において、前政権につながる天武系王族や守旧派官人たちを広範囲に処罰していったのも、自身の正当性を脅かす存在を極力排除したいという不安の気持ちのあらわれだったのではないだろうか。

そんな桓武にとって、自らの即位の正当性は自分自身で生み出す必要があった。そこで着目したのが、中国の革命思想にもとづく、新王朝の創始という論理だったのである。まったく新しい王朝を自ら創り出すということは、その基盤となる人材も自らが生み出す必要がある。桓武朝では積極的な人材登用がはかられ、『新撰姓氏録《しんせんしょうじろく》』の編纂などによって既存の氏族秩序の再編を促している。後宮拡大策についても、自らの血を分けた皇子女を多く生み出すことによって、皇親秩序の再編をはかろうとしたと考えられるだろう。

怨霊に悩まされる晩年

以上のように、自らの正当性を示すため、新王朝の創出を演出し、強い君主たらんと積極的に政治に取り組んできた桓武は、延暦二十五年（八〇六）三月、平安宮の内裏正殿で崩御した。時に七十歳。前半生と後半生とでまったく異なる、波乱に満ちた生涯であった。その崩御の日、桓武が最後に命じたの

柏原陵（桓武天皇陵）　京都市伏見区　撮影：筆者

は、崇道《すどう》天皇のため、諸国の国分寺《こくぶんじ》僧に金剛般若経《こんごうはんにゃきょう》を読誦《どくじゅ》させるというものだった〔『日本後紀』大同元年三月辛巳条〕。

崇道天皇は、桓武即位に際して皇太子に立てられた桓武の同母弟早良のことである。延暦四年の藤原種継暗殺事件に連坐して廃太子され、非業の死をとげるが、これ以降、桓武周辺での不幸が続いたことから、早良の祟りとされ〔『日本紀略《にほんきりゃく》』延暦十一年六月癸巳条〕、延暦十九年に、廃后井上の皇后号復活とともに、早良へ「崇道天皇」を追号、その墓を「山陵」と称することとなった〔『類聚国史《るいじゅうこくし》』二十五追号天皇・三十六山陵、延暦十九年七月己未条〕。

井上の廃后は桓武の立太子に関連するものであるし、早良の廃太子も桓武の実子である安殿の立太子と表裏一体で、いずれも皇位継承争いにともなって桓武が排除した人物である。早良の祟りが示された延暦十一年以降、たびたび慰霊が行われたが、崩御直前、その頻度は増していった。

延暦二十四年正月、崇道のために淡路国（兵庫県淡路島）に寺が建てられ、同二月には慰霊のための読経が行われ、三月に種継暗殺事件の処罰者の赦免がなされた。四月になると、早良の命日を国忌に入れるとともに、崇道天皇陵を淡路国から大和国に改葬する準備が始められた。翌年三月には、氷上川継の乱や種継暗殺事件に関係して処罰された人々の位階を、死者も含めて回復させる。このように、晩年は、自らの治世を盤石にするために排除していった人々の怨霊に悩まされ、死の直前まで、その対応に追われていたのである。

桓武天皇は、自ら新王朝を創出し、「平安時代」という新たな時代を切り開いた天皇である。だが、その原動力となったのは、前政権とのつながりをもたない自らの血筋への劣等感であった。さらに、新王朝創出にあたっては幾多の血が流され、晩年はその怨霊にも悩まされ続ける。劣等感と罪悪感に苛まれながらも新王朝創出を断行した専制君主、それが桓武天皇なのであった。

（遠藤みどり）

【主要参考文献】

井上満郎『桓武天皇』（ミネルヴァ書房、二〇〇六年）
遠藤みどり『日本古代の女帝と譲位』（塙書房、二〇一五年）
遠藤みどり「光仁朝の皇統意識」（『お茶の水史学』六六、二〇二三年）
鈴木拓也『蝦夷と東北戦争』（吉川弘文館、二〇〇八年）
滝川政次郎「革命思想と長岡遷都」（『法制史論叢二　京制並に都城制の研究』角川書店、一九六七年）
西本昌弘『桓武天皇』（山川出版社、二〇一三年）
山中　章「難波解体と長岡京遷都―「大和」との決別」（『桓武と激動の長岡京時代』山川出版社、二〇〇九年）
吉川真司「後佐保山陵」（『律令体制史研究』岩波書店、二〇二二年。初出二〇〇一年）

COLUMN

崇道天皇（早良親王）

立太子までの前半生

崇道《すどう》天皇は、桓武《かんむ》天皇の同母弟で、桓武即位直後に皇太子となった早良《さわら》親王のことである。桓武天皇の項で少し述べたように、早良は実際には天皇とはならず、謀反の罪で非業の死を遂げ、桓武の治世後半を怨霊として悩ませ続けた存在であった。そこで、その霊を鎮めるため、天皇号を追号され「崇道天皇」と称されたのである。

このコラムでは、悲劇の皇太子早良の生涯について、簡単にまとめてみたい。

天平勝宝二年（七五〇）、早良王は父白壁《しらかべ》王（のちの光仁《こうにん》天皇）、母和《やまと》（高野《たかの》）新笠《にいがさ》の第二子として生まれた。十三歳年長の同母兄が、山部《やまべ》王（のちの桓武天皇）である。父白壁が称徳《しょうとく》天皇の後継として即位した後「親王」となり、さらに同母兄の山部が即位したことで「皇太子」に立てられたが、その前半生は皇太子としては異色の「僧侶」であった。

東大寺《とうだいじ》関連の史料を集成した『東大寺要録』（巻四羂索院《けんじゃくいん》）、および大安寺《だいあんじ》に伝えられたと思われる「大安寺崇道天皇御院八嶋両処記文」（『諸寺《しょじ》縁起集《えんぎしゅう》』）によると、東大寺の等定《とうじょう》を師として十一歳で出家、二十一歳で登壇受戒《とうだんじゅかい》し、東大寺の羂索院（三月堂《さんがつどう》）に住したが、神護景雲二年（七六八）か三年に大安寺東院へ移ったという。

先に示したように、早良の生年を天平勝宝二年とすると、神護景雲三年は二十歳となり、少し計算があわない。この年紀は『本朝皇胤紹運録《ほんちょうこういんじょううんろく》』や『一代要記《いちだいようき》』に、天応元年（七八一）四月の立太子時、三十二歳とある記事から逆算したもので、史料によって早良の年齢に多少のばらつきがみられる。本稿では、通説に従い天平勝宝二年生まれとして進めるが、もう数年早く生まれていた可能性もあることは指摘しておく。

ともあれ、早良は十代前半で僧籍に入り、以後、立太子にともない還俗《げんぞく》するまでの二十年余りを東大寺・大安寺といった平城京《へいじょうきょう》の大寺院に所属していたのである。

父光仁の即位後は「親王禅師《ぜんじ》」と称されたようで、正倉院《しょうそういん》文書中の宝亀年間（七七〇～七八〇）の写経関係文書等にその名が散見する。さらに、立太子後の春宮坊《とうぐうぼう》官人に造東大寺司関連の官人が任命されたことや「東大寺権別当実忠二十九ヶ条事」（『東大寺要録』巻七雑事）の記述などから、この時期の早良が東大寺行政やその造営に関わっていたことが指摘される〔山田一九六二〕。

なお、「親王禅師」が早良ではない可能性を指摘する研究もあるが〔古尾谷二〇一二〕、光仁朝において早良の品階《ほんかい》授与の記録は見られないことから、早良が僧籍にあったということ自体は揺らがないと考えられる。では、僧侶である早良は、なぜ立太子されることになったのだろうか。

立太子の背景

これまでの研究では、父光仁の意向を反映したとする見解が一般的であったが、近年では、新たな皇統の確立をめざす兄桓武の意思が反映された結果ではないかとする見解が唱えられている。

例えば、桓武の弟のうち、尾張女王《おわりじょおう》を母にもつ稗田《ひえだ》親王を立太子させると桓武の出自の低さに改めて注目させることとなるため、同母弟の早良を立てることで、兄弟の母である新笠の権威を高めるとともに、新笠の子孫に皇位継承者を限定するという意思を示したとする説などである〔西本二〇一九〕。

だが、新笠の権威をいくら高めたところで、皇親である内親王や女王という出自を上回ることはできないし、逆に皇親という血筋を貶めることも、世襲王権そのものの存亡に関わるため不可能であろう。そうすると、桓武にとって母方の権威を高めるということは、自らの正当性を示す手段として、決して無意味ではないが、費用対効果の高いものではない。そればかりか、後継者に関する桓武の最終的な目標が、自身の子（安殿《あて》親王）の立太子・即位であったとすれば、いくら同母弟であろうと早良の存在は障害でしかない。

こう考えると、桓武が消極的に同意した可能性はあるものの、早良の立太子を主導したのは、やはり父光仁とみるべきであろう。

天智《てんじ》系王族でありながらも、天武《てんむ》・聖武《しょうむ》系の継承者として即位した光仁は、皇太子山部を中心に台頭しつつある革新勢力を牽制しながら、政権の安定に努めていたと考えられる〔遠藤二〇二三〕。こうした光仁が危惧したのが、自らの死後、そのバランスが崩れ、政権が不安定となることだったのだろう。そのため、光仁の代わりに守旧派勢力をまとめ、新天皇桓武を支える役割を担わされたのが、「親王禅師」早良だったのではないか。

前述のように、早良は大安寺や東大寺の仏教勢力だけでなく、造東大寺司との関係も有していた。光仁朝初期こそ、称徳朝における行きすぎた仏教擁護政策を否定する政策が出されるが、その後は中断していた写経事業を活発化させるなど、親仏的色彩が濃厚となる〔高田一九八五〕。

　前政権の継承を標榜する光仁にとって、聖武や孝謙《こうけん》・称徳が力を入れた仏教政策は重要な政策の一つであり、「親王禅師」早良は光仁朝の仏教政策を支える存在として、前政権との連続性を象徴する存在だったと考えられる。

　このように、早良の立太子は、自身の死後に先鋭化するだろう守旧派と革新派の対立を抑え、新政権の安定化をはかろうとした光仁によってなされたのである。だが、そうした光仁の目論見は、藤原種継《ふじわらのたねつぐ》暗殺事件を契機に、わずか四年で崩れ去ってしまう。

藤原種継暗殺事件

　延暦四年（七八五）九月二十三日夜、前年に遷都したばかりの長岡京《ながおかきょう》において、桓武の寵臣で、長岡遷都の推進者でもあった藤原種継が暗殺されるという事件が起こる。

　この二週間ほど前から長岡の地を離れていた桓武は、翌日に長岡へ戻り、犯人の捜索を厳命した。その結果、大伴継人《おおとものつぐひと》・竹良《ちくら》、佐伯高成《さえきのたかなり》ほか数十人が捕らえられ、竹良らが近衛《このえ》の伯耆桴麻呂《ほうきのいかだまろ》と中衛《ちゅうえ》の牡鹿木積麻呂《おしかのこづみまろ》に種継を殺害させたことが明らかとなる。さらに、前年に死亡した大伴家持《やかもち》や皇太子早良の関与が窺われる証言も出されたことから、最終的に桓武に代わって早良を天皇にしようとするクーデター計画であったと判断され、多くの守旧派官人の処罰とともに、早良も廃太子された〔『日本紀略《にほんきりゃく》』延暦四年九月・十月条〕。

　事件の背景や早良の関与についてはさまざまな議論がなされているが、ここでは立ち入らない。ただ、いずれの説をとるにしても、自らの血脈へと皇位を継承させたい桓武にとって、この事件が守旧派もろとも早良の排除を実行する良い口実となったと考えることに異論はないだろう。先にみた早良立太子の事情をふまえれば、光仁の想定以上に、桓武の前政権との断絶をはかろうとする意思が強硬であったと言えるかもしれない。

それは、前政権との連続性のうえに即位した光仁と、自ら新王朝を創出することでしか即位の正当性を主張できない桓武の、父子でありながらも依拠する正当性の違いに起因するのであろう。

早良は、天皇となった父と兄の間で、それぞれの正当化に利用された結果、僧から皇太子、そして廃太子という数奇な運命をたどったのである。

（遠藤みどり）

【主要参考文献】

遠藤みどり「光仁朝の皇統意識」（『お茶の水史学』六六、二〇二三年）
柴田博子「早良親王」（『古代の人物四　平安の新京』清文堂、二〇一五年）
高田　淳「早良親王と長岡遷都」（『日本古代の政治と制度』続群書類従完成会、一九八五年）
西本昌弘『早良親王』（吉川弘文館、二〇一九年）
古尾谷知浩「「親王禅師」と東大寺・造東大寺司」（『続日本紀研究』四二四、二〇二一年）
山田英雄「早良親王と東大寺」（『南都仏教』一二、一九六二年）

平城天皇――歴史に埋もれた新王朝のサラブレッド

父：桓武天皇	誕生：宝亀五年（七七四）八月十五日
母：藤原乙牟漏	崩御：弘仁十五年（八二四）七月七日
	諱：小殿・安殿
在位期間：延暦二十五年（八〇六）三月十七日～大同四年（八〇九）四月一日	
陵墓：楊梅陵（奈良市佐紀町）	

生まれながらの天皇

平城《へいぜい》天皇は、当時皇太子であった山部《やまべ》親王（のちの桓武《かんむ》天皇）の第一子として、宝亀五年（七七四）に生まれた。母は、山部擁立に尽力した藤原百川《ふじわらのももかわ》の兄良継《よしつぐ》と、桓武朝で尚蔵《くらのかみ》兼尚侍《ないしのかみ》をつとめた阿倍古《あべのこ》美奈《みな》の間に生まれた藤原乙牟漏《おとむろ》である。幼名は乳母のウジ名にちなんで小殿《おて》王と名付けられたが、母乙牟漏の立后直前に安殿《あて》親王と改名されている〔『続日本紀《しょくにほんぎ》』延暦四年（七八五）四月庚申条〕。

桓武天皇の項で詳しく述べたように、祖父光仁《こうにん》は二世王、父桓武は三世王として生まれ、その半生を一律令官人として過ごしてきた。彼らにとって、天皇への即位は降って湧いたようなもので、その在位期間のほとんどを、自らの正当性の確保に努めなければならなかったのに対し、平城は「生まれながらの天皇」であった〔春名二〇〇九〕。

諸王として律令官人秩序のなかに位置づけられた経歴をもつ父や祖父と異なり、平城は皇太子の子として生まれた。しかも、母方の祖父は内臣《ないしん》として当時の朝堂の一画をしめた有力者で、父桓武が生涯抱き続けた血統への劣等感もない。まさに天皇になるべくして生まれた、桓武新王朝期待のサラブレッドだったのである。

ただし、その即位まで順風満帆であったかといえば、そうでもない。父桓武の即位にともない立太子されたのは、当時八歳の小殿ではなく、叔父早良《さわら》親王であった。崇道天皇の項で述べたように、早良は藤原種継《たねつぐ》暗殺事件に連坐してわずか四年で廃太子され、代わって安殿が立太子する〔『続日本紀』延暦四年十一月丁巳条〕。

この一連の事件の背景に、自身の血をひく安殿の立太子・即位を望む桓武と、皇太子早良との相克があったことは間違いない。そして、この対立を表面化させる引き金の一つとなったのが、安殿の母乙牟漏の立后である。

当時の皇后は「皇太子（予定者）の母」という位置づけを担っており、すぐに所生子が立太子できない場合に生母を立后させることで、皇后所生子を次の皇太子とすることを明示していたと考えられる〔遠藤二〇一五〕。つまり、延暦二年の乙牟漏立后は、安殿を次の皇太子とする桓武の意思を公式に示す行為であった。

これによって皇太子早良の地位は揺らぎ始め、追いつめられた早良側近たちの暴発をきっかけに、わずか二年余りで皇太子の交替が完了する。新皇太子安殿はわずか十二歳。父桓武擁立によって廃太子された他戸《おさべ》親王と、同年齢での立太子となった。

皇太子時代

十二歳で立太子した安殿は、大同元年（八〇六）に即位するまでの二十一年を、皇太子として過ごす。天皇在位はわずか三年で、大同四年の譲位から弘仁十五年（八二四）の崩御までの太上天皇時代が十五年。平城の五十一年の生涯において、最も長い時間を過ごしたのが、この皇太子時代である。

立太子から三年後の延暦七年（七八八）正月、十五歳になった安殿は元服を迎える。長岡宮《ながおかきゅう》内裏正殿にて父天皇と母皇后が並んで見守るなか、大納言《だいなごん》兼皇太子傅《こうたいしふ》の藤原継縄《つぐただ》、中納言《ちゅうなごん》紀舟守《きのふなもり》によって冠を加えられた。終了後は、祖母高野新笠《たかののにいがさ》の住む中宮《ちゅうぐう》へ報告に行くとともに、大赦《たいしゃ》や振恤《しんじゅつ》（高齢者や病人などに物資を支給すること）、群臣《ぐんしん》との宴会などが行われた〔『続日本紀』延暦七年正月甲子条〕。皇太子が成人したという慶事が広く全国に伝えられ、多くの人びとに新王朝の幕開けを予感させたことであろう。

だが、それもつかの間、一転して新王朝に不幸が押し寄せる。元服の四ヶ月後の五月に桓武夫人の藤原旅子《たびこ》（淳和《じゅんな》天皇の母）が薨去したのを皮切りに、翌八年十二月には祖母新笠（皇太夫人）、同九年閏三月に母乙牟漏（皇后）、七月に桓武第十二皇女高津《たかつ》内親王（のちの嵯峨《さが》天皇妃）の母坂上又子《さかのうえのまたこ》が相次いで没する。皇太子安殿自身も病に伏せっていたようで、同年九月には長岡京下の七寺に誦経《ずきょう》をさせている。

その後も病状は改善しなかったようで、延暦十一年六月に皇太子の病の原因を卜《うらな》わせたところ、崇道《すどう》天皇（早良）の祟りとの結果が示された。早速、早良の墓がある淡路国（兵庫県）に使者を派遣して謝罪するとともに、墓を汚すことを禁じる勅が出された〔『日本紀略《にほんきりゃく》』延暦十一年六月癸巳・庚子条〕。この勅によると、すでに延暦九年の時点で早良の墓に墓守を置くなどの措置を行っていたが、管理が不十分だったため祟りが起きたとのことであった。ここからは今回の安殿の病だけでなく、一連の不幸の原因が当初から早良の祟りだと認識されていたことがうかがえる。

だが、不幸はそれでも収まらず、延暦十三年五月には、皇太子妃であった藤原帯子《たらしこ》が急死する。帯子は藤原百川の女《むすめ》で、平城即位後に皇后号を贈られていることから、次代の皇后と期待されたキサキであったと思われる。安殿自身の病状は、延暦十六年頃には落ち着いたようであるが〔『扶桑略記《ふそうりゃっき》』延暦十六年正月十六日条〕、その後も新王朝が早良の怨霊に悩まされ続けていたことは、桓武天皇の項でも述べた通りである。

剣璽渡御の成立

延暦二十五年（八〇六）三月、早良の怨霊に悩まされ続けた桓武が崩御した。平安宮内裏正殿上にあった寝所に侍りその時を迎えた安殿は、泣き崩れて立つことができなかったという。落ち着いたところで、参議《さんぎ》で近衛中将《ちゅうじょう》の坂上田村麻呂《たむらまろ》と東宮大夫《とうぐうだいぶ》藤原葛野麻呂《かどのまろ》に支えられながら、殿から下りて東廂《ひがしびさし》へ移動した。次いで、神璽《しんじ》・宝剣《ほうけん》が桓武のもとから安殿の住む東宮へと移奉された〔『日本後紀《にほんこうき》』大同元年三月辛巳条〕。

桓武崩御から東宮への神璽・宝剣の移動に至る一連の記述は、いわゆる「剣璽渡御《けんじとぎょ》」儀礼の初出記事である。剣璽渡御とは、皇位継承に際して、前帝から新帝へ天皇位を象徴するレガリア（神璽・宝剣）を移動させる儀礼のことである。前帝崩御にともなう皇位継承の場合、新帝即位までの間、天皇不在の政治的空白が生じてしまっていた。だが、剣璽渡御儀礼の成立によって、皇太子への大権移譲がスムーズにできるようになり、天皇崩御にともなう政治的空白を回避できるようになったのである〔井上一九八四〕。この儀礼の成立は、一般に桓武朝頃と言われている。

ところで、七世紀末の持統《じとう》天皇から文武《もんむ》天皇への譲位以降、皇位継承方式の一つとして譲位が行われるようになる。八世紀の天皇九代（文武～桓武）のうち、終身在位したのは文武・称徳《しょうとく》・桓武の三代のみで、そのうち文武と称徳は、在位中に皇太子を定めることなく崩御した。称徳については、崩御直後に遺詔《いしょう》によって白壁が立太子されるのだが、在位中に定めた皇太子へ、自らの死によって皇位を継承したのは桓武だけである。さらに言えば、これは八世紀の天皇で唯一ではなく、日本の歴史上初めてのことでもあった。

筆者は以前、持統以降の譲位は、成立したばかりの皇太子制を補完するために行われたと論じたことがあるが〔遠藤二〇一五〕、次の天皇となる皇太子をあらかじめ決定しておく皇太子制という仕組みは、七世紀末に至るまで成立していなかった〔荒木一九八五〕。それは、それ以前の王位継承が、群臣推戴という慣行をもっていたためで、仮に事前に後継者を指名していたとしても、指名した大王が死去してしまえば、それが反故にされることもあったのである〔吉村一九八九〕。

こうしたなか、八世紀の天皇たちは、在位中に定めた皇太子へ譲位することで、確実に皇太子への皇位継承を行い続けた。それによって、称徳没後の白壁立太子に至るまでには、皇太子の地位が天皇となるための必須の階梯として確立していく。桓武自身も光仁からの譲位によって即位するが、そこには辛《しん》酉革命《ゆうかくめい》になぞらえた即位を演出するという積極的な理由とともに、光仁崩御によって生じるかもしれない皇位継承上の混乱を避けようという消極的理由があったと考えられる。

だが、自身の皇太子安殿への継承に際して、桓武が譲位しようとした形跡はない。このときすでに剣璽渡御儀礼が成立していたのだとすると、桓武が譲位の意思を示さなかったのは、自身の崩御後、剣璽渡御が行われ、皇太子安殿へのスムーズな継承が行われることを確信していたためであろう。

譲位による皇位継承は、日本の前近代では通例化していたが、中国など世界の国々では例外的にしか行われない。それは、譲位した太上天皇と新天皇の間に友好的関係が築かれなければ、同等の権能を有する二人の君主の間で大きな争いを引き起こしかねない諸刃の剣だったからである。

孝謙《こうけん》太上天皇と淳仁《じゅんにん》天皇の対立によって起きた藤原仲麻呂《なかまろ》の乱を体験した桓武にとって、譲位によらない皇位継承方式への転換は、新王朝の安定化のためにも必要であったと考えられる。また、多くの思想・制度の見本とした中国では、皇帝は終身在位が基本であった。剣璽渡御の整備は、中国のような終身在位を基本とする皇位継承方式への転換をはかるために行われた可能性もあるだろう。

このように、桓武の崩御は、皇太子制が確立し、前帝崩御にともなう皇太子への剣璽渡御儀礼が整備されるという、盤石の状態で迎えられた。実際、桓武崩御から即位までの二ヶ月間、平城は皇太子の地位のままでは本来できない人事などの政務をこなしながら、新体制への移行を進めていく。生まれながら天皇の座を約束されていた皇子は、その即位に至る道程までも、父天皇に細かくお膳立てされていたのである。

平城天皇の治世

延暦二十五年（八〇六）五月十八日、三十三歳の平城は、大極殿《だいごくでん》において、正式に天皇に即位した。即日改元し、大同元年となる。翌日には、祖母新笠に太皇太后、母乙牟漏に皇太后を追号するとともに、同母弟の神野《かみの》親王（のちの嵯峨天皇）を皇太弟に定めた。さらに、翌六月には、外祖父母の良継・古美奈に対して太政大臣《だいじょうだいじん》位や位階を追贈するとともに、皇太子妃であった帯子へ皇后を追号している。

こうして平城新政権が始まったが、平城の治世を一言で言いあらわすならば、それは「父桓武の尻ぬぐい」といったところであろうか。桓武は、その二十五年におよぶ治世のなかで、自らを起点とした新王朝の創出をはかるため、さまざまな改革を行った。だが、急激な変革は、多くの対立や軋轢、社会の混乱などをもたらす。実際、桓武朝後半期には、早良の怨霊に悩まされたり、百姓《ひゃくせい》への多大な負担を理由に「征夷《せいい》と造都《ぞうと》」が中止されたりと、いくつかの問題が浮き彫りになっていた。結局、こうした問題は、桓武の死後も解決されないまま先送りされ、平城の治世へと持ち越されていったのである。

平城の治世はわずか三年足らずであったが、その短い期間のなかで、非常に多くの施策が実施された。例えば、観察使《かんさつし》の設置による地方行政改革や、中央官庁の大規模再編といった中央官僚機構改革などである。詳細は文末の参考文献に譲るが、天皇周辺から地方に至るまで、さまざまな施策が実施され、律令国家全体にわたる大再編が行われたのが平城朝であった。

なかでも注目したいのが、女官制度改革である。このときの改革では、既婚女官の排除を含む氏女《うじめ》の貢進条件の改定や、女官を兼任していた桓武キサキの任官停止、采女《うねめ》貢進の停止などが実行された。これらは、桓武朝で膨張・混乱したキサキと女官を含む後宮《こうきゅう》秩序を是正するため、女官数の大幅削減を行い、女官とキサキを峻別するための後宮改革でもあった〔遠藤二〇一九〕。

女官は宮人《くにん》とも呼ばれる女性官人である。令制以前の日本では男女が対になって大王へ奉仕していたことから、日本の古代国家では、女官も男性官人同様、自らの出身氏族を代表して天皇に仕える存在として規定された〔伊集院二〇一四〕。だが、男性中心の中国社会で作られた律令が浸透していくことで、女官の存在意義は男女対になるような伝統的なあり方から、天皇の「性愛対象」へと変化していく。この変化が一気に表面化したのが桓武朝であった。

平城朝の改革は、こうした問題解決のための具体的対応策である。ただ、すでに表出していた女官の実態に即した変革でもあったことから、結果的に、女官が天皇の性愛対象であることを浮き彫りにさせることとなった。続く嵯峨朝において、女官も含む内裏に集う女性全体が、皇后を頂点に一元的に序列される、新たな「後宮」（≒ハレム）が誕生するのも、桓武の後宮拡大をうけた平城の女官改革があったからこそであろう。

このように、わずか三年足らずの平城の治世は、律令制導入からおよそ一世紀の間で生じた大小さまざまな不具合や、桓武の大改革で生じた問題を一気に解消し、新たな時代への大転換を引き起こすものとなった。平城朝の施策は、次の嵯峨朝で撤廃されたものも多いが、桓武朝で膨張した予算や人員に大鉈を振るうことで、嵯峨朝の改変へとつながる地ならしをしたとも言えるのである。

突然の譲位とその後

大同四年（八〇九）四月一日、突如として平城が譲位を表明する。それに対し、二十四歳の皇太弟神野は涙ながらに固辞して上表《じょうひょう》するが、天皇平城は許さず、二日には内裏から皇太弟の居所である東宮へと移動し、内裏への入宮を促した。しかし、神野は平城の命に従わず、三日に再び上表して拒むも許されず、この日、ついに譲位がなされた〔『日本後紀』大同四年四月条〕。この後、十三日に神野は受禅《じゅぜん》・即位して天皇となり、十四日には平城第二皇子の高岳《たかおか》親王を皇太子に立てている〔『日本紀略』大同四年四月条〕。

このときの譲位は病を理由とするものであったが、前述の神野の反応からしても、非常に突発的だったようである〔遠藤二〇二一〕。ただ、先述のように、桓武が譲位によらない皇位継承方式（終身在位）への転換を企図していたのであれば、ここでの平城の譲位はそれを覆すものである。父桓武によって敷かれたレールの上を歩き続けた平城が、自らそのレールを降りた瞬間でもあり、以後、譲国儀の成立や太上天皇制の変質を経て、譲位が定着する端緒とも評価できる。

また、立太子された高岳は嬪《ひん》と推定される伊勢継子《いせのつぐこ》（父：木工頭《もくのかみ》伊勢老人《おきな》）所生で、当時、推定十一歳。嵯峨の二十四歳での即位も、奈良時代の聖武《しょうむ》天皇以来の若さであることを考えると、急に父桓武・兄平城と続いてきた皇位を継がなければならなくなった嵯峨の重圧は相当なものであったと推測される。

そもそも、神野の立太弟については、父桓武の意向なのか、平城自身の意図なのかと議論がわかれるが〔春名二〇〇九、西本二〇二二〕、いずれにしても桓武朝の皇太弟早良の処遇を思えば、平城在位中に廃位される可能性もある非常に不安定な立場であった。高岳の立太子も、平城の意向を受けてなのか、嵯峨自ら率先したのかは不明だが、太上天皇となった平城との良好な関係を維持するための方策だったことは間違いないだろう。

このように、桓武新王朝の正当な後継者として君臨し続けてきた平城に対し、同母兄弟であっても傍系の嵯峨の立場は弱く、皇太弟時代から、ある種のコンプレックスのようなものを抱いていたと考えられる。そんななか、思わぬタイミングで即位することとなるが、心労がたたったのか、即位翌年にはたびたび「天皇不予《ふよ》（病気）」の文字がみえるようになる。

一方の平城は、譲位したことで気持ちが楽になったのか、病状は徐々に改善し、譲位から七ヶ月後の十一月には平城旧都での太上天皇宮の造営が始まり、十二月には平城へ移り住んでいた。その後、嵯峨の不予に反比例するかのように、太上天皇の詔が頻出し、大同五年九月にはついに平城京への遷都の詔が出された。これに対し、嵯峨をいただく平安京政権は、固関《こげん》（都の防衛のため関所を閉め警固《けいご》すること）によって非常事態を宣言し、藤原仲成《なかなり》・薬子《くすこ》兄妹が平城をそそのかして「二所朝廷」の状況を創り出した首謀者であると断罪した〔『日本後紀』弘仁元年九月条〕。

いわゆる「薬子の変」だが、近年は平城が主体の政変との見方が一般的となり、教科書等でも「平城太上天皇の変」の称が定着しつつある。さらに、平城の言動自体は、天皇と同等の権能をもつ当時の太上天皇のあり方として何ら問題がないとし、むしろ嵯峨側が平城の専制的な国政運営を押し止めるために起こしたクーデターだとする見解も出され、平城朝の見直しが進められている〔春名二〇〇九〕。

ただし、政変後、平城が太上天皇としての体面を保ちつつも、それまで保持していた権能を失い、都から遠く離れた平城の地で、出家してひっそりと余生を過ごした事実に変わりはない。「生まれながらの天皇」として輝かしい人生を約束されていたはずの平城は、自ら決断した早すぎる譲位によって、その後の平安王朝の礎を築く弟嵯峨の栄光の影に隠れ、歴史の襞《ひだ》に埋もれてしまったのである。

（遠藤みどり）

【参考文献】

荒木敏夫『日本古代の皇太子』（吉川弘文館、一九八五年）
伊集院葉子『古代の女性官僚』（吉川弘文館、二〇一四年）
井上光貞『日本古代の王権と祭祀』（東京大学出版会、一九八四年）
遠藤みどり『日本古代の女帝と譲位』（塙書房、二〇一五年）
遠藤みどり「日本古代後宮制度の再編過程」（『日本史研究』六八七、二〇一九年）
遠藤みどり「譲国儀の成立」（『歴史学研究』一〇一五、二〇二一年）
西本昌弘『平安前期の政変と皇位継承』（吉川弘文館、二〇二二年）
春名宏昭『平城天皇』（吉川弘文館、二〇〇九年）
吉村武彦「古代の王位継承と群臣」（『日本古代の社会と国家』岩波書店、一九九六年。初出一九八九年）

嵯峨天皇——積極的に進めた皇室制度改革

父：桓武天皇	誕生：延暦五年（七八六）九月七日
母：藤原乙牟漏	崩御：承和九年（八四二）七月十五日
	諱：賀美能（神野）
在位期間：大同四年（八〇九）四月一日～弘仁十四年（八二三）四月十六日	
陵墓：嵯峨山上陵（京都市右京区北嵯峨北ノ段町二三）	

嵯峨天皇の即位

嵯峨《さが》天皇と聞くと、どのようなイメージを持つだろうか。高等学校の日本史教科書には、兄の平城《へいぜい》太上天皇と対立したこと（薬子《くすこ》の変〈平城太上天皇の変〉）、公文書を天皇に奏宣する機関であった蔵人所《くろうどどころ》を設けたこと、京内の治安維持など警察業務や裁判を担う検非違使《けびいし》を設置したこと、法制の整備（弘仁《こうにん》格式《きゃくしき》の編纂）や文人貴族の登用を行ったということが述べられている。また、宮廷儀礼の唐風化や勅撰漢詩集『凌雲集《りょううんしゅう》』・『文華秀麗集《ぶんかしゅうれいしゅう》』を編纂し、空海《くうかい》・橘逸勢《たちばなのはやなり》らと並び三筆《さんぴつ》として称される能書家《のうしょか》であった。

政治的・文化的事跡の多い天皇であるが、嵯峨天皇の時代は、一部の皇子女を臣下に降ろし源氏《げんじ》の姓を賜う賜姓源氏制度の創始、太上天皇宣下制の確立など、皇室制度の転換期としても評価されている。本稿では、嵯峨天皇と皇子女との関係に注目して、これらの側面を見ていきたい。

まずは、嵯峨天皇が即位するまでについて紹介しよう。嵯峨天皇は延暦五年（七八六）に長岡京《ながおかきょう》で生まれた。父は平安京《へいあんきょう》を造ったことで有名な桓武《かんむ》天皇、母は皇后藤原《ふじわらの》乙牟漏《おとむろ》（父は藤原良継《よしつぐ》）であり、同母兄に十二歳年上の安殿《あて》親王（のちの平城天皇）がいる。延暦二十五年、父桓武天皇が二十五年という長期の在位の末に七十歳で崩御すると、皇太子だった兄が三十三歳で即位した。平城天皇には阿保《あぼ》親王（十五歳）、高岳《たかおか》親王（八歳）という二人の親王がいたにもかかわらず、賀美能《かみの》（神野）親王といった。父は賀美能親王が皇太弟《こうたいてい》となった。平城天皇の皇子たちがまだ若く、それぞれの母はキサキとしての身分が低かったというのも平城天皇の判断の一つにあるだろう。

大同四年（八〇九）、平城天皇は病気を理由にわずか三年で譲位し、嵯峨天皇が即位した。二十四歳であった。皇太子には平城天皇の子である高岳親王が立てられた。

賜姓源氏の開始

嵯峨天皇のキサキは延べ約三十人、皇子女は五十人おり、奈良・平安時代の天皇の中で最も多かった。奈良朝末に皇統断絶の危機を経験、皇統を維持するために、皇子女を増やす必要があったからだろう。

奈良時代の聖武《しょうむ》天皇はキサキ・皇子女も少なかった上に、その娘である未婚の女帝称徳《しょうとく》天皇は僧の道鏡《どうきょう》を天皇にしようと画策して混乱が起こった。奈良時代を反面教師として、平安時代に入り、桓武・嵯峨天皇は多くの皇子女を儲けた。しかし、弘仁五年（八一四）、嵯峨天皇は皇子女の一部を臣籍降下させる詔《みことのり》を出した〔『類聚三代格《るいじゅうさんだいきゃく》』弘仁五年五月八日詔〕。当時二十九歳の嵯峨天皇には十三人以上の皇子女がいた。また、桓武天皇を父とする異母兄弟・姉妹が二十五人いた（親王八人・内親王十七人）。王・内親王は、品位《ほんい》（位階）の有無やランクなどに応じて国家から俸給を支給されることになっており、多数の親王・内親王の存在は国家財政の負担となった。これが臣籍降下の理由である。

臣籍降下されたのは、五歳の源《みなもとのまこと》信を筆頭に、弘《ひろむ》、常《ときわ》、明《あきら》、貞姫《さだひめ》、潔姫《きよひめ》、全姫《またひめ》、善姫《よしひめ》の八人であった。信を戸主として左京一条一坊《さきょういちじょういちぼう》を本籍地とする戸籍に付された〔『日本後紀《にほんこうき》』弘仁六年六月十九日条、『新撰姓氏録《しんせんしょうじろく》』左京皇別上〕。弘仁五年の詔では、すでに親王の称号を許された者とその同母弟妹とは賜姓対象の外であり、嵯峨天皇は結局、五十人の子のうち三十二人（男子十七人、女子十五人）を源氏とした。その判断は、生母の尊卑により行われた。賜姓された皇子女の母は女孺《にょじゅ》などの中下級女官が多い〔林一九六九〕。

嵯峨天皇は、嵯峨源氏をもって朝廷における皇親勢力を構成し、天皇家の藩屏《はんぺい》とするという構想を持っていたとされる。これはいつ頃から考えていたのだろうか。従来、親王・内親王が生まれると、乳母など養育を行う者の姓を名とした。例えば、平城天皇の諱《いみな》は小殿《おて》であり（のちに安殿《あて》に改名）、乳母の安《あ》倍小殿《べのおとののさかい》堺に由来する名であった。しかし、嵯峨天皇の皇子女の場合はそのような命名方法ではなく、親王と源氏とで異なる命名の用字法がとられ、通字がつけられた。親王の通字は良で二字名、内親王の通字は子、源氏男子は一字の嘉字、源氏女子の通字は姫である。嵯峨天皇は弘仁五年以前に親王と賜姓者との区別を考慮していたことがわかる〔林一九六九〕。親王・内親王とは異なり、賜姓源氏には国家からの俸給支給はない。男子は十代後半で、現在の成人式にあたる元服をした後、朝廷に出仕し、官僚として生きた。女子の場合は不明な点も多いが、臣下と結婚したり、女官として出仕したりする者もいた。

実は、桓武天皇の時代にはすでに皇子への賜姓が行われており、広根諸勝《ひろねのもろかつ》（父は光仁《こうにん》天皇）、長岡岡成《ながおかのおかなり》・良峰安世《よしみねのやすよ》（父は桓武天皇）が臣下となった。これに対して、賜姓源氏の特徴は、次の淳和《じゅんな》天皇を除き、以後の天皇によって継承されていく点である。九世紀から十世紀半ばにかけ、仁明《にんみょう》・文徳《もんとく》・清和《せいわ》・陽成《ようぜい》・光孝《こうこう》・宇多《うだ》・醍醐《だいご》・村上《むらかみ》天皇が賜姓源氏を行い、一部の皇子女を臣下にした。各天皇の血を引く源氏は広がりをみせ、一部の子孫は武士化していく。

五十人もの皇子女との関係

嵯峨天皇と源氏になった子供たちとの関係をみてみよう。当時編纂された正史には、五位以上の死亡情報とその人物の簡単な伝記とが掲載された。数人の嵯峨源氏の死亡記事には、父嵯峨天皇とのエピソードが紹介されている。嵯峨天皇は、第一源氏の信には笛・琴・琵琶など楽器を自ら教え、皇子の中で最も学問を好んだ第二源氏の弘には、特別に儒教の基本的書物である経書《けいしょ》を与えている。また、落ち着き、清くさわやかな第三源氏の常を、とりわけ寵愛した。

　学業に優れた男子に対しては、他の源氏とは異なる出身ルートを進ませている。幼い第四源氏の寛が熱心に勉強をする様子を見て、その才能をさらに伸ばそうとし、視野を広げさせた。他の源氏が元服して、おおむね従四位上《じゅしいのじょう》に叙されているところ、寛は正六位上《しょうろくいのじょう》に叙された。試験に受かり、官人養成機関である大学寮で中国の史書・詩文を専攻する学生（文章生《もんじょうしょう》）となり、その後、官人生活をスタートさせている。また、第五源氏の明の優れた才能を知り、嵯峨は式部省《しきぶしょう》の実施する最高の官人登用試験の「対策」を受けさせたという。この試験は広い知識や見識を必要とした。明は、淳和朝の天長九年（八三二）、従四位上に叙され、二十歳の若さで大学寮《だいがくりょう》の長官になっている。

　また、嵯峨天皇は在位中に生まれた第六源氏の定《さだむ》を淳和天皇、譲位前年に生まれた融《とおる》を仁明天皇、譲位後に生まれた啓《ひらく》を第三源氏の常の子とした。定の場合は淳和天皇との血縁関係の強化の一環と考えられるが、融と啓については、彼らの将来を考えての行動だろう。嵯峨天皇は在位十四年、三十八歳で譲位した。当時の感覚では四十歳を越えると老齢であり、十分な教育を施し、彼らが官人として自立するまで生きているかどうかわからない。そのため、最初のほうに生まれて成人している子たちに、遅くに生まれた子を託したのである。常と啓とは異母兄弟になるが、年の差は十七歳であり、当時では親子となってもおかしくない。養子となった時期は不明であるが、常は啓を我が子のごとく愛情をもって接し、十分な教育を行った。

源氏女子に関しては、父娘の関係がほぼわからない。唯一判明するのが潔姫の例である。藤原冬嗣《ふゆつぐ》の息子良房《よしふさ》の優れた資質を見抜き、潔姫と結婚させた。弘仁十四年（八二三）、良房二十歳、潔姫十四歳の頃と推定されており、嵯峨朝の最大の功労者である冬嗣に対する返礼として、嵯峨は娘を冬嗣の男子に与えた〔栗原二〇〇八〕。そもそも、奈良時代に編纂・施行された養老継嗣令《ようろうけいしりょう》4王娶親王条では、内親王は四世王以上の皇親との結婚が義務づけられ、臣下との結婚は許されていなかった。源潔姫は臣下に下ったとはいえ、皇女であり、この結婚は破格の処遇であった。当時の貴族は一夫多妻が当たり前であった。しかし、良房は高貴な姫に遠慮したのか、潔姫一人を妻とした。生まれたのはのちに文徳天皇の女御《にょうご》となり、清和天皇を産んだ明子《あきらけいこ》のみである。そのため、良房は兄長良《ながら》の男子基経《もとつね》を養子にして、後継者としている。

子供の個性を把握し、それぞれの適性を見据えた教育や指導を行い、将来の布石を打っている嵯峨天皇の姿がうかがえる。源明の死亡記事によると、学問を好んだ嵯峨天皇は、子供たちにも学識を身につけさせようとしたという。当時の貴族の必須教養は漢詩文を作り、音楽を演奏することであった。その上、学問を身につけることが求められた。嵯峨天皇は学問を身につけた有能な官人を抜擢し、彼らによる良吏《りょうり》政治を進めたからである。嵯峨の息子たちが元服後に官人として出仕した次の淳和朝も同様の政治が行われた。すなわち、嵯峨天皇が息子たちに学問や音楽を身につけさせようとしたのは、彼らが官人として自立して生きていけるようにするためである。自身の決断で皇族から離籍させられた子どもたちの将来を考えての行動であった。上述した第五源氏の明までは、十七人の源氏男子のうち、最初のほうに生まれた子たちなので、特にその思いも強かったであろう。

源氏女子の中には、のち清和朝に女官のトップの内侍《ないしのかみ》になった全姫《またひめ》のほか、位階を持ち、女官であったと思われる女性が数人いる。娘の中で、臣下と結婚したことが確認できるのは一名だけであり、天皇の血をひく皇女をむやみに臣下と結婚させない方針だったことがうかがわれる。源氏女子の中で女官となっている者がいるのは、父嵯峨天皇が女官として自立して生きていくことを勧めたからだろう。

天皇の皇子女は基本的に内裏外の母方親族の元で養育されており、内裏に住む父天皇は我が子の赤子の頃から接する機会はなかった。嵯峨天皇の子の仁明天皇の時代から、父天皇と七歳になった親王・内親王とが内裏で対面する儀式が行われた。対面後は内裏への出入りが可能になったようだ。しかし、源氏の皇子女の対面の儀式はなく、親王・内親王と源氏とで天皇との父子関係に差が生じた〔服藤二〇〇四〕。嵯峨天皇の時代に親王・内親王の七歳対面儀がすでに行われていたかどうかは、史料がなく不明である。また、どのような形で源氏となった我が子たちと対面し、交流をもったのかは具体的にわからない。しかし、嵯峨天皇が子供たちに対して愛情を持ち、その資質を見抜くだけの距離感で接していたことは、上述のエピソードからうかがわれる。太上天皇となり内裏を出た後は、天皇の時代よりは子供たちと身近な交流をもったであろう。

譲位後の立場

弘仁十四年（八二三）、嵯峨天皇は皇后橘《たちばなの》嘉智子《かちこ》と共に内裏を出て、大内裏の東側に隣接する冷然院《れいぜんいん》に移り、皇太弟の大伴《おおとも》親王（淳和天皇）に譲位した。太上天皇の性格がこれまでと大きく変わった。律令制下での太上天皇は、天皇と同等の政治的権能を有し、天皇の共同執政者という立場にあり、譲位した天皇は自動的に太上天皇になった。しかし、嵯峨天皇は太上天皇号を辞し、新帝淳和天皇はあらためて太上天皇号を嵯峨に授ける宣を下した。太上天皇は国政に関与せず、天皇は唯一の君主となったのであり、新天皇が太上天皇号を前天皇に授ける宣下制が成立した。そもそも、大同五年（八一〇）に起こった薬子の変の発端は、譲位後も天皇と同等の政治的権能を有した平城太上天皇が生まれ育った奈良の旧平城宮に居所を移した後、突如平城京への還都命令を出したことであった。嵯峨は実兄と対立したという経験から、自身が譲位する際に太上天皇の位置づけを改めたのである。

奈良時代の元正《げんしょう》太上天皇は若い甥の聖武天皇を補佐し、共同統治を行ったが、嵯峨太上天皇はそのような天皇の共同執政者ではなくなったため、直接国政に関与することはなかった。嵯峨太上天皇の国政への関与がうかがえるのは、淳和朝では薬子の変での処分者の都への召還、仁明朝では嵯峨太上天皇の遊猟に奉仕した人々への叙位、遣唐副使に任命されながら乗船を拒否し、遣唐使を風刺する漢詩を作った小野篁《おののたかむら》の隠岐国への配流《はいる》ぐらいである。それも嵯峨太上天皇の意向を受けて、太政官《だいじょうかん》が執行しており、太上天皇の政治的権能を行使したわけではない〔目崎一九九五〕。

天長元年（八二四）、淳和朝の二年目に、桓武天皇の正嫡であった平城太上天皇が崩御する。皇后藤原乙牟漏を母にもつ同母弟の嵯峨太上天皇は桓武天皇の唯一の正統な後継者となり、異母弟の淳和天皇は嵯峨に敬意を払った。次の仁明朝になると、嵯峨太上天皇は天皇の父としても権威を有し、皇室に君臨した。それを象徴する出来事が三つある。一つめは朝覲行幸《ちょうきんぎょうこう》の開始である。仁明朝の最初の正月、承和元年（八三四）正月二日から四日にかけ、仁明天皇→淳和太上天皇、淳和太上天皇→嵯峨太上天皇、仁明天皇→父嵯峨太上天皇・母皇太后橘嘉智子、嵯峨太上天皇→淳和太上天皇という、相互に居所を訪れての正月拝礼が行われた。しかし、翌年の正月には、仁明天皇が父母への朝覲行幸のみを行い、これが皇室の行事として定着する。

二つめは、淳和太上天皇が死の直前に散骨を望むも、側近の藤原吉野《よしの》の反対にあった際、嵯峨太上天皇の判断を求めたことである〔『続日本後紀《しょくにほんこうき》』承和七年（八四〇）五月六日条〕。病床で結論を出す気力もなかった淳和太上天皇は、側近らに嵯峨太上天皇に奏上して決めてもらうよう指示した。仁明天皇でなく嵯峨太上天皇に決定を求めた点は、嵯峨の皇室内での立場を物語っている。

三つめは承和九年、嵯峨太上天皇の死のわずか二日後に起こった承和の変である。皇太子恒貞《つねさだ》親王（父は淳和天皇）に仕える春宮坊《とうぐうぼう》の官人たちによる謀反の計画が発覚し、恒貞親王は皇太子を廃され、大納《だいな》言《ごん》以下の大勢の官人が左遷や流罪となった。淳和朝と仁明朝の前半とは政治的に安定していたが、嵯峨の死により、それが崩れた。嵯峨太上天皇が存在することで平和が保たれていたことがわかる。

嵯峨太上天皇の死

承和七年（八四〇）に崩御した淳和太上天皇に続き、承和九年（八四二）七月十五日、嵯峨太上天皇が五十六歳で崩御した。嵯峨太上天皇は死に際して、中国の典籍を引用した長文の遺詔《いしょう》を残した。その中で薄葬《はくそう》を望み、葬送儀礼・墳墓の造営・追善の段取りについて詳細な指示を述べている〔『続日本後紀』承和九年七月十五日条〕。淳和太上天皇も、葬送儀礼の簡素化や山陵《さんりょう》を造営せずに散骨することを望んだ遺詔を残している。両者以前は天皇と同様、太上天皇が崩御した際には、朝廷が御葬司《ごそうし》という臨時の官を設け、葬送儀礼や山陵造営を行い、国家が命日に行う追善仏事の国忌《こき》を行った。しかし、両者は国家による葬送儀礼・山陵造営・国忌を辞退した。両者の遺詔は、それまでの天皇・太上天皇とは異なる徹底した薄葬思想が見られる点に特徴がある〔山田一九九九〕。

遺詔の内容をざっくり確認しよう。嵯峨太上天皇は譲位後に無位・無号となって、物事にとらわれない生活を送りたいと望んだけれども、淳和天皇が太上天皇の尊号を強《し》い、固辞は許されなかったという。せめて死後は太上天皇としての葬儀を行わず、平素の願いを遂げたいと考えた。人が死ぬと精神はほろび、肉体は消滅し、魂は去る、故に気は天に属し、肉体は地に帰るという死生観を記し、生前に徳のなかった自分が死後に国家の出費を重ねることができようかと述べ、薄葬の理由を綴り、具体的な葬送の指示をする。

朝死んだら夕方に、夕方死んだら翌朝葬ること、柩《ひつぎ》は厚く作らず、蓆《むしろ》で覆い、黒葛のつるでくくり、床上に置くこと、山北の都から離れた不毛の地を選び、三日のうちに埋葬すること、卜筮《ぼくぜい》を信じず、世俗の雑事にもとらわれないこと、夜に埋葬地へ向かうこと、嵯峨院（嵯峨太上天皇の御所）に仕えていた者が喪服を着用して葬礼を行うこと、柩を引く者・燭を持つ者は十二人、従者は二十人を越えてはいけないこと、柩が埋まる程度の穴を掘ること、土を高く盛らず、樹木を植えず、地面を平らにし、草の生えるままとし、長期的な祭祀を絶つこと。ただし、子の中で年長の者（仁明天皇）は私的に墓守《はかもり》を置き、三年後に停止すること、などについて書き記す。

続けて、仏事にも言及し、三七日、七七日（四十九日）、一周忌にはどこか都合のよい寺で仏事を行うこと、国忌は行わないこと、忌日ごとに仁明天皇は使者を一寺へ派遣し、少しの誦経をさせること、仁明天皇の一代限りこの誦経を行い、他の子はこれにならう必要はないことを述べる。そして、後世の議論する者がこの遺言に従わなければ、私は傷つき、冥途で長く怨鬼《えんき》になるであろう、忠臣・孝子はよく主君・父の志に従い、私の気持ちに背いてはならない、と強い言葉で結ぶ。

前例のない形で示された嵯峨太上天皇の遺志はほぼ遵守された。しかし、子の仁明天皇によって否定されたものもあった。それは卜筮を信じるなという父の言葉である。承和十一年八月五日、大納言藤原良房の命令を受け、文章《もんじょう》博士の春澄善縄《はるすみのよしただ》と大内記《だいないき》の菅原是善《すがわらのこれよし》が申した〔『続日本後紀』同日条〕。物怪《もののけ》の出現について役所に卜わせると先霊の祟《たたり》と出るが、嵯峨太上天皇の遺戒に背くことになってしまう。この点について、二人は中国の古典を引用して根拠を示し、卜筮の告げるところは信じるべきであり、君父の命令は適宜取捨し、改めるべきことは改めても問題ないと述べた。朝議はこれに随うことになった。仁明天皇は父の合理的な考えを否定し、藤原良房ら貴族の要請を受け入れた。これは、嵯峨太上天皇の父としての権威の限界を意味する。

（岩田真由子）

【主要参考文献】

岩田真由子「追善からみた親子関係と古代王権の変質」（『日本古代の親子関係―孝養・相続・追善―』八木書店、二〇二〇年。初出二〇一四年）
筧　敏生「太上天皇尊号宣下制の成立」（『古代王権と律令国家』校倉書房、二〇〇二年。初出一九九四年）
栗原　弘「藤原良房と源潔姫の結婚の意義」（『平安前期の家族と親族』校倉書房、二〇〇八年）
林　陸朗「賜姓源氏の成立事情」（『上代政治社会の研究』吉川弘文館、一九六九年）
春名宏昭「太上天皇制の成立」（『史学雑誌』九九―二、一九九〇年）
春名宏昭『平城天皇』（吉川弘文館、二〇〇九年）
春名宏昭『〈謀反〉の古代史―平安朝の政治改革―』（吉川弘文館、二〇一九年）
服藤早苗「平安朝の父子対面儀と子どもの認知」（『平安王朝の子どもたち―王権と家・童―』吉川弘文館、二〇〇四年。初出一九九八年）
目崎徳衛「政治史上の嵯峨上皇」（『貴族社会と古典』吉川弘文館、一九九五年。初出一九六九年）
山田邦和「淳和・嵯峨両天皇の薄葬」（『花園史学』二〇、一九九九年）

淳和天皇――臣下になることを願った嵯峨天皇の異母弟

父：桓武天皇	誕生：延暦五年（七八六）
母：藤原旅子	崩御：承和七年（八四〇）五月八日
	諱：大伴
在位期間：弘仁十四年（八二三）四月十六日～天長十年（八三三）二月二十八日	
陵墓：大野原西嶺上陵（京都市西京区大野原南春日町）	

臣下になることを願い出る

淳和《じゅんな》天皇が生きた時代は兄弟間や叔父から甥への皇位継承が行われ、非常に複雑な皇位継承が行われた。本稿では、本心はわからないが、表面上は仲の良かった淳和天皇と同年生まれの異母兄弟の嵯峨《さが》天皇との関係に注目しつつ、当時の皇位継承を中心にみていきたい。

淳和天皇は延暦五年（七八六）に、桓武《かんむ》天皇の皇子として誕生した。大伴《おおとも》親王という。母は桓武天皇のキサキの一人で、夫人《ぶにん》の藤原旅子《ふじわらのたびこ》（父は藤原百川《ももかわ》）である。延暦七年、大伴親王が二歳のとき、母の旅子は三十歳の若さで亡くなった。桓武天皇は幼くして母を亡くした大伴親王を哀れみ、文屋与伎《ふんやのよき》の妻、平田孫王《ひらたそんおう》を親王の母親代わりとした〔『日本紀略《にほんきりゃく》』天長七年（八三〇）閏十二月十八日条〕。

　延暦二十五年三月十七日、父桓武天皇が七十歳で崩御し、第一皇子で皇太子だった異母兄の安殿《あて》親王（平城《へいぜい》天皇）が践祚《せんそ》した。父桓武天皇の七七日の仏事も終わらぬ五月一日、大伴親王が親王の号を捨て、姓を賜わり臣籍降下することを願い出た。しかし、平城天皇はこれを許さなかった〔『日本後紀《にほんこうき》』大同元年（八〇六）五月一日条〕。大伴親王はなぜ異例の申請を行ったのか。それは、桓武天皇が崩御する三ヵ月ほど前に大伴親王の息子恒世《つねよ》王が生まれたからである。恒世王の母は桓武天皇の皇女高志《こし》内親王で、皇后藤原乙牟漏《おとむろ》を母とする高貴な女性であった。桓武天皇の皇子の中で、皇后藤原乙牟漏を母にもつ平城天皇も賀美能《かみの》（神野）親王（のちの嵯峨天皇）も共に異母妹を妻にしていたが、男子は産まれていない。そして、平城天皇には阿保《あぼ》親王、高岳《たかおか》親王という二人の親王がいたけれども、それぞれの母はキサキとしての身分が低かった。そのようななか、恒世王は父・母両方から桓武天皇の血を受け継いでおり、桓武天皇の孫世代の中では傑出して血統がよかった。まだ平城天皇の即位式が行われておらず、皇太子も確定していない。皇位継承をめぐる政争が起こりうる可能性がある中で、大伴親王はそれに巻き込まれることを恐れたのである〔安田一九九八〕。

　祖父光仁《こうにん》天皇の時代には皇太子他戸《おさべ》親王が、父桓武天皇の時代には皇太弟早良《さわら》親王が皇位継承をめぐる争いの中で死んでいる。翌年には父桓武天皇の寵愛を受けた伊予《いよ》親王が謀反の疑いをかけられ、母子ともに服毒自殺している。大伴親王の不安は大きかったはずである。結局、五月十八日には平城天皇の即位式が行われ、十九日には平城天皇の同母弟の賀美能親王が皇太弟《こうたいてい》に立てられた。

皇太弟となる

大同四年（八〇九）、平城天皇は病気を理由にわずか三年で譲位した。二十四歳の嵯峨天皇が即位し、平城天皇の子の高岳親王が皇太子に立てられた。しかし、大同五年九月六日、生まれ育った奈良の旧平《へい》城宮《じょうきゅう》に移住していた平城太上天皇が突如、平城京への還都命令を出した。十日、還都命令により人民が動揺したため、嵯峨天皇は使者を派遣し、伊勢（三重県）・近江（滋賀県）・美濃（岐阜県）にある三関を封鎖させた（固関《こげん》）。固関が行われるのは天皇の死や内乱など、非常事態のときであり、嵯峨天皇はそう判断したということである。また、同日、嵯峨天皇により、還都をそそのかしたとして、平城太上天皇の寵愛を得ていた尚侍《ないしのかみ》藤原薬子《くすこ》が宮中から追放され、その兄仲成《なかなり》も逮捕された。十一日には、平城太上天皇が平城宮に仕える官人や兵士を伴い東国へ向かったけれども、嵯峨天皇側が坂上田村麻呂《さかのうえのたむらまろ》らに命じて、先回りして迎撃させた。十二日、平城太上天皇は平城宮から少し進んだあたりで、嵯峨天皇側の兵士たちが前進を阻んでいることを知り、観念して平城宮に戻り出家し、薬子は自殺した。

これが薬子の変（平城太上天皇の変）のあらましであり、わずか数日の出来事であった。さっそく十三日には、嵯峨天皇は平城太上天皇の子である皇太子高岳親王を廃し、異母弟の大伴親王を皇太弟に立てた。この事件により、桓武天皇の正嫡である平城太上天皇の皇統は除外されることになった。

嵯峨天皇の子である正良《まさら》親王（のちの仁明《にんみょう》天皇、母は夫人 橘 嘉智子《たちばなのかちこ》）は薬子の変の後（同年九月二十四日）に生まれており、その兄とされる業良《なりよし》親王（母は妃《ひ》高津《たかつ》内親王〈桓武天皇の皇女〉）もまだ幼かったため、桓武天皇を父とする異母兄弟の中から皇太弟を選ばなければならなかった。桓武天皇には多くのキサキ・皇子女がいたが、皇后・妃・夫人の地位にいた女性の子に注目すると、皇后から生まれた皇子は平城・嵯峨、妃から生まれた皇子はおらず、三人の夫人から生まれた皇子六人のうち、生存しているのは五人、すなわち、藤原旅子を母にもつ大伴親王、多治比真宗《たじひのまむね》を母にもつ葛原《かづらはら》・佐味《さみ》・賀陽《かや》親王、藤原小屎《おぐそ》を母に持つ万多《まんだ》親王である。藤原旅子の父は百川で、式家《しきけ》の宇合《うまかい》の子であり、山部《やまべ》親王（桓武天皇）の立太子を画策したといわれる人物である。平城・嵯峨の母の皇后藤原乙牟漏の父で、光仁天皇（桓武天皇の父）の即位を実現させた良継《よしつぐ》の異母弟であった。大伴親王は式家の血を引き、嵯峨天皇の同母妹の高志内親王を妻としており、五人の親王の中では最も嵯峨天皇に近い。加えて、大伴親王には、父・母両方から桓武天皇の血を受け継いだ恒貞《つねさだ》王も生まれている。こうして、嵯峨天皇は同い年の大伴親王を皇太弟とした。平城太上天皇、嵯峨天皇、皇太弟大伴親王。兄弟で太上天皇、天皇、皇太子を占めるという、これまでにない状況が出現した。

淳和天皇の即位

弘仁十四年（八二三）四月、嵯峨天皇は皇太弟の大伴親王（淳和天皇）に譲位しようと考え、内裏を出て、大内裏の東側に隣接する冷然院《れいぜんいん》に移った。大伴親王は三度固辞したが許されず、即位することになった。

嵯峨天皇はこのとき三十八歳であり、新帝も同じ三十八歳であった。彼らの父の桓武天皇が天皇のまま七十歳で崩御していることを考えると、譲位する年齢としては若い。しかも、右大臣《うだいじん》の藤原冬嗣《ふゆつぐ》は、平城に加えて嵯峨までもが太上天皇になると、人民の負担になるので、豊作の年まで待って譲位すべきだと反対している。嵯峨天皇はそれでもこのタイミングで譲位すべきと考えたのだろう。同年齢の皇太弟への配慮に加え、その先の皇位継承を見据えての行動でもあった。

淳和天皇は我が子の恒世親王（十八歳）を皇太子としたが、恒世親王が固辞したので、嵯峨太上天皇の皇子の正良親王（十四歳）を皇太子とした。嵯峨太上天皇は我が子が皇太子になることを辞退する文書を淳和天皇に奉ったけれども、淳和は聞き入れなかった。これは皇太子の地位をめぐる両者の駆け引きなのか、譲り合いなのかは不明である。結局、淳和朝には、天皇の異母兄である平城・嵯峨の二人の太上天皇、天皇の甥である皇太子がいるという、嵯峨朝とは異なる状況が発生した。

兄弟で対立した薬子の変を経験した嵯峨太上天皇は、淳和天皇と融和をはかり、良好な関係を維持した。淳和天皇も、自分を皇太弟に引き立ててくれ、かつ、天長元年（八二四）七月の平城太上天皇の崩御後、皇后を母にもち、桓武天皇の唯一の正統な後継者となった嵯峨太上天皇に敬意を払った。

両者は良好な関係を維持するため、血縁関係でもより深く結びついた。嵯峨太上天皇の娘の正子《まさこ》内親王（母は皇后橘嘉智子）が淳和天皇のキサキになった。彼女は天長元年には入内していた。このとき、正子内親王は十五歳で、淳和天皇は正子の父嵯峨太上天皇と同じ三十九歳であった。恒世親王を産んだ高志内親王は、淳和天皇が一親王であった時代、大同四年（八〇九）に二十一歳で亡くなっており、淳和天皇の即位後、皇后の位を追贈されている。よって、淳和天皇には女御《にょうご》や更衣《こうい》などのキサキは数人いたけれども、後宮の主人たる皇后はいない状況であった。

天長二年、正子内親王は恒貞《つねさだ》親王を出産した。しかし、天長三年五月には、恒世親王が二十二歳の若さで薨去した。若年の嫡子を失った父淳和天皇は悲痛のあまり、久しく政務を執らなかった。翌天長四年二月二十八日に正子内親王は皇后となった。淳和天皇は嫡子恒世親王の死を契機に、不在であった皇后を立てる決意をしたのであろう。恒貞親王は嵯峨太上天皇の孫でもあり、嵯峨と淳和の結節点となる人物であった。

嵯峨太上天皇との関係

淳和天皇の時代には、天皇が養子をもつという、これまでになかった現象が起こった。嵯峨太上天皇が息子の第六源氏の源定《みなもとのさだむ》を淳和天皇に「奉り」、淳和天皇の子としたのである〔『日本三代実録《にほんさんだいじつろく》』貞観五年（八六三）正月三日条〕。定は弘仁六年（八一五）に誕生した。母の百済王慶命《くだらのこにきしきょうみょう》は嵯峨天皇の寵愛を受けた人物で、嵯峨天皇が譲位後、天長十年（八三三）に内裏近くの冷然院から洛外の嵯峨院に遷った際には、別宮を与えられる。嵯峨は定を鍾愛した。しかし、定は源氏になることが予定されていた。嵯峨天皇の皇后・妃《ひ》・女御の産んだ子は皆、親王となっている。定の母百済王慶命は嵯峨天皇の寵愛を受けていたが、女御ではなかったからである。

淳和天皇は定を我が子のように愛し、寵姫の女御の永原原姫《ながはらのもとひめ》を定の母とした。そのため、世間の人々は、定には二人の父と二人の母がいると言った。淳和天皇は定を女御の養子とすることで定の格を上げ、親王になる資格を与えようと意図したのであろう〔岩田二〇二〇〕。

天長四年二月二十八日、正子内親王が皇后となった同じ日、淳和天皇は優秀で賢明な定が皇室を離れて臣下になることを惜しみ、嵯峨太上天皇に定を親王にすることを請うた。しかし、嵯峨太上天皇はそれを許さなかった。淳和天皇がなぜこのようなことを行ったのか。定への寵愛、嵯峨太上天皇への配慮、そして、自身の息子が三歳の恒貞親王（母は正子内親王）しかいないことが背景にあったと考えられる。

結局、翌年、十四歳の定は賜姓された。天長八年二月には十七歳で現在の成人式にあたる元服をしている。嵯峨・淳和両天皇の実子は、みな父天皇の即位前・譲位後に内裏の外で元服したと推定され、この源定は、皇太子を除き、両天皇にとって内裏で元服した唯一の子になる。定の元服の儀式は、内裏の紫宸殿《ししんでん》で行われた。定以後の事例になるが、仁明朝の承和五年（八三八）には、皇太子になった恒貞親王が紫宸殿で元服しており、以後、皇太子の元服の会場は紫宸殿に固定している。現天皇の親王や源姓を賜った皇子（一世源氏）の元服の儀式は、仁明朝以後の事例も含めて検討すると、紫宸殿以外の殿舎が用いられており、源定の元服の儀式は、皇太子が元服する際の儀式に相当する破格のものだったと考えられる。加えて、儀式の主人（主催者）は嵯峨太上天皇であった。親王・一世源氏の元服儀では、通常、父天皇が主催者となる。誰が主催するかということは、誰が元服する者の父親であるかを世に示すことを意味する。嵯峨が定の元服儀で主人となったのは、定が淳和の子でもあり、嵯峨の子でもあるということを世に知らしめるためであり、嵯峨と淳和との結びつきの強さを強調したかったからであろう。

元服の翌年の天長九年正月、定は無位《むい》から従三位《じゅさんみ》に叙される。異母兄弟の嵯峨一世源氏の信《まこと》・明《あきら》は初めての叙位で従四位上《じゅしいのじょう》、弘《ひろむ》・常《ときわ》は従四位下に叙されたことを考えると、破格の扱いである。淳和天皇が嵯峨太上天皇との関係を考慮した上での処遇といえよう。源定が淳和天皇の子になった背景には、極めて政治的な意図があり、定は嵯峨太上天皇と淳和天皇の融和の象徴であった。

なお、官人の休暇を定めた養老仮寧令《ようろうけにょうりょう》には、官人が親の死に際して官職を解かれるという規定があった。実際にこの規定は平安時代に入っても行われていた。源定は、承和七年に淳和太上天皇が崩御した際には、自ら辞職を願い出て、参議《さんぎ》を辞職している。また、承和九年に実父嵯峨太上天皇が崩御した際には、中務卿《なかつかさきょう》の職を解かれ、嘉承二年（八四九）に実母の百済王慶命が薨じた際にも、中納言《ちゅうなごん》の職を解かれており、それぞれ二ヵ月程度で元の職に復職している。

淳和天皇の死

天長十年（八三三）二月、淳和天皇は在位十年、四十八歳で譲位し、二十四歳の仁明天皇が即位した。皇太子には、九歳の恒貞親王（父は淳和太上天皇）が立てられた。嵯峨太上天皇が我が子正良親王の立太子に際して、それを辞退する文書を淳和天皇に奉ったのと同様に、淳和太上天皇も我が子の立太子を辞退する文書を仁明天皇に奉った。しかし、仁明天皇は聞き入れず、恒貞親王が皇太子となった。こうして、仁明朝には、異母兄弟で同い年の嵯峨・淳和の二人の太上天皇、天皇の徒兄弟である皇太子がいるという、淳和朝よりも複雑な状況が発生した。太上天皇の一人は父（嵯峨）であり、もう一人は叔父（淳和）であった。このまま、嵯峨系と淳和系の皇統が交互で皇位継承を行っていくのか。その先は見えない状況のなかで、表面的には平和な状況が維持された。

そのようななか、承和七年（八四〇）五月、淳和太上天皇は病となり、六日には子の皇太子恒貞親王に死後のことを指示している〔『続日本後紀《しょくにほんこうき》』承和七年五月六日条〕。私は飾り立てることを好まず、人や物を煩わせたり、費やしたりしたくない。自分の死後、葬送は簡素にし、朝廷から賜わる葬具は固く辞しなさい。葬儀が終わったら喪服を脱ぎ、国の民を煩わせないようにしなさい。葬とは蔵《かく》すことである。人に見られないようにし、葬送は夜に行いなさい。追善は同じく倹約しなさい。また国忌《こき》（国家が命日に行う追善仏事）は死者を追慕することに義があるが、担当の役所にとっては面倒なものである。また、年末に（その年の調庸の初荷である）絹を山陵《さんりょう》に領ける荷前《のさき》は煩わしく無益である。よって国忌と荷前は停止するよう、必ず朝廷に伝えなさい。人の子の道は親の教えに従うことを最優先するもので

大原野西嶺上陵（淳和天皇陵）　京都市西京区

ある。指示の通りに行い、遺失してはならない。

重ねて淳和太上天皇は命じた。私は人が死ぬと魂は天に帰り、空しく墓が残り、そこに鬼が住み、遂には祟りをなし、長くわざわいを残すことになる、と聞いている。私の死後、骨を砕き粉にし、山中に散らしなさい。

このように、淳和太上天皇は、徹底した薄葬《はくそう》（葬送儀礼の簡素化・朝廷からの葬具固辞・山陵不要・散骨）、追善の倹約、国忌・荷前停止を指示した。彼が国家による死後の扱いを望まず、国家や国の民への負担を配慮していた様子もうかがわれる。太上天皇が散骨を望むというのは前代未聞の事態であり、側近の藤原吉野《よしの》の反対にあっている。その際、病床で結論を出す気力もなかった淳和太上天皇は、側近らに嵯峨太上天皇に奏上して決めてもらうよう指示した。そして、八日に淳和太上天皇は崩御した。五十五歳であった。十三日の夕刻、山城国乙訓《おとくに》郡物集《もずめ》村（京都府向日市物集女町）で火葬され、大原野《おおはらの》（京都市西京区）の西山の嶺の上で散骨された。淳和太上天皇の遺志は遵守されたのであった。

二年後の承和九年七月には、嵯峨太上天皇も崩御した。その死のわずか二日後に承和の変が起こった。皇太子恒貞親王に仕える春宮坊《とうぐうぼう》の官人たちによる謀反の計画が発覚し、恒貞親王は皇太子を廃され、大《だい》納言《なごん》以下の大勢の官人が左遷や流罪となった。嵯峨太上天皇の存在により保たれていた平和が崩れたのである。嵯峨・淳和皇統の交互による皇位継承は解消され、以後、仁明天皇の皇統、すなわち嵯峨太上天皇の皇統が皇位を継承することとなった。

（岩田真由子）

【主要参考文献】

岩田真由子「元服儀からみた親子意識と王権の変質―淳和・仁明朝の画期―」（『日本古代の親子関係―孝養・相続・追善―』（八木書店、二〇二〇年。初出二〇〇九年）
春名宏昭『平城天皇』（吉川弘文館、二〇〇九年）
松本大輔「高丘親王立太子の影響をめぐる政治動向―高丘皇太子と嵯峨天皇・大伴親王―」（『続日本紀研究』四三一、二〇二三年）
安田政彦「大伴親王の賜姓上表」（『平安時代皇親の研究』吉川弘文館、一九九八年。初出一九九三年）

仁明天皇――律令制から脱却をはかった文化人

父：嵯峨天皇
母：橘嘉智子
誕生：弘仁元年（八一〇）九月二十四日
崩御：嘉祥三年（八五〇）三月二十一日
諱：正良
在位期間：天長十年（八三三）二月二十八日～嘉祥三年（八五〇）三月十九日
陵墓：深草陵（京都市伏見区深草東伊達町）

即位まで

仁明《にんみょう》天皇正良《まさら》は、弘仁元年（八一〇）九月二十四日に、嵯峨《さが》天皇と橘《たちばなの》嘉智子《かちこ》の第一子として誕生した。両親はともに二十五歳であり、三人ともに寅年生まれである。嵯峨は前年の四月に即位したばかりで、しかも正良の生まれる少し前の九月六日に先帝平城《へいぜい》が平城京《へいじょうきょう》へ遷都《せんと》する詔勅《しょうちょく》を発して、いわゆる平城太上天皇の変が起こるという危難に遭遇していた。政変は十二日の平城の出家、藤原薬子《ふじわらのくすこ》の自殺を経て、翌十三日に平城皇子で皇太子の高岳《たかおか》親王が廃され、大伴《おおとも》親王が皇太弟に立てられることによって、終息を見た。そして十九日に大同五年を弘仁元年と改元し、その五日後に正良は誕生したのである。

正良は十四歳のときに元服したが、同年父嵯峨が譲位し、叔父淳和《じゅんな》が即位すると、その皇太子に立てられた。このとき東宮学士《とうぐうがくし》に任じられたのが、日本最古の類書『秘府略《ひふりゃく》』の編纂で有名な滋野貞主《しげののさだぬし》である。もともと正良は、中国の四書五経《ししょごきょう》をはじめとする諸子百家《しょしひゃっか》や歴史書など中国の古典に造詣が深かったが、貞主からはさらに賦詩《ふし》の手ほどきも受け、十七歳のときに詠んだ五言絶句《ごごんぜっく》「閑庭雨雪」が、翌天長四年（八二七）に貞主らによって編纂された『経国集《けいこくしゅう》』に載せられている。なお同年には、同母姉妹で同い年の正子《まさこ》が淳和の皇后となった。

また、藤原良房《よしふさ》の娘の女御順子《にょうごのぶこ》との間に、のちの文徳《もんとく》である道康《みちやす》が生まれたのも、この年であった。翌年には同じく女御の藤原沢子《さわこ》との間に宗康《むねやす》が、一年措いて天長七年にのちの光孝《こうこう》である時康《ときやす》が、その翌年には人康《ひとやす》が生まれている。同年には宮人の百済《くだら》王豊俊《ほうしゅん》の娘との間に、のちに臣籍降下して源《みなもとの》多《まさる》となる皇子も生まれている。なお、この年に時子《ときこ》内親王が二代目賀茂斎院《かもさいいん》に卜定《ぼくじょう》された。母は滋野貞主の娘の女御縄子《つなこ》である。おそらくこのとき十歳未満であろうから、貞主が東宮学士に任じられた、つまり正良立太子頃の生まれであろう。

その二年後、天長十年二月、淳和の譲位を受けて正良は即位する。時に二十四歳であった。皇太子には先帝淳和の皇子である恒貞《つねさだ》（九歳）が立てられた。また、伊勢斎宮《いせさいくう》に久子《ひさいこ》、賀茂斎院に高子《たかいこ》があらためて卜定された。いずれも正良が皇太子時代に、宮人や女嬬《にょうじゅ》との間にもうけた内親王である。蔵人《くろうどの》頭《とう》も代替わりによって、新たに藤原良房《よしふさ》が任じられた。

承和初期

翌年正月三日、甲寅《きのえとら》の年の甲寅の日に改元し、承和元年（八三四）となる〔遠藤二〇二二〕。十七日の射礼《じゃらい》（親王以下の官人による歩射競技）に続いて、翌十八日には賭射《のりゆみ》（勝方に賞品を賜う、衛府舎人による競射）が行われ、いずれも天皇は出御して射伎を見た。十九日には二十七年ぶりの遣唐使《けんとうし》が任命された。二十日には仁寿殿《じじゅうでん》で内宴《ないえん》（内々の詩宴）を催し、内教坊《ないきょうぼう》が女楽《じょがく》を奏し、また、文人たちに「早春花月」の題で詩を賦させた。そして横笛の名手である大戸清上《おおべのきよかみ》が卓越した演奏によって外従五位下を授けられた。二十三日には、永安門《えいあんもん》の裏の西掖廊《にしわきろう》の前に新たに堋《あずち》（的を懸ける盛土）を作り、また、紫宸殿《ししんでん》の西南廊を撤却して射場殿《いばどの》を設けた。今後、賭射をつつがなく行うためである。二月には畿内において一紀（十二年）一班で班田《はんでん》を実施することとした。四月には紀伝博士《きでんはかせ》を廃して、文章博士《もんじょうはかせ》を二名に加増した。

仁明は経史《けいし》、漢音《かんおん》、老荘《ろうそう》思想（道家《どうか》）、群書治要《ぐんしょちよう》、諸子百家、文藻《ぶんそう》、書法、弓射、管絃、医術に詳しかった帝王として著名であるが（『続日本後紀《しょくにほんこうき》』巻末の評伝）、このように承和元年の動向を略見しただけでも、十分にそれがうかがわれる。

賭射も内宴も、これ以前から臨時の行事として散見していたものではあるが、年中行事《ねんじゅうぎょうじ》として固定するのは仁明以降である。観射の際に天皇が弓場殿《ゆばどの》に出御するようになったのも、言うまでもなく仁明によって紫宸殿から東西に二本ずつ伸びていた廊のうちの西南廊が毀たれて、弓場殿が設置されてからである。内宴は賦詩と奏楽によって構成されるが、ともに仁明の得意とするところである。詩はすでに述べた如く滋野貞主の指南を受けており、紀伝博士を廃して文章博士を置いたことにも、仁明の文藻への強い関心や、文章経国思想《もんじょうけいこく》が表れている。

管絃全般にも通じていた仁明だが、中でも笛は大戸清上が帝師であった『博雅笛譜《はくがてきふ》』跋文、告井二〇〇四）。清上はこの年の十二月には、雅楽笙師正六位上で同姓の朝生《あさなり》らとともに十三人で、大戸首《おびと》から良枝宿禰《よしえのすくね》へと改賜姓されており、前述の五位叙爵とあわせて、仁明の期待の強さが感じられる。

班田を一紀一班にしたことは、律令制の根幹には従いながらも、社会の実情に合わせて部分的に修正を加える、この時期の歴史的位置がうかがわれる。律令制の時代に続く、格式《きゃくしき》時代とも呼ばれる所以である。実際、承和七年には諸司百官に、「改正遺漏紕繆格式《かいせいいろうひびゅうきゃくしき》」が頒行された。これは律令の追加・改正法である格と、施行細則・手続法である式を、嵯峨朝に分類・整理したもので、弘仁十一年にいったん完成し『弘仁格式』とよばれるものだが、その後も修訂事業が続けられ、このときに施行されたのである。

承和二年正月二十二日、新銭「承和昌宝《じょうわしょうほう》」が発行された。その準備、鋳造が前年の承和改元とともに即位当初からなされていたであろうことは想像に難くない。また、同日には真言宗に年分僧《ねんぶんそう》（毎年の出家定員）三人を置くことが認められ、仁明の誕生日に金剛峰寺《こんごうぶじ》（和歌山県高野町）で試度《しど》（得度のための試問）することとなった。この申請が認められ安心したのか、三月に空海《くうかい》が、隠居していた金剛峯寺で寂した。なお、天台宗は十三年前嵯峨のときに、やはり最澄《さいちょう》の死の直前に年分度者《ねんぶんどしゃ》が認められていた。

四月には前年に参議《さんぎ》になってから一年もたっていない藤原良房が権中納言《ごんのちゅうなごん》になり、位も正月に叙せられたばかりの従四位上から従三位に昇進した。参議から納言になったことによって、天皇の勅を奉じて上卿《しょうけい》（担当公卿）として行政案件を宣して（奉勅上宣《ほうちょくじょうせん》）、太政官符《だいじょうかんぷ》を発給させることができるようになった。実際これ以後、他の公卿よりも良房を上卿とする官符が増えていくこととなる〔土田一九九二〕。

なお、この年にのちに臣籍降下して源冷《すずし》となる皇子が生まれている。また、十二月には清涼殿《せいりょうでん》で三夜を限って、仏名経《ぶつみょうきょう》を礼拝しているが、これが五年以降からは仏名会《ぶつみょうえ》（懺悔）となって、ながく年中行事として固定することとなる。

承和中期

承和五年（八三八）十一月二十七日、皇太子が紫宸殿で元服した。同日には、源融《とおる》も内裏で加冠され、仁明の神筆（天皇の直筆）で正四位下に叙された。融は嵯峨太上天皇の第八皇子で、仁明が猶子《ゆうし》としていた。祝事が重なったが、十二月には仁明の同母妹芳子《よしこ》内親王が薨じるということもあった。翌六年四月には、女御藤原沢子が卒した。残された子のうち、長男の宗康ですらまだ元服前の十二歳であった。

なお、承和元年に任命された遣唐使は同三年になって発遣されたものの、風波による船の破壊によって、いったん中止となり、一年をまたいで五年六月になってようやく再発遣され、六年六月に帰国した。この遣唐使が結果的に最後の遣唐使となったのだが、その使命・目的は、ようやく大陸の文化に対する理解が深まる中で生じた、さまざまな学術分野での疑問を唐で解決してくることであった。仏教のアップデートはいうまでもないが、それ以外の諸分野でも明確な目的をもって人選がなされた。

例えば、遣唐陰陽師《おんみょうじ》兼陰陽請益《しょうえき》正八位上春苑玉成《はるそののたまなり》は在唐の間に得た「難義一巻」をもたらして、陰陽寮諸生《しょせい》たちが伝え学ぶこととなった。また、菅原梶成《すがわらのかじなり》は医経に明達していた者であったので、日本の医学界で生じた疑義を唐の医家に請問してくるため、遣唐使に加えられた。仁明が特に造詣の深かった音楽については、いっそう唐での最新理論の修学が期待された。良峯長松《よしみねのながまつ》は琴を善く弾く者であったから、また、藤原貞敏《さだとし》は琵琶の名手であったため、ともに遣唐使准判官となった。貞敏は、揚州《ようしゅう》で琵琶博士廉承武《れんしょうぶ》から伝授を受け、『琵琶諸調子品《びわしょちょうしぼん》』を贈られた〔同書貞敏奥書、佐藤一九八五、神田二〇二一〕。これにより奈良時代に日本に伝えられたものからは変化していた中唐の新説が伝えられ、この貞敏によって請来・整理された調絃法が、以後の琵琶奏者に継承されることとなる〔林一九六九〕。

貞敏は第一船に乗って無事に帰国できたが、実は長松・梶成らの乗った第二船は逆風に遭って船が破壊された挙句、南海の地に漂着し、そこの住民と戦闘状態に陥ってしまった。長松・梶成を含む何人かが、破船の材木を集めて急拵えの小船を造って、命からがら大隅にたどり着いたのは、第一船の帰国から遅れることほぼ一年である。残念なことに途中で命を落とした者もおり、中でも、遣唐音声長《おんじょうちょう》外従五位下良枝清上（とおそらく遣唐画師《えし》雅楽答笙師《とうしょうし》の同姓朝生も）は、前述の如く仁明が大きな期待を寄せていた笛の名手で、非常に惜しまれることであった。

承和七年五月、淳和太上天皇が崩じた。五十五歳。これまで嵯峨・淳和二人のカリスマによって維持されてきた両陣営のパワーバランスの一角に、亀裂が生じたのは否めないだろう。七月には右大臣《うだいじん》従二位皇太子傅《ふ》の藤原三守《みもり》が五十六歳で薨じた。それを受けて八月、源常《ときわ》を右大臣に、中納言正三位藤原愛発《ちかなり》を大納言《だいなごん》に、権中納言従三位藤原良房を中納言に任じた。事実上引退状態にあった左大臣藤原緒嗣《おつぐ》を除けば、常は二十九歳の若さで太政官筆頭となり、政権の刷新が図られた。しかし、九月には肥後国（熊本県）阿蘇《あそ》の神霊池の涸渇《こかつ》や、伊豆国（静岡県）神津島《こうづしま》の大規模噴火が報告され、天変地異と政事を相関するものとして捉えていた、当時の人々にはいっそう不安が募ったことであろう。

承和八年六月、四年前に元服を済ませた正道《まさみち》王が卒した。二十歳だった。淳和の皇子で仁明の猶子となっていたのだが、両系統の絆の一つが失われることとなった。十一月には朔旦冬至《さくたんとうじ》の宴が催され、十二月には渤海使《ぼっかいし》が来朝し、同月にはまた、桓武《かんむ》朝後半・平城・嵯峨・淳和朝を叙述した『日本後紀』が撰上された。だが、こうした一時の小康状態を経ながらも、政変勃発への動きは、一歩一歩確実に進んでいたのである。

承和の変

承和九年（八四二）二月、第一皇子が仁寿殿で元服した。道康親王十六歳である。そして七月十五日に嵯峨太上天皇が崩御した。五十七歳であった。二日後の十七日に伴健岑《とものこわみね》・橘逸勢《たちばなのはやなり》の謀叛が発覚する。いわゆる承和の変である。すでに八日には嵯峨の不予（病気）によって相撲節《すまいのせち》が停止されていたが、その二日後の十日に伴健岑が平城皇子の阿保《あぼ》親王のところに来て、「嵯峨太上皇はまもなく亡くなる。この機に皇子（阿保親王）を奉じて東国で挙兵したい」と言ったのであった（目崎一九七八、吉川二〇一五）。阿保はこのことを封書にしたため、当時の皇室の家長（危篤の嵯峨）代理である太皇太后橘嘉智子に上呈し、嘉智子は良房に手渡して仁明に奏上させたのである。十一日に良房は右近衛大将に任じられた。この後の政変を見越してのことであろう。

嵯峨が崩ずると仁明は、健岑が春宮坊帯刀舎人《とうぐうぼうたてわきとねり》であることから、累を皇太子に及ぼし、二十三日に恒貞は廃太子となり、淳和・恒貞の藩臣である大納言正三位藤原愛発・中納言正三位藤原吉野《よしの》・参議正四位下文室秋津《ふんやのあきつ》は左遷され、二十六日には春宮坊官人を含む百人近くの関係者の左遷・配流《はいる》が決定した。この間、二十五日には良房が大納言になるなど、左遷によって欠員の生じた公卿や諸司の任官が行われている。これより先の二十四日に嵯峨山陵（京都市右京区）に「皇太子を廃した状」を告げ、八月四日には、二月に元服したばかりの道康親王を皇太子に立てた旨を、桓武の柏原山陵（京都市伏見区）に告げた。

嵯峨の崩御から一ヶ月もしない間に、以上のことが迅速に行われていることからみて、道康の元服のころから仁明・良房には期するところがあったとすべきだろう。奈良時代に天武《てんむ》・草壁《くさかべ》嫡系継承に拘ったため、皇統の断絶危機に至った反省に鑑み、桓武が企図した平城・嵯峨および淳和系による皇統迭立構想は、こうして嵯峨一系へと収束することとなった。密告の役を果たした阿保親王は十月に薨去した。五十一歳。思わぬ政変の拡大に懊悩《おうのう》するところがあったのだろうか。

翌十年七月十四日、嵯峨の周忌斎会《しゅうきさいえ》が催された。本来は十五日であるべきだが、寅の日で仁明・嘉智子の生年本命干支《せいねんほんみょうえと》（生まれた年の干支）に当たるので、一日ずらしたのである。このような俗事・迷信には関わるなというのが、嵯峨や淳和の遺志であり、嵯峨源氏の人々はその遵守を求めたが、仁明や良房の容れるところではなかった。こうして一年の喪が明けて、朝廷の儀式も通常通り行われるようになった。その場には常に太子道康の姿もあり、否が応でも仁明皇統への一系化を群臣たちに示すこととなった。八月に宗康親王が元服した。十六歳。十二年二月には、時康・人康親王がそれぞれ十六歳・十五歳で清涼殿において元服した。みな、六年前に没した藤原沢子の所生である。仁明皇子の存在感は高まっていくばかりである。なおこの年、後に源光《ひかる》となる皇子が生まれているが、菅原道真《みちざね》を失脚させて右大臣となるのは、まだ五十年以上先の話である。

十四年二月、時子内親王が薨じた。まだ父仁明が皇太子で自身も女王だった幼年に第二代賀茂斎院となったが、二年後に淳和退位によって退下し、以後は、承和二年・三年・十年に計二百町以上の土地を賜ったことが知られる。おそらく二十歳前後での薨去であろう。仁明の悲嘆のほどが推される。四月には親子《ちかこ》内親王の初笄《はつこうがい》（髪飾りで垂髪を結う、女子の成年儀礼）が行われた。仁明の気色もやや戻ったかと思われるが、ただし、この皇女ものち仁明没の翌年に、やはり若年で薨ずる。十月には、遣唐使帰国に従わず唐に留まって修学していた円仁《えんにん》が、九年ぶりに帰国した。

嘉祥改元そして崩御

十二月に右大臣藤原氏公《うじきみ》が薨去し、翌年正月良房が右大臣に任じられた。納言から大臣になったことによって、ますます発言力が増すことになろう。四月には本康《もとやす》親王・源冷が清涼殿で加冠され、柔子《よしこ》内親王が初笄を受けた。本康・柔子はともに滋野縄子の所生である。六月に改元して嘉祥元年（八四八）となり、九月には新銭「長年大宝《ちょうねんたいほう》」が発行された。改元・新銭ともども前年から準備されていたものと考えられる。十二月には渤海使が来着した。正月朝賀《ちょうが》への参列を見すえてのことであろう。

しかし改元前後から京中で水害がひどく、翌二年正月の朝賀は廃朝《はいちょう》（天皇の政務停止）となった。ただし、この年は仁明の四十賀《しじゅうのが》（初老に行う長寿の祝い）であり、まず三月に興福寺《こうふくじ》が千字を超える長歌を奉じて算賀《さんが》（高齢の祝賀）した。以後、十月の薬師寺《やくしじ》、太皇太后、そして十一月の皇太子に至るまで、奉賀が行われた。この間、九月には伊勢大神宮に神宝を奉った。二十年に一度の式年遷宮の年に当たっていたからである。また、この年には後に臣籍降下して源覚《さとる》となる皇子が生まれている。

嘉祥三年正月、以前であれば嵯峨・淳和などへの朝覲《ちょうきん》（天皇の尊属への行幸）が行われていたが、今は母の太皇太后橘嘉智子のいる冷然院《れいぜんいん》へ行くのみであった。還御する際、太后は帝が輦《てぐるま》に乗る姿を見たいと言い出した。仁明は再三固辞したが、大臣たちの勧めもあって、殿を降りて輦に乗って出ていく姿を見せた。嘉智子の悦欣《えつきん》（よろこび）が推される。

しかし、まもなくして天皇は不予となり、以後、儀式・政務への不出御ないし垂簾《すいれん》（御簾ごしの面謁）が常となった。二月には同母妹の秀子《ひでこ》内親王が薨じた。天皇の回復のためあらゆる手が尽くされた。衆僧を御簾の中に入れて、寝床の周りに繞《めぐ》らせて加持をさせたり、桓武の柏原山陵に祟りを謝し、京都・奈良・畿内諸寺で誦経させ、京中の貧民に賑恤《しんじゅつ》（衣食料品の支給）し、大般若経《だいはんにゃきょう》を転読《てんどく》し、天台座主《てんだいざす》円仁たちに文殊八字法《もんじゅはちじほう》を修させ、真言宗に護摩法《ごまほう》を修させ、破壊寺百院を修理させ、左右検非違使《けびいし》の獄中のうち盗人以外をことごとく放免し、配流人に特に入京を許し、七仏楽師法を修させ、五百人を得度《とくど》させる、などである。

しかし三月十九日、天皇は念ずるところがあったのか、落飾入道し清戒を誓受した。四品中務卿《しほんなかつかさきょう》宗康親王と従四位上阿波守源朝臣多も、同時に出家した。二人とも天皇の皇子である。

そして二十一日、天皇は清涼殿で崩御した。時に四十一歳。二十五日に山城国紀伊《きい》郡深草山陵（京都市伏見区）に葬られた。遺詔により薄葬《はくそう》とし、綾羅錦繡《りょうらきんしゅう》の類も倹約してみな帛布《はくふ》に代えられた。鼓吹《くすい》（葬礼の音楽）・方相《ほうそう》（棺車の先導）の儀式も、すべて停止された。

二十八日、左近衛少将従五位上良岑宗貞《よしみねのむねさだ》が、出家して僧となった。三十五歳であった。宗貞は仁明の寵臣で、天皇崩御の後、哀慕《あいぼ》の気持ち抑えがたく、仏道に帰することで、以て恩に報いようとしたのであった。のちの僧正遍照《へんじょう》である。五月四日には母橘嘉智子が崩じた。翌仁寿元年（八五一）二月二十三日に、无品《むほん》常康親王が落髪して僧となった。仁明の第七子である。翌二十四日には、正三位藤原貞子《さだこ》が出家して尼となった。仁明の女御である。八月十八日には無品親子内親王が薨じた。仁明が亡くなった後、哀慕の情が非常に甚だしく、衰弱のあまりのことであった。このように多くの人に慕われた天皇であった。

なお、常康親王は雲林院《うんりんいん》（京都市北区）に隠棲したが、その死後、同院は遍照に託されて元慶寺の別院となり、天台教学の道場として栄え、後に『大鏡《おおかがみ》』の舞台ともなる。

深草陵（仁明天皇陵）　京都市伏見区

功績

仁明は奈良時代、奈良の都を知らない最初の天皇であった。嵯峨によって、平安京が万代の都とされた、まさにその年に生まれたのである。祖父桓武が構想した皇統迭立政策によって、貴族たちは特定の皇系に分属せざるをえなくなっていた。藤原氏も平城には真夏《まなつ》が、嵯峨には冬嗣《ふゆつぐ》が、淳和には愛発・吉野が、いわゆる藩邸の旧臣として仕えていた。嵯峨の皇子仁明は、自然冬嗣・良房父子とのつながりが強くならざるをえなかった。

良房兄弟・仁明（正良）兄弟は「良」を通字としており〔飯沼一九八四〕、嵯峨と冬嗣の関係の深さを物語っている。さらに仁明は冬嗣の娘順子を女御に迎え、良房は嵯峨皇女源潔姫《きよひめ》を正室とし、この二組の夫婦の間に生まれた仁明皇子道康（文徳）と良房娘明子《あきらけいこ》がイトコ婚して、清和《せいわ》が生まれることとなる。このような経緯の中で、淳和ついで嵯峨が亡くなったとき、仁明・良房が道康立太子へと軌を一に行動したことは、歴史の然らしむるところだっただろう。

在位中には駅制の再整備を行ったり、後院勅旨田・賜田が院宮王臣家《いんぐうおうしんけ》成立の一因となったことも特記される。父嵯峨・叔父淳和らと唐への憧憬を共通にしながらも、奈良時代との距離においてやはり相違するところがあった仁明は、上の世代以上に八世紀的律令制からの脱却を実行していくこととなる。それは格式時代の到来と、最後の遣唐使派遣という事業に結実する。特に後者において、安史《あんし》の乱以後の中唐の文物の導入と日本的律令制の展開を目指したことは、白楽天《はくらくてん》の受容に代表される十世紀国風文化の成立へと至ることになる。承和五年（白楽天の生前）、大宰少弐《だざいのしょうに》藤原岳守《たけもり》が唐人の貨物中から「元（元稹《げんしん》）白（白居易）の詩筆」を得て献上すると、大悦びで岳守を従五位上に昇叙するほどの文人天皇であった。

（告井幸男）

【主要参考文献】

飯沼賢司「人名小考」(『荘園制と中世社会』吉川弘文館、一九八四年)
遠藤慶太『仁明天皇』(吉川弘文館、二〇二二年)
神田邦彦「藤原貞敏による琵琶伝習の実態」(『日本文学論究』一四、二〇二一年)
佐藤辰雄「貞敏の琵琶楽伝習をめぐって」(『日本文学誌要』三一、一九八五年)
告井幸男「和邇部大田麿考」(『日本伝統音楽研究』一、二〇〇四年)
土田直鎮『奈良平安時代史研究』(吉川弘文館、一九九二年)
角田文衞監修・古代学協会編『仁明朝史の研究』(思文閣出版、二〇一一年)
林　謙三『雅楽　古楽譜の解読』(音楽之友社、一九六九年)
目崎徳衛「摂政良房」(『王朝のみやび』吉川弘文館、一九七八年)
吉川真司「藤原良房・基経」(『古代の人物四　平安の新京』清文堂、二〇一五年)

文徳天皇——脆弱な正統性に悩まされた生涯

父：仁明天皇	誕生：天長四年（八二七）八月
母：藤原順子	崩御：天安二年（八五八）八月二十七日
	諱：道康
在位期間：嘉祥三年（八五〇）三月十九日～天安二年（八五八）八月二十七日	
陵墓：田邑陵（京都市右京区太秦三尾町）	

概要

文徳《もんとく》天皇道康《みちやす》は天長四年（八二七）八月に生まれた。仁明《にんみょう》天皇の第一皇子で、母は藤原冬嗣《ふじわらのふゆつぐ》の娘の順子《のぶこ》である。なお翌年には、のちに女御《にょうご》となる明子《あきらけいこ》が、藤原良房《よしふさ》・源潔姫《みなもときよひめ》夫妻の間に生まれている。

父仁明が即位して翌年の承和元年（八二四）八歳のときに、美濃国（岐阜県）に五十町、摂津国西成《にしなり》郡（大阪市）に百町、翌年に山城国愛宕《あたご》郡（京都市）に二町、上野国（群馬県）山田《やまだ》郡に八十町、そして同五年十歳のとき山城国（京都府）桑田《くわた》郡に三十町の、空閑地や荒廃田などの土地を賜っている。

承和九年二月、十六歳で元服したが、同年七月、祖父嵯峨《さが》太上天皇の死を機に承和の変が起こり、皇太子を廃された恒貞《つねさだ》親王に代わって立太子した。二年後の承和十一年、母の順子が従三位《じゅさんみ》となり、父のもう一人の女御ですでに承和六年に従三位となっていた藤原貞子《さだこ》に並んだ。この年には惟喬《これたか》親王が、翌承和十二年にはのちに源能有《みなもとのよしあり》となる皇子が、その翌年には惟条《これえだ》親王が生まれている。二人の親王の母は更衣《こうい》の紀静子《きのしずこ》である。

嘉祥二年（八四九）、父仁明が四十歳となり、算賀《さんが》の儀式が華々しく行われたが、翌嘉祥三年三月、父帝が没した。道康は二十四歳で践祚《せんそ》することとなったが、これは奇しくも父が即位したときと同年齢であった。また、この月には明子との間に惟仁《これひと》が生まれていた。十一月に惟仁は生後八ヶ月で、惟喬・惟条、そしてこの年に生まれていた惟彦《これひこ》（母は滋野貞主《しげののさだぬし》の娘奥子《おくこ》）という三人の兄を押し退けて、立太子された。これに先立って、七月には晏子《やすこ》内親王が伊勢斎王《いせさいおう》に、慧子《あきらけいこ》内親王が賀茂斎院《かもさいいん》に卜定《ぼくじょう》された。ともに藤原是雄《これお》の娘列子《つらぬこ》の所生である。なお、この間五月には祖母橘嘉智子《たちばなのかちこ》が息子仁明を追うように没した。

翌年、仁寿元年（八五一）と改元した。同三年には皇子能有・時有《ときあり》・本有《もとあり》・載有《としあり》、皇女憑子《たのむこ》・謙子《ゆずるこ》・列子・済子《すくうこ》・奥子らに源朝臣の姓を賜って臣籍降下させた。同年八月には円珍《えんちん》が渡航に出発している。

嘉祥が四年で改元に至ったのに倣ってであろうか、仁寿四年を改元して斉衡元年（八五四）とした。この年、のちに源行有《ゆきあり》となる皇子が生まれている。斉衡も四年が改元され天安元年（八五七）となった。改元に先立つ二日前、藤原良房《よしふさ》が太政大臣《だいじょうだいじん》に任じられた。天皇の外オジとして幼いころから助けてきてくれたというのが理由であった。また、源信《まこと》がやはりオジにあたるということで左大臣《さだいじん》となった。そして良房の弟良相《よしすけ》が右大臣《うだいじん》となった。この三大臣体制は、次代の清和《せいわ》朝の貞観九年（八六七）まで続くこととなる。

政治体制も固まり、翌年六月には円珍が帰国し、いよいよこれからというときに、文徳は崩御する。三十二歳であった。自他ともに尫弱《おうじゃく》を認めていた父仁明より十歳近く若い夭逝《ようせい》であった。皇太子はまだ九歳で、史上初と言ってもいい幼帝の即位を迎えることとなったのである。

脆弱な正統性

道康は、本来であれば嵯峨、淳和《じゅんな》、仁明、恒貞《つねさだ》の後に、即位することが予定されていた。それが淳和・嵯峨亡き後の承和の変によって恒貞が廃されて、嵯峨・淳和系迭立《てつりつ》構想が破毀《はき》され、その結果、父仁明の後を継ぐこととなったのである。

恒貞は何と言っても、九世紀前葉の政治を領導していた嵯峨・淳和両太上天皇の意思によって定められた、正当な皇位継承予定者であった。父は淳和で、母正子《まさこ》は嵯峨の娘かつ仁明と同母であり、いわば恒貞は嵯峨・淳和両系の、あるいは嵯峨・淳和・仁明三者の結節点に位置する紛《まご》うかたなき、誰も異を唱えられない東宮《とうぐう》であった。

これに対して道康は、母は藤原順子であって、一般臣下の出であることは言うまでもない。後の歴史を知っている者からすれば、このあと権勢を誇る藤原北家《ほっけ》嫡流の出身であるが、まだこの時期、冬嗣・良房が、ようやく嵯峨と接近することで、権力獲得への一歩を踏み出していたにすぎない。当時はまだ藤原氏以外の氏族や藤原氏の他家、あるいは北家の他の系統などからも、公卿に列するのが一般的であった。

実際、順子は前述の如く、もう一人の女御貞子に位階昇進の面で後れを取っている。貞子は嘉祥三年（八五〇）に正三位《しょうさんみ》となっており、さらに貞観六年（八六四）薨去に際して従二位《じゅにい》を贈られている。貞子の父三守《みもり》は南家の出身であるが、妹美都子《みつこ》は冬嗣の妻で、良房や順子の母であり、自身は仁明朝の承和七年に没するまで右大臣従二位皇太子傅《ふ》をつとめ従一位《じゅいちい》を贈られるなど、官歴的にも冬嗣没後、良房が政権を獲得するまでの間、廟堂に重きをなしていた人物である。また、この時期は嵯峨源氏出身の公卿が文字通り輩出しはじめており、藤原氏に負けず劣らずの数を誇りつつあった。このような状況の中で、一貴族出身の順子所生で、しかも政変によって皇太子の座についた道康は、どうしても正統性において、恒貞に劣るところがあったのは否めない。

そんな文徳の在位期をさらに悩ませたのが、天災であった。在位九年のうち『文徳実録《もんとくじつろく》』には、九十回近くの地震記事が見られる。大風・暴風の記事も十件以上を数え、つまりは毎年のように暴風に襲われたということである。洪水・大水も同様である。当然ながら雷雨の記事も多い。特に天安二年（八五八）には、「雲が無いのに雷があった」というのが目立つ（四件）。

また、半ば人災でもあるが、火事も多い。仁寿三年（八五三）八月朔《ついたち》には、西（右）京で失火があり、百八十余家が延焼した。斉衡二年（八五五）十月十八日には、京南の山埼津《やまざきのつ》（京都府大山崎町）で失火があり、三百余家が延焼した。翌三年十一月朔には地震とともに、夜に大津《おおつ》（大津市）で失火があり、七十余家を延焼した。天安元年（八五七）八月二十七日には右近衛舎人《うこのえとねり》町（右京一条二坊九町）で、翌二年正月二十七日には常住寺《じょうじゅうじ》（京都市西京区）西南別院で、同年四月九日には、夜に宝皇寺《ほうこうじ》（俗名鳥戸寺《とりべでら》。京都市東山区小松町のいわゆる六道珍皇寺《りくどうちんのうじ》のことか）で火事があり、金堂《こんどう》・礼堂《らいどう》ことごとくが灰燼となった。同年四月二十四日には夜に大舎人寮が火事となり、年末の追儺《ついな》で使う方相氏《ほうそうし》（現在でいうところの節分の鬼）の装束が一時に滅却してしまった。これらの記事は、津にかなりの人家があったことや、大舎人寮に方相氏の装束が置いてあったことなど、なかなかそれ自体が興味深い史料であるが、消火技術の発達していない当時の都市民や文徳にとっては甚だ恐ろしいものだったろう。

仏神への傾倒

こうした正統性への不安から、文徳が頼みとしたのが、仏教・神祇・儒学・道教であった。父帝が没するや、翌日御葬司《ごそうし》が任じられた。天皇の喪は本来三年、つまり三十六ヶ月であるが、「日を以て月に易《か》える」すなわち三十六日とした。また、全国で挙哀《こあい》（泣き声をあげる礼）の儀を三日間することとし、早速この日、式部省《しきぶしょう》が百寮《ひゃくりょう》を率いて紫宸殿《ししんでん》の前で、公卿および侍臣《じしん》以下が東宮で、それぞれ挙哀した。

二十三日には太皇太后嘉智子が病によって出家した。

二十五日に天皇を山城国紀伊《きい》郡深草山陵（京都市伏見区）に葬った。遺詔により薄葬とし、綾羅錦《りょうらきん》繍《しゅう》の類も倹約してみな帛布《はくふ》に代えられた。鼓吹《こすい》・方相の儀式も、すべて停止された。二十七日、初七日の法事を、紀伊寺《きいじ》・宝皇寺・来定寺《らいじょうじ》・拝志寺《はやしでら》・深草寺《ふかくさでら》・真木尾寺《まきおでら》・桧尾寺《ひのおじ》の近陵七ヶ寺で行った。四月五日、七箇寺で二七日の斎会《さいえ》が行われた。翌六日、新帝および百官が除服して吉服（吉事の服飾）を着た。十二日、七箇寺で三七日の斎会を修した。十四日、深草陵に樹木を一丈ごとに列栽した。

十八日、関の厳戒を解いた。三十六日を経たからである。ただし、朞年《きねん》（一周忌前の丸一年）の間は、宴飲作楽や美服を着ることは禁じられた。十九日に七箇寺で四七日斎会を、二十六日に五七日斎会を修した。五月三日には六七日斎会を、東大寺《とうだいじ》・元興寺《がんごうじ》・興福寺《こうふくじ》・大安寺《だいあんじ》・西大寺《さいだいじ》・法隆寺《ほうりゅうじ》・薬師寺《やくしじ》で修した（法隆寺〈奈良県斑鳩町〉以外は奈良市）。四日、太皇太后嘉智子が崩じ、翌五日に深谷山（京都市右京区）に葬った。遺令によって薄葬とし、山陵を営まなかった。

九日、清涼殿《せいりょうでん》を荘厳し、金光明経《こんこうみょうきょう》・地蔵経《じぞうきょう》各一部、および新造の地蔵菩薩像一躯を安置して、百僧を屈請《くっしょう》して、七七（四十九）日の斎会を修した。翌仁寿元年（八五一）正月十三日、御忌斎会行事司が定められたが、同日、清涼殿を御陵の側に移して嘉祥《かしょう》寺とした。仁明がふだん生活していたところで、文徳はそこに自分がいるのが堪えられなかったため、喜捨して仏堂としたのである。二十日に一周忌が嘉祥寺で行われた。

このように陵を護持するための寺を陵寺といい〔西山一九九七〕、以後、摂関・院政期を通じて多数営造されるようになる。年号寺である点も含めて、嘉祥寺はその初例である。以後、天安寺《てんあんじ》・貞観寺《じょうがんじ》〔嘉祥寺西院〕、元慶寺《がんぎょうじ》、仁和寺《にんなじ》、醍醐寺《だいごじ》などが続く。また、次第に古代的な山陵も営まれなくなり、寺と一体化した寺陵となっていく。

仏教への傾倒は、在位中に恒例・臨時あわせて、般若経《はんにゃきょう》の転読《てんどく》が目立つことからもうかがわれる。請僧《しょうそう》も数十口から二百口以上に及ぶときもある。名僧・高僧・練行《れんぎょう》（苦行を積んだ僧）といった語がみえるのも特徴的である。場所も内裏・東宮・宮中・京中、後院、諸国、寺社などさまざまだが、天安年間になると冷然院《れいぜんいん》が多い。

次に神祇に対しては、仁寿元年正月二十七日に、天下の諸神の有位・無位を論ぜず正六位上に叙す、としている。また、式外を含む諸社への神階叙位の記事は、枚挙に遑がない。名神に預かる、官社に列する、封戸《ふこ》・位田《いでん》を賜う、神主・禰宜・祝《はふり》・内人《うちひと》などに把笏《はしゃく》を許す、なども同様である。二月には大《おお》原野《はらの》社（京都市西京区。奈良の春日《かすが》大社が遠いので藤原氏出身の后が容易に参詣できるように山城国に勧請したもの）の祭りを梅宮《うめみや》社（京都市右京区。橘嘉智子の氏神）の祭りに準ずることとしている。

このような質的にも量的にも膨大な神祇への傾倒は、次代の清和朝にさらに拡大して行われることとなるが、一見こういった姿勢に反するようにみえるのが、新嘗祭《にいなめさい》への対応である。大嘗祭《だいじょうさい》および翌年は親祭しているが、仁寿三年以降には「みずからは神嘉殿《しんかでん》に行かず、神祇官に奉祭させた」というのが常になる。これは六月・十二月の月次祭《つきなみさい》も同様である。ただし新嘗祭後日の豊明節会《とよあかりのせちえ》には、豊楽院《ぶらくいん》・紫宸殿・冷然院などで、宴を群臣に賜っている。決して政務・儀式全般に無気力だったわけではないのである。これは後述するような、文徳の政治姿勢によるものと考えるべきであろう。

儒道への傾倒

仁明が亡くなると、諸衛府が厳戒態勢をとるなか、左右近衛少将各一人が近衛らを率いて、皇太子の直曹《じきそう》（東宮雅院《がいん》）に陣を引いた。参議従四位上左兵衛督藤原助《たすく》が左右近衛少将・将曹《しょうそう》らを率いて、天子神璽・宝剣・符節《ふせつ》・鈴印などを齎《もたら》し、皇太子直曹に奉った。従四位下藤原衛《まもる》が左馬寮《さまりょう》を、従四位下清原瀧雄《きよはらのたきお》が右馬寮《うまりょう》を監護し、散位小野千株《おののちかぶ》と少納言従五位下県犬養氏河《あがたいぬかいのうじかわ》が鈴印の櫃を監護した。道康は皇太子輦車《れんしゃ》に乗って東宮に遷った。左右大臣已下の導従や六衛府の陣列は行幸の儀と同じであった。

これをもって文徳は践祚したわけである。しかし即位はしていない。ゆえに道康はずっと自分の命令を皇太子時代に引き続き「令旨《りょうじ》」と称していた。二十七日、初七日の日になって公卿たちが、今に至るも「令旨」としているのは世間的に穏当でないので、「勅旨《ちょくし》」に改めてほしい、と奏請したが、道康はまだだめだと、許さなかった。崩御より十日を経た四月二日になって、公卿たちが再び上啓《じょうけい》（東宮や后への上申）したが、道康は許さなかった。翌三日、公卿たちから、殿下の孝行の気持ちもわかるが、このままでは国家として不都合なので、皆のためにも即位してほしい、と言われ、連日の上啓に道康もついに折れることとしたのであった。四月十六日、使者を深草山陵に遣わして、即位の由を告げ、十七日、大極殿《だいごくでん》で即位式が行われた。早朝に快雨があり、雨儀で儀式を行ったが、日中になって快晴となった。

文徳がなかなか即位しなかったのは、もちろん儒教に基づく孝行心からであった。ただし、群卿たちに対する政治的デモンストレーションである面も見逃してはならない。天皇がいないと困るのは、何より貴族たちなのである。正統性にかけ、また、良房のお陰で即位したために、良房の傀儡になることを避けんとする、文徳の駆け引きも垣間見ることができよう。

文徳在位中に目立つのが、瑞祥《ずいしょう》の奏上である。即位翌月の五月二十一日、石見国(島根県)が甘露《かんろ》が降ったことを言上し、六月十一日には美作国(岡山県)が雪白な霊亀を献じた。決して長くない在位中に、この後も改元の前後にかかわりなく、瑞物の献上が多く見える。また、諸国だけではなく、個人の献上が散見するのも特徴的である。文徳の儒教ないし道教的趣向を考慮してのものであろう。

道家《どうか》嗜好《しこう》の総決算といえるのが、斉衡三年(八五六)十一月に行った昊天祭《こうてんさい》である。二十二日(辛酉)、権大納言正三位安倍安仁《あべのやすひと》・侍従従四位下輔世《すけよ》王らを、光仁《こうにん》天皇の後田原山陵(奈良市)に遣わし、今月二十五日に河内国交野《かたの》の原で昊天祭を行うことを告げた。そして翌二十三日、冷然院新成殿の前でまず大祓《おおはらえ》をし、諸陣が警戒するなか、文徳が庭中に進み出でた。大納言正三位藤原良相が跪いて郊天祝板(天を祀る祝文を書いたもの)を天皇に授け、左京大夫従四位下菅原是善《すがわらのこれよし》が筆と硯を捧げると、天皇が自ら諱《いみな》を署名し、珪《けい》（瑞玉《ずいぎょく》）を執り北面して天を拝した。そして良相と右大弁従四位上清原岑成《みねなり》、菅原是善、右中弁従五位上藤原良縄《よしただ》らを河内国交野郡柏原野《かしはらの》（大阪府枚方市）に遣わして、習礼《しゅうらい》（リハーサル）が行われた。そして二十五日（甲子）当日、円丘で天を祀ったのである。深夜子《ね》の刻に、良相らは帰り来って胙《ひもろぎ》（生贄の肉）を天皇に献じた。

およそ、仏教とも神道とも似つかわしくないこの儀式は、もともと中国の天帝思想に由来するものである。冬至の日に都の南方の天壇《てんだん》（円形の壇）で郊祀《こうし》の礼を行うという、中国では恒例の行事であるが、日本ではこれより前に、桓武《かんむ》が二度行ったことが確認できるのみである。長岡遷都《ながおかせんと》の翌年延暦四年（七八五）十一月壬寅（十日）に、長岡京南方の交野柏原で天神を祀っている。祈願が成就したお礼というのがその目的であったが、祈願というのはやはり即位できたことを指すのであろう。延暦六年にも十一月甲寅（五日）に天神を交野に祀っているが、祭文《さいもん》が二通作成され、一つは昊天上帝、そしてもう一つは高紹天皇《たかつぎ》すなわち光仁に宛てられたものであった。つまり、桓武は父光仁を皇統の始祖に位置付けて昊天上帝に模して、父に始まる天智《てんじ》系皇位の実現を謝しているのである。

桓武ももともと皇太子ではなく、母の身分が低いこともあって、自他ともに認める正統性の弱い帝王であった。その桓武が行った昊天祭祀を文徳が行っていることは、文徳が桓武同様の弱点を自認していたことの現れであろう〔滝川一九六七〕。

前述の如く実は文徳は、儀式に出御しないことが少なくなかった。しかし、文徳が政務全般に消極的だったわけではない。

例えば、対馬守立野正岑《まさみね》が郡司・百姓に殺されたり、逆に伊豆前守百済康保《くだらのやすもち》が百姓を殺したり、日向守嗣峯王《つぐみね》が推訴使《すいそし》（政府が派遣した勅使）を殺そうとしたりといった事件があったが、文徳は粘り強く法的措置を講じている。嵯峨朝に置かれた検非違使《けびいし》もこの頃には任務が確立して、群盗《ぐんとう》の捜索・逮捕や裁判・断罪のほか水害被害者への賑給《しんごう》（衣食の支給）など、京中の民事・刑事にわたる治安維持への活躍が見られる。また、不堪佃田《ふかんでんでん》（耕作不能によって租を免除される田）を偽って奏上してきた国司を刑部省《ぎょうぶしょう》に下して断固とした措置をとっている。孝子《こうし》・孝女《こうじょ》・節婦《せっぷ》への表旌《ひょうせい》（親孝行・節操などの善行者の家門に旗を立てて世に広く示す）も短い在位にもかかわらず目立ち、地方行政の恢復に意を用いていたことがうかがえる。『文徳実録』の巻末の評伝に、「天皇は巡幸・遊覧を好まず」「仁寿・斉衡年間には頻りに瑞祥があり」「在位中には法による取り締まりが厳しく行われた」とある通りである。

文徳は即位以後も内裏を御在所とはせず、大内裏の東部にある東宮雅院や、内裏の東北方にある梨《なし》本院《もとのいん》、あるいは嵯峨上皇の後院だった冷然院などに居住した。良房の権威に押されて内裏に入れなかったという面もあるかもしれない。ただし、在位後期には冷然院新成殿に居住が固定し、積極的に内裏外で過ごそうとしたようにも感じられる。前述の如く紫宸殿などへの出御は避けていたが、それ以外の場所での行事にはむしろ意欲的にみえる。村上《むらかみ》朝天徳年間の内裏火災による冷然院を皮切りに、十世紀後葉以降になると天皇は里内裏居住が常態に近くなるが、ある意味その先駆け的な意味もあるかもしれない。

仁寿元年（八五一）十一月、右大臣藤原良房を正二位にすると同時に、夫人正四位下源潔姫も従三位となり、同三年良房第へ桜見物に行った際にさらに潔姫は正三位となった。翌斉衡元年（八五四）六月左大臣源常《ときわ》が薨じ、良房が太政官筆頭となる。八月、良房の外孫でもある五歳の皇太子が初めて天皇に謁覲し、十月には良房の後継者基経《もとつね》が従五位下に叙爵され、翌二年二月には良房を筆頭に国史の編纂が命じられる。良房の勢威は高まるばかりである。翌三年八月、狂者が禁中に侵入し射殺されるという事件があったが、あるいは天皇暗殺をねらったものであったろうか。

翌天安元年（八五七）二月、良房は太政大臣となり、四月には従一位となる。一方で同日、勅によって第一皇子无品《むほん》惟喬親王に帯剣が許された。時に十四歳でまだ元服前である。十二月甲子朔に元服を加えられ、翌二年正月には母の紀静子に正五位下が授けられた。良房に配慮しながらも、同時に文徳の惟喬への皇位継承の未練をみてもよいかもしれない。

八月十九日、右大臣良相と帳中で何事かを相談した天皇であったが、二十三日夜、急に具合が悪くなり、翌二十四日には言語が通じなくなり、二十六日に大赦が行われたが、翌二十七日ついに崩じたのであった。九月二日に陰陽権助滋岳川人《しげおかのかわひと》・助笠名高《かさのなたか》らによって山城国葛野《かどの》郡田邑《たむら》郷真原岳が山陵の地に点定

田邑陵（文徳天皇陵）　京都市右京区

（土地の指定）され、六日にこの田邑山陵に葬られた。殯葬《ひんそう》の礼は仁明天皇の故事にならって倹約されたが、方相氏の儀だけは行った。したがって文徳は陵の在所によって「田邑帝」ともよばれる。ただし、現在宮内庁によって治定されている京都市右京区太秦三尾町《うずまささんびちょう》にある田邑陵は、太秦三尾古墳という横穴式石室を持つ古墳時代後期とみられる円墳である〔高木・山田二〇一〇〕。

父と同じく儒家、道家、政事に明るい帝王で、良房を初めて太政大臣に任じ、新たな政権構想を練っていたと思われる。その方向は清和幼帝の即位と良房の摂政就任によって、さらに進められた形に結実することとなる。仏神への傾倒も清和朝にいっそう深くなり、以後の天皇の出家、神祇制度の展開を経て、摂関・院政期の顕密体制へと至る。成人天皇と太政大臣による政治形態の模索は、以後の歴史とは異なる可能性もあったかもしれないが、父同様に羸弱《るいじゃく》（体が著しく弱い）であったことが惜しまれる。

（告井幸男）

【主要参考文献】

遠藤慶太『仁明天皇』（吉川弘文館、二〇二二年）

勝浦令子『橘嘉智子』（吉川弘文館、二〇二二年）
高木博志・山田邦和『歴史のなかの天皇陵』（思文閣出版、二〇一〇年）
滝川政次郎「革命思想と長岡遷都」（『京制並に都城制の研究』角川書店、一九六七年）
告井幸男「女性名と栗本氏」（『国史研究室通信』四七、二〇一三年）
西山良平「〈陵寺〉の誕生―嘉祥寺再考―」（『日本国家の史的特質 古代・中世』思文閣出版、一九九七年）

清和天皇——史上最初の幼帝の誕生

父：文徳天皇	誕生：嘉祥三年（八五〇）三月二十五日
母：藤原明子	崩御：元慶四年（八八〇）十二月四日
在位期間：天安二年（八五八）八月二十七日～貞観十八年（八七六）十一月二十九日	諱：惟仁
陵墓：水尾山陵（京都市右京区嵯峨水尾清和）	

三超《さんちょう》の謡《うた》

嘉祥三年（八五〇）正月、仁明《にんみょう》天皇は冷たい雨の中の朝賀《ちょうが》は取りやめたものの、紫宸殿《ししんでん》に出御し、四日には母である嵯峨《さが》太皇太后 橘 嘉智子《たちばなのかちこ》のもとに朝観行幸《ちょうきんぎょうこう》した。その直後から体調を崩し、御簾《みす》のうちから踏歌《とうか》や内宴《ないえん》をご覧になれたものの、二月になるとたびたび皇太子道康《みちやす》親王（のちの文徳《もんとく》天皇）を召して、ついには遺制《いせい》を伝えるまでに悪化した。頻発する地震のさなか、天皇の快癒を願って加持祈禱が続けられ、山陵使《さんりょうし》が発遣された。三月になると悪化を辿る天皇の病状に宮中の動揺が広がるなか、不測の事態に備えて固関使《こげんし》が派遣された。その甲斐もむなしく、二十一日に仁明天皇は四十一歳の若さで清涼殿《せいりょうでん》にて没する。すぐに皇太子道康のもとに、天皇御璽《ぎょじ》や宝剣、鈴印などがもたらされて践祚《せんそ》し、文徳天皇となった。

その騒動のさなか、惟仁《これひと》親王は、父帝文徳が践祚した四日後に生を受けた。生まれた場所は、母藤《ふじ》原明子《わらのあきらけいこ》の実家で、良房《よしふさ》の東京一条第（左京一条三坊十四町）である。彼が生まれたときに、文徳天皇にはすでに紀静子《きのしずこ》（父は紀名虎《なとら》）との間に、第一皇子惟喬《これたか》親王、第二皇子惟条《これえだ》親王、滋野奥子《しげののおくこ》（父は滋野貞主《さだぬし》、姉は仁明女御《にょうご》滋野縄子《ただこ》）の生んだ惟彦《これひこ》親王がおり、惟仁親王は第四皇子にあたった。

同年十一月二十五日に、文徳天皇は生後八ヶ月余の惟仁を皇太子に立てた。当時、次のような童謡《わざうた》「三超の謡」が流行ったという。

大枝《おおえ》を超えて走り超えて躍り上がり超えて　我や衛《まも》る田にやさぐりあさり食む鴫《しぎ》や　おおい鴫や
（大きな枝を超えて、走って超えて、躍り上がって超えて、私が大切にしていた田を漁っては餌をとる鴫や、大きな鴫や）〔『日本三代天皇実録《にほんさんだいてんのうじつろく》』清和即位前紀〕

これは、三人の兄たちを飛び越えて大兄《おおえ》（皇太子）に立てられた惟仁を揶揄する内容である。これから八十年後の、承平元年（九三一）九月四日に、醍醐《だいご》天皇の皇子重明《しげあきら》親王の日記『吏部王記《りほうおうき》』〔『大鏡《おおかがみ》裏書《うらがき》』所引逸文《いつぶん》〕には、次のような記事が見える。

文徳天皇は惟喬親王を最も愛していたので、皇太子の惟仁親王が幼少のうちは、年長の惟喬親王を天皇に立て、惟仁親王が成長した後、天皇を継がせることができればと考えていた。しかし、当時、皇太子であった惟仁の祖父は太政大臣《だいじょうだいじん》の藤原良房であり、朝廷の重臣であったので、文徳天皇はその権勢を憚ってこの考えを公にすることができないでいた。良房はこのような状態を憂いて、惟仁に皇太子を辞退させようとした。このとき、天文を善くする藤原三仁《みつひと》は良房を諫めて、「懸象《けんしょう》（日月、星辰など天文の様子）に変化がないので、（文徳の考えは）必ず遂げられないであろう」と言った。一方で、文徳天皇が左大臣《さだいじん》源信《みなもとのまこと》を召し入れて、親しく談話した後、惟喬親王を天皇に立てたいという意向を示した。これに対し信は、「惟仁親王にもし罪があるならば、皇太子を廃して新しく天皇に立てることはできるが、罪がないのならば他の人を天皇に立てるべきではないので、詔《みことのり》を奉《うけたまわ》ることはできない」と答えた。文徳天皇はこれにははなはだ不満であったが、結局、皇太子を代えることはなく、やがて文徳天皇は崩じた。

この話は、当時参議《さんぎ》であった藤原実頼《さねより》が、父親である忠平《ただひら》から聞いた古事として、重明親王に語った内容である。前年に醍醐天皇が没して、幼帝朱雀《すざく》が即位した。さらに、この記事の数日前に、宇多《うだ》太上天皇も亡くなり、朱雀天皇の後ろ盾は摂政忠平だけになった。このような状況のなかで、八十年前の清和天皇即位の背景が話題になったのである。それほど惟仁親王の立太子さらには幼帝清和の即位には無理を通した事情があったと認識されていたことが知られる〔仁藤二〇一五〕。

幼帝の誕生と皇統意識

文徳天皇は、惟喬親王への譲位を胸に秘めたまま、天安二年（八五八）八月二十七日に冷然院《れいぜんいん》にて急逝した。文徳天皇は一度も平安宮の内裏内に入ることなく、三十二歳の若さでの逝去であった。同時に皇太子惟仁親王は、祖母の皇太夫人藤原順子《のぶこ》と同じ輿で東宮《とうぐう》に移り、そこで印璽・宝剣などの渡御を受けて践祚した。同年十一月七日に、大極殿《だいごくでん》にて即位式を執り行った。数え九歳で、史上最初の幼帝の出現である。その傍らには、皇太后となった順子が付き添っていたと考えられる〔仁藤二〇一九〕。

彼の治世のスタートで特筆すべきは、荷前《のさき》の対象となる陵墓を整理して十陵《じゅうりょう》四墓《しぼ》の制を改めたことである。荷前とは、諸国からの貢ぎ物として届けられた初穂《はつほ》（その年最初の収穫物）を、年末の吉日に天皇陵および外戚《がいせき》の墓に奉献することで、この使いを「荷前使《のさきのつかい》」と呼ぶ。この使の発遣に際して、天皇が建礼門《けんれいもん》前に出御して幣物《へいもつ》を与える（天皇親祭）ので、通常の治部省《じぶしょう》にて幣物が配られる（常幣《じょうへい》）のと区別して、別貢幣《べつこうへい》と呼ばれる。この祭儀の成立は嵯峨朝と考えられる〔吉江二〇一八〕が、天安二年十二月に荷前の対象となる陵墓が整理されて、【表】のように定められた。

これを見てみると、幼帝清和の父系（山陵）と母系（墓）が荷前の対象とされている。これに先立つ即位の山陵使は、山科山陵・柏原山陵・嵯峨山陵・深草山陵・真原《さねはら》山陵と愛宕墓に派遣されている。これは、それぞれ天智《てんじ》・桓武《かんむ》・嵯峨・仁明・文徳と源潔姫《みなもとのきよひめ》にあたり、清和から遡った直接的かつ直系の皇統意識を端的に物語っている。十陵に嵯峨天皇陵が入っておらず、崇道《すどう》天皇陵や平城《へいぜい》天皇陵が入っていることは留意したいが、彼の皇統意識、言い換えれば清和の正統性を保証するものとして、この制

対象者	陵墓名	清和即位時の山陵使	備考
天智天皇	山科山陵	○	
春日宮御宇天皇	田原山陵		天智皇子の施基皇子・光仁天皇の父
光仁天皇	後田原山陵	○	
高野氏	大枝山陵		高野新笠・光仁天皇のキサキ、桓武の生母
桓武天皇	柏原山陵	○	
藤原氏	長岡山陵		藤原乙牟漏・桓武皇后、平城・嵯峨の生母
崇道天皇	八嶋山陵		光仁皇子の早良親王・廃太子
平城天皇	楊梅山陵		
仁明天皇	深草山陵	○	
文徳天皇	田邑山陵	○	真原山陵を改称
藤原鎌足	多武峰墓		藤原氏の始祖
藤原冬嗣	宇治墓		藤原良房の父、清和の外曽祖父
藤原美都子	次宇治墓		冬嗣の室、良房・順子らの生母
源潔姫	愛宕墓	○	嵯峨皇女、基経の室、清和の外祖母

（注）清和即位時の山陵使の対象となった嵯峨天皇陵が十陵四墓には入っていない。

【表】清和朝の十陵四墓制

度が設けられた〔神谷二〇二〇〕ことは、史上最初の幼帝の出現というイレギュラーな事態が政治的な緊張関係を有していたことを示していると言えよう。この直前に、成年に達していた文徳第一皇子の惟喬親王は大宰帥《だざいのそち》に任じられている。

災異と御霊会

清和天皇の治世に、災害・疫病が相次いだことはよく知られているところである。

貞観十一年（八六九）五月二十六日には、貞観大地震といわれる東日本を中心に甚大な災害を引き起こした災害記事が『三代実録《さんだいじつろく》』に残されている。

五月二十六日癸未、陸奥国で大地震が起きた。流れる光はあたりを昼のように照らし、人々は泣き叫び、身を伏せて立ちあがることができなかった。家屋の下敷きとなって死ぬものや、地割れに呑まれたものもいた。（中略）雷鳴のような海鳴りが聞こえて潮が湧き上がり、川が逆流し、海嘯《かいしょう》が長く連なって、あっという間に城下まで押し寄せた。海から遠く離れた内陸部まで水浸しとなり、野原も道も海のようになった。船で逃げたり、山に登って避難したりすることができず、千人ほどが溺死した。水の去った後には、田畑も人々の財産も何も残らなかった。

このように、東北地方を中心にした地震と津波の惨状が記されている。

これだけではなく、嘉祥三年（八五八）十月の出羽地方の地震、貞観五年六月の北陸地方の地震、貞観十年正月から七月の摂津・播磨を中心とした畿内地震、貞観十一年八月の肥後の地震と台風など、地震が多発していたことが知られる〔寒川一九九二〕。

貞観六年五月に始まった富士山の貞観大噴火はその後約二年間続き、現在の西湖《さいこ》と精進湖《しょうじこ》、青木《あおき》が原《はら》の樹海を形成した〔小山二〇〇三〕。そのときの様子を駿河国が飛駅《ひやく》で朝廷に報告している〔『三代実録』貞観六年七月二十一日条〕。

（駿河国より）「浅間大神大山が噴火した。その勢いははなはだ激しく、一～二里四方の山を焼き尽くした。炎は二十丈の高さに及び、大音響は雷のようであった。大きな地震が三回起きた。十日以上経過しても、火の勢いはいまだ衰えず、岩を焦がし、峰を崩し、砂や石が雨のように降っている。煙や雲が濛々《もうもう》と立ち込め、人は近づくことができない。富士山の西北にある本栖湖《もとすこ》に焼け石が流れ込んだ。焼け石の流れは長さ約三十里、広さ三、四里、高さ二、三丈に及ぶ。やがて火は甲斐国との境に達した」と報告された。

さらに、同年十一月と貞観十一年の肥後国阿蘇山《あそざん》の噴火、貞観九年二月の豊後国鶴見岳《つるみだけ》の噴火、貞観十三年五月の出羽国鳥海山《ちょうかいさん》の噴火、貞観十六年三月からの薩摩国開聞岳《かいもんだけ》の大噴火など、東西を問わず天変地異が続いた時代でもあった。

また疫病も流行した。貞観五年には咳逆病《がいぎゃくびょう》が大流行するさなか、神泉苑《しんせんえん》で御霊会《ごりょうえ》が挙行された。御霊会とは、非業の死を遂げ御霊とされた人の霊魂を鎮撫し、祟りから解放されるための法要である。この最初の御霊会では、早良《さわら》親王、伊予《いよ》親王と藤原吉子《よしこ》母子、藤原仲成《なかなり》、橘逸勢《たちばなのはやなり》、文室宮田麻呂《ふんやのみやたまろ》の六座が対象となっている。いずれも、皇位継承や政争に巻き込まれて没した人物である。彼らの御霊が疫病、ことに咳逆病を流行させたと考えられて、清和によってこの法要が行われたと考えられる〔仁藤二〇〇二〕。ここで、注目されるのが、文室宮田麻呂である。宮田麻呂は、筑前守《ちくぜんのかみ》時代に東シナ海を股にかけて活躍した新羅《しらぎ》の海商張宝高《ちゃんぼこ》の知遇を得たが、その後謀反の疑いで断罪された人物である。この背景には、唐の衰退にともなって海域に進出した新羅人ネットワークの活性化と、しばし日本側からは「海賊」と称される武力行使や簒奪が大きな社会問題となってきていたことがある。貞観年間は、このような「新羅海賊」の時代でもあった〔鄭二〇一五〕。

応天門燃ゆ

貞観八年（八六六）閏三月の夜半、平安宮内の朝堂院《ちょうどういん》の南に位置する正門である応天門《おうてんもん》が大炎上した。当初、不審火として迷宮入りするかと思われた。しかし、大宅鷹主《おおやけのたかぬし》の告発によって急展開する。応天門の炎上は放火であり、その犯人として伴善男《とものよしお》・中庸《なかつね》父子の名前が挙げられたのである。大宅鷹主は、自身の女子を殺害した生江恒山《いくえのつねやま》らを糾弾したのであるが、生江らが伴善男の従僕であったことに端を発する。次々に関係者が尋問され、九月には伴善男らの処罰が決する。

しかし、ここに至るまで政界各所で暗闘が繰り広げられていた。最初に放火の嫌疑をかけられたのは、左大臣源信《みなもとのまこと》であった。源信は嵯峨源氏の一人で、淳和《じゅんな》から四代の天皇に仕えてきた重臣である。この権勢に危機感を募らせた大納言伴善男は、右大臣である藤原良相《よしみ》と結んで、源信を陥れようとした。しかし、この情報をいち早くつかんだ藤原基経《もとつね》の機転で、状況は太政大臣であった良房にもたらされ、良房は清和天皇に直談判して源信の救出を働きかけた。このときすでに十七歳になっていた清和天皇であったが、「天下の政を摂行せしむ」として、事件の全容解明と政界の鎮静化の全権を良房に委ねた。当時、伴善男が太皇太后宮大夫という地位にあったことに着目すると、太皇太后藤原順子が関与していたきらいもある。伴善男一派の処断によって、良相は政界から距離をとり、順子の影響力も大幅に縮小されたと考えられる。

一方で、仏道に傾倒していたといわれる良房は、難局を収拾して政界へ回帰し、基経は華麗な昇進を果たした。さらには、明子のもとにいた基経の同母妹高子《たかいこ》の入内が実現することになった。この政治疑獄事件は後世まで語り継がれたようで、先述した『吏部王記』だけでなく『宇治拾遺物語《うじしゅういものがたり》』、さらには院政期に『伴大納言絵巻《ばんだいなごんえまき》』が製作され、長らく人々の記憶に残ることとなった〔仁藤二〇一五〕。

法令の編纂と整備

清和天皇の時代の特筆すべき事業として、『貞観格《じょうがんきゃく》』・『貞観式《しき》』・『貞観交替式《こうたいしき》』など法令の編纂を挙げないわけにはいかない。『貞観格』は、嵯峨天皇時代の『弘仁格』の編纂後に出されたもので、貞観年間の編纂時に有効とされていた単行法令（格）を編纂した法令集である。貞観十一年（八六九）に『貞観格』十巻と臨時格二巻が撰進されているが、これに先行して編纂が進んだ『貞観交替式』所収の法令は収録していない。残念ながら、『貞観格』自体は伝来せず、『類聚三代格《るいじゅうさんだいきゃく》』から復元される。貞観十三年には、『貞観式』が編纂されたが、現在は『本朝月令《ほんちょうがつりょう》』や『小野宮年中行事《おののみやねんじゅうぎょうじ》』などから逸文収集が可能である〔虎尾一九九二〕。

このほか、六国史の一つである『続日本後紀《しょくにほんこうき》』二十巻、唐礼の理念を用いた『儀式《ぎしき》』十巻など、歴史書や儀式書が編集されており、政務や儀礼の成熟を知ることができる。このような法令集や正史、儀式書の編纂事業は貞観十年代に完成をみるが、嵯峨天皇時代の弘仁年間から半世紀たち、有効法の整理と選別が必要になったことがその背景と考えるべきである〔神谷二〇二〇〕。

再び幼帝の出現へ

貞観十八年（八七六）十一月二十七日、清和天皇は皇太后藤原明子が住んでいる染殿院《そめどのいん》に行幸した。翌日には、譲位の意志を表明し、二十九日には染殿院に出向いた皇太子貞明《さだあきら》親王に譲位した。清和天皇は二十七歳。貞明親王は、九歳の幼帝陽成《ようぜい》として即位することになった。清和は詔を出して、貞明皇太子の外舅《がいきゅう》にあたる右大臣藤原基経に「幼主を輔弼《ほひつ》して天下の政を摂行」することを命じた。譲位の詔によれば、病状の進退がはっきりせず執政への意欲を失ったこと、頻発する災異に心が休まらないので、皇太子の成人を待って譲位すべきだとは考えたが、賢臣の補佐があれば可能であると思うに至ったと述べている。陽成は宮中に帰還し、清和はそのまま染殿院で生母明子と同居しつつ、太上天皇となった。

水尾山陵（清和天皇陵）　京都市右京区

元慶三年（八七九）五月には、基経の山荘であった粟田院《あわたのいん》に移り、八日に出家して素真《そしん》という法名を得た。戒師は天台宗の真雅《しんが》の高弟であった宗叡《しゅうえい》であった。その後、清和上皇の諸寺巡礼が開始されたが、元慶四年に粟田院あらため円覚寺《えんがくじ》にて三十一歳の生涯を閉じた。『三代実録』の薨伝によれば、風儀が美しく、性格は寛容で慈悲深く、温和であったとされる。さらに、若くして仏道に帰依し、最期は西方を向いて結跏趺座《けっかふざ》して、手には結定印《けちじょういん》を結んで崩じたと伝わる。史上最初の幼帝は、幼帝に位を譲り、静かに表舞台から去っていったのである。（仁藤智子）

【主要参考文献】

神谷正昌『清和天皇』（吉川弘文館、二〇二〇年）
小山真人『活火山富士―大自然の恵みと災害』（中央公論新社、二〇〇三年）
坂上康俊『日本の歴史05　律令国家の転換と「日本」』（講談社、二〇〇九年）
佐々木恵介『日本古代の歴史4　平安京時代』（吉川弘文館、二〇一三年）
寒川　旭『地震考古学』（中央公論新社、一九九二年）
鄭　淳一『九世紀の来航新羅人と日本列島』（勉誠出版、二〇一五年）
虎尾俊哉『弘仁式貞観式逸文集成』（国書刊行会、一九九二年）
仁藤智子「『都市王権』の成立と展開」（『歴史学研究』大会特集号別冊・七六八、二〇〇二年）
仁藤智子「応天門の変と『伴大納言絵巻』～記憶と記録の間～」（『国士舘史学』一九、二〇一五年）
仁藤智子「幼帝の出現と皇位継承」（『天皇はいかに受け継がれたか』績文堂、二〇一九年）
吉江　崇「荷前別貢幣の成立―平安初期律令天皇制の考察―」（『日本古代宮廷社会の儀礼と天皇』塙書房、二〇一八年）

陽成天皇——憶測をよぶ突然の退位

父：清和天皇
誕生：貞観十年（八六八）十二月十六日
母：藤原高子
崩御：天暦三年（九四九）九月二十九日
在位期間：貞観十八年（八七六）十一月二十九日～元慶八年（八八四）二月四日
諱：貞明
陵墓：神楽岡東陵（京都市左京区浄土寺真如町）

待ちに待った皇子の誕生

貞観十年（八六八）十二月、藤原明子《ふじわらのあきらけいこ》の里第《りてい》である染殿院《そめどののいん》（正親町《おおぎまち》南・富小路《とみのこうじ》東）で清和《せいわ》天皇の第一子として産声を上げた。清和天皇の生母である皇太后藤原明子の四十賀《しじゅうのが》が盛大に行われた直後であった。清和天皇にとっても、母高子《たかいこ》にとっても、伯父藤原基経《もとつね》にとっても切望していた皇子の誕生であった。翌貞観十一年二月には立太子《りったいし》され、藤原氏宗《うじむね》が東宮傅《とうぐうのふ》に、文章博士《もんじょうはかせ》であった橘広相《たちばなのひろみ》が東宮学士《がくし》に任じられた。直ちに春宮坊《とうぐうぼう》が設置され、南淵年名《みなみぶちのとしな》が春宮大夫《だいぶ》に、藤原門宗《かどむね》が亮《すけ》、藤原清経《きよつね》が大進《だいしん》として命じられた。

藤原氏宗は、文徳《もんとく》天皇を皇太子時代から輔けてきた北家《ほっけ》の長老で、清和朝には基経の異母妹である藤原淑子《よしこ》を室に迎えて、貞観十二年には右大臣《うだいじん》にまで昇った。『貞観格《じょうがんきゃく》』『貞観式《しき》』の撰進にも関わり、清和朝を支えた重臣の一人である。余談になるが、藤原淑子は、藤原長良《ながよし》の娘で後宮《こうきゅう》に出仕し、仁和三年（八八七）には従一位《じゅいちい》まで上り詰めた女官である。実子はなかったが、時康《ときやす》親王の皇子定省《さだみ》王（のちの宇多《うだ》天皇）を猶子《ゆうし》とし、橘広相の娘橘義子《よしこ》（宇多女御《にょうご》）を養女に迎えて両者を婚姻させている。光孝《こうこう》・宇多天皇の信頼厚い女性であった。このような藤原氏宗を東宮傅としていることからも、貞明《さだあきら》親王への期待は並々ならぬものがあったことがうかがえる。氏宗の死後、嵯峨《さが》源氏の源融《みなもとのとおる》が東宮傅を務めた。

東宮学士は代々その時代の一流の学者から選ばれるが、菅原是善《すがわらのこれよし》に師事して頭角を現して三十一歳の若さで文章博士となった橘広相が任命された。陽成《ようぜい》が即位して蔵人頭《くろうどのとう》に任じられた貞観十九年まで当職を務めた。その後、宇多天皇即位時に藤原基経の処遇をめぐって、起草した橘広相が糾弾される事件が起きる（阿衡《あこう》の紛議《ふんぎ》）。

春宮坊の長官である東宮大夫の南淵年名も、文徳・清和天皇に仕えた信頼ある人物である。特に、氏宗と共に『貞観格』『貞観交替式《こうたいしき》』や『日本文徳天皇実録』の編纂作業に携わり、晩年には大江音人《おおえのおとんど》や菅原是善など当時の知識人を招き、日本初の尚歯会《しょうしかい》を主催したことで知られる。尚歯会とは、敬老を旨として高齢の知識人が参集して、詩賦《しふ》や和歌朗詠《わかろうえい》などを行う会である。年名は、貞明が即位するのを見届けて致仕した。聡明で物事に明るく、度量も広い人物で、朝廷においては清廉潔白であったと伝わる。

藤原門宗も藤原清経もともに北家の出身で、清経の室と伝えられる藤原栄子は高子の女房であった。このような東宮に対する布陣からも、貞明らの誕生と立太子は、待ちに待った慶事であったと考えられる。

清和からのバトンタッチ

貞観十八年（八七六）十一月、清和天皇が行幸先の染殿院にて譲位を表明した。皇太子の貞明親王は牛車《ぎっしゃ》で東宮を出発し、父帝のいる染殿院へ向かった。そこで清和天皇からの譲位と陽成天皇の践祚《せんそ》が行われ、新帝となった陽成は天皇の乗り物である鳳輦《ほうれん》にて平安宮へ還御《かんぎょ》した。陽成は即位すると内裏の仁《じ》寿殿《じゅうでん》に移り、生母高子は清和太上天皇とは行動を共にせず、後宮の常寧殿《じょうねいでん》に入った。のちに、高子には中宮職《ちゅうぐうしき》が設置される。

この一連の動向は、いくつかの点で注目される。第一に、天皇の譲位と新帝の践祚が平安宮外で行われたということである。かつて文徳天皇は内裏内に居住せず、平安宮内の東宮雅院《とうぐうがいん》や宮外の冷然院《れいぜんいん》に住んだが、仁明《にんみょう》天皇崩御にともなう践祚は平安宮内で行われた。清和天皇も冷然院で崩じた文徳天皇からの神器を皇太子直曹《じきそう》で受け、践祚している。しかし、今回は清和天皇が内裏から行幸した先に皇太子を呼び寄せて譲位している。初めてのことである〔仁藤二〇一九a・b〕。

第二に、太上天皇となった清和は、平安宮外の染殿院にて生母明子との同居を再開しているが、女御の藤原高子は清和に同行せず、息子の陽成天皇と共に内裏に入ったことが留意される。従来、譲位した太上天皇は配偶者であるキサキたちを連れて内裏外に退去するが、清和は先に退出していた生母明子と同居し、女御であった高子はそのまま内裏にとどまり、皇太夫人として実子陽成を支える態勢となった〔仁藤二〇一九b〕。

十二月八日には、清和に陽成天皇より太上天皇の尊号が奉上された。翌貞観十九年正月三日に豊楽院《ぶらくいん》において即位し、生母高子を皇太夫人とすることを宣した。右大臣であった藤原基経が近衛大将《このえたいしょう》を辞したいと言い出したのは、この直後である。陽成天皇はすぐに、南渕年名を清和太上天皇のもとに遣わし、采配を請うた。清和は理解を示しながらも、「国の重任にあたり、万機《ばんき》を摂行するためには、君子の武備の腰底がむなしい状態は避けなければならない」として、基経に金銀装の宝剣を一振り与えて思いとどまらせた。

元慶元年（八七七）には、荷前《のさき》の対象として五墓を定めた。すなわち、鎌足《かまたり》の多武峰《とうのみね》墓、源潔姫《みなもとのきよひめ》墓と良房《よしふさ》の山城国愛宕《あたご》郡墓、長良《ながら》の山城国宇治《うじ》郡墓、長良室である藤原乙春《おとはる》の山城国紀伊《きい》郡墓である。これ以外の墓は対象から外されることになった。清和朝の十陵四墓と比較してみると、陽成の父系（清和）である良房と潔姫と、母系（藤原高子）にあたる長良と乙春が意識されていることがわかる。また、元慶三年十一月には、橘氏の祖神として祀られてきた梅宮祭《うめみやさい》が停廃された。このことは、正子《まさこ》太皇太后の死没を境に、橘嘉智子《たちばなのかちこ》を母系とする天皇家の血脈に終焉を告げたことを意味していよう。

元慶の乱

陽成が即位してまもなく、元慶二年（八七八）三月には、陸奥国より蝦夷《えみし》との紛争の第一報が朝廷にもたらされた。世にいう元慶の乱である。

出羽国守正五位下藤原朝臣興世《おきよ》が飛駅《ひやく》して奏言するには「秋田郡城邑の官舎や民家は、凶賊（蝦夷）によって焼亡されたことは、すでに去月十七日に上奏しております。その後、陸奥国国司の権掾《ごんのじょう》で正六位上小野《おの》朝臣春泉《はるいずみ》と文室《ふんやの》真人有房《ありふさ》等が授けられた精兵で、入城して合戦しましたが、蝦夷らの勢いは日ごとに強くなり追われるばかりです。城北郡南にあった公私の舎宅もみなことごとく焼残《しょうざん》（焼きほろぼすこと）してしまいました。殺戮が行われていることは数えることもできないほどで、この国の兵器もみな秋田城にありましたので、一つも取り出すことができず、すべて灰燼に帰したのです。それだけではありません、去年は凶作で、人民はみな飢えて疲弊しております。そのため軍士を差発しても、勇敢なものはおりません。できれば隣国（陸奥国）から援兵を得て、戦力としたいとお願いいたします。〔『日本三代実録《にほんさんだいじつろく》』元慶二年四月四日己巳条〕

この元慶の乱の発端は、数年に続く全国的な凶作による人民の疲弊と出羽国の苛政が、蝦夷や俘囚《ふしゅう》たちの不満を募らせる原因となり、秋田城への急襲と城下の焼亡へと走らせたことによる。出羽国だけでは鎮圧することができず、陸奥国、下野国、上野国から徴兵が行われ、中央からは藤原保則《やすのり》、小野春風《はるかぜ》、坂上好蔭《さかのうえのよしかげ》らが派遣された。『藤原保則伝』（三善清行《みよしのきよゆき》の著作）によれば、彼らは武力による対峙ではなく、蝦夷や俘囚と向き合い、その要望を聞き入れながら、交渉を進め、鎮圧していく過程が記されている。個人の業績を止揚する『藤原保則伝』には多少の誇張はあるものの、正史である『三代実録』と併読することで、事件の推移を追うことができるまれなケースでもある。保則自身は武人ではなく、むしろ地方官として各地で善政をしいた良吏の一人で、今回も出羽権守《ごんのかみ》として、蝦夷・俘囚側との交渉役として派遣された。その背後を、対馬にて新羅《しらぎ》の襲来への対応にあたった武将の小野春風（鎮守《ちんじゅ》将軍《しょうぐん》）や、知将として知られた坂上好蔭（陸奥権介）が固めていた。朝廷からの武力による抑圧策を回避して、保則らが円満な解決を治めたことにより、八世紀後半の三十八年戦争以来くすぶっていた東北経営の火種は絶えた〔熊谷二〇一一〕。

国家財政の悪化と元慶官田の設置

この間、元慶三年（八七九）十月には大極殿《だいごくでん》が完成し、同年十一月には『文徳天皇実録』が上梓された。しかし一方では、東北の兵乱だけでなく、旱魃による飢饉が続き、国家財政は厳しい状況におかれた。この時期の施策として、看過できないのが元慶官田《かんでん》である。国家財政の悪化にともない、中央官庁における公用に事欠く事態となっていた。そのため、公用に充てるために官田を設定する運びとなった。

元慶二年頃より諸国に班田使《はんでんし》を派遣して、翌年の班田に備えた。そのなかで、元慶三年十二月に、民《みん》部卿《ぶきょう》中納言《ちゅうなごん》藤原冬緒《ふゆお》が班田に関して二つの施策を上奏した。ひとつは、律令に定められた班田制度を見直して、京戸《きょうこ》の女子の口分田《くぶんでん》を停止して、その分を畿内の男子の口分田の班給に回すこと、二つ目は、山城国八〇〇町、大和国一二〇〇町、河内国八〇〇町、和泉国四〇〇町、摂津国八〇〇町の合計四〇〇〇町を官田として、そこから得られる獲稲や地子《じし》を位禄《いろく》（四・五位の官人に支給される絁・布などの現物）などの公用に充てることであった。この提言は勅許を得て実施されることになった。後者が元慶官田の始まりとされる。元慶五年十一月には、山城・大和・河内・摂津四国の官田を割いて、官人の要劇料《ようげきりょう》（激務を強いられる官人に支給される特別手当）と番上料《ばんじょうりょう》（番をつくって当番の日に勤務する官人の手当）に充てるという施策がとられ、この方式はしばらく続行した〔大塚一九六九〕。

突然の遜位《そんい》は強制退位か

元慶六年（八八二）正月には、陽成天皇と同母弟貞保《さだやす》親王が同時に元服した。加冠《かかん》役は太政大臣《だいじょうだいじん》藤原基経であった。元服を賀する表は文書博士の菅原道真《みちざね》が草稿を作成した〔『菅家文草《かんけぶんそう》』〕。続いて、正子太皇太后（淳和《じゅんな》皇后）の没後空位であった太皇太后に藤原明子（文徳女御・清和生母・陽成祖母）が登り、陽成の生母である藤原高子（清和女御）が皇太夫人から皇太后となった。

ところが、突如元慶八年二月に、陽成は譲位する。正史である『三代実録』はその状況を次のように伝える〔元慶八年二月四日条〕。

これより先、天皇は手書を太政大臣である藤原基経に送り次のように述べた。「私は近年病が多発し、心身共に疲れ果てた。国家を治めることは重く、神器（天皇の位）を守ることもおぼつかない。できるだけ早く、この位を遜《ゆず》りたい」と。そして、二月四日（内裏の）綾綺殿《りょうきでん》を出られて、二条院《にじょういん》に遷られた。神璽・鏡・剣などは例に従って陪従したが、駅鈴《えきれい》・伝符《でんぷ》・内印《ないいん》（天皇御璽の印章）・管鑰《かんやく》は承明門《しょうめいもん》内の東廊に留置していった。留守は参議《さんぎ》藤原山蔭《やまかげ》、少納言《しょうなごん》兼侍従《じじゅう》藤原諸房《もろふさ》、左少弁《さしょうべん》安倍清行《あべのきよゆき》が務めた。文武百官が院の南門に参集させられて、一品式部卿宮《いっぽんしきぶきょうのみや》（仁明皇子の時康《ときやす》親王）へ譲位する旨の詔《みことのり》が公表された。

急な譲位に戸惑った時康親王は、再三固辞したものの受け入れられず、居所の東二条宮にて天皇の神宝を奉授した。この夜、皇太后藤原高子は居所の内裏・常寧殿を出て、陽成院の新居所となった二条院に遷った。

この突如の退位については、多くの研究者が注目するところである。この直前に起きた乳母の子であった源朝臣益《まさる》の宮中での殺害事件と結びつける説や、藤原基経と陽成、ひいては基経の同母妹で陽成母高子との不仲、決裂による政治基盤の崩壊に注目する説、上述した藤原淑子の暗躍によるとする説などがある〔角田一九七〇、河内一九八六、瀧浪二〇〇九、倉本二〇一四〕。いずれにせよ、数え十七歳の青年天皇が退位し、同母弟貞保《さだやす》親王はじめ同世代の候補者がいるなかで、皇統を遡って五十五歳の親王が皇太子を経ずに皇位につく事態は特異であり、異常である。正史を見る限り、陽成天皇の自らの発意による譲位のように見える。しかし、前後の政治状況をみると、藤原基経の意向が働いたと考えることもあながち否めない。自発的な譲位なのか、政治的圧力による強制的な退位なのか、史料を読む人の手に委ねられている〔倉本二〇一四〕。

『恒貞親王伝《つねさだしんのうでん》』〔『続群書類従《ぞくぐんしょるいじゅう》』第八輯上 伝部〕によれば、承和の変で廃太子になった淳和皇子・恒貞親王（出家して恒寂《こうじゃく》）のもとに、藤原基経や嵯峨源氏の源融《とおる》、仁明源氏の源多《まさる》が来て、還俗《げんぞく》して陽成天皇の後継者となることを請われたと記されている。恒寂は、皇位を厭って仏門に帰依した身で今さら何を望もうかと断った。

陽成は譲位の後、長寿を保ち、天暦三年（九四九）九月に京内の冷然院にて没した（享年八十二）。母の藤原高子は、陽成退位後も政争に翻弄された。光孝天皇の次代宇多天皇の寛平八年（八九六）に、自らが建立した東光寺《とうこうじ》の座主《ざす》善祐《ぜんゆう》と密通したという疑いをかけられ、皇太后を廃された〔『日本紀略《にほんきりゃく》』〕。高子廃后の翌年には、宇多の生母班子女王《はんしじょおう》が皇太夫人から皇太后に進んだ。高子の廃后によって空位となった皇太后に、班子女王がついたことになり、背景に宇多の意向が垣間見える。高子は、延喜十年（九一〇）三月に失意のまま没したが、天慶六年（九四三）になって、時の朱雀《すざく》天皇によって復位されている〔仁藤二〇一九a〕。

今日、『小倉百人一首《おぐらひゃくにんいっしゅ》』にも採録された次の一首が、陽成院の存在を伝えてくれる〔『小倉百人一首』十三番、もとは『後撰集《ごせんしゅう》』七七七番〕。

つくばねの峰よりおつる　みなの川　恋ぞつもりて　淵となりぬる

キサキの一人で光孝天皇の皇女である「釣殿のみこ」綏子《やすこ》内親王にあてた歌である。

（仁藤智子）

【主要参考文献】

大塚徳郎「元慶三年設置の官田について」（『平安初期政治史研究』吉川弘文館、一九六九年）
熊谷公男『秋田城と元慶の乱〜外からの視点でみる古代秋田の歴史』（高志書院、二〇二二年）
倉本一宏『平安朝　皇位継承の闇』（KADOKAWA、二〇一四年）
河内祥輔「光孝擁立問題の視角」（『古代政治史における天皇制の論理』吉川弘文館、一九八六年）
瀧波貞子「陽成天皇廃位の真相」（朧谷壽・山中章編『平安京とその時代』思文閣出版、二〇〇九年）
角田文衞「陽成天皇の退位について」（『王朝の映像・平安時代史の研究』東京堂出版、一九七〇年）
仁藤智子「平安初期の王権―女帝・皇后不在の時代」（『古代王権の史実と虚構』竹林舎、二〇一九年a）
仁藤智子「幼帝の出現と皇位継承」（『天皇はいかに受け継がれたか』績文堂、二〇一九年b）

COLUMN

後宮

後宮とは

後宮《こうきゅう》は、一般には以下のように説明される。①皇后や妃などが住む、宮中奥向きの宮殿。平安《へいあん》宮内裏《きゅうだいり》では、天皇の住む仁寿殿《じじゅうでん》の後方にあった承香殿《じょうきょうでん》・常寧殿《じょうねいでん》・貞観殿《じょうがんでん》・麗景殿《れいけいでん》・宣耀殿《せんようでん》・弘徽殿《こきでん》・登花殿《とうかでん》の七殿と、昭陽舎《しょうようしゃ》・淑景舎《しげいしゃ》・飛《ひ》香舎《ぎょうしゃ》・凝花舎《ぎょうかしゃ》・襲芳舎《しほうしゃ》の五舎の総称。奥御殿。②皇后《こうごう》以下の後宮に住む婦人。妃《ひ》、夫人《ぶにん》、嬪《ひん》や中宮《ちゅうぐう》、女御《にょうご》、更衣《こうい》、御息所《みやすどころ》など〔『日本国語大辞典』〕。つまり、後宮という言葉には、天皇のキサキたち（人）とそのキサキたちが住まう宮殿（場所）の二側面がある。

後宮の成立

後宮といえば、『源氏物語《げんじものがたり》』で描かれる世界、天皇の住まう内裏に多くの天皇のキサキたちが集住している姿を思い浮かべる方も多いのではないだろうか。しかし、それは後宮の一つの姿にすぎず、後宮の在り方には時期的な変遷がある。奈良時代の皇后をはじめとする天皇のキサキたちは、自立的な組織や経済基盤を前提に、天皇が住む内裏の外に独自の宮を営んでいた。天皇とキサキが同居する平安宮内裏の原型が生まれるのは、奈良時代末期の光仁《こうにん》・桓武《かんむ》朝の平城宮《へいじょうきゅう》内裏においてである。光仁朝以降、皇后の位置付けが、天皇と並ぶ共同統治者としての立場から、単なる天皇の嫡妻としての地位へと変化し、皇后宮は内裏内に吸収された。内裏中央北半には常寧殿以下の皇后に関わる空間が成立した。さらに、桓武朝には、皇統の保持・継続を意図した政策の一環としてキサキたちを内裏に一緒に住まわせるべく、後宮五舎に相当する空間が整備された。現在一般によく知られる平安宮内裏の構造に固定化するのは、嵯《さ》峨《が》朝以降と考えられている〔橋本義則一九九五〕。また、嵯峨朝は、令《りょう》に規定された皇后・妃・夫人・嬪に加え、新たに女御・更衣という新たな後宮の身位が登場した時期でもある〔瀧浪一九九五〕。

平安初期の後宮

王権分有者としての高い自立性は損なわれたものの、天皇の嫡妻として皇后は他のキサキとは隔絶する地位を誇った。中国的な男女役割分担観念を具現化するべく、皇后は常寧殿以下の広大な「后の宮」において、天皇に准じた儀式を執り行い、キサキを含むすべての後宮女性の統率者として君臨した〔東海林二〇一八〕。

しかし、そうした中国的な嫡妻観念は定着せず、嵯峨天皇皇后 橘《たちばなの》嘉《か》智《ち》子《こ》・淳《じゅん》和《な》天皇皇后正《まさ》子《こ》内親王ののち、醍《だい》醐《ご》天皇のキサキである藤《ふじ》原《わらの》穏《やす》子《こ》が立后するまでの九十年間、天皇のキサキが皇后に立てられることはなかった。

皇后不在の時期、嫡妻皇后の住まうべき常寧殿に居住し、天皇と妻后の場であった内裏で天皇と同居したのは母后である。仁《にん》明《みょう》天皇のキサキで文《もん》徳《とく》天皇母の藤原順《のぶ》子《こ》以降、九世紀後半の天皇生母は、いずれも配偶者である天皇の在位中は妻后として立后することはなく、女御の地位に留まった。その後、所生子が天皇となるに及んで皇太《こうたい》夫《ふ》人《じん》となって中宮と称され、折をみて立后し皇太后となった〔並木一九九五、西野一九九九〕。

内裏で天皇と同居した母后は、天皇への直接的かつ日常的な「後見《うしろみ》」を行い、実子天皇と外戚を結ぶ紐帯となってミウチ意識の醸成に寄与した。一方、摂関は、内裏に居住し後宮を支配する母后の権力を背景に、当初は大内裏《だいだいり》内の職御曹司《しきのみぞうし》、のちには後宮殿舎の直盧《じきろ》（宮廷内に与えられた控室）において政務を行うようになった〔吉川一九九八、東海林二〇一八〕。

平安中期の後宮

長く続いた皇后の不在期間を経て、延長元年（九二三）に醍醐天皇女御藤原穏子が立后した。穏子の立后自体は、厳密にいえば、醍醐の妻后としてではなく、皇太子祖母であることに力点が置かれたものであったが、これを契機に天皇キサキの立后が復活し、代々の天皇に妻后が立てられるようになった。これらの妻后は、所生子の有無によらず、夫である天皇の元服後あるいは即位後、早い段階で立后し中宮と称された〔並木一九九五〕。穏子以降の母后・妻后は常寧殿に住むことはなく、弘徽殿や飛香舎（藤壺《ふじつぼ》）など、天皇居所との近さが優先されるようになった〔東海林二〇一八〕。

この時期、後宮制度には種々の変化が見られる。穏子の立后以降、それまで天皇生母（皇太夫人）の呼称であった中宮は、天皇の正妻を指す呼称として用いられるようになった。正暦元年（九九〇）には、一条《いちじょう》天皇女御藤原定子《さだこ》の立后に際し、中宮であった藤原遵子《のぶこ》（円融《えんゆう》天皇キサキ）が皇后とされ、定子が中宮となって、中宮と皇后が並立することとなった。さらに、長保二年（一〇〇〇）に一条天皇女御藤原彰子《あきこ》が立后するに及んでは、中宮定子が皇后、彰子が中宮となり、一人の天皇に二人の正妻が立つことになった〔橋本義彦一九七六〕。また、正暦二年（九九一）には、一条天皇生母の皇太后藤原詮子《あきこ》が出家するにあたり、院号を宣下（東三条院《ひがしさんじょういん》）されたのを初例として、女院《にょいん》という新たな地位が創出された。

　平安時代初頭の桓武天皇から村上《むらかみ》天皇までの天皇は、在位中十人を超える多数のキサキを置くのが通例であったが、村上天皇以降、天皇キサキの数は五名前後に減少する。キサキの出身階層は大臣《だいじん》・大納言《だいなごん》家以上となり、更衣は見られなくなった〔並木一九九五、伴瀬一九九六〕。キサキを藤原威子《たけこ》一人しか持たなかった後一条朝に明らかなように、藤原道長《みちなが》は自分の娘以外のキサキを内裏から排除するだけではなく、キサキとなること自体を制限した。天皇の後宮・生殖ひいては皇位継承は、外戚や母后によってコントロールされていたのである〔伴瀬一九九六、東海林二〇一八〕。

平安後期（院政期）の後宮

　院政期までの天皇キサキは、複数の女性が入内儀礼を経て女御となり、その中から一名ないし二名が中宮や皇后となることが通例だったが、院政期以降、入内するのは立后を予定された女性のみに限られるようになった。天皇の後宮が縮小・形骸化する一方で、正式なキサキ以外の女性が天皇や院の皇子女を生み、院によって選ばれた皇嗣の生母が、後付けで女御や皇后・皇太后、女院の地位を与えられるようになった。王家にとって再生産の場である後宮は、王家の存在形態に密接に関わる。摂関期における後宮秩序を打破した後三条・白河《しらかわ》天皇によって、「家」の論理に基づく中世的な後宮が形成されていく〔伴瀬一九九六〕。

また、院政期に始まった特異な事象として、配偶関係のない皇女の立后がある。本来、天皇の嫡妻の地位であった皇后に、天皇にとって姉や叔母にあたる未婚の皇女が立てられた。未婚の皇女の立后は、白河皇女媞子《やすこ》が弟堀河《ほりかわ》天皇の准母《じゅんぼ》（母に准《なぞら》えられた存在）として立后したことに始まり、院政期における「王家」成立をめぐる動向の中で創出された（栗山二〇一二）。

（栗山圭子）

【主要参考文献】

栗山圭子「准母立后制にみる中世前期の王家」（同『中世王家の成立と院政』吉川弘文館、二〇一二年。初出二〇〇一年）
東海林亜矢子『平安時代の后と王権』（吉川弘文館、二〇一八年）
瀧浪貞子「女御・中宮・女院―後宮の再編成―」（『平安文学の視角―女性―』〈『論集平安文学』三〉勉誠社、一九九五年）
角田文衞『日本の後宮』（学燈社、一九七三年）
並木和子「平安時代の妻后について」（『史潮』三七、一九九五年）
西野悠紀子「九世紀の天皇と母后」（『古代史研究』一六、一九九九年）
橋本義則「平安宮内裏の成立過程」（同『平安宮成立史の研究』塙書房、一九九五年）
橋本義彦「中宮の意義と沿革」（同『平安貴族社会の研究』吉川弘文館、一九七六年。初出一九七〇年）
伴瀬明美「院政期における後宮の変化とその意義」（『日本史研究』四〇二、一九九六年）
吉川真司「摂関政治の転成」（同『律令官僚制の研究』塙書房、一九九八年。初出一九九五年）

光孝天皇——突然の即位から新皇統の創設へ

父：仁明天皇	誕生：天長七年（八三〇）
母：藤原沢子	崩御：仁和三年（八八七）八月二十六日
	諱：時康
在位期間：元慶八年（八八四）二月四日〜仁和三年（八八七）八月二十六日	
陵墓：後田邑陵（小松山陵）（京都市右京区宇多野馬場町）	

長い官歴

天長七年（八三〇）、仁明《にんみょう》天皇の第三皇子として東京六条第（左京六条四坊四町）で生まれた。母は北《ほっ》家《け》魚名《うおな》流の藤原総継《ふじわらのふさつぐ》の娘沢子《さわこ》。諱《いみな》は時康《ときやす》。承和十二年（八四五）に十六歳で元服し、翌年には四品《しほん》に叙された。皇位が藤原冬嗣《ふゆつぐ》の娘順子《のぶこ》が生んだ長兄の文徳《もんとく》天皇から、清和《せいわ》天皇・陽成《ようぜい》天皇と直系で継承されていったため、皇統から外れていた。そこで、貞観十一年（八六九）には皇籍を離れ臣下の姓を賜る抗表《こうひょう》を奉っているが、許されなかった。その間、中務卿《なかつかさきょう》・式部卿《しきぶきょう》を歴任し、常陸太守《ひたちたいしゅ》・大宰帥《だざいのそち》・上野《こうずけ》太守を兼任しており、これらは親王が任じられる官職である。二十二歳で三品《さんぼん》、四十一歳で二品《にほん》、元慶六年（八八二）に五十二歳で一品《いっぽん》に叙され、貞観三年に首の崩落していた東大寺大仏の修理供養会を監修したり、同五年に僧深寂《しんじゃく》に元の姓名を賜い叙位して京職《きょうしき》に貫することを奏言したり、元慶六年に相撲節会《すまいのせちえ》の左相撲司別当を務めたりするなど、職務を違失なくこなしていたことがうかがわれる。

ところで、元慶六年には、娘の穆子女王《むつこじょおう》（のち内親王）が陽成天皇の賀茂斎院《かもさいいん》となっている。賀茂斎院とは、賀茂神社の大神に天皇の代わりに奉仕する女性のことで、通常は天皇の娘内親王が務めるが、このとき、陽成天皇は元服したばかりの十五歳で皇女がいなかったことから、時康親王（光孝天皇《こうこう》）の娘が選ばれたのである。なお、後に陽成天皇から光孝天皇に代替わりしても、穆子内親王は交代せず引き続き賀茂斎院を務めた。

突然の即位

元慶八年（八八四）二月、十七歳の陽成天皇が退位し、光孝天皇が五十五歳で即位した。これ以前、光孝天皇の即位はおそらく想定されておらず、突然、皇位がめぐってきたとの感が強い。

陽成天皇はなぜ退位したのか。その理由として病気が挙げられているが、これは常套句といえるのでそのまま鵜呑みにすることはできない。退位に先立つ三ヶ月前、元慶七年十一月十日に宮中の殿上で源益《みなもとのまさる》が格殺《かくさつ》（なぐり殺すこと）されるという事件が起き、それについて「禁省《きんしょう》の事秘にして、外の人知ること無し」〔『日本三代実録《にほんさんだいじつろく》』〕とあって事件は秘密にされたという。ここから、手を下したのは陽成天皇であり、そのため正史には明記できなかったと推定され、それが原因となって陽成天皇は廃位されたというのが一般的な解釈である。

ただし、陽成天皇が格殺した確証はなく、事件から退位まで三ヶ月も経っていることから、その要因を別に求める見方もある。それは、元慶六年に陽成天皇は十五歳で元服したが、その後、母后の藤原高子《たかいこ》の政治的影響力が高まり、摂政太政大臣藤原基経《もとつね》と衝突するようになったという。基経と高子は同母兄妹であるが、基経はその影響力を排除するために陽成天皇を廃位に追い込んだというのである〔角田一九七一〕。これはそれなりに支持を得た説ではあるが、高子が政治に影響力を行使した形跡や、それによって基経と対立が生じたと解釈すべき事例は見当たらず、そもそも、そのような理由で皇位を廃立できたのか、基経にそうした権限があったのか疑問である。結局、陽成天皇の退位の要因は、格殺事件にあるのか基経と高子との対立なのか、いずれとも断定し難いのであるが、不測の事態だったことは確かであろう。

それでは、新たに擁立されたのがなぜ高齢の光孝天皇だったのか。光孝天皇は陽成天皇の祖父文徳天皇の弟に当たる。陽成天皇の同母弟で十五歳の貞保《さだやす》親王や、異母弟で基経の娘藤原佳珠子《かずこ》が生んだ十一歳の貞辰《さだとき》親王のほうが有力な候補のように思えるが、彼らが天皇に立てられることはなかった。

ところで、「恒貞《つねさだ》親王伝」〔『続群書類従《ぞくぐんしょるいじゅう》』伝部第百九十〕によれば、このとき、まず皇位に推挙されたのは恒貞親王であったが、固辞したため、光孝天皇が擁立されたという。恒貞親王は淳和《じゅんな》天皇の皇子で、従兄弟の仁明天皇の皇太子となったが、承和九年（八四二）の承和の変によって廃太子となり、出家入道していた。そして、新たに皇太子に立てられ即位したのが文徳天皇であり、それから清和天皇・陽成天皇とその直系に皇位が継承されていった。したがって、伝の内容が事実であれば、ここで承和の変以前の状態に戻し、文徳天皇の皇統の否定を意図したものということになる。恒貞親王が固辞しても、貞保親王・貞辰親王が擁立されず、文徳天皇の弟の光孝天皇が選ばれたのもそのことによる。

また、清和天皇・陽成天皇と幼帝が続いても、まだ幼帝は正常な状態とは認識されていなかったのではないか。もし、陽成天皇の退位の原因が格殺事件にあったのならばなおさらであろう。そこで、貞保親王・貞辰親王のような幼帝は回避され、不測の事態に対して長老の光孝天皇が擁立されたのであろう。

なお、『大鏡《おおかがみ》』上、太政大臣基経段には、次のような話がみられる。基経の養父藤原良房《よしふさ》が大饗《だいきょう》を催した折、尊者《そんじゃ》（主賓）の膳に盛り忘れられた雉《きじ》の足を、陪膳が時康親王（光孝天皇）の膳から取って据えたのに対し、親王は機転を利かして燈火を消したが、それを基経が末席から見ていて感嘆したという。そして、陽成天皇が退位したとき、嵯峨《さが》天皇の皇子で左大臣の源融《とおる》が自分にも皇位に即く資格があると主張したのに対し、基経は臣籍に降った者の即位は前例がないとして排し、光孝天皇を擁立したというのである。この話がどこまで事実を伝えているか定かではないが、基経の母は藤原総継の娘乙春《おとはる》であり、光孝天皇と基経とは母が姉妹の従兄弟同士であった。そのようなこともあって、基経は光孝天皇に信頼を寄せていたと考えられ、それが即位に影響を与えたのであろう。

光孝天皇の皇位と皇統

光孝天皇の即位によって、文徳天皇系から新たな皇統に移行したことになる。しかし、最初から新皇統を確立することが意図されていたかというとそうではない。それというのも、光孝天皇は即位直後の元慶八年（八八四）四月に、斎宮《さいくう》・斎院を除く自身のすべての皇子女を源氏賜姓して臣籍に降した。これは自らの系統が皇位を継承しないことを表明したことになり、ここから光孝天皇は当初、一代限りの「中継ぎ」の天皇であったという見方もなされている〔河内一九八六〕。確かに、不測の事態によって光孝天皇は急遽即位しており、皇統が受け継がれていくことは想定されておらず、その皇位は不安定なものであった。ただし、「中継ぎ」であることが決まっていたかも定かでない。そこで、光孝天皇は皇位を自ら正統化しなければならなかったのである。

光孝天皇は、元慶八年二月二十八日に東宮《とうぐう》より内裏仁寿殿《じじゅうでん》に遷御《せんぎょ》するにあたり、「承和天子の旧風に效《なら》」ったといい父の仁明天皇（承和天子）を強く意識していたという。そのことは、同年四月二十三日に行われた奏銓擬郡領《そうせんぎぐんりょう》（郡司読奏《ぐんじどくそう》）で「此《こ》の儀久しきを経て停絶《ちょうぜつ》、是《こ》の日、旧儀を尋検《じんけん》して之《これ》を行ふ」とあり、また、六月十日に行われた奏御卜（御体御卜《ごたいのみうら》）でも「承和以後、是の儀停絶、是の日旧式を尋ね之を行ふ」とある〔いずれも『日本三代実録』〕ことからもうかがわれる。奏銓擬郡領は、奏任官である郡司を任命するのに先立ち毎年四月二十日前後に候補として選ばれた郡司を天皇に奏上する儀式であり、奏御卜は、六月と十二月のそれぞれ十日以前に天皇の六ヶ月間の安否を卜し、十日にその結果を天皇に奏上する儀式である。これらの儀式は、仁明天皇以前は天皇が紫宸殿《ししんでん》に出御して行われていたが、文徳天皇以降、簡略化された不出御儀が恒例化していた。ここで「旧儀」・「旧式」を尋ねて行ったということは、久しく途絶えていた天皇出御儀を復活させたということであり、仁明天皇まで行われていた儀式を規範としていることを示している。このように、光孝天皇は父の仁明天皇の治世を継承することにより、自身の皇位の正統性を示そうとしたものと考えられる〔木村一九九九〕。このほか、通常の政務にも出御するなど積極的な姿勢を示しているのもその一環であろう。

藤原基経の処遇と関白

光孝天皇が即位したことで問題となったのは、太政大臣藤原基経の処遇である。基経は前天皇の摂政であった。摂政は、幼帝が即位したときにその代行として設置されるもので、陽成天皇が元服したときに基経は辞表を提出しているが、それは許されずその在位中は摂政を続けている。そもそも、人臣摂政の嚆矢とされる藤原良房は、清和天皇の元服後に起きた応天門《おうてんもん》の変に際し、摂政に任命されている。これは当初の摂政が、官職というよりは外戚《がいせき》で廟堂《びょうどう》の首班、藤原氏の氏長者《うじのちょうじゃ》を兼ね備えた特別な臣下に与えられた特別な資格だったからであり、その権能は幼帝が元服したからといって単純に消滅するものではなく、終身的な継続性があったからと考えられる。一般的には、代替わりによって摂政は補任され直すとされているが、成人の光孝天皇が即位したからといって、この場合、基経の権能を簡単に無効とすることは難しかった。特に、即位直後の皇位が不安定であった光孝天皇としては、おそらく擁立に尽力してくれたであろう摂政太政大臣の基経に、自らの王権の擁護を期待したであろう。したがって、基経に何らかの処遇を与えなければならなかったのである。

さて光孝天皇は、即位後の元慶八年五月五日の端午《たんご》の節《せつ》に際し、基経に儀式の進行を取り仕切る内弁《ないべん》を命じた。しかし、通常ならば太政大臣はこのような役は行わないのであり、基経は直ちに太政大臣の職位に疑義を呈したと想像される。そこで、光孝天皇は五月九日に諸道博士に太政大臣の職掌の有無と唐のいずれの官に当たるか諮問し、二十九日に菅原道真《すがわらのみちざね》以下六名の学者が答申しているが、諸説一致していない。これを受けて、六月五日に基経に以下のような官中一切の文書の奏下《そうげ》諮稟《しりん》を命じる勅が下った〔『日本三代実録』〕。その内容は、光孝天皇は基経の功績を中国・日本の古今の偉人と比較して讃え、それに報いようとしたが基経が固辞したので、所司に現在の職掌を勘奏《かんそう》させたところ、師範訓導のみではなく政務を統括すべきとあることをうけて、たとえ職掌が無かったとしても自分の耳目となり腹心であるならば、特に自分と憂いを分かつものと思い、「今日より官庁に坐《まし》て、就《つき》て万政を領《おさめ》行ひ、入りては朕躬《わがみ》を輔《たす》け、出《いで》ては百官を総《すぶ》べし、応《まさ》に奏すべきの事、応に下すべきの事、必ず先《はじめ》に諮稟《しりん》せよ、朕将《まさ》に垂拱《すいきょう》して成るを仰《あお》がむとす」と述べている。ここで「応に奏すべきの事、応に下すべきの事、必ず先に諮稟せよ、朕将に垂拱して成るを仰がむとす」とは、天皇に奏上する文書や天皇から下される文書はまず基経に諮るようにということであり、後の関白を補任する詔と同じ表現である。したがって、「関白」の語はみられないものの、光孝天皇は基経に後の関白と同等の職掌を与えたのであり、事実上の関白の始まりといわれる所以である〔坂上一九九三〕。こうして、関白は光孝天皇によって新たに設置されたのである。

ただしその後、基経は論奏に名を連ねたり、朝賀の内弁を勤めたり、奏銓擬郡領で点定《てんじょう》（読み上げられた名簿に確定の文字を点ずる）を行うなど、後の関白であれば携わらないことに従事している。これは、「今日より官庁に坐て、就て万政を領行ひ」という部分が、太政官における具体的政務をさしていると考えられ、さらに基経に与えられたのが、摂政経験者に対して特別に付与された個人的資格であり、関白の初例としてまだ職掌が定まっていなかったからと考えられるのである。

死去と皇嗣

光孝天皇の治世は四年間にすぎなかったが、その間、積極的に政務に関わり、経費の節約や地方官の引き締めなどに努めた。しかし、仁和三年（八八七）八月二十六日に死去した。享年五十八。後田邑《のちのたむらの》陵《みささぎ》（京都市右京区宇多野馬場町）に埋葬されたが、これを小松山陵《こまつやまりょう》ともいうことから、光孝天皇は「小松帝」とも呼ばれる。

光孝天皇には女御班子女王《にょうごなかこ》をはじめ、少なくとも十一人の后妃がおり、十七人の皇子と二十五人の皇女を儲けたことが確認される。

そのうち、皇位を継いだのは第七皇子で二十一歳の宇多《うだ》天皇である。宇多天皇は幼少時、二世王として定省《さだみ》王と称されていたが、父光孝天皇の即位にあたり元慶八年（八八四）四月に臣籍降下された一人であり、源定省と源氏賜姓された。しかし、仁和三年八月二十五日に親王に復し、翌日、皇太子に立てられたのであるが、その日に光孝天皇が死去しており、その間際に慌ただしく立太子されたことがわかる。

さらに、仁和三年閏十一月二十七日の宇多天皇が基経を関白とした詔〔『政事要略《せいじようりゃく》』巻三十、年中行事、阿衡事〕に、「先帝右に卿の手を執り、左に朕の頭を撫で、託すに父子《ふうし》の親《しん》を以《もっ》てし、結ぶに魚水の契りを以てす」とあり、宇多天皇の日記（『寛平御記《かんぴょうぎょき》』）の仁和四年六月二日条にも、「先日先帝左に愚の手を執り、右に相国《しょうこく》の手を執り、託して曰く、我《われ》日に衰耗《すいもう》す、是《これ》何事に拠るかを知らず、此《こ》の人必ず卿子《けいし》の如《ごと》く輔弼《ほひつ》と為すのみ」とある。すなわち、光孝天皇（先帝）が死に際して、左手で宇多天皇（朕・愚）の手を執りあるいは頭を撫で、右手で基経（卿・相国）の手を執って、基経に宇多天皇のことを託しているのであり、ここから、宇多天皇を皇嗣と定めたのは光孝天皇自身であったことがうかがわれる。

光孝天皇の即位の時点では、新皇統を確立することに定まっていたわけではなかったのだが、天皇自身の努力によって、その系統に皇位が継承されることになったといえよう。なお、南北朝期の北畠《きたばたけ》親房《ちかふさ》の『神皇正統記《じんのうしょうとうき》』には、「光孝より上《かみ》つかたは一向上古なり、よろづの例を勘《かんがふる》も仁和より下つかたをぞ申める」とあるが、光孝天皇から新たな時代が始まったと認識されていたのである〔伊藤一九九五〕。

清貧の逸話

紀貫之《きのつらゆき》撰『古今和歌集《こきんわかしゅう》』春歌上には、光孝天皇の歌として「君がため春の野にいでて若菜つむ我が衣手に雪は降りつつ」の歌が採録されている。詞書《ことばがき》に「仁和のみかど、みこにおましましける時に、人にわかな賜ひける御歌」とあり、即位以前に詠まれたことがわかる。この歌は藤原定家《さだいえ》撰の百人一首《ひゃくにんいっしゅ》にも選ばれていることで有名である。

鎌倉時代前期成立の『古事談《こじだん》』巻一の五によれば、陽成天皇が退位したとき、他の皇子たちが慌てふためいているなかで、時康親王（光孝天皇）のみは破れた御簾《みす》のうちに縁の破れた畳に坐り悠然としており、それをみた基経が感心し帝位に即くべきと考え、御輿を寄せると、即位のときに使う鳳輦《ほうれん》にこそ乗るとして略式の葱花《そうか》の輿に乗らなかったという。同じく『古事談』巻一の六には、光孝天皇は即位前、多くの商人から物を借りていたので、即位の後、参内した彼らに内裏の調度を置いている納殿《をさめどの》の物をもって返済したとする話が載せられている。さらに、鎌倉末・南北朝期の兼好《けんこう》法師は『徒然草《つれづれぐさ》』第一七六段で、光孝天皇は親王であったとき、戯れに料理の真似事をしており、即位してからもそのことを忘れないようにしていたが、その部屋は薪で煤けていたので「黒戸」という、と御所の一室名の由来を説明している。これらは、とても事実とは受けとめられないが、親王時代の清貧と即位後もそれを忘れていないことを対比しており、光孝天皇が即位するにふさわしい徳のある人物であることを示す話になっているといえよう。

（神谷正昌）

【主要参考文献】

伊藤喜良『中世王権の成立』（青木書店、一九九五年）
神谷正昌「阿衡の紛議と藤原基経の関白」（『続日本紀研究』三九三、二〇一一年）
神谷正昌「摂関期の皇統と王権」仁藤敦史編（『古代文学と隣接諸学3古代王権の史実と虚構』竹林舎、二〇一九年）
木村茂光「光孝朝の成立と承和の変」（十世紀研究会編『中世成立期の政治文化』東京堂出版、一九九九年）
河内祥輔「光孝擁立問題の視角」（『古代政治史における天皇制の論理』吉川弘文館、一九八六年）
坂上康俊「関白の成立過程」（笹山晴生先生還暦記念会編『日本律令制論集 下』吉川弘文館、一九九三年）
坂本賞三「関白の創始」（『神戸学院大学人文学部紀要』三、一九九一年）
角田文衞「陽成天皇の退位」（『王朝の映像』東京堂出版、一九七〇年）

宇多天皇——臣籍降下から異例の逆転即位

父：光孝天皇
誕生：貞観九年（八六七）五月五日
母：班子女王
崩御：承平元年（九三一）七月十九日
諱：定省
在位期間：仁和三年（八八七）八月二十六日～寛平九年（八九七）七月三日
陵墓：大内山陵（京都市右京区鳴滝宇多野谷）

生い立ち

貞観九年（八六七）五月五日、時康《ときやす》親王（光孝《こうこう》天皇）の第七皇子として生まれた。母の班子女王《なかこじょおう》は桓《かん》武《む》天皇の皇子仲野《なかの》親王の娘である。諱《いみな》は定省《さだみ》。当初、二世王として定省王と名乗っていたが、元慶八年（八八四）、十七歳のときに父の光孝天皇が即位すると、四月十三日に斎宮《さいくう》・斎院《さいいん》を除くすべての皇子女が源氏賜姓されたので、源定省《みなもとのさだみ》として臣籍に降った。これは、光孝天皇が自らの系統に皇統を繋げないことを表明したことを意味し、この時点で天皇に即位する可能性は極めて低かった。

なお、『大鏡《おおかがみ》』宇多《うだ》天皇段には、即位以前の宇多天皇の次のような話が載せられている。一つは、王《おう》

宇多法皇画像　東京大学史料編纂所蔵模写

侍従《じじゅう》として陽成《ようぜい》天皇に仕えていたというものであり、神社行幸において舞人を務めたことから、後に宇多天皇が即位し陽成院を通り過ぎて行幸した際、陽成上皇が「当代は家人《けにん》にはあらずや」（今の宇多天皇はもともと自分の家来ではなかったか）と言い放ったという。また、殿上の御倚子の前で在原業平《ありわらのなりひら》と相撲を取り、打ちかけられて高欄《こうらん》を折ってしまったとの話もある。ただし、定省王（宇多天皇）が王侍従であったことには疑問も持たれている〔古藤二〇一八〕。

いま一つは、宇多天皇がまだ即位する前、鴨明神から春には祭があるが秋にはないので祭を行ってほしいと告げられ、自分はそのような立場にないと申したところ、それを実現できる運を持ち合わせているとの託宣を受け、その通り即位後、賀茂臨時祭を創祀したという話である。他の神々は一年二度の祭があるのに対し、賀茂祭が毎年四月に行われるだけなので、年内にもう一度の祭を行うよう要望され、宇多天皇がそれをかなえたとのことであるが、この話は、鴨明神が宇多天皇の即位を予告した内容となっており、宇多天皇の皇位継承を正統化しているものといえる。そして、宇多天皇の日記『寛平御記《かんぴょうぎょき》』寛平元年（八八九）十一月二十一日条などにもみえており、宇多天皇自身が語っていた話といえよう。

即位と阿衡の紛議

仁和三年（八八七）八月二十五日、光孝天皇が不予（病気）となると、二十一歳の源定省は皇籍に復され親王となった。そして翌二十六日、定省親王は皇太子に立てられ、直後に光孝天皇が死去する。こうして、宇多天皇は慌ただしく皇位に即くこととなったのであるが、光孝天皇は皇子女を一斉に臣籍降下するなど一代限りの可能性が強かったのであり、その即位は予定されたものではなかった。それにもかかわらず宇多天皇が擁立されたのは、後宮で影響力をもっていた尚侍《ないしのかみ》藤原淑子《ふじわらのよしこ》が養母として後ろ楯となり、その尽力があったからともいわれるが〔角田一九六六〕、さらに、自身の皇子に皇位を継承させようとした光孝天皇自身の強い意向であったと考えられる。

しかし、一度臣籍に降った者の即位は異例であり、そもそも父光孝天皇の皇位が不安定であったことから、宇多天皇の正統性は脆弱であった。そのため、宇多天皇は光孝天皇と同様、自らの皇位を正統化しなければならなかったのであり、そこで、陽成天皇の摂政であった太政大臣藤原基経《もとつね》に王権を擁護させたのである。幼帝の政務を代行した基経の権威・権限は簡単には無効とならず、また光孝天皇の擁立に尽力した功績から、光孝天皇は基経を優遇し、奏下諮稟《そうげしりん》すなわち天皇に奏上したり下されたりする文書を内覧する資格を与えた。そして、宇多天皇もそれと同等の権能を付与したのだが、光孝天皇のときにはみられなかった「関白」の語がここで初めて使用され、基経を正式に関白に任命したのである。

ただし、その過程において阿衡《あこう》の紛議《ふんぎ》が起きたことは有名である。宇多天皇は仁和三年十一月十七日に即位式を挙げ、二十一日に基経に万機《ばんき》を関白する詔（第一詔）を下した。これに対し、閏十一月二十六日に基経が辞退する表を奉ったので、翌二十七日に重ねて関白とする詔（第二詔）を下したが、そのなかに「宜《よろ》しく阿衡の任を以《もっ》て卿の任とせよ」（『政事要略《せいじようりゃく》』巻三十、年中行事、阿衡事）との文言があったため、この「阿衡」の語義をめぐって紛糾が起きる。すなわち、「阿衡」は身分の貴きを示すのみで具体的な職掌を有するものではないということから、基経は官奏をみず政務が滞った。この問題は翌年に持ち越され、学者たちに意見を上申させたり対論させたりしたが結着せず、宇多天皇は仁和四年六月二日に、「阿衡」の語を引いた前年の第二詔は本意ではなかったとし、改めて基経を関白とする詔（第三詔）を下す決断をした。しかし、宇多天皇の信望厚い学者で第二詔を作成した橘広相《たちばなのひろみ》の責任問題に発展し、事態が最終的に収まったのは十一月のことである。これについて、宇多天皇は自身の苦悩と不本意な結果となったことへの憤慨を『寛平御記』に吐露しており、この事件は、基経が外戚《がいせき》関係にない宇多天皇に対して行った示威行為、さらには広相を失脚させるための陰謀などとも語られている。

ところで、基経が政務をみなくなったのは、「阿衡」の語義が問題となった仁和三年閏十一月からではなく、その前の宇多天皇が皇位に即いた八月からであった。そもそも基経はこれ以前に、元慶四年（八八〇）に太政大臣に任命されたとき、その職を辞する表を四度奉り、また、元慶六年に陽成天皇が元服すると摂政を辞す表を再三にわたって奉っており、その間、政務が滞ったので基経の直廬《じきろ》（宮廷内に与えられた個室）や邸宅で官奏が行われたことがある。さらに、光孝天皇が即位してから、通常ならば太政大臣が行わないはずの内裏での儀式における責任者である内弁《ないべん》を命じられたとき、太政大臣の職掌について疑義を呈したと想定され、諮問された六人の学者が意見を上表している。このように、基経は自らの職掌の厳密性を求める傾向があった。そして今回、基経は新たに即位した宇多天皇に自身の立場の明確化を求めたところ、「阿衡」の語義が曖昧だったうえに、仁和四年正月・二月に意見封事《いけんふうじ》が上奏されていることから、宇多天皇が広く臣下に意見を徴収したとみられ、そのことに基経が矛盾を感じたことにより阿衡の紛議につながったと考えられよう。したがって、宇多天皇と基経との間に深刻な対立があったとするのには疑問も残るのである。

寛平の治

三年後の寛平三年（八九一）正月に基経が死去して以降、宇多天皇は関白を置かなかった。かつてこれは、宇多天皇が阿衡の紛議に懲りたためとの見方がなされていたが、そもそも当初の関白は摂政経験者である基経を優遇するために設置されたのであり、死去したことで該当者がいなくなっただけにすぎない。

そして、寛平の治と呼ばれる天皇親政が開始されるのである。宇多天皇は、日常の居所である清涼殿《せいりょうでん》をプライベートな場兼政務の場とし、殿上の間に日給の簡《ふだ》を置いて殿上人《てんじょうびと》の上日《じょうにち》（出勤）を通計させた。こうして、昇殿制を確立し近臣を形成したほか、蔵人所《くろうどどころ》を充実させるなど、天皇との人格的関係を重視する新たな宮廷社会秩序を整備していった。また、十一月の賀茂臨時祭を創祀したことは前述したが、正月元旦に天皇が清涼殿東庭で属星・天地《てんち》・四方《しほう》・山陵《さんりょう》を拝し一年の災害を払う元旦四方拝《しほうはい》についても、嵯峨《さが》天皇の弘仁期（八一〇～八二三）に成立したとされるのに対し、『寛平御記』仁和四年十月十九日条に「我国は神国なり、因《よ》って毎朝四方の大中小の天神地祇《てんじんちぎ》を敬拝《けいはい》す、敬拝の事今より始む」とあることから、宇多天皇が創始したとする指摘もある〔井上一九九八〕。このように、新たな儀式の創出も行っている。

宇多天皇は学者出身の菅原道真《すがわらのみちざね》を重用したことで有名だが、寛平六年八月にその道真を遣唐大使《けんとうたいし》に任命した。これは、九月に唐の情勢などを勘案した道真自身の建言により停止されたが、承和四年（八三八）以来、五十六年ぶりの遣唐使の派遣を試みたのである。ほかにも、これも実現に至らなかったが、諸国に正倉《しょうそう》の現物と帳簿を調査する検税使《けんぜいし》の派遣を計画するなど、その治世において積極的な政策を推進しようとしたことがうかがわれる。

壮年の譲位

宇多天皇は、寛平五年（八九三）四月に女御《にょうご》藤原胤子《たねこ》の生んだ敦仁《あつぎみ》親王（醍醐《だいご》天皇）を皇太子とし、その証しである壺切御剣《つぼきりのみつるぎ》を賜った。これは壺切御剣の初見とされる〔『西宮記《さいきゅうき》』巻十一、裏書〕。そして寛平九年七月三日に譲位した。新たに即位した醍醐天皇は、十三歳で摂政が置かれてもおかしくない年齢であったが、元服をさせた即日、皇位に即けている。宇多上皇は三十一歳の壮年ながら、以前より道真に譲位を相談するなどその意志があったといい、なぜ譲位を急いだのか。基経の娘の女御藤原温子《よしこ》が皇子を生む前に譲位することで、その即位を事前に阻止しようとしたとか、院政《いんせい》を意図していたとか、仏道に専心するためとか、さまざまなことが憶測されている。これに対し、もともと皇統は仁明《にんみょう》天皇から文徳《もんとく》天皇・清和《せいわ》天皇・陽成天皇と直系で継承されてきた。それが、陽成天皇が廃位されたことで光孝天皇・宇多天皇に皇位が継がれたが、前述のようにその正統性は脆弱であり、安定的に皇統が受け継がれていくのかまだ不安があったのではなかろうか。『寛平御記』には宇多天皇が陽成上皇を批判する記事が多くみられるが、前述した陽成上皇の「当代は家人にはあらずや」との発言に対し、宇多天皇としては陽成上皇の系統を過剰に意識せざるをえなかったのではないか。そこで、自己の系統に確実に皇位を継承させるため、自身が健在のうちに皇子醍醐天皇に譲位したと考えられるのである。

ところで、当初の摂政は、天皇の外戚《がいせき》で廟堂《びょうどう》の首班、藤原氏の氏長者《うじのちょうじゃ》という要件を兼ね備えていなければならなかった。基経の嫡男で筆頭公卿の藤原時平《ときひら》はまだ二十七歳の大納言《だいなごん》で、外戚でもなかった。醍醐天皇の外祖父（胤子の父）の藤原高藤《たかふじ》は中納言《ちゅうなごん》で藤原氏の嫡流ではなく、いずれも摂政の要件を充たしていなかった。十三歳の醍醐天皇を即位当日に元服させたのは、このように摂政・関白を置くことができなかったからである。

そうした状況において、幼い天皇を後見・擁護するのは実父である太上天皇の責務だった。そこで、宇多上皇はいくつかの布石をうっている。まず、醍醐天皇が違失なく振る舞えるよう、君主としての心構え、公事儀式・任官叙位のあり方、臣下の人物論などを教導した『寛平御遺戒《かんぴょうのごゆいかい》』という訓戒書を残している。また、嵯峨天皇以降、譲位は前天皇が内裏を退去して行われ、上皇は後院に移るのが恒例となったが、宇多上皇は内裏で譲位し、さらに一ヶ月内裏に留まったのは、醍醐天皇を見守る意図があったからであろう。そして、天皇に奏上したり下される文書を内覧する資格を時平と道真に与え、醍醐天皇の政治を支えさせたのである。宇多上皇としては、当初から太上天皇の尊号を再三にわたって辞退し、昌泰二年（八九九）に出家して尊号が停止されていることから、院政を意図していたわけではなかったと考えられる。しかし、醍醐天皇の実父として後見・擁護したことから、宇多上皇がその政治に大きな影響力を持ったことは事実である。

昌泰の変と上皇

昌泰四年（延喜元年・九〇一）正月、突如、右大臣の道真が大宰権帥《だざいごんのそち》に左遷された。昌泰の変と呼ばれるこの事件は、娘が妃となっている醍醐天皇の弟の斉世《ときよ》親王を擁立しようとして、道真が醍醐天皇の廃位を企てた罪によるという。しかしこれは冤罪であり、左大臣の時平の讒言《ざんげん》による他氏排斥事件、文人官僚排斥事件ととらえられていた。

ところが、宇多上皇に焦点をあてると、この事件に違った様相がみえてくる。これ以前、醍醐天皇には、班子女王が生んだ宇多上皇の同母妹の為子《ためこ》内親王と、基経の娘で時平の妹の藤原穏子《やすこ》が入内を希望していたが、班子女王と宇多上皇の意向によって穏子の入内は二度にわたり阻止されていた。そして、昌泰の変の直後に穏子が醍醐天皇の女御となっているところをみると、この入内問題が事件に関係しているのではないかと憶測される。

すなわち、醍醐天皇と左大臣時平の妹穏子との婚姻がままならぬなか、斉世親王と右大臣道真の娘との婚姻が実現したことに、醍醐天皇自身が不満をもっていたとしてもおかしくはない〔今二〇一三〕。

「北野天神縁起絵巻」に描かれた菅原道真　九州国立博物館蔵　出典：ColBase　https://colbase.nich.go.jp/collection_items/kyuhaku/A18?locale=ja

そこから、実際に醍醐天皇の廃位の画策があったのかは不明だが、醍醐天皇はその主体として道真ではなく宇多上皇を疑ったのではないか。道真が左遷されると聞き、宇多上皇は取り成しに内裏に駆け付けたが、左右諸陣が警固して通さず、草座《そうざ》を敷いて坐したが醍醐天皇はついに会わなかったという。これは蔵人頭《くろうどのとう》が取次をしなかったからとされているが、会わなかったのは醍醐天皇の意志であったと考えられる。これらのことから、入内問題に関連して宇多上皇と醍醐天皇との間に齟齬が生じ、宇多上皇の信任する道真を処罰することにより、醍醐天皇が宇多上皇の意向を制限しようとしたのが昌泰の変であったと位置づけられよう。そしてこの事件以降の宇多上皇の政治的影響力について、それを保持したとの見方もあるが、むしろ低下していったとみられる〔目崎一九九五〕。その後、摂関政治期の上皇の権能が制約される契機となったのではないか。

宇多法皇

譲位後の宇多上皇の動向をみてみると、内裏を退去した後、朱雀院《すざくいん》・仁和寺御室《にんなじおむろ》・亭子院《ていじのいん》・六条院《ろくじょういん》・宇多院などに居所を移した。昌泰元年（八九八）には十月から翌月にかけて、多くの近臣を随行させて川嶋《かわしま》・長岡《ながおか》一帯で遊猟し、さらに片野《かたの》・平城《へいじょう》・宮滝《みやたき》・宇陀野《うだの》・龍田《たつた》・難波《なにわ》・住吉《すみよし》などを巡った大規模な川嶋遊猟・宮滝等御幸を行っている。

仏教を厚く信仰し、昌泰二年に出家して法諱《ほうき》を空理《くうり》、後に灌頂《かんじょう》を受けて金剛覚《こんごうかく》と改めた。太上天皇の尊号辞退が認められると、法皇と称しその初例となる。また、昌泰の変後の延喜七年（九〇七）十月には熊野《くまの》御幸を行っている。

そして延喜十三年三月十三日に、居所の亭子院において歌合を主催している。初め四十番の予定だったが時間の都合で初夏・恋各五番に縮小されたものの、宇多法皇も歌の作者に名を連ね、判者《はんじゃ》が不参だったため勅判《ちょくはん》も行っている。これがいわゆる亭子院歌合で、天徳四年（九六〇）四月の内裏歌合など後世の歌合の先蹤となった。宇多法皇自身も歌を詠み、勅撰和歌集に十七首撰録されているほか、歌集も残している。十世紀中ごろに成立した歌物語である『大和物語《やまとものがたり》』においても、宇多法皇周辺の話がいくつも収められており、法皇を中心に、権勢・地位に恵まれながらもそれに淡白な風流人や、文才はあっても世間的な地位に恵まれない人々が集い、サロンが形成されていたことがうかがわれる。このように、宇多法皇の後世への文化的功績は大きいものがある。

宇多法皇が仁和寺御室で死去したのは、醍醐天皇が死去し、孫の朱雀天皇が即位した十ヶ月後の承平元年（九三一）七月十九日であった。享年六十五。仁和寺の北、京都市右京区鳴滝宇多野谷にある大内《おおうち》山陵《やまのみささぎ》に葬られた。

后妃には女御温子・胤子ら十数人がおり、皇子女は二十人確認される。醍醐天皇以外の親王の子孫たちは源氏賜姓され、宇多源氏と称される。このうち、敦実《あつみ》親王の子、源雅信《まさのぶ》・源重信《しげのぶ》の兄弟は、円融《えんゆう》天皇・花山《かざん》天皇・一条《いちじょう》天皇のときに相次いで左大臣《さだいじん》となっており、その子孫には議政官に列した者も多く、頭弁《とうのべん》として活躍し『左経記《さけいき》』を残した源経頼《つねより》は雅信の孫である。また、摂関政治の全盛を築いた藤原道長《みちなが》の正妻となり、藤原彰子《あきこ》・藤原頼通《よりみち》らを生んだ源倫子《みちこ》は雅信の娘であった。

（神谷正昌）

【主要参考文献】

井上　亘「元旦四方拝成立考」（『日本古代の天皇と祭儀』吉川弘文館、一九九八年）
神谷正昌「阿衡の紛議と藤原基経の関白」（『続日本紀研究』三九三、二〇一一年）
神谷正昌「昌泰の変と上皇」（『日本歴史』八八二、二〇二一年）
河内祥輔「宇多「院政」論」（『古代政治史における天皇制の論理』吉川弘文館、一九八六年）
古藤真平『日記で読む日本史3宇多天皇の日記を読む　天皇自身が記した皇位継承と政争』（臨川書店、二〇一八年）
今　正秀『敗者の日本史3摂関政治と菅原道真』（吉川弘文館、二〇一三年）
角田文衛「尚侍藤原淑子」（『紫式部とその時代』角川書店、一九六六年）
目崎徳衛「宇多上皇の院と国政」（『貴族社会と古典文化』吉川弘文館、一九九五年）

醍醐天皇――後世に称えられた「延喜聖帝」の虚実

父：宇多天皇	誕生：元慶九年（八八五）正月十八日
母：藤原胤子	崩御：延長八年（九三〇）九月二十九日
諱：維城→敦仁	
在位期間：寛平九年（八九七）七月三日～延長八年（九三〇）九月二十二日	
陵墓：後山科陵（京都市伏見区醍醐古道町）	

延喜聖帝

醍醐《だいご》天皇は後に「延喜聖帝《えんぎせいてい》」とも呼ばれた。息子の村上《むらかみ》天皇とともに、中国の伝説上の優れた支配者である堯《ぎょう》・舜《しゅん》と並び称され、極端な理想化がなされた（『大鏡《おおかがみ》』）。また、摂政・関白を置かず、天皇親政による理想的な政治「延喜の治」が行われたとされる。これらは実態を反映したものではなく、十一世紀の大学寮《だいがくりょう》出身の官僚たちが、現在の己の不遇を嘆き、過去を理想化するなかで生まれた言説という〔林一九六九〕。また、政治的な面で言えば、三代格式《さんだいきゃくしき》の最後の「延喜格」「延喜式」編纂が行われ、延喜の荘園整理令《しょうえんせいりれい》などの院宮王臣家《いんぐうおうしんけ》の活動を制限する法令が発布されるなど、九世紀を継承す

醍醐天皇画像　東京大学史料編纂所蔵模写

る政策がとられた。ここから、この時期を「律令体制最後の輝き」と称する向きもある。それと同時にこの時期には後代につながる新しい要素が見えることも指摘される〔坂上二〇一五、吉江二〇二〇〕。また天皇をとりまく親子関係が、天皇位という公的な地位に規制された特殊なものから、父の宇多《うだ》天皇・醍醐《だいご》天皇を契機に一般の貴族に近づくという指摘もある〔岩田二〇〇五〕。

　ここでは、これらの研究に多くを拠りながらも、当該期の制度・社会の検討からは離れ、醍醐天皇個人について述べたい。醍醐天皇の生涯は昌泰《しょうたい》の変《へん》（菅原道真《すがわらのみちざね》配流《はいる》事件）との関わりがよく取り上げられる。昌泰四年（九〇一）に道真を大宰府《だざいふ》に左遷し、その二年後に道真は死亡。その後、左大臣《さだいじん》藤原時平《ふじわらのときひら》・皇太子保明《やすあきら》親王・その子慶頼王《よしよりおう》が相次いで亡くなり、天皇本人も内裏清涼殿《せいりょうでん》に落雷があった後、体調を崩して亡くなる。これだけを見ると悲劇的な生涯であり、道真を怨霊とする観念の影響も強調されてきた〔竹居一九八七〕。

　しかしそのような事件とは別に、日常を示すエピソードからは、実直な醍醐天皇の人柄がうかがえる。延喜十年（九一〇）の正月七日の節会《せちえ》で、醍醐天皇は紫宸殿《ししんでん》の南門「承明門《しょうめいもん》」を開くタイミングについて、誤った指示を出してしまう。これについて自身の日記に、わざわざ「これ、大失なり」と記し、自分のミスを謙虚に反省している様子が見える〔『西宮記《さいきゅうき》』正月、七日節会所引『醍醐天皇御記』同年正月七日条〕。このように断片的ではあるが、同時代の史料から、彼の人柄もある程度は読み取れる。ここでは、彼に大きな影響を与えたと考えられる人間関係、特に母の胤子《たねこ》の一族である藤原氏北家《ほっけ》・高藤《たかふじ》流との関係に重点を置いて見ていきたい。

母藤原胤子の存在

醍醐天皇は、元慶九年（八八五）正月十八日に光孝《こうこう》天皇皇子・源定省《みなもとのさだみ》（宇多天皇）のもとに生まれた。このとき父定省は十九歳。祖父光孝天皇は前年に即位したが、それまでは三代前の天皇・仁明《にんみょう》天皇の皇子時康《ときやす》親王であり、数多くいる皇親の一人にすぎなかった。定省も親王の子「定省王」であったが、父の即位後、「源朝臣」の姓を受けて皇籍を出る。この時期に醍醐天皇は生まれた。

母の藤原胤子は、左大臣冬嗣《ふゆつぐ》の孫・高藤の娘である。高藤はこのとき四十代後半で左少将《さしょうしょう》（正五位下《しょうごいのげ》相当）。藤原北家の一員ではあるが、武官の経歴しかなく、年齢的にこれ以上の出世は望めそうもないしがない中級貴族である。胤子の母（醍醐天皇の外祖母）は宮道列子《みやじのつらこ》である。宮道氏は山科《やましな》盆地に拠点を持つ氏族で、列子の父弥益《いやます》は漏刻博士《ろうこくはかせ》（従七位下《じゅしちいのげ》相当）・主計頭《かずえのかみ》（従五位上《じゅごいのじょう》相当）を務め、算術に優れた技術官人であったようだ〔池上一九八六〕。胤子の父・母、どちらを見ても、貴族社会で恵まれた出自ではない。しかし、この母胤子の血縁・山科をめぐる地縁は、醍醐天皇に深く関わることになる。

この年、定省のもう一人の妻・橘義子《たちばなのよしこ》も男子を産んだ。醍醐天皇の同い年の兄弟、斉中《ときなか》である。橘義子の父・広相《ひろみ》は、後に即位した宇多天皇から「朕之博士《ちん》」と呼ばれ重用され、関白の職掌をめぐって天皇と藤原基経の対立が表面化した阿衡《あこう》の紛議《ふんぎ》のなかで矢面に立たされることとなる。広相は元慶九年の段階ですでに従四位上参議《じゅしいのじょうさんぎ》で、文章生《もんじょうしょう》から出身し、東宮学士《とうぐうがくし》・式部大輔《しきぶのたいふ》・文章博士などの文人官僚の花形ポストを歴任した。父の地位を見ると、妃としての序列は義子のほうが上で、二人の妻には歴然とした差がある。なお翌年、胤子は維蕃《これしげ》（のちの敦慶《あつよし》）を、義子は斉世《ときよ》を産む。胤子はこの後も敦固《あつかた》・敦実《あつざね》・柔子《よしこ》を生むが、この四人の弟妹は、醍醐天皇即位後も宴会に参加して音楽を一緒に演奏するなど、親密な関係を保つ。この兄弟の結びつきは強く、胤子の強い影響下でともに生育したことがうかがえる。また義子を母とする異母弟の存在は、後に醍醐天皇に大きな決断をさせることになる。

父の即位、外戚のいない皇太子

仁和三年（八八七）、光孝天皇崩御を受け、父宇多天皇が即位する。醍醐天皇はこのとき三歳で、「維城《これざね》」という名であった。翌年、母胤子は義子とともに更衣《こうい》となり、その一ヶ月後に藤原基経の娘温子《よしこ》が女御《にょうご》となった。この温子が宇多天皇の正妻格となるが、阿衡問題後の宇多天皇と基経の関係改善の一手で、政治的な婚姻であった。阿衡の紛議で橘広相は批判にさらされ、二年後に亡くなる。宇多天皇は広相に代わって同じ文章道出身の菅原道真を重用する。このように阿衡の紛議は後宮《こうきゅう》にも大きな影響を与えた。この結果、義子とその皇子は難しい立場に陥ったであろう。寛平三年（八九一）には斉中親王が亡くなる。これ以前に維城は敦仁《あつぎみ》と改名し、寛平四年に九歳で皇太子に立てられる。状況から見て消去法的に定まった、有力な外戚《がいせき》のいない立場での立太子であった。ただ皇太子を支える東宮傅《とうぐうふ》・春宮《とうぐう》坊《ぼう》のスタッフは大納言《だいなごん》源能有《よしあり》をはじめとする信頼のできる有力者が任じられた。

立太子《りったいし》の翌年、敦仁は父から「壺切御剱《つぼきりのごけん》」を授かる。この御剱はこの後、皇位継承を象徴するレガリアとなり現代にまで伝わるが、それはここに始まる。これ以前、皇位継承に関わる御剱は皇位継承者が幼い場合に、本人ではなく、その後見となる大臣に、補佐を託す意味を込めて贈られてきた。古くは文武《もんむ》天皇が幼い首皇子《おびとのみこ》（聖武《しょうむ》天皇）を託し、藤原不比等《ふひと》に黒作懸佩刀《くろづくりかけはきのたち》を与え〔薗田一九六四〕、清《せい》和《わ》天皇も譲位後に、摂政藤原基経に剱を与えた〔『日本三代実録《にほんさんだいじつろく》』元慶元年（八七七）正月九日条〕。九歳で即位した陽成《ようぜい》天皇への補導を依頼したものであろう。このような前例を無視し、宇多天皇は九歳の皇太子敦仁本人に御剱を与える。この行動は、有力な外戚による後見は不要である、と示しているかのようである。確かに外戚に当たる高藤は、良房《よしふさ》や基経のように、敦仁を政治的に支える力はない。ただ、孫の立太子を機にすさまじい出世を遂げる。寛平六年には三階を越えて従三位《じゅさんみ》となり、翌年に参議。高藤の子（敦仁の叔父）定国《さだくに》も、敦仁立太子に際して春宮少進《しょうしん》になり、即位後には蔵人頭《くろうどのとう》を経て大納言まで昇る。決して身分は高くない母の一族は皇太子敦仁から多大なる恩恵を受けた。そして、それと同時に浮き沈みの激しい貴族社会のなかで、長きにわたって敦仁たちを側で支え続けていく。

皇太子となった敦仁は、菅原道真・藤原菅根《すがね》ら当代一流の学者から漢詩や古典を学ぶ。十二歳のときには北野行幸《きたののぎょうこう》に付き従った。宴会の後に鷹狩も行われたが、敦仁もこれに参加しただろう〔『扶桑略記《ふそうりゃっき》』寛平八年閏正月六日条〕。また、年中行事《ねんじゅうぎょうじ》である駒牽《こまひき》の場に同席している〔『日本紀略《にほんきりゃく》』同年四月二十七日条〕。これらの行事への参加は、天皇の職務の実地体験の意味もあったと考えられ、父からの教育的配慮のように思われる。このような皇太子時代の成果であろうか、即位後の重陽宴《ちょうようのえん》では詩作のための「勅題《ちょくだい》」を自ら作成して賜うなど、漢詩への造詣は深く、『史記《しき》』の講義も受けている。和歌についても歌集『延喜御集《えんぎぎょしゅう》』が残されている。また「武」の側面についても、治世中に八度、野行幸《のぎょうこう》に出かけ、鷹狩を行う。また多くの鷹を所有したことも知られる。父は、子の敦仁に文武両道の能力を備えようとしたようだが、敦仁自身、それによく応じた。

即位と昌泰の変

寛平九年（八九七）に宇多天皇は三十一歳で譲位し、同日に敦仁は十三歳で元服し、即位する。若き天皇を支えるのは、一ヶ月前に大納言になった藤原時平二十七歳、同じく権大納言となった菅原道真五十三歳であった。摂政のごとく天皇の行うべきことを代行するものではないが、この二人が天皇の決裁に関わることになり、これが「内覧《ないらん》」の濫觴《らんしょう》となる〔山本一九七二〕。他の貴族はこれに反発して政務のボイコットを行う。道真が宇多太上天皇に事情を訴えて解決するが、その道真の上表文《じょうひょうぶん》には、「藤原朝臣、独り自ら政に従ふに、何ぞ毎日、頻りに参るの役に堪へん」と、時平がボイコットに負けずに、一人黙々と政務に取り組んでいたとある〔『菅家文草《かんけぶんそう》』九〕。治世の始まりは波乱含みであった。

また、父は譲位に際して『寛平御遺誡《かんぴょうのごゆいかい》』を息子に授けた。天皇として注意すべきことを記したものだが、その中に以下のような一節がある。

万《よろず》の事に淫《いん》すること莫く、躬《み》を責めて之を節《せっ》せよ。賞罰を明らかにすべく、愛憎に迷うこと莫かれ。意を平均に用ゐ、好悪《こうお》に由《よ》ること莫かれ。能《よ》く喜怒《きど》を慎《つつし》み、色を形《な》すこと莫かれ。

実践できれば為政者として理想的であるが、これを十三歳に求めるのはなかなか酷であろう。他に、春風秋月、若《も》し異事無からば、神泉・北野に幸《こう》し、且《かつ》は風月を翫《もてあそ》び、且は文武を調《ととの》へよ。……

と、積極的な行幸を勧める。醍醐天皇が野行幸を盛んに行ったことを先に述べたが、父からの教えを守った結果と言える。若き天皇をとりまく状況は決して平穏ではなかったが、父からの教えを守りながら懸命にその職務を全うしようとする〔岩田二〇〇五〕。

この間に母胤子は亡くなっている。醍醐天皇の即位の前年のことである。このとき胤子は従四位下であった〔『日本紀略』寛平八年六月三十日条〕。同じく女御の地位であった義子は従四位上であり、胤子は皇太子の母でありながら、妃の序列としては低いままであった。天皇即位時に、その母が生きていれば「皇大夫人」に、故人であれば「皇太后」とする慣例に従い、胤子にも皇太后の称号が贈られた。しかし、それに加えて温子が醍醐天皇の養母となり、皇大夫人の称号と中宮職《ちゅうぐうしき》が与えられている。明らかに名目上のみの母であり、醍醐天皇も複雑な気持ちだったかもしれない。翌年、醍醐天皇は胤子の母の一族宮道氏の奉祭する「山科祭」を官祭《かんさい》としている。

昌泰二年には時平が左大臣に、道真が右大臣となり、醍醐天皇を支える体制は安定したかのように思われた。しかしこの二年後、昌泰の変により、道真は大宰府に配流となった。各種の天神縁起《てんじんえんぎ》では時平の讒言《ざんげん》によって無実の罪をきせられた、とされるが、もちろんそんな単純な話ではない。道真の配流を命じる宣命《せんみょう》には「廃立を行なはんと欲し、父子の慈《うつくしび》を離間し、兄弟の愛を激破す」とある〔『政事《せいじ》要略《ようりゃく》』二二〕。道真が、醍醐天皇を廃位にし、父上皇・兄弟の親王との仲を引き裂こうとした、とする。この「兄弟」に当たるのが、異母弟斉世親王である。斉世親王は醍醐天皇と一歳違いの十六歳。道真の娘を妃としており、彼が即位すれば道真はその外戚となり盤石な地位を築くこととなる。また、斉世親王は幼い頃から大学に通って紀長谷雄《きのはせお》のもとで勉学に励むなど、特別な待遇を受けていた。学者であった広相の血を引いており、常に学者を側に置きたがる宇多上皇の性質を考えると、醍醐天皇にとっては気がかりな存在であっただろう。もともと彼の母義子は、温子を除いた宇多の妃のなかでの序列は最も高かった。『寛平御遺誡』で、敦仁の立太子を、宇多天皇は道真だけに相談し、彼の助言を受けたと述べ、道真を「新君の功臣なり」とするが、そのことも醍醐天皇の疑心暗鬼の気持ちを高めただろう。道真左遷の翌日、斉世親王は出家した。この後、左大臣時平が天皇を補佐し、政治が行われた。時平は延喜九年（九〇八）に亡くなるが、それまでの間に延喜の荘園整理令や「延喜格」「延喜式」の編纂などの醍醐天皇の治世の主要な政策が実行されていく。

醍醐天皇を支えた人々

醍醐天皇は時平の死後も、しばしば彼に言及しており、全幅の信頼を置いていたことがうかがえる。また昌泰の変の直後に、時平の妹穏子《やすこ》を妃に迎えており、彼女の産んだ崇象《たかかた》親王（のちの保明《やすあきら》）をわずか二歳で皇太子とした。基経の子である時平・穏子と醍醐天皇との結びつきには強固なものがあった。時平の死後は彼の弟忠平《ただひら》が昇進していく。ただし、天皇は忠平のことを好ましく思っていなかったようで、左大臣のポストが空いても、忠平を長らく右大臣の地位に留め置いた。忠平と天皇は表立って対立することはない。しかし、醍醐天皇が「王者に私無し」という信念のもとで停止した、正月元日の近臣から天皇への私的な拝礼「小朝拝《こちょうはい》」を、忠平が復活するように要請してきたり、大きいことではないが、何かと醍醐天皇を妨害してくる様子が見える〔堀井二〇一七〕。このようななか、母胤子の兄弟、定国と定方《さだかた》は一貫して醍醐天皇の側にいた。定国は昌泰二年（八九九）まで蔵人頭として側近の役割を果たす。宇多天皇に蔵人として仕えた経験を生かして、宮中での細かい行事などについて天皇からの質問に答えている。定国は延喜六年（九〇六）に亡くなるが、それに代わって弟定方が活躍する。延喜九年に三十四歳でこれといった経歴のないままに、おそらく天皇の外戚という立場だけで参議に昇進する。これだけだと、コネだけで成り上がった印象を受けるが、定方の働きぶりはめざましい。通常の職務とは別に、天皇の行幸に頻繁に従い、日常的にも天皇の側にいたことが認められる。醍醐天皇が側に置いていたのだろう。斎宮《さいくう》であった同母妹柔子内親王が伊勢で病気になった際には、中納言《ちゅうなごん》という高官であったのにもかかわらず定方が派遣された〔『日本紀略』延喜十三年九月二十七日条〕。近親者に関することを安心して任せられる存在として、頼りにされていたのであろう。

また、しばしば醍醐天皇はプライベートな宴会を行うが、延喜十八年十月九日には清涼殿の台盤所《だいばんどころ》の菊が咲いたので、更衣や蔵人と「小宴」を行った〔『河海抄』紅葉賀所引『醍醐天皇御記』〕。この宴会に弟の敦固親王・定方はともに呼ばれており、天皇との距離の近さがうかがえる。宴会の終盤で定方は菊の花を折り、頭に指す「挿頭《かざし》」とし、それを天皇に献上している。「菊」には長寿の意味があり、天皇の治世が続くことを願うものだろう。和気藹々《わきあいあい》としたなかの、こころにくい演出である。

また、彼らは故胤子を強く意識していた。毎年、胤子の命日六月三十日には、公的に西寺《さいじ》で行われる「国忌《こき》」とは別に、清涼殿での斎食《さいじき》・勧修寺《かじゅうじ》での誦経が行われた。延喜二十一年にはこの場に定方（「大将」）も見えている（『西宮記』国忌裏書）。なお勧修寺は宮道氏の本拠地山科の寺院で、胤子が生前に醍醐天皇を「誓護《せいご》せしめ」るために建立された。醍醐天皇は勧修寺を定額寺《じょうがくじ》とし、年分度者《ねんぶんどしゃ》（年ごとの出家を許される定員）を給わって、その基盤を整えるとともに、延長三年（九二五）には、胤子のために法華八講《ほっけはっこう》を行っている〔岩田二〇一四〕。その際には繍曼荼羅《しゅうまんだら》を造らせるとともに、忙しい政務の間を縫って法華経を自ら書写して供養している。その願文《がんもん》には胤子の「平生の慈旨《へいぜいのじし》を追ひ尋ね」、法会を行ったことが書かれている〔『代々宸筆御八講願文等記』〕。母への思いは晩年まで途切れることはなかった。

醍醐天皇は延長八年に、清涼殿落雷後の体調不良から回復することなく、四十六歳で亡くなる。八歳の寛明《ゆたあきら》親王に譲位し、後を忠平に託す。その在位期間は三十三年に及んだ。その死に際し、父である宇多法皇や息子たちが側についていたことは、醍醐天皇の息子重明《しげあきら》親王の日記『吏部王記《りほうおうき》』に克明に記される。病床の中、薄葬《はくそう》を命じ、諡号《しごう》も辞している。醍醐天皇の陵は現在の京都市伏見区醍醐古道町に位置する「後山科陵」である。勧修寺ともほど近い。山科との縁は死後も絶たれることはなかった。

葬送の様子にも触れたい。棺を陵内に安置する際に、硯・紙とともに笛・和琴が置かれた。特に和琴は宴会の中で醍醐天皇がよく演奏した、得意な楽器であった。また、この数日前には計七十四羽の鷹・鵭《はいたか》が放たれた。生前の醍醐天皇が鷹狩に用いたのであろう。醍醐天皇の日常が偲ばれる。

他にも父親として息子たちを思いやる醍醐天皇の姿や、彼の日記『醍醐天皇御記』のこと、この時期の儀式整備への取り組みなど、醍醐天皇に関する話題は尽きない。彼は人生のほとんどを天皇として過ごした。外戚が摂政・関白となって天皇を支える、という平安時代のよくある形とは異なるが、醍醐天皇は確かに外戚の高藤一門や、妃の穏子の一族、自身の息子たちに支えられながら、天皇としての責務を全うした。

（堀井佳代子）

【主要参考文献】

池上洵一「説話の虚構と虚構の説話」(『池上洵一著作集第一巻 今昔物語集の研究』和泉書院、二〇〇一年。初出一九八六年)
岩田真由子「宇多・醍醐朝における天皇家の親子意識」(『日本古代の親子関係―孝養・相続・追善―』八木書店、二〇二〇年。初出二〇〇五年)
岩田真由子「追善からみた親子関係と古代王権の変質」(同右書、初出二〇一四年)
坂上康俊『摂関政治と地方社会』日本古代の歴史5(吉川弘文館、二〇一五年)
東海林亜矢子・古瀬奈津子『日記から読む摂関政治』(臨川書店、二〇二〇年)
薗田香融「護り刀考」(『日本古代の貴族と地方豪族』塙書房、一九九二年。初出一九六四年)
竹居明男「怨霊の幻影―五大堂と摂関家藤原氏―」(『日本思想史学』一九、一九八七年)
角田文衞「忠平の栄達」(『紫式部とその時代』角川書店、一九六六年)
所　功「〝延喜の治〟の再検討」(『皇學館大学紀要』六、一九六八年)
橋本義彦「勧修寺流藤原氏の形成とその性格」(『平安貴族社会の研究』吉川弘文館、一九七六年。初出一九六二年)
林　陸朗「所謂「延喜天暦聖代説」の成立」(『上代政治社会の研究』吉川弘文館、一九六九年)
堀井佳代子『平安宮廷の日記の利用法―『醍醐天皇御記』をめぐって―』(臨川書店、二〇一七年)
山本信吉「平安中期の内覧について」(『摂関政治史論考』吉川弘文館、二〇〇三年。初出一九七二年)
吉江　崇「陣定の成立に見る公卿議定の変容」(『ヒストリア』二七八、二〇二〇年)

朱雀天皇——二人の「聖帝」のはざまでの皇統分裂危機

父：醍醐天皇
誕生：延長元年（九二三）七月二十四日
母：藤原穏子
崩御：天暦六年（九五二）八月十五日
諱：寛明
在位期間：延長八年（九三〇）九月二十二日〜天慶九年（九四六）十一月十三日
陵墓：醍醐陵（京都市伏見区醍醐御陵東裏町）

奇跡的な誕生

十世紀前半、醍醐《だいご》天皇・村上《むらかみ》天皇の時代は、摂関《せっかん》が置かれず、天皇親政《しんせい》の時代とされたことなどから、後世「延喜《えんぎ》・天暦《てんりゃく》の治《ち》」と称されて賛美された。しかし、醍醐天皇の治世と村上天皇の治世の間には、朱雀《すざく》天皇の十六年の治世がある。ここでは朱雀天皇を中心に、二人の「聖帝《せいてい》」のはざまの時代に何があったのか、見てみよう。

朱雀天皇は、諱《いみな》を寛明《ゆたあきら》といい、醍醐天皇の第十一皇子として、延長元年（九二三）七月二十四日に誕生した。母は皇后藤原穏子《こうごうふじわらのやすこ》で、初代関白《かんぱく》となった藤原基経《もとつね》の娘である。このように述べると、彼女は有力貴族の娘として優遇されて入内《じゅだい》し、生んだ皇子《おうじ》をすんなりと天皇にしたように思われてしまうかもしれない。しかし、実際には朱雀の誕生まではかなりの紆余曲折《うよきょくせつ》があった。

穏子が入内したのは、昌泰二年（八九九）の夏、十五歳のときだったと考えられている〔角田一九六六〕。いうまでもなく彼女の一族である藤原氏北家《ほっけ》の主流は、天皇家と代々婚姻関係を重ね、のちの摂関家につながる貴族の名門である。だが、この時期、この一族は天皇の外戚《がいせき》にはなっておらず、その存在感は次第に低下しつつあった。醍醐天皇の母胤子《たねこ》は、基経の従兄弟に当たる高藤《たかふじ》の娘であった。また、醍醐の父である宇多《うだ》上皇の母班子《なかこ》も、桓武《かんむ》天皇の孫に当たり皇族の出身だったのである。

しかも、実は穏子が醍醐に入内することも、当初は避けられていたようである。醍醐は寛平九年（八九七）七月三日、元服とともに即位したが、同日、醍醐の妃に立てられたのは、宇多の同母妹で、醍醐にとっては叔母《おば》に当たる為子内親王《ためこないしんのう》であった。穏子の甥《おい》である師輔《もろすけ》の日記『九暦《きゅうれき》』の天暦四年（九五〇）六月十五日条によれば、このとき、実は穏子の入内も検討されていたらしい。ところが、為子の母である班子は、穏子が為子のライバルとなることを恐れ、宇多上皇に命じて穏子の入内を停止させたのである。

しかし、二年後の昌泰二年三月十四日、為子は産褥《さんじょく》のために亡くなった。右の『九暦』によれば、為子の死は穏子の母の「冤霊《おんりょう》」によるものだとされ、再び穏子の入内は停止された。しかしながら、彼女の兄である時平《ときひら》は、一計をめぐらし、宇多上皇の「怒気」がありながらも穏子の入内を実現させたという。そして、女御となった穏子は延喜三年十一月三十日、皇子保明《やすあきら》親王（初名は崇象《たかかた》）を出産したのである。

保明は誕生翌年の延喜四年二月十日には皇太子となり、将来を嘱望《しょくぼう》された。穏子の兄時平は延喜九年、三十九歳の若さで没したが、保明は時平の娘である仁善子《よしこ》を妃に迎え、延喜二十一年十一月九日、仁善子は保明の皇子である慶頼王《よしよりおう》を出産した。こうして穏子の一族は、天皇家との関係を強固にし、その地位は安泰かと思われた。

しかし、この状態は長くは続かなかった。延喜二十三年三月二十一日、皇太子保明が二十一歳の若さで病死したのである。父醍醐は代わりに孫の慶頼を皇太子に立てたが、二年後の延長三年六月十九日、慶頼も五歳という若さで亡くなってしまった。

ところが、保明が没した四ヶ月後、穏子は皇子を出産した。これが寛明、のちの朱雀天皇である。穏子はすでに三十九歳で、当時としては高齢出産であるから、このタイミングでの出産は奇跡といってよいだろう。保明・慶頼が死去しても、寛明が誕生したことで、藤原氏北家主流は、首の皮一枚で天皇の外戚となる可能性が残ることになった。そして、この一族は、寛明の即位によって天皇外戚として復活を果たしたのである。

摂関政治第二章の幕開け

延長八年（九三〇）九月二十二日、皇太子寛明は父醍醐天皇より皇位を譲られ、同年十一月二十一日、大極殿《だいごくでん》において即位した。朱雀天皇の誕生である。朱雀はこのとき、まだ八歳であったため、時平の弟で、穏子の同母兄である忠平《ただひら》が摂政に任じられて政務を代行することになった。摂政・関白は穏子・忠平の父である基経《もとつね》が寛平三年（八九一）に没して以来、約四十年ぶりの復活である。藤原氏北家主流にとって、一族の女性を母とする朱雀の即位は悲願の達成であり、摂関政治の完成に至る貴重な一歩となったと言ってよい。

朱雀の治世は、王権のあり方が大きく変わる潮目に当たる時代でもあった。朱雀は忠平の東五条第《ひがしごじょうてい》で誕生したが、誕生後まもなく母である皇后穏子とともに内裏《だいり》に入った。従来、天皇の皇子女は母の実家で養育されることが多く、子どものうちから内裏に入ることはほとんどなかった。しかし、醍醐天皇や穏子は、保明を失ったばかりで、新しく授かった寛明（朱雀）を手放すことができなかったのであろう。穏子は彼を自分の居所である弘徽殿《こきでん》に同殿《どうでん》させ、自分の手もとで育てたのである〔東海林二〇〇四〕。

その結果、この時代には、これまでになく天皇と母后《ぼこう》との関係性が強くなった。この時代、天皇は内裏内の仁寿殿《じじゅうでん》や清涼殿《せいりょうでん》を居所にするのが通例であったが、朱雀は即位後もこれらの殿舎《でんしゃ》を居所とせず、穏子のいる後宮《こうきゅう》から出なかった。しかも、承平三年（九三三）九月二十六日の伊勢斎王群行《いせさいおうぐんこう》で、天皇の大極殿行幸に穏子が同輿《どうよ》して付き従ったように〔『貞信公記《ていしんこうき》』同日条〕、穏子は天皇の公務にも付き添った〔服藤一九九八〕。朱雀は即位後も常に母親べったりだったのである。

こうしたなかで、穏子は政治的にも大きな権限をもつようになった。彼女は儀式の運営や人事に関与したり、政治的決定にも関わったことが知られるが〔角田一九六六、藤木一九六四〕、ここではそのうち次の事例をとりあげておきたい。承平六年、穏子は忠平の子である参議《さんぎ》師輔に消息を送り、故藤原保《やす》忠《ただ》妻の申請に従い、彼女に度者《どしゃ》（僧侶）十人を与えるようにと指示を出した〔『九暦』十月二十四日条〕。保忠は彼女の兄時平の子で、同年七月十四日に没していた。保忠の妻は、保忠の叔母である穏子を通して、度者の給付を訴えたのである。このことは、穏子が政権に影響力をもつと認識され、実際に親族を通して政治にも介入していたことを物語るものといえるだろう。

また、穏子の同母兄として摂政となった忠平も、彼女との関係を背景に、後宮に直盧《じきろ》と呼ばれる控室を構え、そこで政務を執り行いはじめた。これが摂関の後宮《こうきゅう》内直盧の初例とされている〔吉川一九九八、東海林二〇〇四〕。直盧がつくられると、摂関はそこを宿所として内裏に日常的に生活するようになり、天皇と摂関の関係は一体化した。

摂関政治は九世紀後半、藤原良房《よしふさ》・基経父子によってはじめられたが、その後、宇多天皇による親政志向や、基経の跡継ぎである時平・忠平兄弟が天皇との外戚関係を構築できなかったこともあり、寛平三年（八九一）の基経没後、約四十年間にわたって摂関は置かれなかった。だが、朱雀即位によって復活した摂関政治は、母后を軸として天皇と外戚との関係を強化し、より安定的なものになっていった。これこそ、十一世紀初頭の最盛期へとつながる、摂関政治第二幕の幕開けといえるだろう。

天慶の乱

一方で、朱雀の治世下、社会は安定しなかった。即位翌年の延長九年(九三一)正月二十一日、摂政忠平は天皇に「海賊《かいぞく》の文《ふみ》」を奏上《そうじょう》しており〔『貞信公記』同日条〕、この頃から諸国で海賊の活動が活発になったようである。天皇は同年四月二十六日、年号を承平に改めたが、その後も、地方では海賊、京都周辺では群盗《ぐんとう》の活動が続き、治安の悪化が常態化した。

最近では、こうした治安悪化の背景には、地球規模の気候の変化にともなう天候の不順があったことが注目されている。九世紀から十世紀にかけては、日本列島の気温が高く、降水量が少なかったために旱魃《かんばつ》が頻繁に発生した〔田村二〇二〇〕。旱魃は飢餓や疫病の原因となり、飢饉や疫病で困窮した人々が、食料を求めて海賊や群盗になったと考えられるのである〔寺内二〇二二〕。

こうしたなか、承平六年(九三六)三月、前伊予掾《ぜんいよのじょう》であった藤原純友《すみとも》が、海賊追捕《ついぶ》の命令を受けて伊予国に下り、同年五月、追捕南海道使《ついぶなんかいどうし》として伊予守《いよのかみ》に任じられた紀淑人《きのよしひと》とともに海賊追捕に当たった。だが、天慶二年(九三九)十二月になると、その純友が伊予国内で兵乱を起こし、また彼の郎等《ろうどう》である藤原文元《ふみもと》が摂津国葦屋駅《あしやえき》(神戸市東灘区)で備前介《びぜんのすけ》藤原子高《さねたか》を襲撃した。そして、翌月、文元は備中国を襲って国府《こくふ》の兵を敗走させた〔寺内二〇二二〕。

また、関東でも天慶二年三月、武蔵介《むさしのすけ》源経基《みなもとのつねもと》が平将門《たいらのまさかど》の謀反《むほん》を訴えた。将門は無罪を訴えたが、同年十一月になると、将門は常陸国でも、常陸介《ひたちのすけ》藤原維幾《これちか》とのトラブルを起こし、ついに国府を襲ってこれを陥落《かんらく》させた。そして、十二月、将門はさらに上野国・下野国でも国府を襲い、反乱は関東全域に拡大した。

東西で同時期に起こった反乱に、朝廷は当初、将門と純友の通謀《つうぼう》を疑って混乱したが、純友の反乱はまだ大規模なものではなかったこともあり、将門の乱を優先して鎮圧しようとする姿勢を取った。純友には従五位下《じゅごいのげ》の位階《いかい》を授けて懐柔《かいじゅう》する一方、将門に対しては官符《かんぷ》を東海道《とうかいどう》・東山道《とうさんどう》諸国に下して追討を呼びかけ、参議藤原忠文《ただふみ》を征討大将軍《せいとうたいしょうぐん》に任じて征討軍を編成したのである。すると、征討軍の到着以前の天慶三年二月、将門は藤原秀郷《ひでさと》・平貞盛《さだもり》によって討ち取られて反乱は鎮圧された。

将門の乱が鎮圧されると、朝廷は同年六月、山陽道追捕使《さんようどうついぶし》を派遣して備前介藤原子高襲撃事件の犯人である藤原文元の追捕を命じた。だが、これに反発した純友は八月、配下の海賊とともに、伊予国・讃岐国を襲い、備前国・備後国の船を焼き討ちするなどして、本格的に蜂起した。これに対して朝廷は小《お》野好古《ののよしふる》を追捕《ついぶ》山陽南海両道凶賊使《さんようなんかいりょうどうきょうぞくし》に任じて追討を命じ、翌年初頭には伊予・讃岐の純友勢は多くが駆《く》逐《ちく》されていった。天慶四年五月、追い込まれた純友は大宰府《だざいふ》（福岡県太宰府市）を奇襲し、政庁を炎上させたが、博多津《はかたつ》での合戦に敗北し、六月二十日、伊予国で討ち取られた。

純友の首は伊予警固使《けいごし》橘遠保《たちばなのとおやす》によって進上され、平安京《へいあんきょう》の右近馬場《うこんのばば》に晒《さら》されたが、注目されるのは、晒された純友の首を朱雀天皇が絵師《えし》に写生させたという事実である。『吉記《きっき》』養和元年（一一八一）八月二十日条によれば、源雅定《まささだ》が参議だった元永二年（一一一九）から保安三年（一一二二）の頃、雅定が文殿《ふどの》の官人《かんじん》に対し、面白いものが外記局《げききょく》にあったら持ってくるよう命じたところ、持ってきたのが「純友の首図」で、これは朱雀天皇が写生させて見たものだというのである。朝廷を震撼《しんかん》させた大事件の首謀者だけに、天皇も純友がどんな顔をしているのか、興味があったのであろう。

突然の譲位

天慶の乱鎮圧から五年後の天慶九年（九四六）四月二十日、朱雀天皇は皇太弟成明《こうたいていしげあきら》親王に突然皇位を譲り、退位した。皇位継承は承和《じょうわ》の変《へん》で皇太子恒貞《つねさだ》親王が廃太子《はいたいし》にされて以後、直系継承が基本とされてきた。ところが、朱雀は皇位を直系の皇子ではなく、傍系の弟へ譲ったのである。これは異例のことだが、なぜこのようなことが起こったのだろう。

これに関しては、朱雀に皇子ができなかったからとする見解がある〔神谷二〇一二〕。だが、朱雀は退位したとき、まだ二十四歳にすぎなかった。前年には女御熙子女王《ひろこじょおう》（保明親王王女）との間に昌子《まさこ》内親王も誕生しており、この段階で皇子が生まれないからといって弟に譲位するのは時期尚早であろう。

一方、成明が天皇になった姿を見たいと穏子が言ったのを聞いた天皇が、突発的に成明に譲位したという話がある〔『大鏡《おおかがみ》』（第六巻）〕。同じ話は『山槐記《さんかいき》』永暦元年（一一六〇）十二月四日条にも見えるから、こちらのほうが一定の事実を反映するのではないかと考えたい。

そのうえで、注目したいのは、朱雀退位直前の天慶九年三月には、穏子が病で重篤な状態となっていたことである。三月二十九日には、穏子の病状について忠平は「東西を知らず（物の見分けが付かない）」と記しているので（『貞信公記』同日条）、すでに人事不省に陥っていたことがわかる。先述のように、朱雀は即位後も母親べったりだった。そんななか、母親が病床で弟の即位したところを見たいと言ったなら、朱雀は受け容れざるをえなかったのではなかろうか。

そもそも成明は天慶七年四月二十二日、皇太子に立てられており、彼が皇位を継承することは、ほぼ決まっていた。おそらく穏子は保明の急死という経験から、あえて皇位継承者を朱雀に一本化せず、自分の生んだ寛明（朱雀）・成明（村上《むらかみ》）をともに天皇として、皇統を二つに分けることを考えたのだろう。

兄上皇と弟天皇

しかし、これまでの歴史を振り返れば明らかなように、皇統の分立は争いのもとであった。兄朱雀から皇位を譲られた村上天皇（成明）は、即位翌年の天慶十年（九四七）正月四日には、朱雀院に朝覲《ちょうきん》行幸《ぎょうこう》して、穏子と朱雀上皇に拝謁《はいえつ》するなど、朱雀を父上皇と同様の存在、自身より上位の存在として位置づけた（中野渡二〇一五）。

ところが、朱雀は譲位の後も、これを後悔して復位のための祈禱《きとう》を行わせていたという（『大鏡』（第六巻））。また、『長秋記《ちょうしゅうき》』保延元年（一一三五）六月七日条によれば、譲位の後も内裏に戻り、天皇とともに叙位《じょい》・除目《じもく》を執り行おうとしたとされる。これらは後世の史料なので、どこまで事実なのか、判断に迷うが、朱雀が皇位や政務に未練をもっていたのは事実だろう。もし、これらの史料のいうように、朱雀の復位や天皇と並んでの政務執行が実現していたら、村上との対立という事態もありえたと思われる。

しかも、さらに問題になるのが皇位継承である。結局、朱雀には昌子の後、皇子は生まれず、天暦六年（九五二）八月十五日、三十歳の若さで死去した。だが、村上はその四年前の天暦四年五月二十四日、皇子憲平《のりひら》（のちの冷泉《れいぜい》天皇）が誕生すると、憲平の外戚である藤原師輔に対し、早く立太子させるように急《せ》かし、師輔が「今年でなくてもよいのでは」というと、「（師輔は）すごくなおざりのようだ」といって非難した〔『九暦』同年六月十日条〕。こうした背景には、やはり兄朱雀との対抗関係があったとしか考えられない。

村上より先に朱雀に皇子が生まれていたら、朱雀の皇子が皇太子となり、村上は朱雀の皇子に皇位を譲らねばならなかったかもしれない。最終的には朱雀に皇子ができず、皇統は村上に一本化されたため、朱雀と村上の間では大きなもめ事は起こらなかった。しかし、朱雀に皇子が生まれていれば、再び承和の変のような皇統間の確執と政変が続いた可能性が高い。朱雀から村上への譲位は、政権や天皇家にとって実は大きな危険性をはらんでいたのである。

（樋口健太郎）

【主要参考文献】

神谷正昌『皇位継承と藤原氏』(吉川弘文館、二〇二二年)
東海林亜矢子「母后の内裏居住と王権―平安時代前期・中期を中心に―」(『平安時代の后と王権』吉川弘文館、二〇一八年。初出二〇〇四年)
田村憲美「一〇世紀を中心とする気候変動と中世成立期の社会―降水量変動と国家的祈雨儀礼をめぐる覚書―」(『気候変動から読みなおす日本史4気候変動と中世社会』臨川書店、二〇二〇年)
角田文衞「太皇太后藤原穏子」(『平安人物志』下、法藏館、二〇二〇年。初出一九六六年)
寺内　浩『藤原純友』(ミネルヴァ書房、二〇二二年)
中野渡俊治「朝覲行幸と父子の礼・兄弟の礼」(『国史談話会雑誌』五六、二〇一五年)
服藤早苗「王権と国母―王朝国家の政治と性―」(『平安王朝社会のジェンダー―家・王権・性愛―』校倉書房、二〇〇五年。初出一九九八年)
藤木邦彦「藤原穏子とその時代」(『平安王朝の政治と制度』吉川弘文館、一九九一年。初出一九六四年)
吉川真司「摂関政治の転成」(『律令官僚制の研究』塙書房、一九九八年。初出一九九五年)

村上天皇——儀式を励行し後世の模範となった聖帝

父：醍醐天皇	誕生：延長四年（九二六）六月二日
母：藤原穏子	崩御：康保四年（九六七）五月二十五日
在位期間：天慶九年（九四六）四月二十日〜康保四年（九六七）五月二十五日	
陵墓：村上陵（京都市右京区鳴滝宇多野谷）	諱：成明

みやびな天皇として

村上《むらかみ》天皇は父醍醐《だいご》天皇とともにその治世が「延喜《えんぎ》・天暦《てんりゃく》の治《ち》」として理想化されたこともあって、その実像はまだ十分に明らかになっていない。ただ醍醐天皇に比べると、具体的なエピソードが歴史物語や説話のなかに表れている。村上天皇が亡くなってから、約四十年後に書かれた『枕草子《まくらのそうし》』には、村上天皇が雪を盛った器に梅の花を挿し、歌を詠むように女官に言ったところ、その女官が白居易《はくきょい》の漢詩を踏まえて「雪月花の時」と答え、天皇を感心させた話が載せられ、また定子《さだこ》が一条《いちじょう》天皇の前で、かつて村上天皇の女御芳子《にょうごよしこ》が、天皇の前で『古今和歌集《こきんわかしゅう》』を暗誦したエピソードを語る場面が描かれている。彼ら十一世紀初頭を生きた貴族にとっては、村上天皇は、直接に接した人もまだ残っていて具体的な様子を知ることのできる、少し前の雅やかな良き時代の天皇というイメージだったのであろう。道長《みちなが》の時代を中心に藤原《ふじわら》氏の権勢を描く『栄花《えいが》物語《ものがたり》』も、その実質的な始まりを村上天皇の時代に置いており、この時期が「こちよりて」―現代に近い時期―と意識されていた。また村上天皇の時代には、財源確保のために、地方から納入される調庸《ちょうよう》の一割を、直接に太政官《だいじょうかん》に納入させる正蔵率分《しょうぞうりつぶん》の制度が始まる〔大津一九九〇〕。制度面においても、摂関期につながる様相が見られることが明らかになってきている。

村上天皇の御前で行われた前栽合わせ「栄花物語図屏風」東京国立博物館蔵　出典：ColBase https://colbase.nich.go.jp/collection_items/tnm/A-12182?locale=ja

村上天皇は『栄花物語』や『枕草子』にも登場し、そのなかで后の安子《やすこ》・芳子・登子《なりこ》との人間ドラマが鮮やかに描かれている。確かにその内容は、それほど年代を経ずに書かれたもので、ある程度信じられる話ではあり、女性に弱い村上天皇の一面を示してはいる。しかし、これは後宮における村上天皇の姿にすぎない。

ここでは、彼がどのように成長し、どのように天皇としての職務と向きあったのかという点について、人間関係を追いながら見ていきたい。

内裏で育った弟宮

村上天皇は、延長四年（九二六）、醍醐天皇と中宮藤原穏子《やすこ》との間に生まれた。父・母ともに四十二歳の晩年の子で、成明《なりあきら》と名付けられた。穏子は三年前に寛明《ゆたあきら》親王（のちの朱雀《すざく》天皇）を産み、内裏で養育していた。これまで天皇の后は、妊娠すると実家に下がり、出産した。その子はそのまま生母の実家で養育され、ある程度成長した後に父天皇と対面した〔服藤一九九八〕。しかし穏子は寛明を東三《ひがしさん》条殿《じょうでん》で出産すると、寛明とともに内裏に戻り、内裏で彼を育てた。そして次子（成明）を妊娠すると、内裏東北隅の桂芳坊《けいほうぼう》に寛明を連れて移り、ここで出産をする。内裏内での出産は異例のことであり、当時中宮《ちゅうぐう》であった穏子の力の大きさがうかがえる。その後、三人の子（康子《やすこ》・寛明・成明）とともに弘徽《こき》殿《でん》に戻った。成明は母のもと、内裏のなかで生育した。

五歳のときに父醍醐天皇が亡くなり、兄が天皇となる。そして成明はそのまま内裏で生活する。姉の康子とともに前天皇の子である成明が内裏に居住できたのは、天皇の母であった穏子が、内裏内の自分の殿舎で引き続き、子の康子・成明を養育したからである〔東海林二〇一四〕。

天慶三年（九四〇）に十五歳で元服をして三品《さんぽん》親王となるが、内裏から出ることはなかった。同年に藤原安子と承香殿《じょうきょうでん》で結婚する。安子は成明の一歳年下で、母穏子の甥・師輔《もろすけ》の娘である。安子はこの後、最後まで正妻の立場を保つ。この師輔・安子と村上天皇との関係は非常に強い。また天皇以外の者が、内裏のなかで妃を迎えることも異例であった。

元服以降は、儀式のなかで親王としての役割を果たすことが求められるが、天皇の弟として特別な待遇を受けている。元服の翌年、天皇が出御して政務を見る旬政《しゅんせい》の際に、宜陽殿《ぎようでん》の宴会に成明は出席しなかったが、特別に出席扱いを受けて禄を賜わっている。天慶六年正月十六日の踏歌節会《とうかのせちえ》において、成明は初めて節会に参加する。この日、成明は異母兄の重明《しげあきら》親王と承香殿で少しお酒を飲んでいた。朱雀天皇が会場の紫宸殿《ししんでん》に出られた、ということで、重明親王はあわてて外弁《げべん》（会場である紫宸殿に入るための南門の外側）に出向き、参入のスタンバイをした。成明はと言えば、初めての節会参加ということで、他の参加者とは別に殿上間《てんじょうのま》に待機する。皆の着座が終わってから、庭上での列立や拝礼を行うことなく、朱

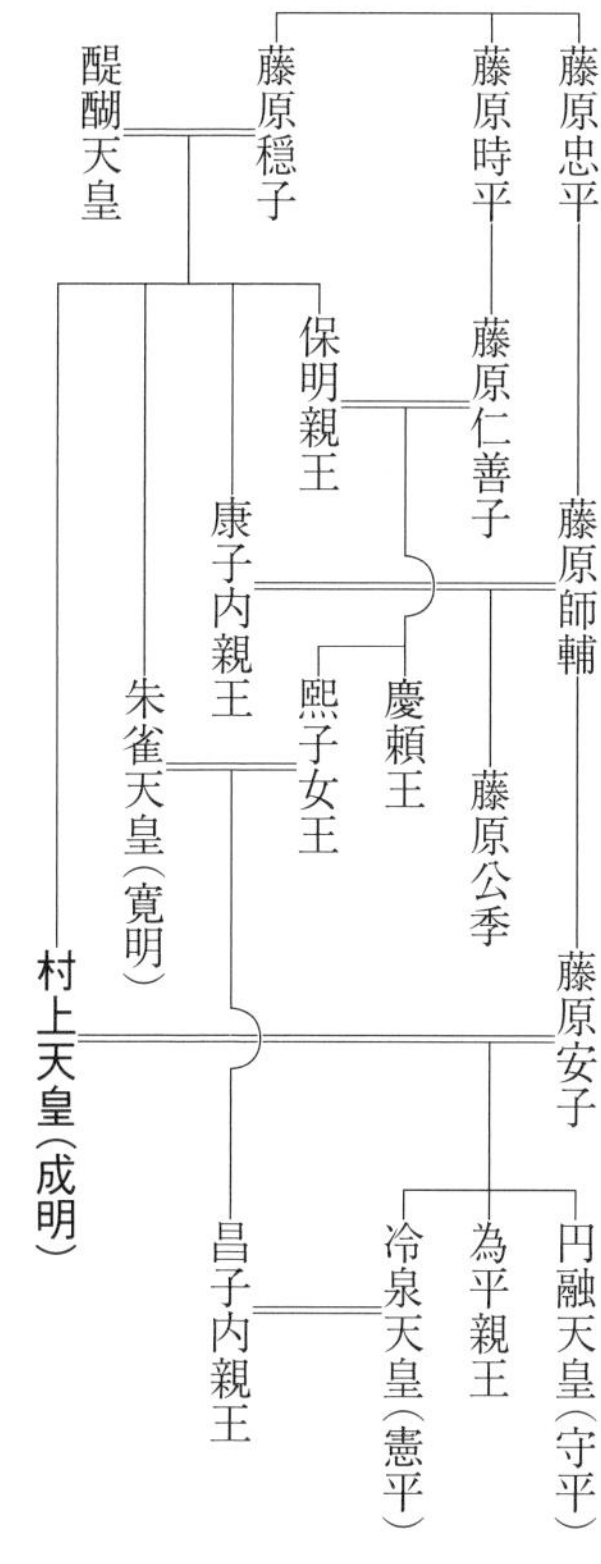

村上天皇をめぐる人々

雀天皇の呼び出しを受けて直接に紫宸殿に向かっている〔『西宮記』正月、十六日女踏歌所引『吏部王記《りほうおうき》』同日条〕。天皇の弟としての他とは異なる扱いである。天慶七年には皇太弟《こうたいてい》となり、東宮傅《とうぐうふ》・春宮坊《とうぐうぼう》のスタッフが付けられた。春宮大夫（春宮坊の長官）には師輔が任じられ、東宮学士《がくし》には大江維時《おおえのこれとき》が就いた。成明の立場は変わったが、生活の場は引き続き内裏であった。

天皇としての責務

兄朱雀天皇が二十四歳で譲位し、成明は二十一歳で即位する。朱雀天皇が若くして譲位するに到った経緯は不明だが、『大鏡《おおかがみ》』には、母穏子が、東宮（成明）が天皇になるのを見たい、と話したのを聞いた朱雀天皇が、早く弟を即位させなくてはいけないと勘違いして譲位をしたという話が載せられている。これ自体は信憑性のない噂話の域を出ないが、穏子の生きているうちに譲位をする必要があったのは確かであろう。当時の状況から見ると、朱雀天皇を支えてきた忠平《ただひら》は摂政から関白となり、すでに六十七歳の高齢、母穏子も六十二歳であった。二人ともこの時期、しばしば体調を崩し、重篤な状況に陥っている。現体制を支える二人の目の黒いうちに、確実に弟に譲位を行わなければ、皇位継承をめぐる新たな火種をかかえ込みかねない。この先、醍醐天皇および陽成《ようぜい》天皇の親王のうちの誰かと貴族とが結託して、皇位を狙わないとも限らない。叔父忠平・母穏子の年齢を考えると、皇子のいない朱雀天皇が弟に位を譲る既定路線を貫徹するためには、この時期の譲位は必要に迫られた政治的判断であったとも考えられる。

村上天皇の即位後、引き続き忠平が関白となった。村上天皇から連日、忠平のもとに使者が派遣され、殿上人《てんじょうびと》の決定（四月二十三日）、穏子を太皇太后とする詔書草の確認（同二十六日）などの、さまざまな案件を問い合わせている〔『貞信公記抄《ていしんこうきしょう》』〕。村上天皇が即位直後から、代替わりにともなう仕事に追われていたことがうかがえる。二十八日に即位儀が行われたが、ここではさまざまな問題が出来し、儀式の進行が大きく滞った。天皇は、長時間にわたり、普段は着用しない正装・袞冕《こんべん》十二章を着用したこともあったのだろう、即位式の終了後に体調を崩し、その場で嘔吐している〔堀井二〇一七〕。常に母や兄とともにあり、守られてきた村上天皇は、二人の去った内裏で、天皇の職務を行うことになった。

このようななかで村上天皇が最も頼りにしたのが、三十九歳の師輔であった。即位式の前日の夜、師輔は村上天皇から「御後に候ぜよ」と命じられ、本来の職務ではないが、当日は天皇の側に控えていた。ここで蔵人《くろうど》が指示を受けないと動かない、直前に女官が緊張のあまり気絶する、女官の髪を結う理髪《りはつ》が足りない、時間になっても門が開かない、といったトラブルが続出する。師輔は天皇の側で先頭に立って対応を行っている〔『即位部類記《そくいぶるいき》』所引『九暦《きゅうれき》』天慶九年四月二十八日条〕。これ以外のこまごまとした点についても、逐一天皇から師輔に尋ねる場面が見られる。天暦五年（九五一）には、残菊宴《ざんぎくのえん》の際の勅題を、口頭で伝えるか、それとも文書で伝えるか、という些細な段取りを師輔に尋ねている〔『九暦』同年十月五日条〕。

これだけみると村上天皇は神経質で気弱な性格のように見えるかもしれない。しかし、天皇として押さえるべきところは押さえている様子も見える。即位した年の九月に、村上天皇は殿上間で抜き打ちの私物チェックを行い、蔵人中原助信《なかはらのすけのぶ》の袋のなかから禁止されている紅色の衣を見つけ出し、それを破ったという。これに対しては「頗る苛酷に渉る（あまりにも厳しすぎる）」という批判もあったという〔『源語秘訣《げんごひけつ》』所引『吏部王記』同年九月十日条〕。

兄朱雀天皇との関係

なお、即位後にも兄上皇との関係は良好であったようである。退位した朱雀上皇は母穏子とともに朱雀院に遷るが、退去の前に弘徽殿で宴会が行われた〔『貞信公記抄』天慶九年七月九日条〕。その後も頻繁に村上天皇は二人のいる朱雀院・二条院に行幸する。しかし、天暦六年（九五二）に三十歳の若さで朱雀上皇が亡くなり、その二年後に母穏子も亡くなる。朱雀上皇の子は、熙子女王《ひろこじょおう》の産んだ昌子《まさこ》内親王のみであった。母熙子女王もすでに亡くなっており、昌子は幼くして両親を失った。村上天皇は昌子内親王の着裳《ちゃくも》を内裏で行い、自分の息子・東宮憲平《のりひら》親王（のちの冷泉《れいぜい》天皇）が元服すると、その妃に迎えている。亡き兄の娘を丁重に扱っている。また村上天皇の同母姉の康子は母穏子の死後、師輔の妻となり、天暦十一年、出産後に亡くなった。この子が藤原公季《きんすえ》である。彼は内裏にいる村上天皇の后安子のもとで、天皇の子と兄弟のようにして育てられたという〔『大鏡』〕。天皇の子でない者が内裏で養育される、という破格の待遇を与えられたが、これは師輔の娘・安子が幼い兄弟を養育したというだけではなく、村上天皇が姉の遺児を引き取ったという面も強いのであろう。兄朱雀上皇の娘・昌子内親王と同様の状況である。同母兄弟の中で最も長く生きた村上天皇は、兄弟の遺児の面倒を見る立場にあった。本来公的であるべき内裏という場に、私的な要素が入り込んでくることは、居住形態や追善・元服などの儀式の面から指摘されている〔岩田二〇一四、東海林二〇〇四〕。天皇でありながら、叔父の立場で兄弟の子どもたちを支えるのも、このような側面から生じているのだろう。

父醍醐天皇との関係

先に天皇としての職務を行う際に、関白忠平や師輔に頼っていたことを確認した。他に村上天皇がさまざまな場面で頼っていたのが、亡き父の残した『醍醐天皇御記』であった。なお、村上天皇はこれを「先帝御日記」と呼ぶ。醍醐天皇は日々の儀式等を詳しく記した日記を残していた。醍醐天皇の死後、それは兄朱雀天皇や摂政藤原忠平が用い、朱雀天皇が譲位した後は、村上天皇がこれを用いた。即位儀の場にもこれを持ち込んでいたようで、これを見ながら、トラブルに対応しようと試みている。『醍醐天皇御記』は天皇の立場から、政務や儀式について書かれている。儀式について詳細に示した儀式書として『内裏式』『儀式』があり、官司の記録「外記日記《げきにっき》」にも儀式の様子は詳述されている。しかし、これらは儀式を運営する官司や儀式の場に参加する官人のためのものであり、天皇の動きに関する記述は少ない。天皇の視点でさまざまなケースについて書かれている『醍醐天皇御記』こそが、村上天皇にとっては最も参考になる書であったであろう。この日記を通して知ることのできた父天皇の振るまいや判断は、村上天皇が儀式や政務を行う際のひとつの基準になっている。父天皇が亡くなったとき、村上天皇は五歳。この間の父と子のふれあいを直接に示す資料はないが、共に内裏で生活しており、折に触れて交渉はあったであろう。また母穏子は、醍醐天皇亡き後、息子の村上天皇に対し、醍醐天皇が実母胤子《たねこ》のために宸筆《しんぴつ》法華経《ほけきょう》を供養したことを語ったという〔『本朝文粋《ほんちょうもんずい》』十四〕。村上天皇はこれにならい、母穏子の忌日に法性寺《ほっしょうじ》で法華八講《ほっけはっこう》を行った〔岩田二〇一四〕。醍醐天皇の影響力の強さがうかがえるが、穏子が息子に亡き夫のことを語って聞かせている点も興味深い。父と息子とで同じ時間を過ごすことは少なかったが、村上天皇は父から大きな影響を受けている。

そして、村上天皇も自身の日記『村上天皇御記』を残している。現在、まとまった形では伝来せずに諸書に引用されたものが逸文として残るのみであるが、十一世紀には『醍醐天皇御記』とともに清涼《せいりょう》殿《でん》の日記御厨子《みずし》に納められ、一条天皇が参照するなど、やはり天皇が頻繁に利用したことが知られる。貴族も儀式が正しく行われた村上天皇の時代の先例を示すものとして、これを重要視した。現在残っている『村上天皇御記』逸文の約半分は儀式書『西宮記《さいきゅうき》』に引用されたものである。『村上天皇御記』が儀式の実例を示すものとして利用されていたことがうかがえる。

また、村上天皇は自ら儀式書の編纂を行った。儀式書には儀式ごとにその準備や儀式次第が詳細に記されており、これを参照すれば、問題なく儀式を挙行できる「マニュアル」としての役割を果たす。『清涼記』『新儀式』は村上天皇の編纂した儀式書であり、別々の書名で伝来しているが、同一書の可能性が高いという〔西本二〇〇九〕。特に『新儀式』の臨時の箇所はまとまって残っている。このなかから春の花を愛でる宴会「花宴事」を見てみよう。まず二・三月に開催されること、前日に呼ぶべき文人を決めることが書かれ、以下のように続いている。

当日、使を遣はして預り参るべき親王・公卿を召さしむ〈……〉。先に東廂の御簾《みす》を垂れ、御座を孫廂《まごびさし》の北の第二間に立つ。

このように、当日の段取りが順を追って書かれる。実はこれとほぼ同じ内容が『河海抄《かかいしょう》』の引用する『醍醐天皇御記』延長四年（九二六）二月十七日条に見える。

今日、使を遣はして常陸太守貞真《ひたちたいしゅさだざね》親王・左大臣《さだいじん》を召す。……同剋《どうこく》、蔵人に仰せて倚子《いし》を東又廂の北より第二間に立つ。

同じ儀式を記述したものとはいえ、参加した人物の名前以外は合致する点が多い。また、『新儀式』花宴事では「延喜十二年三月九日例」「延喜十七年閏十月五日」など醍醐天皇の時代の例が直接に挙げられており、そのなかに「延長四年例」も見えている。おそらく村上天皇は父の日記のなかから、それぞれの儀式に関する部分を探し出して参照し、それらを総合しながら、儀式次第文の作成作業を行ったのであろう〔坂上二〇一五〕。ここに、村上天皇の醍醐天皇の行動を規範とする意識と、儀式を正しく行おうとする情熱が感じられる。

天徳四年（九六〇）の内裏焼亡

現在残っている『村上天皇御記』は、儀式や政務に関する比較的短い記述がほとんどである。しかし彼の人生のなかで、非常に大きなものであったであろう二つの出来事については、他よりも長く、そして彼の内面を窺い知ることができる形で残っている。ひとつは天徳四年（九六〇）の内裏焼亡、もうひとつは二十年余り連れ添った妃・安子の死である。内裏焼亡の記事は、「此の夜、寝殿の後、侍臣等、走り叫ぶの声を聞く」という言葉から始まり、状況を確認しながら、火災から避難する様子が、緊迫感を持った簡潔な文章で綴られている。このなかで村上天皇は「朕《ちん》、不徳を以て久しく尊位に居し、此の災殃《さいおう》に遭う。歎き憂ふこと極まり無し」「後代の譏《そし》り、謝する所を知らず」等、今回の火災を重く受け止めていることが率直に書かれている（『扶桑略記《ふそうりゃっき》』所引『村上天皇御記』天徳四年九月二十三日条）。今回の火事では殿舎が焼けただけではなかった。火の勢いが強く、内裏にあったさまざまな品物をほとんど持ち出すことができなかった。宜陽殿にあった累代の宝物や、温明殿《うんめいでん》の神鏡・釼なども燃えてしまった。ただ、神鏡については翌日に焼け跡からほぼ無傷で発見されたという。この後、たびたび神祇への祭祀・仏法による祈禱がともに行われ、天皇は慎重に対応している。翌年十一月、内裏は無事に再建され、天皇もここに戻っている。この間、内裏東北の職御曹司《しきのみぞうし》、次いで大内裏の東隣に位置する冷泉院に滞在した。村上天皇にとって、内裏の外で長く過ごすことは初めての経験であった。冷泉院は内裏よりは手狭であるが、大きな池を持ち、池に臨む釣殿《つりどの》を備えた邸宅であった。釣殿を活用して宴会を行うなど（『北山抄《ほくざんしょう》』三、花宴事所引『村上天皇御記』応和元年（九六一）三月三日条）、村上天皇は結構、この仮住まいを楽しんでいるようにも見える。

その死

村上天皇は康保四年（九六七）に四十二歳で亡くなる。他所に移動することなく清涼殿で亡くなった。その在位期間は二十一年に及ぶ。村上天皇の亡くなった際の状況は詳しくはわからないが『栄花物語』は「めでたう照り輝きたる月日の面に群雲のにはかに出て来て掩ひたるにこそ似たれ」と、月の光が雲によって遮られてしまったようだ、と人々の悲しみの様子を表現している。

村上天皇は、父醍醐天皇・母穏子の影響の下、内裏で行われる儀式に重きを置いて天皇の職務を行い、また後世の人々もそれを模範とした。彼が葬られたのは、葛野《かどの》郡田邑《たむら》郷の村上陵である。曽祖父の光孝《こうこう》天皇陵・祖父の宇多《うだ》天皇ゆかりの仁和寺《にんなじ》の近くであるが、特に村上天皇に関わりのある地ではない。父醍醐天皇の後山科《やましな》陵からも離れている。内裏で生まれ、人生のほぼすべてを内裏で過ごし、そこで生涯を全うした村上天皇は、特定の場所に対する思い入れはなく、自身の埋葬地にも特にこだわりを持たなかったように見える。

（堀井佳代子）

【主要参考文献】

岩田真由子「追善からみた親子関係と古代王権の変質」（『日本古代の親子関係―孝養・相続・追善―』八木書店、二〇二〇年。初出二〇一四年）
大津　透「平安時代収取制度の研究」（『律令国家支配構造の研究』岩波書店、一九九三年。初出一九九〇年）
坂上康俊『摂関政治と地方社会』日本古代の歴史5（吉川弘文館、二〇一五年）
東海林亜矢子「母后の内裏居住と王権」（『平安時代の后と王権』吉川弘文館、二〇一八年。初出二〇〇四年）
角田文衞「忠平の栄達」（『紫式部とその時代』角川書店、一九六六年）
西本昌弘「九条家本『神今食次第』にみえる「清涼御記」逸文」（『日本古代の年中行事書と新史料』吉川弘文館、二〇一二年。初出二〇〇九年）
服藤早苗「平安朝の父子対面儀と子どもの認知」（『平安王朝の子どもたち―王権と家・童―』二〇〇四年。初出一九九八年）
堀井佳代子『平安宮廷の日記の利用法―醍醐天皇御記をめぐって―』（臨川書店、二〇一七年）

冷泉天皇——数々の虚説に彩られた「物狂い」の実像

父：村上天皇	誕生：天暦四年（九五〇）五月二十四日
母：藤原安子	崩御：寛弘八年（一〇一一）十月二十四日
在位期間：康保四年（九六七）五月二十五日～安和二年（九六九）八月十三日	諱：憲平
陵墓：桜本陵（京都市左京区鹿ヶ谷法然院町・鹿ヶ谷西寺ノ前町）	

「物狂い」の天皇は事実なのか

平安時代の天皇のなかには、「物狂《ものぐる》い」といわれ、奇矯《ききょう》な行動をとったと伝わるものもいた。その典型が、冷泉《れいぜい》天皇であろう。冷泉には物怪《もののけ》がとりついていたといい（『栄花物語《えいがものがたり》』巻第一、『大鏡《おおかがみ》』第三巻）、冷泉は尋常ではなかったため、大極殿《だいごくでん》で即位式を行うことができなかったとされている（『古事談《こじだん》』第一）。そして、『江記《ごうき》』寛治七年（一〇九三）十月十二日条（『元亨四年具注暦裏書《ぐちゅうれききうらがき》』）には、彼が脂燭《しそく》（携帯用の灯火）で宮殿を焼こうとしたとか、炬火《きょか》（松明《たいまつ》）を持って清涼殿《せいりょうでん》の屋上に昇ったとか、父からの書状の返事に玉茎《ぎょっけい》を書いたとかいう逸話までが列挙されている。

これらのエピソードから、通説では、冷泉は精神疾患を患っていたとされている〔服部一九七五〕。だが、右にあげた史料は同時代に作られたものではないため、こうした話は後世の創作にすぎないとの見解も出されている。

そこで、ここではまず、冷泉の「物狂い」が本当だったかどうか、から見ていくことにしよう。そのために取り上げるのが、冷泉の同時代に記された次の史料である〔『源語秘訣《げんごひけつ》』所引『清慎公記《せいしんこうき》』康保四年（九六七）七月二十二日条〕。

宰相中将《さいしょうちゅうじょう》（源延光《みなもとののぶみつ》）が来て、雑事《ぞうじ》を申したついでに、天皇が日を追って本《もと》の病を発病されたと申した。左兵衛佐《さひょうえのすけ》（藤原）佐理《すけまさ》がいうには、「高声《こうせい》（大声）で『田中の井戸』、または法用《ほうよう》（梵《ぼん》歌《か》）を歌っていらっしゃる」という。また、左衛門督《さえもんのかみ》（藤原師氏《もろうじ》）が来ていうには、「今日、殿《てん》上間《じょうのま》の辺りの渡殿《わたどの》に祗候《しこう》していたところ、放歌《ほうか》の御声《おこえ》が甚《はなは》だ高かった。その御歌《おうた》は『子奈良波《こならは》』だった」という。「近衛官人《このえかんじん》がみな御声を聞いた。大変不便なことだ。明日、除目《じもく》があるだろう」という。「このようなときに、どうして公事《くじ》を行えようか」という。かつては武猛《ぶみょう》・暴悪《ぼうあく》の主がいたと聞く。いまだに狂乱《きょうらん》の君《きみ》というのは聞いたことがない。

この史料は冷泉の摂政《せっしょう》をつとめた藤原実頼《さねより》の日記の一部である。その実頼を以て冷泉のことを「狂乱の君」と記していることから、これは従来、冷泉の「物狂い」を裏付ける史料とされてきた。ところが、近年、この史料については再検討が進み、これは実頼の「ストレス過多の状況下」での感情的な発言であり、実際よりオーバーな表現であったとの見解が出された〔渡辺二〇一三〕。また、これを受けて、史料前半の冷泉が内裏で大声で歌ったという点についても「内裏で大声で歌を歌うということは、年も若かったうえに、陽気な性格を表わすものだとしても、「狂気」までを決定付ける根拠とは見なしがたい」という見解まで出されている〔倉本二〇一四〕。

しかし、ここで注目したいのは、天皇が歌を歌っていたことを述べた後、実頼が「このようなときに、どうして公事を行えようか」と記していることである。歌を歌っている様子が彼の「陽気な性格」を表すのだとしても、それではなぜ除目が執り行えないのか、説明ができないのではないだろうか。

そもそも冷泉の精神疾患について記した信頼性の高い史料はこれだけではない。即位以前の『日本紀略《にほんきりゃく》』康保四年二月十七日条にも「皇太子始《はじ》めて心を悩む。尋常に非《あら》ず」と見える。前述の『江記』に記されたような彼の奇矯な行動については、後世、尾鰭《おひれ》を付けて語られたもので、信じるに足りないが、彼が精神を病み、苦しんでいたことは確かな事実と見てよいだろう。

なぜ即位できたのか

では、なぜこのような「物狂い」の天皇が即位してしまったのか。この最大の理由は、冷泉が天暦四年（九五〇）五月二十三日に誕生したあと、わずか三ヶ月後の七月二十三日、皇太子に立てられたことに求められよう。立太子《りったいし》の年齢は、近い例では醍醐《だいご》天皇が九歳、朱雀《すざく》天皇が三歳、村上《むらかみ》天皇が十九歳である。ところが、冷泉は誕生直後、その資質や健康状態などがまったく確認できないうちに、天皇の後継者に決められてしまったのである。

それでは、なぜ冷泉はそんなに早い段階で皇太子に立てられたのだろう。実は冷泉天皇には同じ年に生まれた異母兄《いぼけい》がいた。藤原元方《もとかた》の娘祐姫《すけひめ》を母とする広平《ひろひら》親王である。『栄花物語』では、元方は広平が皇太子に立てられるはずと思っていたところ、後から誕生した弟の憲平《のりひら》（冷泉）が皇太子に立てられたので、彼は没後、憲平に祟り、それが冷泉の「物怪」の原因となったとしている。こうした話から、一般的には憲平が早く立太子したのは、広平との対抗関係から論じられることが多い。憲平の母は、右《う》大臣《だいじん》藤原師輔《もろすけ》の娘安子《やすこ》で、師輔は自分が天皇の外祖父《がいそふ》になるため、陰謀をめぐらして憲平を早く皇太子に立てさせ、広平を排除した、とされてきたのである。

だが、これは実際には冷泉の父である村上天皇の事情があったようである。村上は憲平誕生後、第四夜に当たる五月二十六日、師輔のもとに乳母《めのと》少納言《しょうなごん》命婦《みょうぶ》を派遣し、立太子を早く行うよう催促していた。これに対して、師輔は「物事を早く行うのはかえってよくないので、今年でなくてもよいのではありませんか」と述べたが、村上はこれを聞いて「すごくなおざりのようだ」と非難したという（『九《きゅう》暦《れき》』同年六月十日条）。これを見る限り、憲平の立太子を急いだのは、師輔ではなくむしろ村上のほうだったのである。

では、なぜ村上は憲平立太子を急いだのか。これは朱雀天皇の項でも述べたように、皇位継承をめぐる村上と兄朱雀天皇との対抗関係が背景にあったと考えられる。朱雀との対抗関係上、村上は朱雀より早く皇子をもうけるとともに、早く自分の皇子を立太子させることで、皇位が自分の皇統に継承されることを確実にしようとしたのである〔神谷二〇二二〕。

そして、そのためにも、皇太子となるのは、代々天皇との婚姻関係を構築した名門である藤原北家《ほっけ》主流を外戚とする憲平でなければならなかった。広平の外祖父元方は、藤原氏のなかでも傍流の南家《なんけ》出身で、この一族は父菅根《すがね》の代に初めて公卿《くぎょう》になった成り上がりにすぎない。元方自身も中納言《ちゅうなごん》にすぎず、これでは広平が即位したとしても、後見として支えきれない。朱雀に対して自身の皇子こそ正統な皇位継承者であるとして優位性を示すには、広平では弱すぎ、実力者を後見人とする強力な皇子の誕生こそが待ち望まれていたのである。

皇弟為平の排除

このように、村上は兄朱雀との対抗上、強力な外戚をもつ憲平が生まれると、すぐに皇太子に立て、自分の子孫への皇位継承を確実なものにしようとした。ところが、このことは明らかにフライングだった。皇太子となった憲平は心を病んでしまうのである。

一方、憲平誕生の後も、憲平の母安子は村上の寵愛を受け、天暦六年（九五二）に為平《ためひら》、天徳三年（九五九）に守平《もりひら》の二人の皇子を出産していた。なかでも為平は村上に愛され、『栄花物語』によれば、村上は彼を皇位に即けようと考えたとされる。憲平が精神を病んでいたことから考えれば、この話は信用できるかと思われる。村上はいったん憲平に譲位したうえで、為平を皇太子として、自身の後見の下、為平への皇位継承を考えたのであろう。

ところが、康保四年（九六七）五月二十五日、村上は譲位することなく倒れて帰らぬ人となり、同日、皇太子憲平が即位して冷泉天皇となった。そして、冷泉は即位すると九月一日、皇太弟《こうたいてい》に守平を立てた。順番でいえば、長弟《ちょうてい》である為平が皇太弟になるべきところだが、なぜか次弟《じてい》である守平が皇太子とされたのである。なぜこのようなことになったのか。これについては、明らかに何らかの意志が働いたと理解され、従来、為平が左大臣《さだいじん》源高明《みなもとのたかあきら》の婿《むこ》だったからというのが通説であった。もし為平が皇太子となり、天皇に即位すれば、高明が天皇の外祖父になる可能性が出てくる。これまで天皇外戚の地位にあった藤原氏北家から見れば、源氏が天皇の外祖父になることなど認められないので、彼らの策謀によって為平は斥けられたとされたのである。

だが、藤原氏北家主流の一族は、皇太子選定という、皇位継承に関わる高次元の決定にどこまで関与できたのだろう。従来、この首謀者については、冷泉の外戚である師輔の子息たち（師輔は天徳四年〈九六〇〉五月四日に没していた）とする見解〔山本一九六五〕や、師輔の兄で師輔とは対抗関係にある摂政実頼を中心とした勢力とする見解〔山中一九六二、山口一九六五〕が出されている。しかしながら、この当時、師輔子息の地位は低く、実頼は外戚ではなかったから、大きな力は振るえなかった。ましてや、師輔子息と実頼たちは対立しており、本来なら順当な為平をひっくり返してまで守平を皇太子にするという荒技ができたとは思えない。

一方、そうなると、浮かび上がってくるのが、冷泉天皇の存在である。従来の研究は冷泉が皇太子を決定するような判断能力がなかったと理解してきたが、冷泉がつねに「物狂い」の状態であったのではなく、正常な時期もあったことは『栄花物語』からもうかがえ、先行研究でも指摘されているところである〔服部一九七五〕。そのため、ここでは守平を皇太子に選び、為平を排除したのは冷泉自身だったのではないかと考えたい。

そもそも先述のように、父村上が冷泉ではなく、為平を皇位継承の本命として考えていたとすれば、冷泉には面白くなかったに違いない。また、前代における朱雀と村上の関係でも見たように、当時の天皇にとって至上命題は、自分の子孫に皇位を継承させるということだった。だからこそ、天皇は有力者の娘と結婚して皇位継承を優位にしようとしたのである。ここから考えれば、冷泉にとって、村上の弟で左大臣である源高明を後見人とする為平の立太子は、もっとも危惧されるものであったはずである。冷泉は応和三年（九六三）二月二十八日、元服と同時に、朱雀上皇の皇女である昌子《まさこ》内親王と結婚していたが、彼女との間には皇子が生まれていなかった。こうしたなか、為平が皇太子となり、彼と高明の娘の間に皇子が生まれれば、皇位は為平の系統に移ったに違いない。一方、守平は冷泉より九歳も年下の少年なので、皇太子に立てたとしても、彼に皇子ができるのはまだ先の事であった。そこで、冷泉は為平ではなく、守平を皇太子とすることで、自分の子孫への皇位継承の可能性を残そうとしたのであろう。

安和の変

守平立太子から一年半後の安和二年（九六九）三月二十六日、左大臣源高明は為平を担いで謀反を起こそうとした疑いで捕らえられ、大宰権帥《だざいごんのそち》に任じられて九州に左遷《させん》された。安和の変である。この事件についても、従来は藤原氏による源氏排斥とか、実頼勢力と師輔勢力の対抗関係を原因とするものとして論じられてきた。だが、守平立太子が冷泉の意志によって行われたものであったとすれば、この事件についても、その延長線上に理解すべきだろう。

この間、冷泉には安和元年十月二十六日、第一皇子である師貞《もろさだ》親王が誕生していた。しかし、師貞の母は昌子内親王ではなく、藤原伊尹《これただ》（師輔長男）の娘である女御《にょうご》懐子《かねこ》であった。しかも、伊尹は師貞誕生の時点では、従三位《じゅさんみ》権大納言《ごんのだいなごん》にすぎなかった。これでは有力な後見人とはいえず、ここで冷泉にもしものことがあれば、師貞への皇位継承は覚束なくなってしまう。

そのため、ここでは高明が失脚させられたのは、師貞を後見する伊尹を昇進させ、立場を固めるためであったのではないかと考えたい。実際、伊尹は高明失脚によって大納言に昇進し、翌年正月には右大臣、そして五月十八日に実頼が死去すると、摂政に任じられる。伊尹が高明を失脚させ、それに代わったというより、冷泉が高明を失脚させ、伊尹を昇進させたことによって、師貞への皇位継承が確実なものになった。こうした確証を得られたからこそ、安和二年八月十三日、冷泉は守平(円融《えんゆう》天皇)に譲位し、師貞が立太子したのである。

藤原兼家との関係

冷泉の側近としては、藤原伊尹のほか、その弟である兼家《かねいえ》の存在も注目される。兼家は応和二年(九六二)正月十六日、憲平の東宮《とうぐう》に昇殿して以来、冷泉に近侍《きんじ》し、即位直前の康保四年(九六七)二月五日、皇太子を支える春宮坊《とうぐうぼう》の次官である春宮亮《とうぐうのすけ》に任じられている。そして、冷泉が即位すると、康保四年六月十日、天皇の最側近である蔵人頭《くろうどのとう》に任じられた。しかも、安和元年(九六八)十一月二十三日、従三位に叙《じょ》されて公卿となり、同二年二月七日、中納言に任じられても蔵人頭を辞めなかったのである。

このような三位の蔵人頭や、中納言の蔵人頭兼任は破格の例である。これまでの研究では、このことは兼家が安和の変の首謀者だったことを示す根拠とされるなど、兼家の権力伸長という面から注目されてきた〔山本一九六五〕。しかし、冷泉が心の病を抱えていたことから考えると、彼が異例の三位蔵人頭や頭中納言となったのは、彼が冷泉にとって必要な人物で、公卿昇進後も蔵人頭の職を辞めさせることができなかったからなのではなかろうか。

時代は異なるが、近世、重度の障害があったとされる徳川幕府《とくがわばくふ》九代将軍家重《いえしげ》は、唯一彼の不明瞭な言葉を解した側用人《そばようにん》大岡忠光《おおおかただみつ》を重用し、最終的には大名にまで取り立てた。

おそらく兼家も、側近として冷泉の身の回りの世話をしたり、その気持ちを理解してくれる、冷泉にとっての大岡忠光だったのであり、それゆえにこそ、彼は兄兼通《かねみち》をも超越していち早く公卿に取り立てられたものと思われる。少なくとも、兼家は摂政実頼のように、冷泉の行動をストレスとは捉えなかっただろう。こうしたことが冷泉の信頼を生み、彼のその後の躍進へとつながっていったのだとすれば、冷泉の「物狂い」は、その後の政治史に大きな影響を与えたといえるかもしれない。

退位後の冷泉と藤原道長

最後に退位以後の冷泉について簡単に述べておこう。冷泉の皇子である師貞は、永観二年（九八四）八月二十七日、花山《かざん》天皇として即位し、その弟で兼家の娘超子《とおこ》を母とする居貞《おきさだ》も、寛弘八年（一〇一一）六月十三日、三条《さんじょう》天皇として即位した。二人の皇子を天皇とすることができた冷泉は「物狂い」ではあったが、恵まれた一生であったといえるだろう。彼は三条即位の四ヶ月後の十月二十四日、御所冷泉院南院《なんいん》にて六十二歳の生涯を閉じた。

冷泉が亡くなったとき、側には兼家の子である左大臣道長《みちなが》が伺候しており、翌日、入棺《にゅうかん》・葬送《そうそう》の雑事を執り行っている〔『御堂関白記《みどうかんぱくき》』同年十月二十四日・二十五日条〕。道長といえば、このあと三条天皇と激しく対立したので、冷泉皇統との関係は悪かったと思われがちだが、冷泉上皇にはこれ以前から仕えており、関係は良好だったと考えられる。兼家の破格の昇進のはじまりが、冷泉に特別に目をかけられたことにあったのだとすれば、道長はこうした恩を忘れなかったといえるのかもしれない。

（樋口健太郎）

【主要参考文献】

神谷正昌『皇位継承と藤原氏』（吉川弘文館、二〇二二年）
倉本一宏『平安朝 皇位継承の闇』（KADOKAWA、二〇一四年）
服部敏良『王朝貴族の病状診断』（吉川弘文館、一九七五年）
山口　博「安和の変補考」（『王朝歌壇の研究 村上・冷泉・円融朝篇』桜楓社、一九六七年。初出一九六五年）
山中　裕「栄花物語・大鏡に現れた安和の変」（『日本歴史』一六八、一九六二年）
山本信吉「冷泉朝における小野宮家・九条家をめぐって―安和の変の周辺―」（『摂関政治史論考』吉川弘文館、二〇〇三年。初出一九六五年）
渡辺　滋「冷泉朝における藤原実頼の立場」（『日本歴史』七八七、二〇一三年）

円融天皇――一代限りの中継ぎからの脱却

父：村上天皇	誕生：天徳三年（九五九）三月二日
母：藤原安子	崩御：正暦二年（九九一）二月十二日
在位期間：安和二年（九六九）八月十三日～永観二年（九八四）八月二十七日	諱：守平
陵墓：後村上陵（京都市右京区鳴滝宇多野福王子町）	

現代の天皇家の祖先・円融天皇

歴代天皇には現代の天皇家から遡ったときに直接の先祖にあたらない人物が存在する。平安時代三十二名の天皇のうち、現天皇の直系尊属にあたるのは半数の十六名しかいない。実に十六名もの天皇が皇統に自分の血を残せず、結果的に傍系となっているのである。

ここで取り上げる円融《えんゆう》天皇は、現代の天皇家にその血が受け継がれている直系の先祖である。しかしこの世に生まれたとき、彼が天皇になることを予見した人は少なかったし、即位時にも、傍系の、「一代主」＝一代限りの中継ぎ天皇と考えていた人が大半だったであろう。なぜそうならなかったのか。少々大げさに言えば、円融の人生は自分の血を皇統に残し、中継ぎから脱却するための戦いの歴史であった。

生い立ち

円融天皇の諱《いみな》は守平《もりひら》、天徳三年（九五九）、時の天皇村上《むらかみ》の第五皇子として誕生した。母は皇后安子《やすこ》（右大臣藤原師輔《うだいじんふじわらのもろすけ》娘）である。安子は七人の子を生み、守平はその六番目、皇子三人の中の末っ子であった。一番上の兄憲平《のりひら》は九歳年上で、守平が生まれたときにはすでに皇太子であった。二番目の兄為平《ためひら》は七歳上で、幼い頃から聡明と言われ、父天皇と母皇后から特にかわいがられていたという〔『栄花物語《えいがものがたり》』〕。そのまま皇太子である長兄が即位し、その子が皇位を継いでいくのが普通であるし、万一のことがあっても、いわゆるスペアには優秀な次兄がいたわけで、守平が皇位を継ぐ目はまず無かった。

しかし現実はそうならない。第一に、長兄がその〝健康状態〟から短期間で退位することが不可避となり、皇子誕生を待つことなく急ぎ次の天皇を決める必要が生まれた。第二に、次兄が皇位継承候補者の地位から滑り落ちてしまった（詳しくは冷泉天皇の項参照）。その結果、皇后安子が生んだ第一皇子である憲平（冷泉《れいぜい》）が嫡流として皇統を継いでいくという村上天皇によって定められた皇位継承方針を守るため、守平は父崩御による長兄即位から約三ヶ月後に皇太子に立てられた。九歳のときである。そしてその約二年後、即位することとなる。

目を引くのは、即位と同時に兄冷泉の譲位詔《じょういのみことのり》によって冷泉皇子師貞《もろさだ》が生後十ヶ月で皇太子に立てられたことである。これにより、村上―冷泉―師貞が皇統を継ぐ嫡流で、円融はあくまで皇太子が長じるまでの中継ぎであること、つまりいずれ兄冷泉の血統に天皇位を返さなければならず、自分の子は天皇になれないことが改めて周知されたのであった。

円融朝の摂政・関白

父母を早くに亡くし、十一歳で即位した円融天皇を擁護・後見する摂政あるいは関白の地位についた人物は、十五年間の円融朝に四人いた。一人目は円融の亡き外祖父師輔の兄にあたる藤原実頼《さねより》である。冷泉期の関白であり、ひきつづき円融朝では摂政となった。八ヶ月後、実頼は亡くなり、摂政は右大臣伊尹《これただ》に交代する。伊尹は円融の外伯父のうちの最年長者であり、同時に皇太子師貞の外祖父でもあった。つまり、円融を「一代主」にする方針を順守する側の人間である。しかし伊尹も二年半で薨じる。三人目に伊尹同母弟の兼通《かねみち》が関白となった。四人目は実頼の子頼忠《よりただ》で、円融の外戚《がいせき》ではないが、最長の約七年間、円融朝の最後まで関白を務めた。

摂政や関白というと、天皇生母の父または兄弟である外戚であれば誰でも任じられるイメージがあるかもしれない。しかし実際には能力や経験も非常に重視されたことは、冷泉朝・円融朝において実頼が外戚を差し置いて摂関を務めたことからも明らかである〔立花二〇〇九〕。また、天皇との個人的な親密さは重要であるが、必ずしも外戚関係だけではなく、婚姻関係や好悪の情を含めた人間関係の親密さも影響した。そして円滑に政権が運営されるために貴族社会の支持は欠かせないものの、最終決定者は基本的に天皇である。つまり元服後の三人目、四人目の関白は円融天皇自身によって決められ、その際に重要視されたのは円融皇統確立への協力であったと考えられる〔沢田二〇〇二・二〇一二〕。以下、詳しく見ていこう。

円融の選択①兼通

伊尹薨御の天禄三年（九七二）十一月時点で、兼通は伊尹の次弟ではあるが権中納言にすぎず、公卿としての席次上、上には藤原氏だけでも右大臣頼忠、大納言《だいなごん》兼家《かねいえ》、中納言《ちゅうなごん》朝成《あさひら》・文範《ふみのり》と四人いた。冷泉天皇や長兄伊尹との関係が良くなかったようで官位は停滞し、同母弟兼家にも抜かされていたのである。それもあってか兼家との仲は非常に悪く、このときも重病の兄伊尹の後任をめぐって天皇御前で「罵言《ばげん》に及ぶ」と記されるほどの罵り合いをしていた〔『済時記《なりときき》』同年十月二十二日条〕。

結局、内覧《ないらん》、内大臣《ないだいじん》を経て最終的に関白に選ばれたのは兼通であった。その理由は『大鏡《おおかがみ》』によれば、兼通が「関白は兄弟の順番に」という亡き母后安子の書付を取り出したためという。関白職についてかは諸説あるが、兼通に有利な「前宮（安子）遺命」〔『親信卿記《ちかのぶきょうき》』同年十一月二十六日条〕は確かに存在していたらしい〔倉本二〇〇三〕。とはいえそれだけが兼通任命の理由ではあるまい。冷泉・伊尹と不仲で不遇に過ごしていた兼通と、彼らが推進する嫡流冷泉皇統のための「一代主」から脱却したい円融という二人の現状打破への意欲が一致したことが大きかったと考えられる〔沢田二〇二二〕。翌年二月に兼通娘媓子《てるこ》が入内し、皇后となったことも両者連携の一環であろう。円融が「一代主」を脱却するには、自分の血を引く皇子の存在が絶対であり、そのためにはキサキの存在は必須なのである。

実は元服して一年近くたったこの時点で、円融にはキサキがいなかった。ふつう天皇が元服するとその夜、もしくはごく近い時期にキサキが入内するものである。しかし「一代主」円融には皇位継承の期待はできないため、娘を入内させようという貴族がいなかったのである。むしろ子が生まれないほうが冷泉皇統にとって望ましいわけで、皇太子祖父である摂政伊尹はそのような円融を軽んじた態度があからさまであったらしい。参議《さんぎ》藤原済時《なりとき》は、病で辞職を申し出た伊尹に対して慰留を一度もしない円融を先例を踏襲していないと批判しつつも、「伊尹が天皇に対して不忠であったからであろう」と理解を示しているほどであった〔『済時記』天禄三年十月二十三日条〕。

ところで、この頃の『済時記』や『親信卿記』に見える円融が非常に大人びていることには驚かされる。数えの十四歳なのである。当時、摂政伊尹は病中もしくは死後で次の関白は決まっておらず、天皇を輔《ほ》弼《ひっ》する存在は見えない。もちろん周囲の日常的なサポートは厚いであろうが、円融は弁官《べんかん》や蔵人《くろうど》を召して動かし、先例を勘申《かんしん》させ、大納言らからの奏上にもすぐ回答し、大臣に諮問《しもん》し命令を下し、滞っている状況には重ねて意向を示し、官奏《かんそう》などの政務儀式もしっかり行っているのである。『栄花物語』は「御心が強くない」「雄々しさが欠けている」との世評を載せるが、古記録から見える円融天皇はまったく異なり、目的を遂行する強い意志と行動力を示している。そこからすればわずか十四歳であっても、次の関白には伊尹のように自分をないがしろにする人物ではなく、「一代主」脱却のために協力してくれる人物を意図的に選択したであろうことがじゅうぶんうかがえるのである。

円融の選択②頼忠

貞元二年（九七七）十一月、関白兼通が薨じた。その一年半後、皇后媓子も子のないまま亡くなった。次に関白に任じられたのは左大臣頼忠である。頼忠は外戚ではないが、関白就任の翌年四月、娘遵子《のぶこ》が入内し、円融と婚戚になった。兼通の関白就任時同様、円融の信頼を得るためには娘の入内は欠かせなかった。円融皇統構築のために皇子が必要であり、また、生まれた皇子を冷泉皇統が継承するはずの皇位に押し込めるための協力者は皇子外祖父が最適だからであろう。

一方、外戚である大納言兼家は再び円融に選ばれなかったわけである。この前年、兼家長女超子《とおこ》が冷泉上皇の皇子居貞《おきさだ》を生んでいた。冷泉皇統に対抗しようとしている円融が冷泉皇子の外祖父を関白に選ぶはずもない。さらに兼家はこの政権交代に当たって兼帯していた右近衛大将《うこんえのだいしょう》を罷免される。これを『大鏡』は、見舞いにも来ないで関白就任を上奏した弟に対する兼通の腹いせの独断であったかのように描くが、もちろん天皇の同意なくしてできるわけもない。兼家は参内も停止されるが、翌年六月になって、ようやく勘事《こうじ》は解かれた。その二ヶ月後、二女詮子《あきこ》が円融に入内し、十月には兼家自身も右大臣に任じられた。この方針転換は、いよいよ皇子誕生が喫緊の課題となり、しかも兼家娘が生んだ冷泉皇子に対抗する力がある外戚を持つ皇子が必要なため、兼家の別の娘をキサキにするという策に打って出たのではないか。ただし円融にとって詮子からの皇子誕生はあくまで次善の策ではあっただろう。

円融の非選択・兼家

このように円融は兼家に冷淡で、最後まで関白に兼家を選ばなかった。兼家が冷泉皇統の庇護者であったためである〔沢田二〇〇二、栗山二〇一七〕。とはいえ、兼家は冷泉皇統を庇護しているのではなく、あくまで自分の孫の即位を狙っているだけであろう。冷泉の嫡子と位置付けられている花山《かざん》朝には距離を置き、最後は花山を策謀で退位させてしまうことでも明らかである。娘が生んだ皇子限定の「冷泉皇統」への庇護は円融にとって厄介であるが、一方で娘が生んだ「円融皇統」ならば強力な庇護が期待できるのである。

ところで、村上皇后安子は皇子女の後見を兄弟たちに頼んでいたと言われ、少なくとも安子崩御時に誕生した末子の選子《のぶこ》内親王は兼通が養育にあたっていた〔栗山二〇一七〕。他にも冷泉はもちろん伊尹が擁護し、為平親王には安子異母弟藤原為光《ためみつ》が家司《けいし》となっている。その中で円融を任されたのは、兄弟でただ一人、皇太子時代の円融の坊官《ぼうかん》に任じられている兼家だったのではないか（ただし兼家は伊尹と共に冷泉の坊官でもあった）。後年の和歌のやり取りでも兼家と円融の過去の親しさが垣間見えるという

〔山本二〇〇三〕。兼通については、当初は「帝もうとく思し召し」「御舅《おじ》たちの中にうとくおはします人」だったとする『大鏡』を信じれば、円融の後見者ではありえない。

円融と兼家の関係を考えるにあたって、円融の母代《ははしろ》である藤原登子《なりこ》との仲に注目したい。登子は安子や兼家の同母妹で、重明《しげあきら》親王（醍醐《だいご》皇子）妃であったが、村上天皇の寵愛を受けたことでも有名で、円融即位後は尚侍《ないしのかみ》に任じられている。兼家の妻の一人、右大将藤原道綱《みちつな》母の『蜻蛉日記《かげろうにっき》』に「東宮《とうぐう》（守平）の御親のごとしてさぶらひ」とあるように、登子は五歳で母を亡くした円融の親代わりであった。康保四年（九六七）末から翌年三月まで里下がりした際には、道綱母の邸の西の対《たい》を借りており、兼家と良好な関係であったことがわかる。しかし天禄元年（九七〇）には「さるまじき御仲のたがひにたれば」とこれ以前に兄弟仲が悪くなっていたことが記される。仲違いの原因について、古典文学の解説などでは登子娘と兼通息子の婚姻があげられることが多いが、登子に対して「私まで疎ましくお思いなのか」という道綱母の嘆きを見ると、むしろ兼家の行動に登子が怒っているのではないか。となると、安和元年（九六八）十月に兼家が娘を冷泉に入内させるなどして円融を擁護すべき立場を捨てたことだという推測も成り立つのではないだろうか。当時は伊尹娘が冷泉の三番目の子として師貞を生むところで、もともと冷泉の覚えもめでたい兼家であれば、先の展開がなさそうな「一代主」守平につくよりも嫡流冷泉を選び、守平母代の登子と決裂することはあり得そうである。叔父でありながら、円融が兼家を決して関白にせず、右大将をとりあげたり勘事に処したりするような冷ややかな行動をとるのは、本来は自分を擁護する側だったにもかかわらず、相手方に与したことが関係している可能性も推測できるのである。

円融の選択③頼忠・遵子

さて、天元三年（九八〇）、円融皇子懐仁《やすひと》が誕生した。これでようやく円融が「一代主」を脱出する可能性が出てきたのである。待ちに待った皇子を生んだのは、兼家娘詮子であった。円融の治世も十年を過ぎ、冷泉皇統を積極的に擁護する勢力は減っていた。とはいえ冷泉こそが嫡流であり本来の皇統であると考える意識はまだまだ残っていたことであろう。また、右大臣兼家は冷泉系・円融系双方に外孫を持つことになったわけで、円融皇統排除に動く危険はなくなった一方で、兼家がいる限り、冷泉皇統の断絶はなさそうなことも事実であった。

そのため円融はさらに頼忠を選択した。天元二年の媓子崩御以来、空位であった皇后に遵子をつけることにしたのである。立后儀は同五年三月十一日、このあたりの事情は『小右記《しょうゆうき》』に詳しいが、唯一の皇子の母を差し置いての遵子立后に批判が集まることを危惧してか、頼忠には立后一週間前まで内密にするよう厳命している。折しも冷泉女御《にょうご》超子の死により妹詮子は内裏を退出し、兼家も喪に服して表立った行動がしにくい期間であった。そして超子七七日までに立后儀を終わらせてしまっている。

ではなぜ兼家たちの反発をわかっていながら遵子を立后したのであろうか。この時点で遵子にせよ詮子にせよ皇后を立てる必然性はない。それでも遵子を皇后にしたのは、円融がこのとき二十六歳の遵子の懐妊をあきらめておらず、ギリギリまで追求したかったということではないか。平安中期以降の皇后は皇子を生む前に立てられることが通例で、所生皇子を最優先で皇位につけられるという地位でもあった。もしこのあと遵子が皇子を生んだとしても、同じ女御であれば先に生まれた詮子所生皇子優先となり、即位できる可能性は非常に低い。しかし皇后になれば女御所生子よりも最優先で皇位につける。そのため冷泉皇統対策としては第一皇子懐仁をキープしつつ、一方で円融皇統内の問題として、遵子所生子即位の可能性のために遵子立后が図られたのであろう。『栄花物語』にあるようにいずれ懐仁が即位すれば詮子は后（皇太后）になれるから先に遵子を皇后としようという話ではなく、むしろ懐仁即位の可能性を脅かす話なのである。遵子立后によって兼家・詮子が出仕しない、内裏に戻らないほど激怒したのもある意味当然であった。円融にとって冷泉皇統に外孫を持つ兼家の娘が生んだ皇子はセカンドベストであって、ベストである頼忠娘からの皇子誕生を待ったのである〔東海林二〇二〇〕。

しかし、時間がたつにつれ、遵子懐妊の可能性は下がり、一方で皇太子師貞に皇子が誕生する可能性が出てくる。師貞に皇子が生まれれば当初の冷泉嫡流による皇位継承が可能になり、懐仁の立太子すらなくなるかもしれない。結局、遵子懐妊をあきらめ、永観二年（九八四）、円融は十七歳の師貞に位を譲り、詮子が生んだ皇子懐仁が皇太子に立てられることになったのである。

両統迭立、そして円融皇統の勝利

こうして「一代主」であった円融は、十五年という長期在位の間に重みを増し、自分の皇子を天皇とし、皇統に自分の血を残すことに成功した。一代限りの中継ぎから脱却したのである。もしも遵子に皇子が生まれていれば、その子が天皇になった暁には、さらに子（円融の孫）が生まれるまで次の立太子を待ち、冷泉皇統を排除して円融系のみで皇統をつなげることも可能であったかもしれない。しかし実際には一条《いちじょう》が即位すると、外祖父兼家が権力を握り、次の皇太子には同じく外孫の冷泉皇統の皇子がつくことになった。これにより嫡流冷泉皇統と円融皇統が交互に即位する両統迭立《りょうとうてつりつ》が続いたのである。

円融は、花山朝では上皇として多くの御幸や参詣を行った。例えば永観三年（九八五）の子日《ねのひ》の御遊は有名で、紫野に御幸し蹴鞠や和歌や楽など華やかに遊び、大臣以下多くの公卿殿上人が扈従した。表立って活動することのない（できない）兄冷泉と異なり、円融皇統の存在感を高めたであろう。一条朝においてはもちろん父院として権力を握り、また、唯一の子である病弱な一条天皇のため何度も諸社に祈禱をさせ、その長命を祈っている。

正暦二年（九九一）、円融は三十三歳で崩御した。両統迭立が解消されたのは円融の孫である後一条天皇の寛仁元年（一〇一七）のことである。冷泉の孫にあたる三条《さんじょう》皇子敦明《あつあきら》が皇太子位を返上し、代わって後一条の同母弟敦良《あつなが》が立てられたのである。これによって天皇・皇太子共に一条皇子となり、皇統は嫡流だった冷泉ではなく円融皇統によって一本化された。円融の悲願は、その死から四半世紀の後、ついに達成されたのであった。

（東海林亜矢子）

【主要参考文献】

倉本一宏「藤原兼通の政権獲得過程」（笹山晴生編『日本律令制の展開』吉川弘文館、二〇〇三年）
栗山圭子「兼通政権の前提―外戚と後見―」（服藤早苗編『平安朝の女性と政治文化―宮廷・生活・ジェンダー』明石書店二〇一七年）
沢田和久「円融朝政治史の一試論」（『日本歴史』六四八、二〇〇二年）
沢田和久「冷泉朝・円融朝初期政治史の一考察」（倉本一宏編『王朝再読』臨川書店、二〇二一年。初出二〇一五年）
東海林亜矢子「後宮から見た摂関政治」（古瀬奈津子・東海林亜矢子著『日記から読む摂関政治』臨川書店、二〇二〇年）
立花真直「藤原実頼・頼忠にみる関白の政治的意味」（『国史学』一九七、二〇〇九年）
山本信吉「摂政藤原兼家と左大臣源雅信・右大臣藤原為光」（『摂関政治史論考』吉川弘文館、二〇〇三年）

花山天皇――最短在位のエピソード王

父：冷泉天皇	誕生：安和元年（九六八）十月二十六日
母：藤原懐子	崩御：寛弘五年（一〇〇八）二月八日
在位期間：永観二年（九八四）八月二十七日～寛和二年（九八六）六月二十三日	
陵墓：紙屋川上陵（京都市北区衣笠北高橋町）	
諱：師貞	

エピソードの宝庫・花山天皇

第六十五代花山《かざん》天皇の在位は平安時代の天皇の中で最短のわずか二年足らずである。またその治世に目立った功績や事件はなく、退位後に院政を行ったわけでもない。しかしその割に花山の名は知られているのではないか。理由はおそらく彼に有名なエピソードがいくつもあるからであろう。

例えば、摂関期の最大権力者藤原道長《ふじわらのみちなが》の豪胆さを描く「闇夜の肝試し」を命じたのは花山天皇であったし、中関白家《なかのかんぱくけ》が没落する長徳《ちょうとく》の変《へん》の一要因となったのはいわゆる花山法皇奉射事件であった。さらに、自らの即位式の最中に高御座《たかみくら》の中に女官を引き込んで性交した話や内裏清涼殿《せいりょうでん》の壺庭《つぼにわ》に馬を引き入れて乗り回そうとした話など、明らかに事実とは言えないものも含めて数多くの逸話が『大鏡《おおかがみ》』や『栄花物語《えいがものがたり》』などの歴史物語、あるいは『古今著聞集《ここんちょもんじゅう》』『古事談《こじだん》』『江談抄《ごうだんしょう》』などの説話集に残っているため、古文の授業で花山の名を目にした人が多いかもしれない。中でももっとも有名なものは彼の退位のエピソードであろう。収録する本によって細部に異同はあるが、〝陰陽師安倍晴明《おんみょうじあべのせいめい》〟も登場する『大鏡』バージョンは「花山天皇の出家」などというタイトルで受験生必須の一話となっている。まずその内容を簡単に記しておこう。

「花山天皇の出家」

ある夜、花山天皇は皇位を捨てて出家するため、蔵人《くろうど》藤原道兼《みちかね》をお供に平安宮内裏を抜け出ようとする。道兼は、天皇が月の明るさに躊躇すると三種神器の神璽《しんじ》・宝剣はすでに皇太子のもとへ移されており もう戻れないと言い、天皇が大切にしていた亡き弘徽殿女御《こきでんのにょうご》忯子《よしこ》の手紙を取りに戻ろうとすると嘘泣きをし、一刻も早く寺に向かうよう急き立てた。天皇は途中で安倍晴明が天変から退位を予見する声を聞き悲しくなるが、そのまま京都郊外の花山寺《かさんじ》に到着し、髪を剃り出家した。しかし、一緒に僧になる約束をしていた道兼は、剃髪せずに逃げてしまう。実は道兼の父兼家《かねいえ》は息子が出家させられないよう武者に護衛させていたのである。天皇はようやく兼家・道兼らの企みにのせられたことに気づき「朕《ちん》をば謀《はか》るなりけり」と泣いたものの後の祭りであった。花山を補佐していた外叔父藤原義懐《よしちか》や乳母子《めのとご》の藤原惟成《これしげ》もやってきて後を追って出家した、という話である。

これは寛和二年（九八六）六月のことで、花山の出家、そして出家により退位は自明となるため、七歳の皇太子懐仁《やすひと》が即位し一条《いちじょう》天皇となった。寛和の変と呼ばれるこの事件は天皇が宮中を抜け出し剃髪するという前代未聞の出来事であり、しかも黒幕といわれる藤原兼家の外孫が天皇位につき、本人は摂政となるというクーデター＝非合法に近い手段による政権奪取である。しかしあまり大きな批判を浴びていないのは、精神異常者ともいわれる花山（ただし現在では否定されることが多い〔倉本二〇一四〕）から賢帝一条への譲位であり、兼家さらには道長の栄華につながる一歩であるから仕方ないという論調がすける歴史物語などの影響と共に、忯子への愛ゆえの出家という悲恋物語に仕立てられたことも大きいのではないか。そこで悲恋から少し離れて出家にいたる事情をみてみたい。

生い立ちと後見

花山は冷泉天皇第一皇子として安和元年（九六八）十月、誕生した。諱《いみな》は師貞《もろさだ》、母は冷泉《れいぜい》外伯父藤原伊尹《これただ》の娘懐子《ちかこ》である。安和の変を経た翌二年八月、冷泉は同母弟に位を譲って円融《えんゆう》朝が始まり、同日、生後十ヶ月の師貞が皇太子となる。まもなく摂政となった伊尹が外祖父としてそのまま権力を握っていれば花山の治世はまったく違ったであろうが、師貞五歳のとき、あっけなく病で薨じてしまう。さらに母、母の兄弟も次々と亡くなる。父冷泉は健在ではあるものの精神的疾患があったとも言われ、政治力は乏しい。「中継ぎ」天皇円融になかなかキサキの入内がなかったのと同様、実は師貞も十七歳で即位するまでキサキはいない。後見に恵まれない皇太子の周囲には、すでに冷ややかな空気が流れていたのであろう。

永観二年（九八四）八月、円融の譲りを受けて師貞は即位し、皇太子には円融の子懐仁が立った。冷泉系こそ天皇家の嫡流であったにもかかわらず、次代は円融系に決定されるほど、新天皇を後見する勢力は弱かった。生き残っている外戚《がいせき》（母の父または兄弟）は二十八歳の叔父義懐のみであった。

義懐は花山出家の翌日、自らも出家するほど花山を献身的に支えた人物ではあるが、践祚《せんそ》直後に従三《じゅさん》位《み》（非参議《ひさんぎ》）となってようやく公卿の末席に連なったにすぎない。義懐が国政審議の場である陣定《じんのさだめ》に参加する資格を得たのは践祚から一年余り後であった。『大鏡』では花山朝の政治はもっぱらこの義懐と花山の乳母子の五位蔵人藤原惟成が行ったとされるが、この二人が実際に政治を領導できるほどの立場ではないことは明らかである〔今二〇〇四〕。

花山朝の関白は円融朝に引き続き太政大臣《だいじょうだいじん》藤原頼忠《よりただ》であった。頼忠は同じく外戚ではなかった前代においては政務を励行し天皇とも親しかったが、花山朝では「公事《くじ》に従はず」〔『公卿補任《くぎょうぶにん》』〕、積極的に政治的補佐をすることはなかった。これは頼忠が円融と花山の板挟みとなるのを避けたためとする説もあるが、皇太子外祖父であり次代の権力者となる予定の右大臣兼家と微妙な関係である頼忠が、当初から今代の政務を放棄するとは考えにくい。践祚四ヶ月後には娘を入内させており、娘が皇后となった円融朝同様、婚姻による関係構築を考えていたはずである。しかし結局、関白頼忠が非協力的となったのは、花山のほうが頼忠を選ばなかったからであろう。花山天皇、あるいはそれを支える外戚義懐が手を結ぶ相手として白羽の矢を立てたのは大納言《だいなごん》藤原為光《ためみつ》であったと考えられる。出家の原因とされる花山の寵妃、弘徽殿女御忯子の父である。

外戚家と藤原為光

為光は冷泉・円融の外祖父藤原師輔《もろすけ》の九男、母は醍醐《だいご》皇女の雅子《まさこ》内親王、つまり花山外祖父伊尹や兼《かね》通《みち》・兼家、冷泉・円融母后安子の異母弟にあたる。公卿となって十四年、頼忠・源雅信《みなもとのまさのぶ》・兼家の三大臣に次ぐ筆頭大納言として陣定や節会《せちえ》の上卿《しょうけい》（執行責任者）を務めることも可能な立場であった。初め関白藤原実頼《さねより》の孫娘と結婚し、忯子はその間に生まれた子であるが、この妻は早くに亡くなったらしい。その後、為光が結婚したのが伊尹娘、つまり義懐の姉妹であった。さらに義懐の正室は為光の娘（忯子同母姉）であるから、為光と義懐は二重の婚姻関係で結ばれていた。孤立気味である花山や義懐が手を組む相手として為光はふさわしく、為光にとっては異母兄たちのように摂関になることが難しい現状を打破しうる関係性にあったといえる。『栄花物語』は花山が美しいと評判の忯子を入内させるために縁が深い義懐に為光を説き伏せさせたと描くが、実際にはお互いに政治的メリットがあるがゆえの連携であり、そのための忯子入内であった。

為光継室の母は『尊卑分脈《そんぴぶんみゃく》』などに記載がなく不明とされるが、懐子・義懐と同じく伊尹正妻の恵子女王（醍醐皇子代明《よりあきら》親王娘）であろう。伊尹が一条摂政と呼ばれ、為光も一条大納言、一条太政大臣と呼ばれるのは両者ともに一条第を邸宅としていたからで（『拾芥抄《しゅうがいしょう》』）、為光は異母兄から伝領したとされるが、伝領したのは為光継室と考えられる。花山は立太子されるまで一条第に住んでおり、恵子女王には「一条尼君」の呼称もあるから、為光継室は恵子女王が生んだ懐子の同母妹と考えるのが自然である。おそらく為光は一条第に婿取られて夫婦で同居し、外戚家の一員に近い立場であったのであろう。ちなみにこの一条第は継室が生んだ為光三女が伝領し、後日、受領《ずりょう》が購入して東三条院詮子《ひがしさんじょういんあきこ》に献上し、その子一条天皇の後《ご》院《いん》として里内裏《さとだいり》にもなった一条（大宮《おおみや》）院のことである。

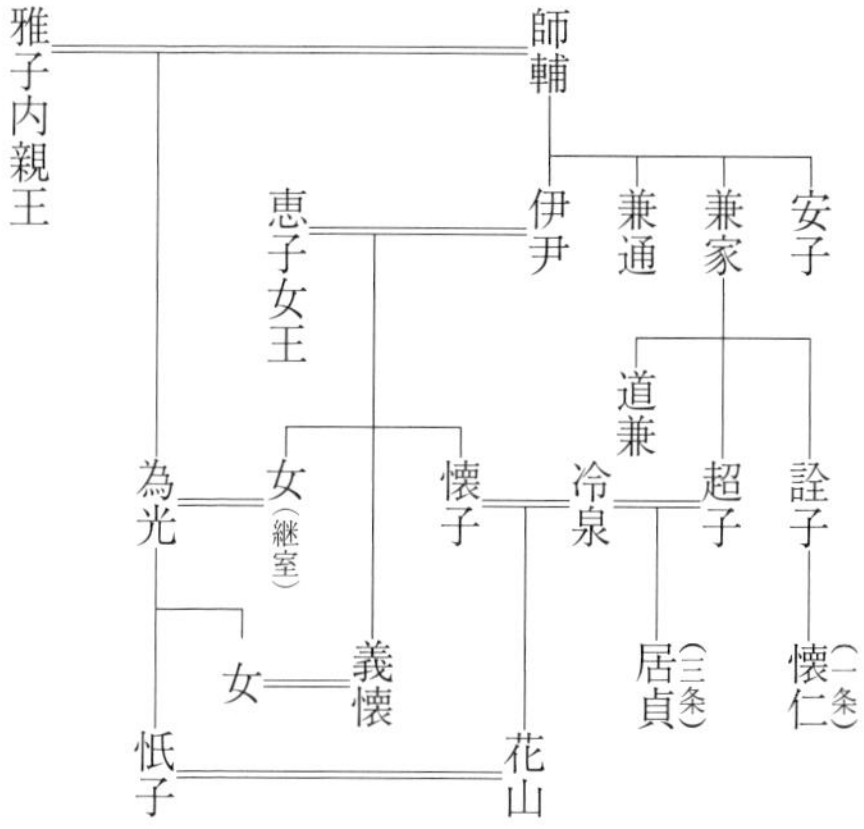

花山天皇関係系図

花山は恵子女王を「我が子のように育ててくれた」（『本《ほん》朝文粋《ちょうもんずい》』）と外祖母初の准三宮《じゅさんぐう》（后と同様の経済的特権等を受けられる地位）にしている。また平野臨時祭《ひらのりんじさい》を初めて行ったのも王氏《おうし》である祖母にとって氏神にあたるためで（三橋二〇〇〇）、外祖母や外戚家への思い入れは強かったようである。即位後初めて政務をとるときに行う儀式である万《ばん》機旬《きのしゅん》において為光が花山の「御後《ごご》」に候じて所作を補佐したのも、寛和元年ごろ左大臣源雅信と交互に内弁《ないべん》や上卿を務めて公事執行に活躍したのが右大臣兼家ではなく為光であるのも、為光が外戚に准じた立場にあったからであった〔山本二〇〇三〕。

忯子自身は外戚家と血縁関係にないが、為光継室が准三宮恵子女王の名を借りて輦車宣旨《れんしゃのせんじ》（本来は歩くべき宮門内を輦車で通行できる宣旨で后や女御には聴《ゆる》される）を受け内裏の忯子を訪れたと思われる記事がある〔『小右記《しょうゆうき》』永観二年十二月十九日条〕。「大いに怪しむべし」と批判されているが、忯子が花山外祖母に連なる外戚家の一員であることを周知する狙いがあったのではないか。他の二人の女御が入内した直後の出来事であった。

花山の女御たち

花山には四人の女御がいる。即位の二ヶ月後に忯子、その二ヶ月後に藤原姚子《よしこ》（権大納言朝光《あさてる》娘）、藤原諟子《ただこ》（関白太政大臣頼忠娘）が入内し、忯子の死後に婉子《つやこ》女王（式部卿《しきぶきょう》為平《ためひら》親王娘）が女御となった。

円融朝では関白頼忠娘は右大臣兼家娘より四ヶ月先んじて入内し、特別に輦車宣旨も出ている。しかし同じ頼忠の娘でも諟子は忯子より後にされた上に徒歩での参入となった。さらに『栄花物語』によれば一時でも寵愛された他の三人の女御とは異なり、諟子はそれほどではなかったという。もちろん個人の好みの問題もあろうが、摂関期の後宮《こうきゅう》は天皇にとってさまざまな配慮が必要とされる場であるにもかかわらず〔東海林二〇二三〕、関白娘に何ら配慮がされなかったのである。花山に頼忠との関係を深める意思がないことの表明とも受け取れ、頼忠が花山朝から距離を置くようになる契機の一つになったと考えられる。

逆に最初に入内したのが忯子であったことも政治的配慮によるものであろう。賜った後宮の殿舎も清涼殿に最も近い弘徽殿という厚遇であった。花山の寵愛を否定するものではないが、政治的な観点からこれらが決定されたのは当然であろう。

弘徽殿女御忯子とその死

忯子が内裏にいたのはわずか半年余りであったが、花山の蔵人頭であった藤原実資《さねすけ》の日記『小右記』にも登場している。実資は伯父頼忠と同じ小野宮《おののみや》流の一員として諟子入内に奉仕した立場であるから割り引いて考える必要があるが、忯子やその周辺に辛辣である。

例えば清涼殿の上直盧《うえのじきろ》で忯子が殿上人らに酒や被物《かづけもの》（目下の者に与える贈りもの）を賜ったこと（永観二年十一月十四日条）や、花山が弘徽殿に公卿殿上人らを集めて管弦の遊びを行ったときも同じく被物を賜ったこと（同三年正月三日条）を「奇異《きい》」「如何《いかん》」などと批判している。前者は実資自身も召されたが応じず、同じく召しに応じなかった人々の名を列挙しているほどである。あるいは、正月の除目議《じもくぎ》中に大納言為光が弘徽殿に公卿らを招いて湯漬を饗応し、それに対抗してか翌日に権大納言朝光がやはり娘の麗景殿《れいけいでん》で湯漬を振る舞った件では為光も朝光も批判されている（同年正月二十八日条）。後宮殿舎に自身の部屋を持てるのは娘が天皇キサキであるゆえの特権であるが、それを誇示するような行動が批判されたのであろう。なお朝光娘はこの後、急速に寵を失い面目を失って内裏を退出した。

一方、忯子はまもなく懐妊する。もし皇子が生まれれば冷泉直系として次の皇太子となる可能性も高い。懐妊五ヶ月である同年五月には内裏閣門内（中隔《ちゅうかく》）の桂芳坊《けいほうぼう》で御修法《みしほ》を行った。安産祈願であろう。しかし桂芳坊はかつて醍醐朝の皇后穏子《やすこ》がここで出産したように後宮空間を支配する后の使用はあっても、一女御が使用した例はないため、実資は「女御が中隔内で御修法をすることは往古不聞《おうこふぶん》である」と批判している。花山や為光にとっては将来の皇太子、将来の母后の可能性すら想定できる状況下において、現皇太子擁する円融皇統や他の公卿に対する示威行為だったのであろうか。しかしこの懐妊は七ヶ月で忯子が亡くなるという悲劇的な結末を迎えることになる。その年の七月十八日のことであった。

一時は孫の即位まで夢見たに違いない為光の落胆は大きかったであろう。実は凶事はもうひとつ起こっており、このひと月前に為光継室が亡くなっていた。為光と一条外戚家を結び付けていた妻を亡くし、さらに花山天皇と結び付けていた娘を亡くし、為光にとっては花山や外戚家に積極的に協力する理由がなくなったことになる。この時期から花山退位までの一年間については『小右記』がほとんど残っておらず、その後の花山朝と為光の関わりはわからない。ただ、寛和の変翌日に花山退位・一条践祚の手続きの上卿を務めたのは為光であった〔『践祚部類記《せんそぶるいき》』〕。また、亡き継室が生んだ道信《みちのぶ》を兼家の養子とし〔『日本紀略《にほんきりゃく》』寛和二年十月二十一日条〕、兼家が摂政に就任して太政官を離脱する際に後任の右大臣となったのが為光であることを考えれば、花山やその外戚家とは疎遠となり、異母兄兼家側についたということになるのであろう。

忯子の死は、花山にとって愛する妻と皇位継承者になり得る我が子のみならず、政治的後見となる公卿をも失ったことになる。為光の離脱によって、花山を支える公卿が義懐しかいなくなったからなのであろうか、外叔父義懐は花山践祚後ずっと三位非参議であったのが、忯子の死の二ヶ月後、参議とされた。欠員が無いのにもかかわらず任じたことに批判もあったが、さらに同年十二月には権中納言《ごんちゅうなごん》に進められた。円融朝において天皇伯父兼通が権中納言となって八ヶ月後に内覧《ないらん》に任じられたことが意識されたのかもしれないが、当時四十八歳と経験豊富であった兼通のように二十九歳の義懐が人々を従わせることは難しかったであろう。花山の出家と退位劇が起こったのはこの半年後のことであった。

寛和の変

最後にもう一度、寛和の変に立ち戻ろう。

花山の出家は忯子の死から十一ヶ月経っていたし、その間に新しい女御を迎えてもいた。そのため忯子の死のみが要因とは考えにくく、政局の急激な暗転なども理由として考えられる〔今井一九六八〕。確かに寛和二年には藤原氏長者に伝わる荘園の問題での不手際もあり、大納言為光の助力もない政治運営は一層厳しく、投げ出したくなることもあったであろう。同時に、退位後まもなく比叡山に登り、翌月には播磨国書写山《しょしゃざん》（兵庫県姫路市）を訪れるなど実際に信仰心があったこともうかがえ、もともと忯子の死とその菩提を弔いたいという心情が深かったこともじゅうぶん考えられる。どちらも真実かもしれない。一方で、冒頭に見た道兼の動きや、大内裏諸門を閉じて花山を戻れなくした素早い兼家の対応、脱出に同行した僧が後に兼家や詮子に奉仕しているのを見ると、実は出家する気はそれほどなかったのに、兼家サイドの働きかけによってまんまと乗せられてしまった面もありそうである。では兼家はなぜ花山に出家を唆《そそのか》したのであろうか。

一般に花山退位は外孫懐仁の即位と自らの摂政就任の実現のためといわれるが、出家という手段を取った理由には、もう一人の外孫居貞《おきさだ》の存在が関わっているのではないか。居貞は冷泉と兼家娘の女御超子《とおこ》の第一子で、自邸で生まれ育った兼家鍾愛の孫（『大鏡』）である。すでに皇太子である懐仁の即位は確定事項であった。一方、居貞の即位実現には、彼が冷泉皇統の後継者となることが必要であるが、冷泉の嫡流は贈皇太后懐子所生の花山である。忯子が懐妊したように花山皇子の誕生は時間の問題であり、さらに退位後であっても正式なキサキの子は有皇位継承資格者となる。そもそも居貞自身が父冷泉退位後の誕生なのである。もちろん兼家という強力な後見があれば花山皇子との継承争いに勝てるかもしれないが、複雑な状況になることは否めない。しかし花山が出家すれば正統な子は生まれなくなり（実は出家後に女房との間に男子が二人生まれたが皇位継承権はない）、花山流は皇統上断絶する。寛和の変が花山出家という形をとったのは、居貞の地位を冷泉皇統の嫡流に押し上げるためだったのではないだろうか。そのため兼家にとって花山退位は喫緊の課題である上に、今後のためには出家という形が望ましかったのであろう。実際のところ花山退位の翌月、居貞は兼家邸で元服して皇太子に立てられ、花山に代わり冷泉皇統を担うことになるのであった。

花山はこの後、女性問題も含めてしばしば世を騒がせつつも時に仏道修行に励み、時に芸術面に才能を見せ、一条朝の寛弘五年（一〇〇八）に崩御した。四十一歳であった。

（東海林亜矢子）

【主要参考文献】

今井源衛『花山院の生涯』（桜楓社、一九六八年）
倉本一宏『平安朝 皇位継承の闇』（KADOKAWA、二〇一四年）
今　正秀「花山朝の政治」（『高円史学』二〇、二〇〇四年）
東海林亜矢子「摂関期の後宮」（伴瀬明美・稲田奈津子・榊佳子・保科季子編『東アジアの後宮』勉誠出版、二〇二三年）
三橋　正「天皇の神祇信仰と「臨時祭」―賀茂・石清水・平野臨時祭の成立―」（『平安時代の信仰と宗教儀礼』続群書類従完成会、二〇〇〇年。初出一九八六年）
山本信吉「摂政藤原兼家と左大臣源雅信・右大臣藤原為光」（『摂関政治史論考』吉川弘文館、二〇〇三年）

一条天皇——外戚の後宮政策に翻弄された優等生

父：円融天皇	誕生：天元三年（九八〇）六月一日
母：藤原詮子	崩御：寛弘八年（一〇一一）六月二十二日
	諱：懐仁
在位期間：寛和二年（九八六）六月二十三日～寛弘八年（一〇一一）六月十三日	
陵墓：円融寺北陵（京都市右京区龍安寺朱山　龍安寺内）	

母詮子との日々——出生から即位まで

天元三年（九八〇）六月一日の明け方、右大臣藤原兼家《うだいじんふじわらのかねいえ》の邸宅東三条第《ひがしさんじょうだい》で男皇子《おとこみこ》が生まれた。円《えん》融天皇を父とし、兼家の次女・女御詮子《にょうごあきこ》を母とするこの皇子が、のち一条《いちじょう》天皇となる懐仁《やすひと》である。円融《ゆう》にとっては初の、そして結果的に唯一の実子が、この懐仁であった。

子は鎹《かすがい》、というものの、懐仁の存在がむしろ両親の仲を複雑なものにしていた感がある。円融後《こう》宮《きゅう》は、中宮媓子《ちゅうぐうてるこ》（兼通女《かねみちのむすめ》）が死去したのち、女御として関白頼忠《かんぱくよりただ》女遵子《のぶこ》と詮子が並んだが、詮子が寵愛《ちょうあい》を得たと考えられ、懐仁出産に至った〔倉本二〇〇三〕。しかし天元五年、新たな中宮として立后《りっこう》されたのは遵子であった。

同じ女御として、所生《しょせい》皇子がある詮子がいながら、所生子のいない遵子が立后したことには、遵子の実父が現職関白であるにせよ批判があったようである。ほぼ同時代といってよい歴史物語の『栄花《えいが》物語《ものがたり》』（巻二）には、世の人が非難まじりに遵子を「素腹《すばら》（子を孕《はら》まない）の后」とあだ名したとあり、のちの『大鏡《おおかがみ》』（天の巻）には詮子の側近女房が遵子弟の公任《きんとう》に対し「お姉さまの「素腹の后」はどちらにいらっしゃるの？」と強烈な嫌味を放つという一説がある。子に恵まれなかった中宮を揶揄《やゆ》したあんまりなあだ名は、おそらく当時ささやかれたものだろう。なにより、当事者である女御詮子から円融へあてられた失望の和歌に、「なきにおとりて（子がない遵子に劣るとされて）」（『円融《えんゆう》院御集《いんぎょしゅう》』所収）と読み込まれてもいる。

一条天皇画像　京都市左京区・真正極楽寺蔵

遵子立后で、兼家一家と円融の信頼関係は崩壊する。『栄花物語』（巻二）によれば、男性陣は朝廷への出仕をサボタージュし、詮子も懐仁を気に掛ける円融からの便りに三回に一度返事をする程度だったという。また、円融の希望で内裏《だいり》にて開催された懐仁の「着袴《ちゃっこ》の儀」にはしぶしぶ三日間参内《さんだい》するも、終わるや否や東三条第にさっさと帰るなど、父子の交流を阻むかのようなエピソードもある。とはいえ、他のキサキとは子ができなかった円融が自らの皇統を託すのは懐仁しかおらず、退位の折には懐仁を立太子する意志を伝えたことで、兼家との緊張関係に終止符が打たれた。詮子との夫婦仲は改善の雰囲気も芽生えたが、元通りとはいかず、懐仁に弟妹ができることもなかった。

懐仁の立太子《りったいし》は永観二年（九八四）八月。円融に代わり即位したのは花山《かざん》天皇だが、花山は在位二年に満たない寛和二年（九八六）六月、出家を遂げ退位する（寛和の変）。兼家の次男道兼《みちかね》にそそのかされたともいわれる〔『大鏡』天の巻〕。同月、皇太子懐仁は七歳にして即位する。ここからは死後の号である「一条天皇」と称することにしよう。

なお、即位の翌月、詮子は国母《こくも》（天皇生母）として、史上初めて皇太夫人《こうたいぶにん》を経ることなしに皇太后《こうたいごう》に立ち、当時皇后《こうごう》であった遵子より上位となったことで、ある意味リベンジを果たした。五年後の正暦二年（九九一）には、これも史上初めて女性への院号宣下《いんごうせんげ》（東三条院《ひがしさんじょういん》）を得て、いわゆる「女院《にょいん》」の初例となった〔『院号定部類記《いんごうさだめぶるいき》』所収「後小記《のちのしょうき》」同年九月十六日〕。兄道隆《みちたか》が健在であったが、直前に円融が死去していることから、父院《ふいん》亡き後の一条を国母として後見していくために、詮子は新例を切り開き（もしくは準備され）、宮廷社会の女主人として立ち位置を定めたのである。

幼帝として

七歳（実質六歳）での即位には、当然のごとく摂政《せっしょう》が必要であった。万難を排し、外戚《がいせき》兼家がその地位に就いた。ここから十一歳で元服するまでの四年間は、父院円融・国母詮子・摂政兼家とその嫡男道隆の強力な後見体制で幼帝一条の治世《ちせい》がバックアップされた。

皇太子となったのは冷泉《れいぜい》天皇第二皇子の居貞《おきさだ》親王である。兼家の長女・超子《とおこ》が産んだ男皇子で、兼家にとっては待望の「帝がね（将来帝になる皇子）」であった。天皇より四つ年上の皇太子という年齢的な逆転は、この時期の皇統が「両統迭立《りょうとうてつりつ》」状態にあったため、両皇統から順に立太子（即位）したことに一因がある。

この段階において村上《むらかみ》天皇の子である冷泉と円融では、兄である冷泉の皇統のほうが嫡流筋とみなされていた〔倉本二〇一〇〕。皇位継承候補である皇子を複数擁する冷泉皇統に対し、円融皇統は一条のみで先行きが見通せなかった。居貞は烏帽子《えぼし》姿が祖父兼家にそっくりで溺愛され〔『大鏡』天の巻〕、兼家は天候不良などの有事の際、一条天皇の摂政でありながら皇太子居貞のもとに駆け付け、一条のもとには子息らを遣わしたという〔『大鏡』地の巻〕。のちの道長《みちなが》の覇権という結果により見失われがちだが、兼家存命時においては、一条天皇は居貞に譲位することが期待された中継ぎの要素をもつ帝であったと言えるだろう。

一条幼帝の時代において目につく歴史的事項は、ひとつは即位翌年（九八七）に出された新制十三箇条及び五箇条で、のちの代替わり新制の端緒とされている。もうひとつは永延二年（九八八）に尾張国《おわりこく》司藤原元命《しもとなが》の苛政《かせい》を郡司《ぐんじ》や百姓《ひゃくせい》が訴えた「尾張国郡司百姓等解文《げぶみ》」が出されたことである。十世紀には地方支配に対する民衆からの批判や武力行使はよくあることだったが、尾張国は支配が難しい地と認識され、過去にも上訴《じょうそ》が行われていた。訴えられた元命は花山天皇時代に取り立てられた人材であり、花山退位後は排斥《はいせき》の憂き目にあったという理解もあるようだ。こういった国政《こくせい》のありかたについて、九歳の一条がどこまで認識していたのかは定かでないが、成人後の一条は「好文《こうぶん》の賢皇《けんおう》（学問好きの賢い天皇）」〔『権記《ごんき》』長保二年〈一〇〇〇〉六月二十日条。一条は二十一歳〉と評価され、また最終的な一条治世の功績として、漢籍に通じた文人貴族の重用や文書主義の隆盛が挙げられたことに鑑みると、幼帝期から地方発の訴状などにも触れる経験を重ねたのではないか、と推察してみたい。

中宮定子との日々――中関白家の時代から「一帝二后」へ

一条の元服は永祚二年（九九〇）正月、十一歳で行われた。同月、三歳年上の道隆女定子《さだこ》が入内《じゅだい》し、「添臥《そいぶし》」（形式的に初夜の相手をする女性）として夫婦関係をスタートさせた。翌月定子は女御となり、のち中宮として立后、一条の最初のキサキとして時めいた。それは、兼家の後継である道隆、その息子伊周《これちか》・隆家《たかいえ》、道隆正妻である高階貴子《たかしなのたかこ》の一族らの政治的地位を引き上げ、後世「中関白家《なかのかんぱくけ》」と称される権力体を生み出すこととともなった。

一条と定子との仲睦まじい日々は女房《にょうぼう》であった清少納言《せいしょうなごん》による『枕草子《まくらのそうし》』に詳しい。よく注目されるのは「淑景舎《しげいしゃ》、春宮《とうぐう》にまゐりたまふの事など」章段で、宮中《きゅうちゅう》での中関白家の語らいの中で一条が定子を御帳台《みちょうだい》（寝所）に誘い、白昼堂々、外戚を前に性交に及んだというものである。さらに当日夜も清涼殿《せいりょうでん》の夜御殿《よるのおとど》に定子を参上させようとしたが、これには定子が「今夜は結構です」と辞退したという。長徳元年（九九五）二月のことというから、一条十六歳、定子十九歳であった。互いに若く、まだ懐妊《かいにん》への深刻な焦りには至らないとはいえ、入内後五年が経過していた。道隆の病による関白辞任の意向が出されるタイミングでもあったから、政権を担う妻の親族・中関白家の人々を安心させる一条なりのパフォーマンスであったとすれば健気である。

道隆の辞任は、後継関白を誰にするかという緊迫感をもたらした。道隆は伊周への譲りの意志を隠そうとはせず、伊周もやる気であったが、それを周囲が抑えるという状況にあった。特に国母詮子は伊周との不和もあったが、末弟の道長に摂関位を回す意思が固く、世代交代を許さない様子であったという〔『大鏡』人の巻〕。一条は中宮定子の兄である伊周を推す気持ちと母に挟まれて困ったと『大鏡』は述べるが、実際はこの段階での伊周関白を拒否する姿勢が明白であったというから〔倉本二〇〇三〕、人事にも意思を発動する成人天皇となっていたようだ。

四月に道隆は死去し、関白の後任は道隆の弟・道兼となったが、およそ十日で道兼も死去。その後は詮子の意向で末弟道長が内覧《ないらん》（准関白）の地位に就き、伊周への世代交代および中関白家の権力掌握はとん挫した（だからこそ後世、兼家と道長の「中」をつないだ一時の「関白家」というあだ名がついた）。

翌長徳二年正月には、伊周が愛人がらみの誤解から隆家に命じて先帝花山院に矢を射たことに端を発するいわゆる「長徳の変」が発生した。この事件に対し、一条は中関白家に徹底的に厳しい対応を取る。五月一日には、定子が住まう二条第《にじょうだい》に伊周が隠れているとの進言から、検非違使《けびいし》を派遣し屋敷の破壊を許す徹底的な捜索「大索《おおあなぐり》」を行わせた。一条に裏切られたかたちの定子は錯乱《さくらん》し、髪を切り落としてしまった〔『栄花物語』巻五〕。貴族社会はこれをことさらに「出家《しゅっけ》」「尼になった」と捉え、この後の定子の后としての肩身の狭さにつながっていく〔『小右記《しょうゆうき》』長徳二年〈九九六〉五月二日条〕。伊周はほどなく逮捕され、大宰府《だざいふ》に左遷される。伊周のあきらめの悪さは、このとき定子が懐妊中であり、生まれる子が一条天皇の第一皇子ならば赦免や減刑という可能性を考えたものであろう。ストレスからか「懐孕十二ヶ月」〔『日本紀略《にほんきりゃく》』同年十二月十六日条〕という長い妊娠期間を経て、年末に定子が産んだのは皇女脩子《ながこ》であった。

これほどの経緯があっても、一条の定子への寵愛は損なわれることなく、産後半年で宮中に呼び寄せている。「出家」した后の入内は「天下甘心《てんかかんしん》せず〈世間は納得しなかった〉」と不興《ふきょう》をかった〔『小右記』長徳三年〈九九七〉六月二十二日条〕。年末には伊周らは許され都に戻されている。一条による定子をできるだけ中宮として尊重するという方針は、摂関家の未来をいまだ決着させず、さらなる懐妊ももたらすのであった。

長徳の変後にあっても、道長の長女彰子はまだ裳着《もぎ》前の初潮《しょちょう》を迎えていない子どもであり、入内には間があった。さらに定子の権威の不安定さをついて、この時期の一条の後宮には、藤原顕光《あきみつ》女元子《もとこ》、故道兼女尊子《たかこ》らが入内している。元子は懐妊したが早期に破水《はすい》し出産にいたらなかった。しかし十九歳の一条が複数の女性を懐妊させ得る状況になったことは、いまだ皇子のない一条後宮を一気に活性化させた。

長保元年（九九九）二月、着裳《ちゃくも》の儀を経た彰子は、十一月一日に満を持して入内、七日女御宣旨《せんじ》を受ける。この日、定子は第二子、それも皇子を出産した（敦康《あつやす》親王）。知らせを受けた一条は「天気快然《てんきかいぜん》（天皇はとてもご機嫌）」（『権記』同日条）の様子だったが、道長に配慮し彰子のもとへ初訪問しているという（『御堂関白記《みどうかんぱくき》』同日条）。女御宣旨を定子の出産同日としたのは、定子出産から世間の目を逸らしたい道長の意思と思われ、第一皇子誕生を日記に記さないというささやかな抵抗を見せている。とはいえ彰子はまだ十二歳の娘であり、二十歳の一条の関心を引くにはあまりに未成熟であった。「ひな遊びの后」とも称されるように、一条との関わりは主に日中の遊戯《ゆうぎ》的な交流にとどまり、彰子の懐妊はしばらく望めなかった。一条は夜になると、定子や元子のような成熟したキサキたちと過ごすのである（『栄花物語』巻六）。

翌長保二年二月、道長は思い切った決断をする。皇子を擁する中宮定子がありながら、彰子の立后を決行したのである。いわゆる史上初の「一帝二后《いちていにこう》」である。そもそも皇后制度は「三后《さんこう》」、つまり太皇太后《たいこう》・皇太后《たいごう》・皇后の三者を指し、『延喜式《えんぎしき》』によればそれぞれ天皇の祖母・母・妻に当たる女性が就くものであった。「中宮」とは醍醐《だいご》天皇の后であった藤原穏子《やすこ》が三つの后位すべての期間に中宮職を附属したため中宮と称されたことに始まるが、平安中期においては皇后を指す別称となっていた。これを、道隆が皇后と中宮を別の位とし、円融の中宮遵子を皇后とし、娘の女御定子を一条中宮として立て（二后並立）、后の総数を「四后《しこう》」とした、という前提があった。それでも配偶《はいぐう》である天皇はそれぞれ別であったが、今回は同じ一条に同格の后が並立する前代未聞の状況が現出したのである。道長に忖度《そんたく》し、一条に対し「出家した中宮定子は神事を勤められない」などの意見を具申《ぐしん》したのは藤原行成《ゆきなり》だが（『権記』同年二月二十八日条）、先例は皆無であり、一条の納得がなければ成立しない話である。

定子を大事に思いつつも、政局を握った道長の娘を正妃として迎えることは、一条にとっても魅力的な話であったのではないか。将来起こり得る彰子の皇子女出産も、当然視野に入ってのこと。一条は、定子への寵愛はそれとして、強い外戚として円融皇統の守護神となりうる道長とその娘彰子を、この段階で選んだのである。弟の道長を強く推し続けた国母東三条院が健在（翌年死去）であることを差し引いても、「一帝二后」は一条の決断であり、道長を政治的なバディとする方向へ舵を切ったことの宣言に思われる。道長の権勢に流された傀儡《かいらい》的天皇一条を象徴する出来事のようにとらえられがちな「一帝二后」だが、真相は一条の強い皇統意識によるものであろう。

中宮彰子との日々——そして最期のとき

とはいえ、「一帝二后」は十ヶ月で幕を閉じた。第三子媄子《よしこ》を出産したものの後産《あとざん》（胎盤《たいばん》）が下りず、定子が出産翌日に亡くなったためである。座産《ざさん》の状態の妹の亡骸《なきがら》を、伊周は人目をはばかることなく抱きしめて号泣したという〔『栄花物語』巻七〕。長徳の変以後の心細い状況のもと、たび重なる懐妊と出産、その過程では「一帝二后」と、心身が出産に耐えられないことは定子自身がわかっていたようで、死後に御帳台にくくられた三首の辞世歌《じせいか》が伊周によって発見された〔『栄花物語』巻七〕。いずれも一条との別れの辛さや死後の自身についての内容で、死を覚悟の出産であったことがうかがえる。

定子亡き後の後宮でも、いまだ十三歳の彰子は一条の性的関心の対象にならなかった。定子の忘れ形見の敦康親王は、彰子の御在所《ございしょ》で育てられることになったが、そこに母替わりとして仕えていた定子の実妹・御匣殿《みくしげどの》を一条が召し、懐妊させたのである。まさかの彰子のお膝元で、一条が定子への思慕を隠さなかったことは、道長にとっては苦々しい出来事であったろう。しかし、懐妊状態で御匣殿は亡くなった。

寛弘三年（一〇〇六）ころより、一条と彰子の間に性的交渉が発生し、同四年末には懐妊が明らかとなる。同五年九月十一日、一条の第二皇子敦成《あつひら》が誕生した。さらに翌年十一月二十五日、第三皇子敦良《あつなが》も産まれた。年子《としご》での皇子出産は道長に大変な満足を与え、一方で定子所生の敦康親王の立場は微妙なものとなっていった。

敦康が彰子のもとで育てられたのは、彰子が皇子を産まなかったときの保険として、また外戚の地位を中関白家に渡さないためであり、道長正妻 源倫子《みなもとのみちこ》の主導があったという〔東海林二〇二〇〕。しかしそのことで、一条のみならず「養母」彰子も敦康に肩入れし、敦康の立太子そして即位を願っていたが、結局は道長によって阻まれてしまう。

敦康の立太子が断念されたのは、ほとんど一条の死の床であった。寛弘八年五月二十六日、数日前より一条が病で臥せっていたことから、道長が占い師を呼ぶ。その結果が一条の死を示すもので、道長が号泣するという場面を当の一条が見てしまい、重体に陥ったのである。翌二十七日には一条に相談もなく、道長は譲位の発議を行う。ここから一条は病をおして、側近の行成に敦康立太子の筋がないか相談するが、行成は後見不在を主な理由に断念を進言する。一条も納得し、彰子所生の敦成立太子を指示する〔『権記』同日条〕。その後急激な体調悪化、「多波事（たわ言）」〔『御堂関白記』同年六月十五日条〕を言う人事不省状態や昏睡を経て、十九日に出家儀が執り行われた。二十一日に一時覚醒した一条は一首の歌を詠みあげる。

露の身の　風の宿りに　君を置きて　塵を出でぬる　事ぞ悲しき

（露のように消えそうな私の命　風の吹きすさぶ現世にあなたを置いて死んでいくことのなんと悲しいことか）

すでに死相が出ていた一条のこの詠歌を、道長はじめ周囲のものは辞世歌ととらえた。しかしこの歌は、二日前に出家していた一条が、俗世を離れる遁世《とんせい》歌のつもりで用意していたものであった〔高松二〇二一〕。だが、行成が「君」を皇后定子と反射的に理解したように〔『権記』同六月二十一日条〕、そして道長自身もそう疑ったように（直筆の『御堂関白記』には、わざわざ小字で補正を入れて「君」が彰子であるように整えていることが確認できる）、臨終間近の一条が辞世歌を詠んで「本音」、つまり生涯愛していたのは定子であったと吐露してしまった、とその場にいた人々は思ったのだろう。しかしこれは遁世歌なので、俗世に残していく「君」は、生きている妻后彰子と考えるのが妥当である。

この翌日、一条は死去する。「一帝二后」の天皇であったばかりに、最期のラブレターの相手すら二択の可能性が探られたのは、外戚の後宮政策に翻弄された一条の人生の象徴のようにも思われる。一条の思い人は定子だけであった、というのもロマンだが、死の床まで道長—彰子に気を遣った優等生、というのが真実のように思われて切ない。

自制心が外れても当然の、人生が終わるその瞬間まで、一条は本心を見せることなく、死んでいったのである。

（高松百香）

【主要参考文献】
倉本一宏『一条天皇』（吉川弘文館、二〇〇三年）
東海林亜矢子「正妻源倫子」（服藤早苗・高松百香編『藤原道長を創った女たち—〈望月の世〉を読み直す—』明石書店、二〇二〇年）
高松百香「「一帝二后」がもたらしたもの—一条天皇、最期のラブレターの宛先—」（『日本歴史』編集委員会編『恋する日本史』吉川弘文館、二〇二一年。初出二〇二〇年）

三条天皇——反摂関政治の種をまく

父：冷泉天皇	誕生：天延四年（九七六）正月三日
母：藤原超子	崩御：寛仁元年（一〇一七）五月九日
	諱：居貞
在位期間：寛弘八年（一〇一一）六月十三日～長和五年（一〇一六）正月二十九日	
陵墓：北山陵（京都市北区衣笠西尊上院町）	

三条天皇という人

三条《さんじょう》天皇、といっても明確な天皇像を描ける人は多くないだろう。前代の一条《いちじょう》天皇は、摂関時代を象徴する藤原道長《ふじわらのみちなが》の傀儡《かいらい》的存在として（近年その考えは薄れつつあるが）知名度があろうし、むしろ同じ「三条」を号する四代あとの後三条《ごさんじょう》天皇（三条の娘の子）のほうが、摂関政治を抑制し院政を企図したとして、白河《しらかわ》天皇とともに教科書レベルでも重視されている。

しかし同時代的には、三条は天皇家のいわば嫡流筋《ちゃくりゅうすじ》（父冷泉《れいぜい》天皇は円融《えんゆう》天皇の兄）にあたり、祖父藤原兼家《かねいえ》にとっては長女（冷泉上皇の女御《にょうご》超子《とおこ》）所生の待望の男皇子《おとこみこ》として将来を嘱目《しょくもく》されていた。兼家は円融と折り合いが悪い時期もあったから、歴史の歯車が少し違っていたら、まったく異なる存在感を残したとも考えられる。ここでは、相性が悪かったという道長や、后妃《こうひ》たちにも注目して、三条天皇という人物を考えてみたい。

誕生

天延四年（九七六）正月三日（『大鏡《おおかがみ》』天の巻。『栄花物語《えいがものがたり》』巻二では三月）、冷泉上皇の女御超子に皇子が誕生した。のちの三条天皇である。父の冷泉は精神的に弱いなどの問題があり、わずか二年で皇位を弟円融に譲ったが、第一皇子師貞《もろさだ》親王を皇太子に立てたことで、皇統の分裂を萌芽しつつも、自らの皇統の保持には成功している状況であった。

祖父兼家はこのとき正三位権大納言《しょうさんみごんのだいなごん》。関白は次兄の兼通《かねみち》で、兼家とは何かと不和であった。兼通が円融天皇の中宮《ちゅうぐう》となっていた娘媓子《てるこ》の懐妊を待ちわびていたのをよそに、兼家は懐妊中の超子に「男御子生みたまへ。世の中かまへん（男皇子を産むのですぞ。世の中を作り変えてみせましょう）」（『栄花物語』巻二）と放言し、実際皇子誕生となり大歓喜したため、兼通はますます弟兼家を疎んじたという。同年（改元し貞元元年）十一月二十日、居貞《おきさだ》と命名されていた皇子は親王宣下を受ける（『日本紀略《にほんきりゃく》』同日条）。

居貞出産の後も、翌年の為尊《ためたか》親王（九七七年生）そして敦道《あつみち》親王（九八一年生）と皇子出産を繰り返した超子だが、天元五年（九八二）正月二十八日に頓死した。体内から閻魔大王《えんまだいおう》へ悪事を告げ口をする虫が出ていかぬよう徹夜する「庚申待《こうしんまち》」という行事があり、その明け方に眠るように亡くなっていたという〔『栄花物語』巻二〕。居貞は七歳で母を失ったのである。

同年四月には、兼通が兼家を嫌うあまり死の間際に関白位を譲った頼忠《よりただ》の娘の円融天皇女御遵子《のぶこ》が中宮位に就いたため、円融天皇の第一皇子懐仁《やすひと》親王を産んでいた超子の妹の女御詮子《あきこ》が立后を逃すというまさかの事態も起き、兼家一家は「冬の時代」を迎えた。

超子の早すぎる死、そして、詮子所生の懐仁が結果的に円融の唯一の子となり立太子に至るという後《こう》宮《きゅう》の事情は、居貞の運命を少しずつ変えていくのであるが、それはまだ先の話であった。

長い皇太子時代

居貞は母の死から四年後、寛和二年（九八六）七月十六日に十一歳で皇太子となる。この日の午前中に元服の儀を済ますという慌ただしさであった。突然の居貞立太子は、前月二十三日に発生した平安時代を代表する政変「寛和の変」で、花山《かざん》天皇が突然出家・退位し、皇太子懐仁が即位（一条天皇）したことによる。近臣が一掃され、祖父兼家が摂政に就任した。まさに兼家が言った「世の中かまへん」が現実となったのである。

新皇太子居貞は十一歳で新帝一条は七歳。この年齢的逆転は珍しいことではあるが、立太子年齢としてはかなり若いという〔倉本二〇一〇〕。虚弱であった一条天皇は意外にも二十五年という長期の在位となり、それはそのまま居貞の皇太子時代となる。

居貞は、永祚三年(九八九)に最初のキサキを迎える。兼家の十四歳の娘・尚侍綏子《やすこ》(母は藤原国章《くにあき》の娘で道長とは異母妹)である。元服の夜の添臥《そいぶし》(形式的に初夜の相手をする女性)との説があるが(『大鏡』地の巻)、史実として添臥に入ったのはもう少しあとの永延元年(九八七)九月であったという(倉本二〇一〇)。そこから二年経ち正式に入宮に至った。当初は居貞も寵愛したが、「居貞が愛を試すために「もうよいと言うまで持っていなさい」と綏子に氷を持たせたら、手が黒ずむまでずっと持ち続けたので、むしろ鬱陶しく思うようになった」(『大鏡』地の巻)という異様なできごとがきっかけとなったのか、綏子は里第《さとだい》(実家の屋敷のこと)に暮らすようになり、そこで源《みなもとの》頼定《よりさだ》との密通・懐妊の疑いがもたれる。居貞の命で検分に向かった異母兄道長は、綏子の衣を剥いで胸を露わにし、乳房をひねったら母乳が飛び道長の顔にかかったため懐妊が確認された、というこれまた異様な逸話もある(『大鏡』地の巻)。居貞は「そこまでしなくても」と思ったらしいが、道長の手段はともかく検分を命じたのは居貞自身である。このあたりのエピソードは、登場人物の誰にも共感しがたく、何かおかしい。産まれた男子は僧籍に入ったと伝わる。

居貞の二人目のキサキは、正暦二年(九九一)に入宮した娍子《すけこ》(藤原済時《なりとき》の娘)である。娍子と居貞は大変相性がよい夫婦となった。父の済時は兼家に比べて格下だが、左大臣《さだいじん》師尹《もろただ》の次男。美貌と才覚で村上《むらかみ》天皇の寵愛を受けた女御芳子《よしこ》を姉に持ち、故実《こじつ》にも強く、気難しい実資《さねすけ》にも尊敬されていたという

〔『小右記《しょうゆうき》』正暦四年三月二十八日条ほか〕。娍子は正暦五年に居貞の第一皇子敦明《あつあきら》親王を産み、その後も三男二女に恵まれた。

皇太子時代に複数の皇子を確保できたことは居貞の幸運ではあったが、永祚二年七月、天皇と皇太子の祖父として栄華を満喫した強力な外戚兼家が死去したことは大きな不幸であった。のち、兼家嫡男関白道隆《みちたか》の娘原子《もとこ》が正暦六年正月に入宮し居貞の寵愛を受け時めくが〔『枕草子《まくらのそうし》』淑景舎《しげいしゃ》、春宮《とうぐう》にまゐりたまふ事のことなど〕、わずか三ヶ月後に道隆は死去、翌年にはいわゆる「長徳の変」で兄弟の伊周《これちか》・道隆が失脚する。居貞はまたしても、有力な後見（候補）を失ったこととなる。

寛弘七年（一〇一〇）、三十五歳の居貞は道長の次女妍子《きよこ》を皇太子妃として迎えた。妍子は十七歳で、娍子所生の長男敦明と同い年。まさに親子ほどの年齢差の夫婦であった。冷泉皇統が存続する限り、道長としても姻戚関係を結ばざるを得ず、居貞にとっても有力な家柄の妻が不在である以上、四男二女を得た「糟糠《そうこう》の妻」娍子がいても受け入れざるを得ない新妻であった。

さて、四半世紀におよぶ居貞皇太子時代には、兼家→道隆→道兼→道長という摂関の交代があった。道隆の嫡男伊周が道長と激しく対立した時期もあり、成人皇太子として権力の核近くで政治の動きを体感したことであろう。まさに生きた帝王学の修得期であった。

また、居貞皇太子は、道長と当意即妙の和歌のやり取りをし、正月に開催される東宮大饗《とうぐうだいきょう》（皇太子主催の酒宴）では貴族たちに靴を脱いでの参加を許すなど、宮廷の人々と大変よい関係を築いていた〔『御堂関白記』寛弘二年〈一〇〇五〉正月二日条〕。むしろ道長との人間的な相性は一条天皇よりよかったとすら考えられている〔倉本二〇一〇〕。長い皇太子時代は、この後の彼の人生を思うと、幸福な時代と言えそうである。

即位、道長との関係の変化

寛弘八年（一〇一一）六月二十二日、一条天皇が死去し、三十六歳の居貞が即位した。三条天皇の誕生である。一条天皇の治世は四半世紀に及んだが三十二歳とまだまだ若く、ひと月前に病に倒れてのあっけない死であった。このひと月の宮廷社会は死の淵をさまよう一条の容態と、次の皇太子を誰にするかで怒涛であり〔高松二〇二二〕、即位が確定している居貞のことはほとんど気に留められなかった。亡き皇后定子所生皇子の敦康を立太子させたい一条と、自らの孫である彰子《あきこ》所生の敦成を推す道長の折衝役は、有能な官吏にしてのち「三跡《さんせき》」と称される能筆《のうひつ》・藤原行成《ゆきなり／こうぜい》であった。行成はいくつかの理屈を並べ、後見のいない皇太子はよろしくないと一条を納得させた。敦康の養母であった中宮彰子はこの結果に不満を覚えたという〔『権記《ごんき》』寛弘八年五月二十七日条〕。正妃所生の第一皇子が立太子を逃すことは稀であったが、道長にしても、自分の目の黒いうちに孫の立太子と即位を見届けたいという思いは譲れなかっただろう。

皇太子妃であった次女妍子は三条即位の翌年寛弘九年二月十四日、中宮として立后した。四人もの皇子を産んだ娍子を差し置いての立后は、『栄花物語』巻十では三条天皇のたっての希望とあるが、『御堂関白記』には道長が妍子立后を寺社に祈願したとある〈同年二月八日条〉。一条に続き三条にも娘を中宮に立てたい、道長側のごり押しに近かったのであろう。のち、後一条天皇に三女威子が立后した夜に道長が詠んだ「この世をば我が世(夜)とぞ思ふ望月の欠けたることもなしと思へば」を、「一家三后《いちのいえさんこう》」〈『小右記』寛仁二年〈一〇一八〉十月十六日条〉、つまり本来三つしかない后位を道長の三人の娘が占めたことに対する満足と解釈するならば、妍子立后で道長の月は三分の二まで満ちたことになる。

しかし、三条は道長の思うままにはさせなかった。妍子を中宮にしたものの、娍子も立后させたい。「一帝二后《いちていにこう》」は当の道長の長女彰子が初例であり、皮肉なほど適切な先例があった。妍子立后からひと月半ほど経過した四月二十七日、娍子も「皇后」として立后することとなった。確かに三月七日段階で道長は承諾している〈『御堂関白記』同日条〉。しかし娍子立后の当日、妍子の内裏参入が重なり、主な大臣以下公卿はみなそちらに参加してしまった。娍子立后には殿上人《てんじょうびと》四人しか参加せず、公卿らを寄越してほしいという三条の使者に対し、道長一行は嘲笑したばかりか、道長の意志を忖度した貴族が投石するという顛末であった〈『小右記』同日条〉。この妍子入内は遅延が重なった偶発的なものとみる向きもあるが〈服部二〇〇六〉、三条のＳＯＳに応じ病を押して参上した実資にしてみれば、娍子立后への妨害でしかなかった。

道長の不興を買うことが明らかでありながら、なぜ三条は娍子立后を強行したのだろうか。一条の第一皇子敦康《あつやす》が立太子を逃したことを目の前にしたことが大きかろう。今後、妍子に皇子が生まれたら、それが皇統を継ぐことに三条は納得したと思うが、いとこの一条が三十二歳で死去し、すでに三条は三十七歳。この後新たに皇子を得る保証も、自分があとどのくらい生きるかも不明なまま、娍子をろくな後見のいない女御のままにしておいたならば、所生皇子の即位の道は危うい。せめて正妃とすることで、長子敦明が皇位に就く条件を少しでも整えておこうというところであろう。

一方、道長にとって娍子立后は、妍子中宮を喜ぶムードに水を差し、三条への不信しか残さなかった。

「石山寺縁起絵巻」に描かれた藤原道長　大津市・石山寺蔵

妍子の懐妊はこの亀裂を修復する機会になり得たのだろうが、長和二年（一〇一三）七月六日に産まれたのは皇女（禎子《よしこ》内親王）で、「不快の気色、甚だ露わ」（『小右記』同日条）と道長が不機嫌を隠さなかったことは有名である。妍子が気の毒すぎるが、道長にとっても、ここで皇子が生まれるか否かが三条との今後の「つきあい」を左右する大きな岐路と考えていたのだろう。実際、妍子第二子懐妊を待つこともなく、道長は三条天皇への見切りをつけてしまった。

とある薬を飲んだ後、三条は失明寸前まで視力を落とす。文字が見えにくいものだから、内覧《ないらん》道長に官奏《かんそう》（天皇の文書行政に関わる儀式）の代行を命じるが、道長は拒否するなどの非協力的な態度を取っただけでなく、むしろ三条の退位を勧める。それは耐え難いと三条も眼病回復祈願を寺社に依頼するが功を奏さず、またたび重なる内裏焼亡は天皇の不徳の象徴とみなされた。もはや三条は、いかに傷浅く辞めるか、を考えざるを得なくなった。

三条が退位を飲む条件として出したのは、冷泉皇統を残すために譲れない、娍子所生第一皇子敦明の立太子である。しかし道長は、敦明はもちろん、三条の娍子所生皇子は皇位にふさわしくない、と三条の眼前で言い放ち、ことは容易に進まなかった。実際敦明は不良行動が多く、たちの悪い取り巻きもいてたびたび問題となっていたから〔倉本二〇一〇〕、あながち彰子所生の一条第三皇子敦良を立太子させたい道長の偏見というわけでもなさそうである。道長との厳しい交渉の結果、三条はなんとか敦明立太子を勝ち取り、譲位することになった。

三条の死後の世界

五年に満たない三条の治世には特筆すべき功績もない。退位後、敦成が即位し（後一条《ごいちじょう》天皇）、三条は皇太子敦明の後見として、来るべき次期冷泉皇統天皇の誕生をサポートしていくつもりであったろう。太上天皇となっても妍子から皇子が生まれたら、また違った可能性があったかもしれない。しかし、退位から一年後の寛仁元年（一〇一七）五月九日、四十二歳で三条院はこの世を去った。

三条の死後、唯一の後見を失い、いよいよ宮廷社会から孤立した敦明は、自ら皇太子を辞するという稀有な行動に出た。道長自身も驚くような突発的辞意であったが、道長はこの好機を逃さず遜位《そんい》をサポート、すみやかに「小一条院《こいちじょういん》」院号を進呈し太上天皇に準じた待遇を保証した。そればかりか次妻源明子《あきらけいこ》所生女子寛子《ひろこ》に敦明を婿取ることとし、敦明の余生丸ごとを引き受けたのである。敦明は、ギリギリまで道長に対抗して死んでいった父三条を見て、反面教師にしたのだろうか。なお、寛子との結婚は皇太子を辞めた敦明へのご褒美的なものととらえられがちだが、年齢のつり合いの良さ（敦明は寛子より五歳年長）や、渋々でも受け入れざるを得ないであろう敦明の即位を見越して、もともと道長による二人の婚姻計画は存在したのだろうという見方が新しい〔栗山二〇二〇〕。

百人一首に残る三条詠歌《えいか》「心にもあらで浮（憂）き世に長らへば　恋しかるべき夜半の月かな」は、辞世《じせい》ではなく譲位に際してのものとされるが、思うようにいかなかった三条の人生をよく表している。

一方で、妍子所生の禎子内親王を通じ、三条の血統は後三条天皇に伝わった。「後」が加えられる天皇の号は、その天皇を尊敬するなどの理由で本人が生前から希望した可能性が高いという。後三条には母方の祖父三条、そして父系としては断絶した冷泉皇統の継承者たる意識が高かったとのことである〔美川二〇一六〕。

摂関政治から院政へ、という歴史の大転換を子の白河とともに果たした後三条にとって三条は、反摂関政治への種をまくという大事な仕事を果たした祖父であったのである。

（高松百香）

【主要参考文献】

倉本一宏　『一条天皇』（吉川弘文館、二〇〇六年）
倉本一宏　『三条天皇』（ミネルヴァ日本評伝選、二〇一〇年）
栗山圭子　「次妻高松殿腹の姫君―寛子と尊子―」（服藤早苗・高松百香編『藤原道長を創った女たち―〈望月の世〉を読み直す―』明石書店、二〇二〇年）
高松百香　「〈一帝二后〉がもたらしたもの―一条天皇、最期のラブレターの宛先―」（『日本歴史』編集委員会編『恋する日本史』吉川弘文館、二〇二一年）
服部一隆　「娍子立后に対する藤原道長の論理」（『日本歴史』六九五、二〇〇六年）
美川　圭　『後三条天皇』（山川出版社、二〇一六年）

後一条天皇――中世以降に受け継がれた政治システムの成熟

父：一条天皇	誕生：寛弘五年（一〇〇八）九月十一日	
母：藤原彰子	崩御：長元九年（一〇三六）四月十七日	諱：敦成
在位期間：長和五年（一〇一六）正月二十九日～長元九年（一〇三六）四月十七日		
陵墓：菩提樹院陵（京都市左京区吉田神楽岡町）		

待望の彰子所生皇子

寛弘五年（一〇〇八）九月十一日、一条《いちじょう》天皇の中宮《ちゅうぐう》彰子《あきこ》は、第一子となる皇子を出産した。昨年末ごろに妊娠、四月に内裏から父藤原道長《ふじわらのみちなが》の土御門第《つちみかどてい》に退出、九月九日から産気づき、邸内は大騒ぎとなっていた。その様子は貴族の日記のほか、『紫式部日記《むらさきしきぶにっき》』に詳細な記述がある。十日、座所の設備は浄《じょう》白《はく》に模様替えとなり、彰子は白木《しらき》の御帳台《みちょうだい》に移った。修験僧《しゅげんそう》たちは彰子に憑いた物《もの》の怪《け》を憑坐《よりまし》に遷して調伏《ちょうぶく》するために大声で祈禱を行っている。大勢の人たちが集い混乱状態となり、女房たちは彰子の容態を案じて泣きながらおろおろしている。十一日も引き続き祈禱が盛んに行われ、道長自身も仏の加護を祈っていた。周囲の人々は涙を抑えることができない。彰子は重体となっており、形式的に剃髪をする御髪《みぐし》下ろしをして仏の加護を頼んだ。出産間近には憑坐に遷された物の怪が妬みののしる声が高まる。しかし、十一日の午刻《うまのこく》ついに出産、後産《あとざん》も無事下りた。女房たちは目を泣き腫らして化粧のくずれた顔を見合わせて、ほっとした。外孫の誕生を見た道長の喜びは言うまでもない。さっそく蔵人頭《くろうどのとう》が勅使として御剣を持参し、新生児は一条皇子として認知された。その後、御湯殿儀《おゆどののぎ》や産養《うぶやしない》などの誕生儀礼が行われる。産養の第五夜は外祖父の道長、第七夜は父の一条天皇が主催した。十月十六日、待ちきれなくなった一条天皇はみずから土御門殿に行幸して父子対面を果たし、赤子を抱いた。この日に親王宣下もなされ、赤子は敦成《あつひら》親王と命名、親王家の役職も任じられた。道長は外孫のもとに頻繁に訪れており、あるとき敦成が道長の衣におもらしをしてしまったが、道長は怒るどころか「うれしきわざかな」と喜ぶほどの可愛がりようであった。

敦成誕生は、道長や彰子にとって本当に待望であった。彰子は長保元年（九九九）に入内して女御《にょうご》となり、翌年に立后されていたが、入内時点でまだ十二歳で、すぐの皇子誕生は望めなかった。また、もともと一条后であった定子《さだこ》（藤原道隆《みちたか》娘）が皇子（敦康《あつやす》親王）を生んでおり、この段階では敦康しか皇位継承候補となる一条皇子はいなかった。定子が長保二年に亡くなると、敦康は彰子の養子とされた。道長としてはもちろん、彰子の実子が生まれて天皇となることを望んでおり、皇子出産祈願のために寛弘四年（一〇〇七）、金峯山《きんぷせん》に参詣してみずから写経した経典を埋経《まいきょう》するなどしている。そしてついに翌五年、敦成が誕生したのであった。

立太子と践祚

一条朝の皇太子は冷泉《れいぜい》皇子の居貞《おきさだ》親王（三条《さんじょう》天皇）であるが、その次の皇太子が誰になるかが難しい問題となっていた。一条天皇は第一皇子である敦康の立太子を望んでおり、養母の彰子もそのつもりではあった。母の定子がすでに亡くなっているとはいえ、后所生の第一皇子が皇位継承候補から外れるとなれば、それは異例の事態である。しかし一方で、当時の最高権力者である道長の外孫敦成が、実際には次期皇太子の最有力候補であった。

寛弘八年（一〇一一）の五月に一条天皇は重体となり、皇太子居貞への譲位の準備が始まるとともに、次期皇太子問題が持ち上がった。天皇は側近の藤原行成《ゆきなり》を御前に召し、敦康の処遇（立太子の可否か）について問うたが、行成の説得によって断念し、敦成の立太子が決まった。行成はいくつかの理由や先例を挙げているが、特に注目されるのは、「今は左大臣《さだいじん》（道長）が重臣・外戚であって、（道長が）外孫の第二皇子（敦成）を皇太子にしたいと思うのはもっともです。天皇が嫡子（敦康）を皇太子になさりたいと思っても左大臣はなかなか承知しないでしょう」（大意）という主張である（『権記《ごんき》』同年五月二十七日条）。要するに皇位継承について実質的な決定権を有しているのは道長であり、天皇も道長の意に反して意思決定を行うことはできなかったのである。敦成の母であり敦康の養母でもある彰子は、自分に何も言わずに一条譲位（とそれを受けての敦成立太子）を進めた父道長のことを恨んだという〔『権記』同日条〕。彰子はまず養子敦康、ついで実子の敦成に皇位が継承されることを望んでいたと伝えられているが〔『栄花物語《えいがものがたり》』巻八〕、彰子は実際に敦康を養育していたので、そのように考えていた可能性は高い〔古瀬二〇二〇〕。

外孫の立太子に成功した道長の次の目標は、その践祚《せんそ》であった。長和四年（一〇一五）になると眼病などの不調を抱えた三条天皇に対する道長の圧力は強まり、ついに敦成への譲位が内定した〔倉本二〇一〇〕。長和五年正月に譲位式が行われて後一条天皇が践祚したが、それに先立って道長の邸宅で譲位式・即位式の雑事定《ぞうじさだめ》（行事に関する諸事を議論・決定する会議）が行われている。この定には藤原斉《ただ》信《のぶ》・公任《きんとう》・行成という当時の貴族の代表格というべき面々が出仕している。そもそも、譲位式・即位式のような公的な儀礼の雑事定を、（天皇となる者の外祖父であるとはいえ）臣下の私邸で行うというのは異例である。ここには、新天皇の外祖父たる自己の立場をアピールし、外孫の践祚・即位を外祖父として演出しようという政治的意図を見出すべきだろう〔海上二〇一八〕。後一条天皇が外祖父道長の後見によって支えられるという構図は、その践祚に先立ってすでに明確に示されていた。

外祖父道長・中宮威子

道長は後一条践祚にともない摂政に任じられたが（なお、道長が摂関に就任したのはこれが最初で最後である)、翌長和六年(一〇一七)三月、その地位を子息の頼通《よりみち》に譲った。その後は後一条元服に際して(元服式において加冠《かかん》役を務めるために)臨時に太政大臣《だいじょうだいじん》に任じられるが、基本的に官職に就いて政治に関わることはなくなる。

しかし、摂政退任後の道長は「大殿《おおとの》」と称され、依然として内裏内に直廬《じきろ》(控室)を有し、定期的に参内し、政務や儀礼に関わっていた〔佐藤二〇〇五、樋口二〇一二、今二〇一六、海上二〇一八ほか〕。病気などを理由とせず(自身が完全に政治から引退するわけではなく)摂関の地位を子息に譲ること、退任後も(官職とは無関係に)政治に携わること、いずれも道長が初例であった。「大殿」となった道長の志向が顕著に現れるのが朝廷儀礼への参仕である。道長は天皇が出御する儀礼に、天皇の坐す簾中《れんちゅう》に祗候するという形で参加していた。たとえば寛仁元年(一〇一七)十月八日の一代一度仁王会《にんのうえ》においては、道長は清涼殿《せいりょうでん》の天皇の簾中におり、その前で摂政頼通を含む貴族たちが仏事に参仕していた。その様を見た藤原実資《さねすけ》は「(道長の様子は)帝王のようで、臣下ではない」と記している〔『小右記《しょうゆうき》』同日条〕。大殿道長の儀礼参仕の在り方は天皇外祖父としての自己の立場を強烈に主張しており、その儀礼における位置は現任の摂政すらも凌駕するものであった〔海上二〇一八〕。

後一条天皇は寛仁二年(一〇一八)に十一歳で元服し、同年三月に道長娘で彰子同母妹の威子《たけこ》が入内、四月に女御宣旨《せんじ》が下され、十月に立后。当時威子は二十歳、天皇からみると叔母にあたる。道長は一条后彰子・三条后妍子《きよこ》・後一条后威子と、三人の娘を天皇の后にしたことになる。十月十六日の立后当日、道長邸での本宮の儀の饗宴において、有名な望月《もちづき》の歌が詠まれた。同月二十二日には後一条が母彰子とともに道長邸に行幸して道長娘の三人の后たちが勢ぞろいし、道長は我を忘れるほど有頂天になって喜ぶ様子を自分の日記に記している〔『御堂関白記《みどうかんぱくき》』同日条〕。威子の入内・立后は、道長の「栄花」の最高到達点であった。

後一条は威子のほかに女御や后を迎えず、一夫一婦を貫いた。しかし、威子は二人の皇女〔章子《あきこ》・馨子《さほこ》〕を生んだものの、皇位を継承し得る後一条皇子は生まれていない。後世に成立した『栄花物語』によると、教通《のりみち》〔頼通弟〕の娘生子《なりこ》の入内の動きなどはあり、天皇もそれを了承していたが、中宮威子に遠慮して控えざるを得なかったという。威子は天皇よりも年上で「さだすぎ」て〔盛りの年を過ぎて〕いるため、他の女性が入内するとなっては見苦しいので自分は宮中にいられない、と考えていたとある〔巻三二〕。威子が実際にそのように考えていたか否かは不明であるが、いずれにせよ皇位継承に深く関わる天皇の婚姻が、中宮の個人的な感情や意向のみによって左右されていたと考えることはできないだろう。道長は朝廷政治の実権を握って以降、後宮の独占を進めていった。一条天皇には複数のキサキがいたが、彰子以外のキサキは内裏に入り居住することが難しくなった。後一条朝になるとさらに進んで、キサキの地位自体が道長の娘一人に限定された。これは天皇の生殖のコントロールであり、自分以外の者が天皇外戚になる可能性を低めるための後宮管理であった〔東海林二〇一八〕。娘の入内を企図する者たちは、中宮威子個人の意向を憚っていたというよりは、威子の后としての地位は道長という権力者が設定したものなので、それを揺るがすことができなかったのではないか。道長の築いた秩序は、その死後も宮中・貴族社会の動向を規定していたのだった。

もっとも、後一条の后が威子に限定されたことには、弟の皇太子敦良《あつなが》親王（後朱雀《ごすざく》天皇）に皇子（親《ちか》仁《ひと》親王、のちの後冷泉《ごれいぜい》天皇）が誕生していた、という事情もあったと思われる。道長やその子息たちにとって、後一条も敦良も外孫あるいは甥であることに変わりはなく、敦良の系統で皇位が継承されるのなら、後一条皇子の誕生にこだわる必要はなかったのではないか。さまざまな事情や思いが絡みつつ、後一条後宮については生前の道長が定めた在り方が尊重されたのだろう〔東海林二〇二〇〕。道長亡き今、絶対的な決定権を持つ主体はおらず、天皇や母院彰子、関白頼通など、複数の権力者たちの思惑や利害のバランスのなかで、政治的な意思決定がなされるようになっていた。

崩御と「如在之儀」

長元九年（一〇三六）三月ごろから天皇は飲水病（糖尿病）に冒され、治療や祈禱などが尽くされたが、四月十七日、内裏の清涼殿において崩御した。享年二十九。病状が急変して死去したため、生前に皇太子敦良へ位を譲ることができなかった。そのため、関白頼通は、神器の御剣などを皇太子のもとへ持参するよう命じた。これは「如在之儀《にょざいのぎ》」といって、天皇がまだ存命であるかのように、皇太子への譲位が行われたかのような体裁をとったのである。また、内裏から天皇の遺体を発葬することは憚られるため、

菩提樹院陵（後一条天皇陵）　京都市左京区

いったん非公式に他所へ車で遺体を移し、そこから輿で遺体を発葬するという手続きがとられた。

本来、天皇の在任中の死は重大な意味を有しており、さまざまな手続きや皇位継承にも影響を及ぼすものであった。しかし、後一条崩御においては「如在之儀」によって生前譲位のような形をとっており、皇位継承自体はスムーズに行われた。また、内裏において死去したという事実も（いったん遺体を非公式に他所に移すことで）薄められており、「天皇が在任中に内裏において死去した」ことが「隠蔽」された。「死なない天皇」という方式によって、皇位の連続性が保たれ、「天皇の死」の政治性が低められることとなったのである〔堀一九九八〕。天皇という地位の観念的な権威（とその連続性）と、個人としての天皇の身体（とその死）とが切り離されていく一つの象徴的事例であるといえる。

後一条の死は中宮威子を大いに悲しませた。悲嘆にくれて食欲も落ちた威子は裳瘡《もがさ》に罹ってしまい、同年九月四日に出家、その二日後に三十八歳で亡くなった。後一条のただ一人の后であった威子のことを、世間では「大中宮《だいちゅうぐう》」と称したという〔『扶桑略記《ふそうりゃっき》』同年九月六日条〕。

後一条朝の時代相——政治システムの成熟

後一条天皇の時代は、道長によって最盛期を迎えた摂関政治のシステムが成熟・確立・定着に至った時期と評価できる。道長父の兼家《かねいえ》以降、大臣としての参仕とは区別される、摂関独自の儀礼的な役割が成立してくるが、節会《せちえ》などの儀礼における摂関の位置が確立するのが頼通の摂政就任のころ、つまり後一条朝であった〔末松二〇一〇〕。政務方式についても、後一条朝の後半（長元年間、一〇二八〜三七）から、政務の諸事を担当する弁官《べんかん》や蔵人が上卿《しょうけい》（各案件の責任者となる公卿）を介さずに直接関白に内覧《ないらん》、天皇に奏上する事例がみられる〔玉井一九九五〕。この奏事《そうじ》と呼ばれる政務上申方式は、院政期以降の朝廷政務において一般化した。また、綸旨《りんじ》（蔵人が天皇の意を奉じて発給する書状様式の文書）の書式が整い、文書様式として成立したのも後一条朝であるという〔古瀬二〇〇五〕。天皇を輔弼《ほひつ》する摂関の政治的役割、天皇の意思決定・命令の形式が、後一条朝において成立・確立してきたのである。以上の政務・儀礼の在り方は、院政期以降の中世朝廷にも受け継がれたのであった。

後一条朝における政治システムの成熟は、政治が天皇個人の意向や才覚に左右されなくなってきたということでもある。後一条天皇は「頼通に政務をお任せになっておられて、ご自分は何も知らないような様子で高貴で気高くおられた」と伝えられているが〔『栄花物語』巻三四〕、それは単に後一条の個性というのみならず、「栄花」を誇った道長が作り上げた秩序がその死後も持続していたこと、また天皇自身が沙汰をせずとも機能するような政治システムが形成されていたということも背景にあるだろう。

もっとも、後一条の治世がまったく平穏無事であったわけではなく、寛仁三年（一〇一九）の刀伊《とい》の入寇《にゅうこう》、長元元年（一〇二八）の平忠常《たいらのただつね》の乱など、（貴族社会を揺るがすまでには至らなかったが）地方では戦乱も起きていた。また長元四年（一〇三一）には、伊勢の斎王《さいおう》が神の託宣と称して、斎宮寮頭の不正を告発し、天皇・朝廷の伊勢神宮への不敬を批判するという事件が起きた。託宣のなかでは、「帝王は降誕の初めから「王運暦数」が定まっており、「百王」の運はすでに過半に及んでいる」という旨の発言もあった（『小右記』同年八月四日条）。これは百王思想といって、本来は「限りなく代を重ねる」という意味の「百王」の語が、「王位が百代で尽きてしまう」という意味に転化したものである。もはや、天皇は無批判かつ永遠に続くものではないという認識である。天皇や天皇を頂点とする構造の矛盾が生じてきており、次代以降にはその矛盾に向き合わざるを得なくなるのである。

（海上貴彦）

【主要参考文献】

海上貴彦「大殿の政務参加―藤原道長・師実を事例として―」（『古代文化』七〇―二、二〇一八年）
倉本一宏『三条天皇―心にもあらでうき世に長らへば―』（ミネルヴァ書房、二〇一〇年）
今　正秀「藤原頼通執政初期の権力構造」（和田律子・久下裕利編『考えるシリーズⅡ③知の挑発 平安後期 頼通文化世界を考える―成熟の行方―』武蔵野書院、二〇一六年）
佐藤健治「藤原師実・師通―両殿下制の挫折―」（元木泰雄編『古代の人物6 王朝の変容と武者』清文堂出版、二〇〇五年）
東海林亜矢子「摂関最盛期における王権構成員居住法の考察―道長の後宮政策とその限界―」（『平安時代の后と王権』吉

川弘文館、二〇一八年）
東海林亜矢子「後宮から見た摂関政治」（古瀬奈津子・東海林亜矢子『日記で読む日本史5 日記から読む摂関政治』臨川書店、二〇二〇年）
末松　剛『平安宮廷の儀礼文化』（吉川弘文館、二〇一〇年）
玉井　力「十・十一世紀の日本―摂関政治―」（『平安時代の貴族と天皇』岩波書店、二〇〇〇年。初出一九九五年）
樋口健太郎「中世前期の摂関家と天皇」（『中世王権の形成と摂関家』吉川弘文館、二〇一八年。初出二〇一一年）
服藤早苗『藤原彰子』（吉川弘文館、二〇一九年）
古瀬奈津子「綸旨の成立」（『法制史研究』五五、二〇〇五年）
古瀬奈津子「天皇・貴族から見た摂関政治」（前掲古瀬・東海林著、二〇二〇年）
堀　裕「天皇の死の歴史的位置―「如在之儀」を中心に―」（『史林』八一―一、一九九八年）

COLUMN

敦明親王

即位せず院となった親王たち

江戸時代の安永八年（一七七九）、後桃園《ごももぞの》天皇がわずか二十一歳の若さで没すると、閑院宮典《かんいんのみやすけ》仁《ひと》親王の第六皇皇子《おうじ》である祐宮《さちのみや》が皇嗣《こうし》に迎えられ、光格天皇《こうかくてんのう》として即位した。だが、このとき、天皇の父である典仁親王も存命であったので、光格天皇は父を遇するため、太上天皇《だいじょうてんのう》の尊《そん》号《ごう》を奉ろうとした。このとき、小一条院《こいちじょういん》・後高《ごたか》倉院《くらいん》・後崇光院《ごすこういん》の例が先例として持ち出されている（「中山家記《なかやまけき》・尊号延議一件《えんぎいっけん》」）。このうち、後高倉院・後崇光院については、典仁の場合と同じく、いずれも天皇に即位していないが、自身の子が即位したため、子である天皇によって太上天皇の尊号を奉られたという事例である（後高倉院は守貞《もりさだ》親王で後堀河《ごほりかわ》天皇の父、後崇光院は貞成《さだふさ》親王で後花《ごはな》園《ぞの》天皇の父。なお、典仁親王に対する尊号宣下は幕《ばく》府老中松平定信《ふろうじゅうまつだいらさだのぶ》の反対にあい、光格の生前には実現しなかった）。

一方、小一条院については、かなり事情が異なっている。小一条院というのは、三条《さんじょう》天皇の皇子敦明《あつあきら》親王のことである。彼の場合、その皇子が天皇になったわけではないし、実は太上天皇の尊号が奉られたわけでもない。しかし、敦明は寛仁元年（一〇一七）八月、太上天皇に准《じゅん》じて院号を下され、院となったのである。いったい敦明はなぜ院となったのか、また、この場合の院とは何だったのか。ここではそれについて見ていくことにしよう。

誕生から立太子まで

正暦五年（九九四）、敦明親王は東宮居貞親王《とうぐうおきさだ》（三条天皇）と女御藤原娍子《にょうごふじわらのすけこ》との間に生まれた。母の娍子は大納言《だいなごん》藤原済時《なりとき》の娘である。済時は藤原氏北家《ほっけ》の出身だが傍流《ぼうりゅう》で、敦明の生まれた翌年である長徳元年（九九五）に五十五歳で没している。したがって、東宮の第一皇子ではあるものの、敦明は後ろ盾が弱く、政治的には不安定な存在だった。

実際、藤原道長《みちなが》が政権をとると、道長は寛弘七年（一〇一〇）、娘の妍子《きよこ》を居貞の女御として入侍《にゅうじ》させた。もし妍子に皇子が生まれれば、その皇子が敦明より有力な皇位継承候補になったことは間違いない。この翌年、敦明親王をめぐっては、出家騒動も起こっている〔『権記《ごんき》』寛弘八年十一月二十四日条〕。真相は不明だが、妍子入侍にともなって、おそらく道長やその周辺では邪魔な敦明を出家させてしまおうという策謀があったのだろう。

ところが、寛弘八年、居貞が即位して三条天皇となると、三条は道長とは距離を置きはじめた。寛弘九年二月十四日、道長は妍子を中宮《ちゅうぐう》に立てたが、一方で三条も直後の四月二十七日、娍子を皇后に立て、娍子にも正式な后妃の身分を与えたのである。こうしたなか、長和二年（一〇一三）、妍子は懐妊《かいにん》したものの、生まれたのは皇女《おうじょ》（禎子《よしこ》内親王《ないしんのう》）で、三条は次第に敦明を皇位継承者として意識するようになっていった。

一方、道長は妍子の出産したのが皇子ではなく、皇女であったことに落胆し、この頃から、自分の意向に沿わない三条に退位を迫るようになった。そもそも三条の即位にともなって皇太子には、三条の従弟《いとこ》である一条《いちじょう》天皇の皇子敦成《あつひら》親王が立てられていたが、敦成は道長の外孫《がいそん》であった。三条が退位し、敦成が即位すれば、道長は天皇の外祖《がいそ》父《ふ》となるのである。道長の退位要求に対して三条は激しく抵抗したが、退位する条件として、敦明を皇太子にすることを求め、これが受け容れられると長和五年正月二十九日、退位した。こうして敦明は、二十三歳で皇位に縁遠い立場から一転して皇太子になったのである。

皇太子を退位、小一条院に

しかし、翌年八月九日、敦明は皇太子の地位を降りてしまう。これはなぜか。『小右記《しょうゆうき》』八月七日条は、この日、敦明の語った内容として、「補佐の人がなく、皇太子の宮（東宮）の事務が、あってなきがごとしという状況であった」からだと記している。しかも、この年（寛仁元年）五月九日には、父三条上皇が没したため、いよいよ行き詰まってしまったらしい。そのうえ、本来なら皇太子を支えるはずの皇太子傅《ふ》の左大臣《さだいじん》藤原顕光《あきみつ》と春宮大夫《とうぐうだいぶ》の藤原斉信《ただのぶ》の仲が悪く、敦明は皇太子を退位して休みたいと述べたというのである。

敦明の皇太子退位については、通説では道長が辞任を迫ったためともいわれるが、おそらくこれが真相なのだろう。先述のように、敦明はそもそも後ろ盾が弱く、政治的に不安定であった。そのため皇太子になっても、補佐する人がおらず、唯一の頼りであった父三条も退位後わずか一年余りで没してしまった。こうした事実は、この当時の天皇や皇太子にとって、後ろ盾となる外戚の存在がいかに大きかったかを物語っている。あえて道長が退位を迫ったという通説に乗るなら、道長は敦明に協力せず、こうした状態を放置することで、彼が音をあげるのを、はじめから期待していたといえるかもしれない。

一方で、天皇は退位すると上皇になる。しかし、皇太子は次期天皇で、天皇にならず退位するということが想定されていない。これまでにも謀反事件などにかかわって皇太子が辞めさせられたこと（廃太子《はいたいし》）はあったけれども、自主的に退位したものはいなかった。そのため、敦明の処遇をどうするかについては、問題になったのではないかと思われる。そして、そうしたなかで決まったのが、彼を院にするということであった。寛仁元年八月二十五日、敦明に院号が下されて小一条院と称されることになったのである。

小一条院は二例目の「女院」か

では、この小一条院とは、上皇と同じと考えてよいのだろうか。前述のように、敦明同様、天皇に即位せずに前近代において院号を下された人物は二人いたが、敦明以外は太上天皇号を奉られていた。太上天皇は上皇のことなので、この二人は上皇と同じといってよいだろう。一方、敦明の場合は、太上天皇号が奉られていないので、上皇と同じとはいえない。そうすると、敦明の身分は何かということになる。そこで注目すべきは、敦明の院号宣下に際して、先例として東三条院《ひがしさんじょういん》の事例が持ち出されていることである（『小右記』寛仁元年八月二十五日条）。東三条院藤原詮子《ふじわらのあきこ》とは、一条天皇の母として皇太后となり、正暦二年（九九一）、出家とともに院号を下されて最初の女院《にょいん》となった人物である。

一般には女院の二例目はこのあと万寿三年（一〇二六）に上東門院《じょうとうもんいん》の院号を下される藤原彰《あき》子《こ》で、これ以後は三后《さんこう》や准《じゅん》母《ぼ》立后《りっこう》した内親王などが院号宣下されることが定着して確かに「女院」として制度化される〔橋本一九七八〕。だが、東三条院を先例として、敦明にも院号が下されているのであれば、当初はこれは性別に関係ない制度であったのではないだろうか。つまり、本来敦明は男性の「女院」として、その二例目に数えられるべき存在なのである。近年、院政と女院との関係性が論じられているが〔高松二〇〇五〕、このことから考えれば、敦明の存在も女院研究のなかで改めて論じ直されるべきだろう。（樋口健太郎）

【主要参考文献】

高松百香「院政期摂関家と上東門院故実」（『日本史研究』五一三、二〇〇五年）

橋本義彦「女院の意義と沿革」（『平安貴族』平凡社、一九八六年。初出一九七八年）

山中　裕「敦明親王」（『平安人物志』東京大学出版会、一九七四年。初出一九六九年）

後朱雀天皇——御堂流一門に左右された生涯

父：一条天皇	誕生：寛弘六年（一〇〇九）十一月二十五日
母：藤原彰子	崩御：寛徳二年（一〇四五）正月十八日
	諱：敦良
在位期間：長元九年（一〇三六）四月十七日～寛徳二年（一〇四五）正月十六日	
陵墓：円乗寺陵（京都市右京区龍安寺朱山　龍安寺内）	

後朱雀天皇の人物像

十一世紀後半以降に成立したと考えられる『栄花物語《えいがものがたり》』のいわゆる続編では、後一条《ごいちじょう》天皇と後朱雀《ごすざく》天皇の兄弟を比較している〔中村二〇〇九〕。それによると、①後一条のキサキは中宮威子《ちゅうぐうたけこ》ただ一人であったのに対し、後朱雀にはキサキが何人もいた、②後一条が何事も関白藤原頼通《ふじわらのよりみち》に委任して自分は「よろづも知らぬやう」だったのに対して、後朱雀はきちんとしていて容貌が良く学問の才もあったと〔巻三四〕、両者が対照的に描かれている。

この兄弟は母を同じくし、年も近いが、その治世には大きな相違があった。後一条朝は外祖父藤原道《みち》長《なが》の影響下にあり、道長の死後もその構築した秩序の影響が保たれていたのに対し、後朱雀朝は本格的に頼通の時代となり、天皇と摂関との間には対立や相互不信が生じることが多かった。そもそも、後朱雀朝においては後一条朝とは比べ物にならないほど政治的に難しい局面が多発していた。後一条朝において機能していた政治的な秩序や諸関係がさまざまな矛盾を顕すようになり、難局への対応を迫られる天皇は「よろづも知らぬやう」ではいられなかった。先述の『栄花物語』続編における兄弟の対比は、単に二人の性格の違いを示しているというよりは、二人が異なる性格の時代に在位していたことを前提に捉えられるべきだろう。以上の点をふまえて、後朱雀の人生や治世を概観していく。

誕生と立太子・践祚

寛弘五年（一〇〇八）九月、一条天皇の中宮で道長娘の彰子《あきこ》は第一子敦成《あつひら》（後一条天皇）を生み、次いで同六年十一月に第二子敦良《あつなが》が生まれた。この敦良がのちの後朱雀天皇である。二人目の彰子所生一条皇子であり、道長の外孫であった。

敦成は異母兄敦康《あつやす》（一条第一皇子、定子《さだこ》所生）を退ける形で三条《さんじょう》天皇の皇太子となったが、敦良も生まれながらにして皇位継承が約束されていたわけではなかった。長和四年（一〇一五）の末、道長からの圧力を受けて三条譲位が内定したが、翌年正月の後一条践祚《せんそ》に際して皇太子とされたのは三条皇子の敦明《あつあきら》であった。これ以前、冷泉《れいぜい》―花山《かざん》・三条、円融《えんゆう》―一条という両皇統の実質的な迭立《てつりつ》状態となっていたが、敦明の立太子によってさしあたりはそれが継続されることとなった。しかし、敦明には（最高権力者の道長のような）後ろ盾がおらず、行状にも問題があったため、皇太子としての立場は初めから不安定なものであった。敦明自身も立太子を忌避する意向を示しており、世の人も「皇太子であり続けるのは難しいのではないか」と噂していたという（『小右記《しょうゆうき》』長和五年正月二十四日条）。

寛仁元年（一〇一七）五月、三条上皇が崩御すると、敦明の立場は明瞭に弱体化した。同年八月、敦明が「東宮《とうぐう》（皇太子）の地位を降りたい」旨をふと漏らすと、それが道長まで伝えられ、急速に事が進み、数日後には敦明遜位《そんい》・敦良立太子が決定した〔倉本二〇一〇〕。これにより、皇統が円融─一条─後一条・敦良のラインに一本化され、天皇・皇太子の外祖父である道長の地位も盤石なものとなった。そして長元九年（一〇三六）、後一条崩御に際して後朱雀天皇が践祚した。後朱雀はこの時点で二十八歳。関白はもちろん頼通である。兄とは違って成人して充分に年を重ねてからの践祚であり、外祖父道長は何年も前に死去していた。

後朱雀天皇のキサキ

後朱雀の最初のキサキは、皇太子時代の寛仁五年（一〇二一）に婚姻した嬉子《よしこ》で、道長の娘であった。嬉子は後一条中宮の威子と同母姉妹である。道長は二人の娘を二人の外孫の天皇の妻としたのである。しかし、嬉子は万寿二年（一〇二五）に皇子（親仁《ちかひと》親王、のちの後冷泉天皇）を生むが、赤裳瘡《あかもがさ》を患って数日後に死去してしまう。まだ夫の践祚前であった。父の道長は激しく悲しみ動揺し、陰陽師に「魂《たま》呼《よばい》」という蘇生の儀式をさせるほどであった〔『小右記』同年八月七日条〕。

次いでキサキとなったのが禎子《よしこ》内親王である。禎子は三条皇女で、母は道長娘の妍子《きよこ》。万寿四年（一〇二七）、皇太子敦良のもとに参入した。婚姻を主催したのは敦良・禎子両者の外祖父である道長で、関白頼通も「深く御情を入」れていた。頼通弟の教通《のりみち》も自分の娘（生子《なりこ》）を皇太子妃にしたいとの望みがあったが、父と兄の沙汰で禎子の参入が行われたので叶わず、「歎息」していたという〔『小右記』同年三月六日条〕。禎子は皇女ではあるが、道長の外孫でもあり、その一門（御堂流《みどうりゅう》一門）に包摂される形で後見を受け、嬉子の次の皇太子妃とされたのであった。

しかし同年十二月に道長が亡くなると、禎子の立場は微妙なものとなる。父の三条天皇やその母の超《とお》子《こ》（道長の姉妹）、母の妍子、そして外祖父道長も亡くなり、有力な後見者を失ってしまったからである〔栗山二〇一四〕。その後、禎子は良子《よしこ》・娟子《よしこ》・尊仁《たかひと》（のちの後三条天皇）と三人の皇子女を生み、長元九年（一〇三六）に後朱雀が践祚すると、その翌年に后に立てられたが、同時期に頼通養女の嫄子《もとこ》も入内・立后した。一帝二后の状態となったわけだが、嫄子入内後の禎子はほとんど内裏に参入できず、「上陽《じょうよう》人《じん》」（唐の上陽宮《じょうようきゅう》の後宮女性のことで、玄宗《げんそう》皇帝が楊貴妃《ようきひ》のみを寵愛して他の女性を顧みなかったことから、不遇な官女のたとえ）のように打ち捨てられていたと、当時の貴族は日記に記している〔『春記《しゅんき》』長久元年十二月十八日条〕。頼通は父道長の存生中は外舅《がいきゅう》（母方のオジ）として禎子を後見していたが、道長が亡くなると、自身の娘（養女）の入内や外孫皇子の誕生を重視するようになる。

中宮嫄子は二人の皇女（祐子《すけこ》・禖子《みわこ》）を生むが、長暦三年（一〇三九）に禖子を出産《さん》した数日後に褥死《じょくし》してしまった。この嫄子の崩御について、それが神罰によるものだという巷説や伝承が確認される〔並木二〇〇三、倉田二〇〇四〕。貴族の日記に記された内密の話には、今は「藤氏皇后」がおらず「託宣旨」に反している、「源氏皇后」は「神罰」を蒙った、とある〔『春記』長久元年十一月二十三日条〕。嫄子の実父は敦康親王であり、「源氏皇后」は嫄子を指す。また、『栄花物語』続編によると、嫄子が禖子を懐妊したころ、「藤氏の后がいらっしゃらないことは悪いことである」との伊勢神宮の託宣があったという（巻三四）。託宣の実否や内容について確実なことはわからないが、嫄子の入内・立后について批判的な声もあったことがうかがえる。頼通は先んじてキサキとなっていた禎子を実質的に排除する形で自身の養女を後朱雀の妻としたのだが、そのことは貴族社会で懐疑的にみられていた側面もあり、頼通は道長のように後宮を掌握することはできていなかった。

嫄子の死後、頼通同母弟の教通が生子、異母弟の頼宗《よりむね》が延子《のぶこ》と、それぞれ娘を入内させ、女御とした。頼通は不服であったが、それを止めることはできなかった。ただし、生子・延子は最後まで后に立てられることはなく、皇子も生まれなかった。生涯を通じて威子のほかにキサキを持たなかった後一条に対し、後朱雀の後宮はキサキや権力者（道長）の死を受けて変遷がみられる。後一条朝においては道長の定めた秩序が崩されることはなかったが、後朱雀朝の権力中枢は道長の次の世代に移り変わっており、頼通を最高権力者としつつも、御堂流一門の兄弟の間で政治的な対立や利害の不一致があり、それが後宮にも影響していたのであった。

難局と軋轢

後朱雀が践祚して数年後、長暦・長久年間は、寺社や内裏などをめぐる重大事件が相次いでおり、当時蔵人頭であった藤原資房《すけふさ》の日記『春記』から、それぞれにおける天皇や関白頼通の動向・発言を追うことができる〔桃一九八九、坂本一九七八・一九九一・二〇〇三、赤木一九八四〕。

長暦二年（一〇三八）、伊勢神宮の祭主《さいしゅ》と禰宜《ねぎ》が対立し、朝廷に上奏があった。また、九月に天台座主《てんだいざす》（比叡山延暦寺のトップ）の慶命《けいみょう》が亡くなると、その後任が問題となり、関白頼通は（延暦寺とは対立することが多い）園城寺《おんじょうじ》の明尊《みょうそん》を座主に任命しようと考えていた。こうした動向に比叡山の門徒たちは反発し、群集して蜂起せんとする動きがあった。寺社ともに困難な問題が生じている。

長暦三年（一〇三九）、六月に内裏が焼亡した。また、前年からの寺社問題も継続している。伊勢神宮の禰宜が多くの神民を率いて京都に向かい訴訟をし、それを受けて朝廷では禰宜等入京の禁止や祭主の交代などの決定が下された。天台座主については、比叡山の僧三千人ほどが頼通邸におしかけて暴行事件が起きるなどして、結果として比叡山の僧侶が任じられることとなったが、今度は園城寺が独立の戒壇《かいだん》の設置を要求してきた。戒壇設置には朝廷の許可が必要で、天台宗では延暦寺のみに認められていた。もちろん比叡山側は園城寺の要求には猛烈に反対し、朝廷側の対応は困難を極めた。

これらの案件において、天皇と関白頼通との間には対立や齟齬が生じることが多かった。天皇は公卿や関白の意見を求めるが、頼通は「天皇は私に責任を押し付けようとなさっている」「天皇は自分の責任からお逃げになっている」「意見を申すことはできない」と拒絶する。事実認識にも齟齬があり、相互不理解・相互不信の状態が生じていた。両者の軋轢には、同年八月の嫄子死去も影響しているかもしれない。円滑なやり取りを支える紐帯の不在である。

長暦四年（一〇四〇）四月、前肥後守藤原定任《さだとう》が前任国関係のトラブルから京中で殺害されるという事件が起きたが、後朱雀にとって本当の試練はそれからであった。七月、台風により伊勢外宮の社殿が倒壊した。天皇はその知らせに驚愕して「自分が卑しい身で尊位に在ることによる兆しである」と嘆き、食事もできなくなるほどであった。天皇は前例のない神宮への行幸なども検討しつつ、御所の庭に筵を敷いて自ら拝を行うなどしたが、体を壊し、重い腰痛を患った。天皇は自分に徳化がなく、神にも見放されたかと悲嘆する。さらに九月、里内裏に火事があり、神鏡《しんきょう》（いわゆる三種の神器の一つ）が安置されていた内侍所《ないしどころ》が焼け果てた。資房などが灰塵《かいじん》の中を探し求めると、鏡の残骸が見つかった。天皇は嘆き悲しみつつも、破片がわずかに残り完全に焼失はしなかったことに安堵した。寛仁二年（一〇〇五）の火災でも神鏡は形を損じたが、改鋳《かいちゅう》されなかった。今回、原形をとどめないまでに焼けてしまったが、やはり新造・改鋳はせず、破片を絹に包んで辛櫃《からびつ》に納めた。形を失っても神鏡は神聖なものとみなされ、理念化されていく天皇像や、天皇権威との結びつきを強めていった〔斎木二〇〇九〕。

以上のような難局の連続のなかで、「政化」「徳化」がきちんと行われていないのでこのような事態になる、という認識や発言が確認できる。後朱雀朝の時代は従来の政治の在り方が自明のものではなくなり、天皇は危機意識を抱き、何かあれば自身の責任を問わざるを得なくなっていた。後朱雀もひたすら神に祈っていたわけではなく、具体的な方策を検討・実行していた。長暦四年の五月から六月にかけて、荘園整理令が審議・発令された〔市田一九八一〕。これは前年に焼けた内裏の造営のために全国にその負担を課すにあたり、不当に立てられた荘園を整理・停廃して国司が造内裏役を円滑に徴収できるようにするための政策であった。この当時、税や役を逃れるために権門や寺社が荘園を立てることが増えており、そのような全国的な状況に対する措置である。この長久の荘園整理令は、この後、院政期にかけて、主に内裏造営に際して荘園整理令が発令されるようになる端緒の事例となった。律令制的な支配体制はすでに機能不全を起こしていたが、全国の支配や社会の現状をふまえて新たな統治方針を打ち出すようになった一つの現れがこの荘園整理令であり、中世的な支配体制の成立の流れにつながるものであった。後朱雀はそのような国制の転換期に在位した天皇であった。

譲位と崩御

後朱雀の譲位と崩御については一次史料に乏しいが、『栄花物語』巻三六と『今鏡《いまかがみ》』すべらぎの上第一「司召し」に関連する記述がある〔加納一九七六〕。寛徳元年（一〇四四）の暮のころから天皇は病に悩まされていた。「二禁（にきみ）」（腫瘍）であるという。翌寛徳二年正月、大赦が行われたり、母の上東門院《じょうとうもんいん》彰子が見舞うなどしたが、回復せず、ついに皇太子の親仁に譲位することとなった。

その経緯が『今鏡』に伝えられている。譲位を行うことが決まったが、次の皇太子が誰になるかについては天皇の仰せがない。そこへ藤原能信《よしのぶ》が天皇に「この宮（尊仁）をどの僧に付けましょうか?」と申した。天皇は「（尊仁は）皇太子に立てることはあっても、僧に付ける（出家させる）ことはない。関白（頼通）が『皇太子のことは静かに（行うのがよいでしょう）』と言うので、のちに（立太子のことを行おう）と考えている」と言った。それに対して能信が「今日（尊仁を皇太子に）立たせなければ、それは（後々では）叶わないことです」と申したので、親仁（後冷泉）への譲位と同時にその異母弟尊仁（後三条）の立太子が行われたという。後朱雀の崩御は譲位の二日後、正月十八日のことであった。享年三十七。

能信は明子《あきらけいこ》所生の道長子息で、異母弟の頼通・教通（倫子《みちこ》所生）とは官位や昇進に格差があった。能信は兄弟への対抗心もあってか、禎子の皇后宮大夫として禎子・尊仁の母子に奉仕し、自らの働きかけで尊仁の立太子を実現させたのであった〔河野一九六八〕。禎子は道長の死後に有力な後見を持たなかったため、尊仁は道長外孫の兄親仁と比べて不安定な位置にあったが、能信の貢献によって将来の皇位継承が約束された。この尊仁がのちに践祚して、院政の先駆けとなる政治を行うこととなる。後朱雀の人生は最後まで御堂流一門の思惑や力関係に左右されたのであった。

（海上貴彦）

【主要参考文献】

赤木志津子　「後朱雀天皇考」（『古代文化』三六―一、一九八四年）
市田弘昭　「平安後期の荘園整理令―全国令の発令契機を中心に―」（『史学研究』一五三、一九八一年）
加納重文　「後朱雀帝譲位の前後―栄花物語と今鏡―」（『歴史物語の思想』同朋舎、一九九二年。初出一九七六年）
倉田　実　『王朝摂関期の養女たち』（翰林書房、二〇〇四年）
倉本一宏　『三条天皇―心にもあらでうき世に長らへば―』（ミネルヴァ書房、二〇一〇年）
栗山圭子　「摂関家の外孫―外祖父・国母・天皇―」（高橋秀樹編『生活と文化の歴史学４ 婚姻と教育』竹林舎、二〇一四年）
河野房雄　「後三条天皇の立坊と藤原能信」（『平安末期政治史研究』東京堂出版、一九七九年。初出一九六八年）
斎木涼子　「一一世紀における天皇権威の変化―内侍所神鏡と伊勢神宮託宣―」（『古代文化』六〇―四、二〇〇九年）
坂本賞三　「『春記』にみえる王朝貴族の国政的危機意識について」（竹内理三博士古稀記念会編『続律令国家と貴族社会』吉川弘文館、一九七八年）
坂本賞三　『藤原頼通の時代―摂関政治から院政へ―』（平凡社、一九九一年）
坂本賞三　「『春記』に見える頼通の時代」（久下裕利編『狭衣物語の新研究―頼通の時代を考える―』新典社、二〇〇三年）
中村成里　「後一条・後朱雀・後冷泉」（同『平安後期文学の研究―御堂流藤原氏と歴史物語・仮名日記―』早稲田大学出版部、二〇一一年。初出二〇〇九年）
並木和子　「中宮嫄子の崩御をめぐる風説の背景」（『日本歴史』六六四、二〇〇三年）
桃　裕行　「春記」（『桃裕之著作集第５巻 古記録の研究（下）』思文閣出版、一九八九年）

後冷泉天皇——次代の先駆けとなった〝中世開幕前夜〟

父：後朱雀天皇	誕生：万寿二年（一〇二五）八月三日
母：藤原嬉子	崩御：治暦四年（一〇六八）四月十九日
	諱：親仁
在位期間：寛徳二年（一〇四五）正月十六日〜治暦四年（一〇六八）四月十九日	
陵墓：円教寺陵（京都市右京区龍安寺朱山　龍安寺内）	

後冷泉天皇をめぐる環境

後冷泉《ごれいぜい》天皇は後朱雀《ごすざく》天皇の皇子で、藤原道長《ふじわらのみちなが》娘の嬉子《よしこ》を母として誕生した。寛徳二年（一〇四五）に父後朱雀から譲位を受けて践祚《せんそ》、治暦四年（一〇六八）に崩御《ほうぎょ》するまで、在位は二十四年間と長期にわたった。しかし、後冷泉の個性を伝える史料は少ない。『栄花物語《えいがものがたり》』は、「天皇のお心はとても美しく上品に優美でいらっしゃって、人を嫌って遠ざけたりもせず、立派でいらっしゃった」とし、乳母の藤原賢子《かたいこ》（紫式部《むらさきしきぶ》の娘）の影響を指摘する（巻三六）。また「後冷泉天皇は何事も殿（藤原頼通《よりみち》）に任せておられた」（巻三八）ともあり、温和で気高く、そして主体性には乏しい人物像が示されている。後冷泉天皇の時代といえば、あまり目立たない印象を持たれることが多いだろう。同時代史料・一次史料が少ないという事情もあり、後冷泉の人間性や個性も判然としない。しかし、近年の学問動向に鑑みて後三条《ごさんじょう》朝を中世成立期とするならば、後冷泉朝はその前夜、つまり古代最末期にあたる。移行期・転換期であるがゆえにその性格・輪郭を捉えることは難しいが、多様な事象や論点を含む時代であり、大いに開拓の余地が残されており、その歴史的位置づけを探る必要がある〔角田一九七一〕。

後冷泉朝の権力者といえば、もちろん藤原頼通の名前が挙がる。五十年ほどに及ぶ頼通の摂関在任期間のうち、後半のほぼ半分を後冷泉朝が占めている。父道長が亡くなってしばらく経ち、関白頼通は名実共に最高権力者となっており、後冷泉朝はまさしく「藤原頼通の時代」〔坂本一九九一〕の真っただ中であった。

しかし、頼通以上に政治的に重要な位置を占めていたとも考えられるのが、その姉の上東門院彰子《じょうとうもんいんあきこ》である。彰子は一条《いちじょう》天皇の后となり、後一条・後朱雀の両天皇の母となった。後朱雀・嬉子を父母とする後冷泉にとって、彰子は父方の祖母であり、母方の伯母であった。しかも、母の嬉子が後冷泉を出産した二日後に亡くなってしまったため、彰子に引き取られて養育を受けており、後冷泉にとって彰子は実質的に母親のような存在であった〔服藤二〇一九〕。

特に摂関期において、国母《こくも》（天皇の母）という存在は重要な意味を持っていた〔古瀬二〇〇一、服藤二〇〇五・二〇一七〕。母として天皇に対して個人的な影響力を及ぼすだけではなく、政務や人事など重要事項について決裁したり、自分の意思を反映させたりしていた。天皇外戚《がいせき》となった摂関も、そのような国母の権威・権力を背景として朝廷政治の実権を握っていたのである。後冷泉朝は「藤原頼通の時代」であると同時に、「上東門院彰子の時代」でもあった。

後冷泉天皇のキサキ

後冷泉は、父の後朱雀と同様に后・女御《にょうご》など複数のキサキを迎えた。最初のキサキは後一条皇女の章子《あきこ》内親王で、長暦元年（一〇三七）に着裳《ちゃくも》（成人式）が行われると同時に、その数ヶ月前に元服した皇太子親仁《ちかひと》親王（後冷泉）の妻となった。幼いころに父後一条と母威子《たけこ》（道長娘）が亡くなったため、章子は祖母であり伯母でもある彰子に養育されていた。婚姻に際して、頼通は章子の親代わりの役割を果たしており、章子は彰子や頼通など御堂流《みどうりゅう》一門に包摂されて後見を受けていたことがわかる〔野口二〇二〇〕。寛徳二年（一〇四五）に後冷泉が践祚すると、永承二年（一〇四七）に藤原教通《のりみち》（頼通同母弟）の娘の歓子《よしこ》が入内、翌年に女御とされた。そして永承五年、頼通娘の寛子《ひろこ》が当時十五歳で入内、翌年立后。すでに章子が中宮《ちゅうぐう》となっていたので、新たに后に立てられた寛子が中宮、章子が皇后となるのが通例であるが、章子の希望によって中宮章子・皇后寛子となった〔『栄花物語』巻三六〕。歓子は寛子より早く入内していたが、后には立てられなかった。

一帝両后という在り方は一条朝の定子《さだこ》・彰子を初例として、三条朝の娍子《すけこ》・妍子《きよこ》、後朱雀朝の禎子・

嫄子《もとこ》などの先例があったが、後冷泉朝においては両后が同時に内裏に居住している点に特徴があった〔高橋二〇一九〕。先例では道長や頼通のような権力者の娘・養女（彰子・姸子・嫄子）が入内すると、強力な後見を得られない方の后（定子・娍子・禎子）は基本的に内裏から排除されていたが、後冷泉の場合、中宮章子と皇后寛子は共に内裏の殿舎に在り、どちらかが退出を迫られることはなかった。後朱雀のころと比べると、後宮は平穏に保たれているようにみえる。『栄花物語』も、天皇がどのキサキも粗略に扱うことはせず「なだらかにもてなし」ていたと述べている（巻三六）。ただし、共に内裏に在りながら、両后やその女房たちの直接的な文化的交流は諸史料にみえず、二人の后の文化圏の緊張関係も読み取れるという〔高橋二〇一九〕。平和にみえる外被の下に矛盾や緊張が潜んでいるということは、後宮にとどまらない後冷泉朝の基本的性格といえるかもしれない。

中宮章子が（同じく幼くして父母を亡くした皇女である後朱雀皇后禎子と違い）内裏や後宮から排除されなかったのは、後見の存在が影響していたのだろう。禎子の場合、道長の存命中は頼通も後見者として入内などの沙汰をしていたが、道長の死後、頼通は自身の養女（嫄子）を優先して禎子のことは疎外した。章子の場合、他ならぬ彰子が第一の後見者として現存していたため〔野口二〇二〇〕、頼通も自分の娘（寛子）のために章子を排除することはできなかった。キサキにとっての後見という要素の重要性がうかがえるとともに、彰子の存在が、関白すらも強硬的な後宮政策を控えざるを得ないほどに大きかったことがわかる。

また、頼通よりも先に教通の娘（歓子）が入内しているという点にも注目される。これは直接的には後冷泉践祚の時点で寛子がまだ幼かったことによるが、御堂流一門の中でも頼通が絶対的に優位にあったわけではなく、権力者の間には緊張と対立を含む微妙な政治的均衡が保たれていたことを示している。「藤原頼通の時代」あるいは「上東門院彰子の時代」は、道長の秩序が築かれた摂関最盛期と院（治天《ちてん》の君《きみ》）が専制的権力を振るった院政期に挟まれており、自身の秩序を構築し強大な決定権を有する主体の不在を特徴としていた。

なお、後冷泉にはキサキではない女性が生んだ子息がいたと推測されている。高階為家《たかしなのためいえ》の子息である為行《ためゆき》は、実は後冷泉の落胤であった可能性があるという〔角田一九七一〕。もしそうだとすると、為行は唯一の後冷泉皇子であるが（歓子が男子を生んだが夭逝《ようせい》している）、その皇子としての出自は秘されたということになる。道長の時代ほど強力かつ一元的に後宮が統制されていたわけではないが、皇子女として認定されるのは正式なキサキの所生子に限られており、天皇をめぐる環境は御堂流一門を中心とする有力貴族たちによって管理されていた〔伴瀬一九九六〕。

後冷泉朝の文化世界

文化という観点からも、後冷泉の時代は一般にはあまり特筆されることがない。勅撰集《ちょくせんしゅう》の空白期であり、一条朝における『源氏物語《げんじものがたり》』のように突出した文学作品もみられない。従来、後冷泉朝の文化世界とは実質的に「頼通的世界」であり、宮廷は頼通を中心とする血族集団によって構成され、その中では（かつての一条朝においては存在していた）対立的要素はみられず、それゆえに向上的・意欲的な方向性が見出せない、というような評価をされることが多かった〔犬養二〇〇四ほか〕。

しかし、個々の作品の文学性・芸術性に疑問の余地があるとしても、後冷泉朝の文化の生産量には目覚ましいものがあり、百花繚乱の観がある。内裏や後宮では多くの歌集や物語が作られた。文学作品として現代においても著名な『更級日記《さらしなにっき》』『狭衣物語《さごろもものがたり》』『夜の寝覚《よるのねざめ》』などのほか、天喜三年（一〇五五）の六条斎院禖子内親王《ろくじょうさいいんみわこ》物語歌合にみられるように、多くの物語が作成されていたことがわかる。また、和歌六人党と呼ばれる歌人グループが活躍していたのもこの時期であった。

天皇自身の文化的活動も無視できない。永承四年（一〇四九）には村上《むらかみ》朝以来六十年ぶりに晴儀の内裏歌合が開催されるなど、後冷泉朝は歌合が盛んな時期であった。当初は頼通が文化的にも後見人であったが、次第に天皇自身の主導性が目立つようになってきたという〔和田二〇〇八〕。頼通は政治的にも文化的にも表舞台からは退こうとしており、天皇の独自の文化世界が生み出されようとしていた。

頼通の関白辞任と後冷泉崩御

後冷泉朝の後半、特に康平年間（一〇五八〜六五）に入ると、権力と世代の交代が課題となった。康平二年（一〇五九）に頼通は病に罹り、大赦《たいしゃ》が行われるなどしている。頼通はすでに六十八歳になっており、そろそろ自身の政治的地位の継承について考えざるを得なくなっていただろう。翌年、頼通は左大臣《さだいじん》を辞任する代わりに、子息の師実《もろざね》を内大臣《ないだいじん》に任じさせた。任大臣は摂関就任の条件であったため、当時十九歳であった師実の関白就任を見据えた措置であったと考えられる。そして康平五年以降、頼通は何度も上表《じょうひょう》（辞任の申請）をしているが、許されず、ついに康平七年十二月、藤氏長者《とうしちょうじゃ》の地位を教通に譲っている。当時、摂関と藤氏長者は基本的に一体となっていたので、関白に在任のまま氏長者のみを譲渡することは奇妙に思われる。

一次史料に詳しい経緯はみえないが、のちに成立した説話集『古事談《こじだん》』によると、頼通は子息師実に直接関白を譲りたいと考えていたが、上東門院彰子は亡父道長の遺言（頼通の次は教通が摂関に就任するように、という内容と推測される）に従って反対し、まずは教通に関白を譲ることになったという（巻二）。また、この説話の異文には、この出来事が康平年間であること、頼通が関白継承の件を彰子に打診すると、「まず左大臣（教通）に譲ってから、次に内大臣（師実）に（関白の座を）移すのがよいだろう」との回答を得たことが記されている〔『摂関補任次第別本』「大二条」〕。筆者は、異本の記述の原史料として、この政治的やり取りに直接関与した者（源 隆国《みなもとのたかくに》）の証言を推定し、彰子・頼通・教通の間の合意（教通→師実という摂関就任）を受けて、いったん頼通から教通に関白が譲られることになったとの仮説を提示している〔海上二〇二〇〕。

しかし、康平七年に譲られたのは氏長者のみで、関白継承は行われなかった。右の仮説に従えば彰子・

頼通・教通の三者は関白交代について異存はないはずなので、ここで後冷泉の意向が推定される。先述のように、後冷泉は政務について頼通に依存しており、その意見を頼りにしていたと伝えられている。後冷泉が頼通の関白辞任をあくまで認めない姿勢をみせたので、まずは氏長者の譲渡ということになったのではないか〔海上二〇二〇〕。摂関人事についても、決定権を有する主体の不在が読み取れる。

結局、関白人事の問題が解決したのは後冷泉の最晩年であった。治暦三年（一〇六七）、頼通は病がちで宇治《うじ》に滞在することも多くなっていた。十月に宇治で天皇の行幸を迎えた後、頼通は十一月に二回の上表を行い、十二月五日に許しを得て、ようやく関白を辞任するに至った。しかし、すぐには次の関白が任命されず、頼通に「政、巨細無く諮詢《しじゅん》すべし」との勅が下された。つまり、依然として頼通の意見を問うて政務を行うということである。実際、頼通自身は「政治には関わらない。意見を申し上げることもしない」との意向を示していたにもかかわらず、除目などのたびに天皇は宇治の頼通に相談していたという〔『栄花物語』巻三八〕。後冷泉の頼通への依存ゆえに、やはり関白交代は実現しなかった。

しかし、宇治行幸の後、頼通関白辞任のころから、天皇も病に罹り、翌治暦四年二月になるといよいよ重態となった。三月には頼通の病もさらに重くなり、子息たちが宇治に馳せ参じる事態となった。自身と頼通両者の危急により、ついに天皇も決断せざるを得なくなり、四月十六日、頼通は「政、巨細無く諮詢すべし」の立場も辞することとなり、翌日に教通が関白に任じられた。ここに及んで、ようやく頼通歓子が后に立てられる。天皇の崩御は十九日のことであった。享年四十四。死を前にしてようやく頼通への依存関係が清算され、頼通から教通への関白交代が完了した。

後冷泉は文化面などで次第に主体性を発揮するようになっていたが、最後まで「頼通以後」の体制を築くことはなかった。摂関期的な政治構造は機能不全を起こしながらも保持されたのであり、その転換は次の後三条朝に持ち越された。

古代から中世へ

後冷泉と頼通が重態となっていた治暦四年（一〇六八）三月二十九日、同月二十八日の平等院奏状《びょうどういんそうじょう》を受けて太政官符《だじょうかんぷ》が出され、九箇所の荘園が不輸《ふゆ》・不入《ふにゅう》の地《ち》として認定された。これらの荘園は、それに先立って頼通によって平等院に施入され、立荘《りっしょう》の手続きを経て領域が定められたと考えられる。この立荘は、もともと領有・取得していた墾田《こんでん》などを巨大な領域の所領に変貌させたものであり、院政期以降に展開した、上部権力側からの働きかけで広大な領域が囲い込まれる立荘形態の端緒として位置づける学説もある〔上島二〇一〇〕。

また康平六年（一〇六三）、前鎮守府将軍《ちんじゅふしょうぐん》源頼義《よりよし》が陸奥の安倍貞任《あべのさだとう》等を追討し（いわゆる前九年合戦）、彼らの首を鉾に刺して都に舞い戻る様子が、貴族の日記に描かれている〔『水左記《すいさき》』同年二月十六日条〕。この頼義の子孫がのちに武家の棟梁として成長し、重要な歴史的役割を果たすようになる。その他にも同時期、武士同士の合戦とそれを受けての公卿会議について記されている。荘園と武士という、中世を

頼通が宇治に建立した平等院鳳凰堂　京都府宇治市

代表する要素がこの時期には存在感を増してきており、まさしく「中世開幕前夜」の様相を呈していた。

永承七年（一〇五二）は末法《まっぽう》に入る年とされており、この年に頼通は宇治に平等院を建造し、翌年には阿弥陀堂《あみだどう》（いわゆる鳳凰堂《ほうおうどう》）も建てられた。極楽浄土を現世に現したような建築様式は当時においてはまったく新しいもので、道長の建立した法成寺《ほうじょうじ》と並んで、院政期の寺院建築ラッシュにおいてモデルとして参照された〔藤井一九九八〕。後冷泉朝の遺産は決して末法の世において世を厭い、そのまま消えていくようなものではなく、次代の先駆けとなり、継承・発展されるものであった。

十一世紀は在地社会や地方統治の転換期であり、朝廷の側も荘園整理令や税制の再編、在地領主に特権を付与して開発させるなど、現実的に対応する政策を実施していた。それでも政治や支配の体制が社会の変化に追いつかず、院政期に大きな国制の転換を迎えることになるが、その転換には摂関期の段階で用意された部分も少なくない。後冷泉はそのような摂関政治から院政へ、そして古代から中世への移行期の最終盤に在位した天皇であった。

（海上貴彦）

【主要参考文献】

犬養　廉『平安和歌と日記』(笠間書院、二〇〇四年)
上島　享『日本中世社会の形成と王権』(名古屋大学出版会、二〇一〇年)
海上貴彦「藤原頼通の関白辞任―『古事談』説話の検討から―」(『日本歴史』八六六、二〇二〇年)
坂本賞三『藤原頼通の時代―摂関政治から院政へ―』(平凡社、一九九一年)
高橋由記『平安文学の人物と史的世界―随筆・私家集・物語―』武蔵野書院、二〇一九年)
角田文衞「後冷泉天皇の皇子」(『王朝の明暗』東京堂出版、一九七七年。初出一九七一年)
角田文衞「後冷泉朝の問題」(『王朝史の軌跡』学燈社、一九八三年。初出一九七五年)
野口華世「天皇と結婚した三人の孫内親王―道長の孫娘たち―」(服藤早苗・高松百香編『藤原道長を創った女たち―〈望月の世〉を読み直す―』明石書店、二〇二〇年)
伴瀬明美「院政期における後宮の変化とその意義」(『日本史研究』四〇二、一九九六年)
服藤早苗『平安王朝社会のジェンダー―家・王権・性愛―』(校倉書房、二〇〇五年)
服藤早苗「国母の政治文化―東三条院詮子と上東門院彰子―」(同編『平安朝の女性と政治文化―宮廷・生活・ジェンダー―』明石書店、二〇一七年)
服藤早苗『藤原彰子』(吉川弘文館、二〇一九年)
藤井恵介「藤原道長・頼通親子の建築的創造力」(義江彰夫・山内昌之・本村凌二『歴史の対位法』東京大学出版会、一九九八年)
古瀬奈津子「摂関政治成立の歴史的意義―摂関政治と母后―」(『日本史研究』四六三、二〇〇一年)
和田律子『藤原頼通の文化世界と更級日記』(新典社、二〇〇八年)

後三条天皇――垣間見せたもうひとつの院政の形

父：後朱雀天皇
誕生：長元七年（一〇三四）七月十八日
母：禎子内親王
崩御：延久五年（一〇七三）五月七日
諱：尊仁
在位期間：治暦四年（一〇六八）四月十九日〜延久四年（一〇七二）十二月八日
陵墓：円宗寺陵（京都市右京区龍安寺朱山　龍安寺内）

長い東宮時代

長元七年（一〇三四）七月十八日に父後朱雀《ごすざく》（当時皇太弟《こうたいてい》）と母三条《さんじょう》天皇女子禎子《さだこ》内親王の間に生まれる。後朱雀天皇死去により、寛徳二年（一〇四五）正月十六日、兄後冷泉《ごれいぜい》天皇の皇太弟となる。死期を覚《さと》った後朱雀天皇に対して、関白藤原頼通《ふじわらのよりみち》と対抗するその異母弟の能信《よしのぶ》が進言したためであるという〔『今鏡《いまかがみ》』巻二〕。その後、能信娘は後三条に嫁ぎ後の白河《しらかわ》天皇が生まれている。

後三条の皇太弟時代は二十三年間、在位期間は四年であるから、その人生の大部分は天皇となるための準備期間であった。「長い東宮《とうぐう》時代に心静かに学問に向き合い、和漢の学問を極めただけでなく、実際の政治向きのことも深い関心をもっていた」とある〔『続古事談《ぞくこじだん》』巻一―三三〕。

後三条は、現在、『続群書類従《ぞくぐんしょるいじゅう》』一〇輯上所収『年中行事《ねんじゅうぎょうじ》』として伝わる儀式書を著した〔遠藤二〇一五〕。これは、天皇の所作・振る舞いを詳しくまとめており、実践的なマニュアルである。同様に朝廷人事決定手続きである除目《じもく》に関する儀式書も自ら編んでいる〔田島二〇一九〕。まったく口出ししなかった前代の後冷泉とは好対照に除目で積極的に意志を示している〔『古事談』巻一―六三〕が、除目の手続きを熟知したことが自信となっていたのであろう。また有名な荘園整理令での文書審査や記録所《きろくじょ》の設置も、実務に通じていたことを伝える。

実務への深い関心は、その皇太弟付き学士《がくし》からもうかがえる。三名いた学士として一番信頼の厚かったのは藤原実政《さねまさ》だったようだが、注目されるのは、壮年期に新たに招いた老儒者藤原明衡《あきひら》である〔康平六年〈一〇六三〉十一月から治暦二年〈一〇六六〉九月〕〔『本朝続文粋《ほんちょうぞくもんずい》』〕。明衡は平安京市中の世相を活写した『新猿楽記《しんさるがくき》』、あるいは受領《ずりょう》など官人の日常活動に役立つ文例集『明衡往来《めいごうおうらい》』の撰者である。実学志向であった。明衡により実社会のあり様をさらに詳しく学んだことだろう。

このようにして後三条は自ら動く天皇となった。有名な宣旨枡《せんじます》の制定では庭において手ずから砂で計量を行ったとされる。この振る舞いについては賛否両論あり、本来天皇とは「幽玄《ゆうげん》」〔存在するか定かでなく、むしろそれゆえに奥深い様〕であるべきと考える人は、狂気の沙汰と眉をひそめたという。

院政期になり天皇・上皇は「神」から「人」へ転じたとも評価されるが〔石井一九九五〕、後三条の行動はその先駆けであり、東宮時代の研鑽が大きく影響していたと思われる。

それにしても皇太弟時代は長すぎた。その末期には、帝位をあきらめ、上皇がつける立烏帽子《たてえぼし》を着用したという〔『古事談』巻一―五七〕。

しかし、時として即位への焦燥をつい漏らすこともあった。護持僧《ごじそう》成尊《せいそん》に、「私は毎月北斗七星を祈る密教修法を行っているが、これは帝位につくことを祈っているのではない。むしろついつい自分が天皇となったときのことを、つい妄想してしまうのが、後冷泉への不忠にあたり、そのことを反省して祈っているのだ」と告げた。成尊は、後三条の立場の不憫さに思わず涙した、とされている〔『古事談』巻一―五六〕。

即位時点の屈辱・平安宮再建

治暦四年（一〇六八）四月十九日、念願の即位を果たし五年間弱の在位期間で多様な政策を実施した〔『天皇皇族実録』、石井一九九五、美川二〇一六〕。しかし、即位直後は速やかに解決すべき大きな困難に直面していた。平安宮殿舎群がなかったことである。喫緊の課題は即位行事に必要な大極殿《だいごくでん》（即位式）・八省院《はっしょういん》（大嘗祭《だいじょうさい》）・豊楽院《ぶらくいん》（豊明節会《とよあかりのせちえ》）不在であった。

十世紀後半以後、頻繁に平安宮内裏火災があり、いくつかは放火の可能性も高く、朝廷社会に暗い影を落としている。ただしその再建は速やかに着手され、即位関連の諸行事は先例通り平安宮で実施されていた。後冷泉即位もそうであった。

しかし後冷泉在位中、康平元年（一〇五八）の焼亡後、再建事業は容易には着手されなかったのである。その一方で、ほぼ同時期に焼失した摂関家の法成寺《ほうじょうじ》（治暦元年〈一〇六五〉十月金堂《こんどう》再建）、遅れて焼失した興福寺《こうふくじ》（康平三年焼失、治暦三年再建完了）が再建され、さらに途中には藤原頼通の平等院《びょうどういん》の塔も造立されている（康平四年十月）。建築資材や労働力がこれらに投入された結果、平安宮再建が先送りされた形となっている。天皇家より摂関家の事業が優先されたのである。

頼通は後三条の即位に消極的であったと言われる。平安宮が再建されないことは譲位・即位を引き延ばす口実にもなるから、先送りは頼通の意向によるものだろう。

大極殿跡の碑　京都市上京区

このようにして、平安宮不在のまま即位した後三条はこれまでのしきたりを守れない初めての天皇となる。これは統治者としては汚点であり、屈辱であった。

即位後ただちに後三条は大極殿再建を公卿に話し合わせている（五月十一日）。平安宮再建に着手したのである。統治者としての威信回復のためには、これは当然と言える。あるいは大極殿での即位式を目指したものと思われるが、早急な再建が難しいことがただちに判明したのであろう。迅速に現実的かつ柔軟な方向転換を行い、大極殿ではなく、太政官庁にて行っている（七月二十一日）。大極殿以外での即位式は、内裏で遂行した冷泉天皇以来である。この天皇はとかく問題の多い人物であったから、後三条としては不本意だったろうが、内裏（紫宸殿《ししんでん》）が焼失していたことで、その完全な踏襲とならずにすんだのはせめてもの救いだったかもしれない。

なお即位式の御輿渡御のとき、天慶例（村上《むらかみ》即位）により先払いの声がなかったという。村上天皇は天皇親政の見本とされた天皇であり、それに倣《なら》うことでリカバリーを狙ったものだろう。また、移動の道すがら先例のない大日如来《だいにちにょらい》の印を結ぶ密教所作をした〔樋笠二〇一六〕。大日如来は密教の至高尊であるから、半人前の即位儀礼を密教の力で補おうとする代償行為なのであった。このとき、印・真言を後三条に授けたのは、前述の護持僧成尊だった。待望の時を迎えた主君を全面的に支援すべく、丹精に秘法を教えたことだろう。

残る大嘗祭は従来通り八省院跡に大嘗宮を設置し、同年十一月二十二日に遂行している（ただし節会は豊楽院不在により太政官庁で実施）。

荘園整理令・宮城使・宣旨枡

この間も大極殿造営事業は順調に立柱上棟（十月十日）へと進む。内裏造営の再建計画も後三条の御前で審議された（十二月二十日）。ただ翌延久元年（一〇六九）は内裏造営には不吉な年という占い結果により中断される。しかし後三条は手をこまねいてはいなかった。財源確保のため、有名な延久の荘園整理令を出す（二月二十三日）〔詫間二〇〇三〕。後冷泉天皇即位後の寛徳二年（一〇四五）以後の新立荘園や正当な証拠なく受領の国務を妨害する荘園の停止を命じ、その十ヶ月後には証拠文書の審査を行う記録荘園券契所《きろくしょうえんけんけいじょ》（記録所）を設置した。内裏造営に際して、荘園整理令が出されるのは先行する後朱雀・後冷泉以来の基本原則であるから、それを単純に踏襲したものであるが、記録所の設置はそれまでにない積極性を示す。

ただし、最大の荘園領主であった前摂関頼通は一枚上手であった。先のように内裏造営は荘園整理令を伴うのが慣例であったから、新天皇後三条が内裏造営に着手し、そのため荘園整理が実施されることは十二分に予想された。頼通は先手を打つ。後冷泉死去の直前に、複数荘園の一括認可を申請し、それを認める太政官符を得ていたのである。これを覆すことは後三条でも不可能であった。ただこれをもってまったく効果がなかったというのは正しくはないだろう。延久元年中には平安宮外構の大垣再建を開始し、若干時間は要したものの、内裏（延久三年八月二十八日）、大極殿（延久四年四月）が完成している。荘園整理令は国衙《こくが》財源復興に十分効果があったと見るべきである。

後三条は平安宮の外回りの塀である大垣のメインテナンスも重視した。担当官司として宮城使《きゅうじょうし》を設置（延久三年三月二十七日）、さらに恒常的な修繕費用を諸国に割り当てている。これも荘園整理による国衙財務好転の反映だろう。費用は国司の交替時でも前司・後司に応分に負担させることで、切れ目ない財源確保をはかるというものであったが、前後で公平となるように統一の基準を定めた。これこそが宣旨枡である（延久四年九月二十九日）〔詫間二〇〇三〕。実務家の面目躍如である。

かくして五年間で平安宮はほぼ完成し、後三条の権威を示したのである。

ところで内裏造営が再開された延久二年六月に、阿波国司に対して、国内有力神社への朝廷よりの祈年《とし》・月次《ごい》祭《つきなみ》の幣物が届けられていない怠慢を戒める宣旨が出されている〔『藤原師通《もろみち》日記』永長元年二月四日条〕。また後世の伝承にはなるが、後三条のときに、摂津国広田《ひろた》社（兵庫県西宮市）前の沖合で、国々よりの貢ぎ物が海に沈むことが多発したので、いったんはそのことを責める宣旨を広田社に下す。しかし逆に神社で怪異が発生したため驚き謝罪したところ、かえって貢ぎ物が沈むこともなくなったという。さらに延久二年八月三日、上総国の一宮ご神体が「今は明王の治世であるので、若宮を産むことにした」と託宣した。その通りに海から新しいご神体（若宮）となる明珠が流れ着いたという伝承もある〔いずれも『古今著聞集《ここんちょもんじゅう》』巻二〕。

地域の神社側が後三条を名君としているのは、彼が諸国神社への崇敬策をとったからで、それは、国衙在庁官人に代表される地域名望家集団の支持を得るためだろう。これもまた平安宮再建のための国衙財務改善には有効だったはずである。

御願寺円宗寺とその仏事

荘園整理による受領財務好転の結果と思われる事業として、御願寺円宗寺《ごがんじえんしゅうじ》の造営がある〔平岡一九八一、遠藤二〇〇八〕。後三条天皇は十世紀末に始まる円融《えんゆう》天皇の系列であるが、同皇統の直系天皇は「円」で始まる御願寺を、平安京西北郊外の宇多《うだ》天皇御願寺仁和寺《にんなじ》地域に建立した。いわゆる四円寺《しえんじ》である。後三条は、これに倣い延久二年（一〇七〇）十一月二十六日、円明寺《えんみょうじ》（円宗寺に改号）を完成させている。父後朱雀の円乗寺《えんじょうじ》がその死後大幅に遅れて後冷泉の時代にようやく落慶供養を迎えたのとは大きな違いである。荘園整理令により円滑に受領が協力できるようになったためであろう。

円宗寺は他の四円寺と違い、中枢堂舎である金堂《こんどう》があった。大規模法会ができる規模だったのである。それまでの四円寺が願主天皇の追善供養の場に留まったのに対して、僧侶昇進に繫がる教学振興のための論義会《ろんぎえ》を開催するにいたる。円宗寺最勝会《さいしょうえ》・法華会《ほっけえ》である。

延久四年十月二十五日の円宗寺法華会の論義は、延暦《えんりゃく》・園城寺《おんじょうじ》の天台僧に有利な論題設定となっており、そこで所定の役を果たした僧侶は高僧である僧綱《そうごう》位昇格の資格を獲得できたから、明らかに天台宗を優遇する法会であった〔平岡一九八一〕。同法会出仕僧の花形役（講師《こうじ》）が天台寺門派の園城寺僧であったこともその一環であろう。

それまでの昇格法会は、宮中御斎会《ごさいえ》と興福寺維摩会《ゆいまえ》・薬師寺最勝会であり、南都奈良の法会で藤原氏の氏寺興福寺は優位性があった。京都北京《ほっきょう》の法会は、それを超えるためと言える。また、当時存在感のあった論義法会である摂関家法成寺八講《はっこう》に対して天皇家の優位性を示すことも意図したものかもしれない。

密教への依存

即位式の際に密教作法を行ったことは、後三条の真言密教への傾倒、言い換えるならば利用・依存を示している。それに対する報償であろう。後三条即位後にそれまで三十三名であった僧綱位の定員を三十七名に拡大しているが、そのとき、追加された四人分は密教僧〈東寺系二、園城寺系二〉であった〔『僧綱補任《ぶにん》』〕。また延久四年（一〇七二）十一月二十九日、延暦・園城・東寺にそれぞれ御願寺を建立し、密教秘法を伝授する阿闍梨《あじゃり》三口を設置した。

密教依存は後朱雀以来であり〔斎木二〇一五〕、それを継承・発展させたわけだが、東宮時代に仁和寺性信《しょうしん》の加持祈禱により自らの病が治癒したこともあり〔治暦元年〈一〇六五〉八月十三日・三年八月十三日〕、その経験も背景にあった。

さらにより隠微な問題もあった。

いつまでも即位できない不遇を後三条がその護持僧真言僧成尊に漏らした逸話をさきに触れたが、これには後日談がある。成尊は後三条の望みを叶えるべく小野勧修寺《かじゅうじ》において後冷泉天皇呪詛《じゅそ》のため愛《あい》染王法《ぜんおうほう》の祈禱をしたという。これは当時の密教僧の複数のテキストで確認できる。真実のいかんはともあれ、密教僧間で周知の事柄であった〔奥田二〇〇三〕。もちろん後冷泉を呪詛したなどという噂は後三条にとっては不都合である。そうした不都合な事実が表沙汰とならないように密教僧を優遇したと言えるだろう。

優遇の対象は寺院に留まらない。
石清水八幡宮《いわしみずはちまんぐう》摂社の剣御前《つるぎごぜん》（本尊不動明王）の下には、後三条が東宮時代に後冷泉呪詛のために剣を埋めたという伝承が、鎌倉前期の石清水八幡にあった〔「宮寺縁事抄」巻一末、『大日本古文書 石清水文書』第五巻〕。

治暦五年三月十五日代始石清水行幸の行き帰り二度、後三条の牛車《ぎっしゃ》の長柄《ながえ》が折れる。後三条と廷臣は大きく動揺した。天皇病気・兵乱の予兆という占い（四月十二日）に後三条の一年間の物忌《ものい》みと決している。ただ同年末にも宇佐八幡《うさはちまん》が鳴動《めいどう》するなど石清水八幡周辺では怪異が継続した。翌延久二年八月十五日石清水八幡宮放生会《ほうじょうえ》を勅祭化、上卿《しょうけい》・弁官《べんかん》派遣が恒例となる。これは伊勢神宮・春日大社の祭礼に並ぶ格別の厚遇である。その折の宣命《せんみょう》によれば、昨年度、即位の暁には放生会期間を一日増加し三日間とするという東宮時代の約束を果たしたが、なお崇敬を示すためとある〔「宮寺縁事抄放生会京官参事」、『大日本古文書 石清水文書』第五巻〕。おそらくは、行幸時以来のできごとを、呪詛に対する報償の少なさへの不満の表明と解釈し、その怒りを収めるための計らいと考えるのが妥当だろう。

このように後三条と呪詛は深い関係がある。ただし、御願寺円宗寺には密教のための堂舎は置かなかった。追加は次の白河天皇によってである〔黒羽二〇一三〕。いまだ慎重で抑制的な面があったようである。

天皇家の自立と院政の可能性

かつて後三条は摂関政治を否定して天皇親政を目指した、と理解された。天皇所作の儀式書撰述など、確かにそうした面はあるが、必ずしも摂関という役職そのものとそれを世襲する藤原道長の子孫の排除ではなかった。自らの関白は頼通兄弟の教通《のりみち》であったし、東宮（のちの白河天皇）の后には頼通の子師実《もろざね》の養女を迎えた。また受領が成功《じょうごう》により四年の任期をもう一回繰り返す重任《ちょうにん》成功を禁止したものの、関白教通の反対をうけて興福寺造営でのそれは例外として容認した〔『続古事談』一―三三〕。妥協する柔軟性を兼ね備えていたのである。

ただし皇位継承については別で、延久四年（一〇七二）十二月八日の白河への譲位に際して、次の東宮に実仁《さねひと》を立て、さらに万が一実仁が死去した場合には、その同母弟輔仁《すけひと》が次の継承者であると遺言した。彼らの母は三条天皇皇子小一条院の孫であったから、三条系との統合への意志は強固であった。天皇家内部での「純潔性」へのこだわりである。譲位によって皇位継承を統御した点にこそ、摂関に拘束されない天皇家の自立があった。

後見である上皇・院が強い皇位継承決定権を握る点で後三条による院政開始とみることもできる〔美川二〇一六〕。おそらく中継ぎにすぎない白河天皇の政治に介入し、時期をみてすみやかに実仁の即位を果たしただろう。これとは別に、天皇内廷財務の中心である内蔵寮《くらりょう》の長官を近臣の受領に兼任させたことや、譲位後、円宗寺の正月年頭仏事修正会《しゅしょうえ》に公卿を引き連れて臨席したことなど、のちの白河院政の先取りもしている。もし後三条が生きながらえていれば、白河と同じになっていた可能性もある。ただ平安宮内裏を優先した点で、後三条はなお伝統的な政治を志向しており、この点は白河と違う。もうひとつの院政の形となったかもしれない。

いずれにせよ、譲位から半年後、延久五年五月七日に後三条は病没する。園城寺での受戒《じゅかい》のための戒《かい》壇《だん》設置許可が、延暦寺の反対により実現できなかったことに憤った園城寺僧が、同鎮守新羅《しんら》明神《みょうじん》に呪詛を願ったためとも言われる〔「新羅明神記」、池田二〇一一〕。即位といい、後三条には呪詛の暗い影がまとわりついている。これは白河天皇・院の時代に引き継がれることとなる。

（遠藤基郎）

【主要参考文献】

池田陽平「天台座主の任命原則と園城寺戒壇問題（2）」（『政治経済史学』五三六、二〇一一年）
石井　進「院政」（『日本歴史大系』三　貴族政治と武士原始・古代、山川出版社、一九九五年。初出一九八五年）
遠藤基郎「摂関期の天皇家王権仏事」（『中世王権と王朝儀礼』東京大学出版会、二〇〇八年）
遠藤基郎「後三条・白河院の年中行事」（田島公編『禁裏・公家文庫研究　第五輯』思文閣出版、二〇一五年）
奥田静代「後三条天皇と護持僧・成尊」（『國文論叢』三三、二〇〇三年）
宮内省編修『天皇皇族実録』七九、書陵部所蔵史料目録・画像公開システム https://shoryobu.kunaicho.go.jp/Kobunsho（二〇二三年三月二十七日閲覧）
黒羽亮太「〈円成寺陵〉の歴史的位置」（『史林』九六―二、二〇一三年）
斎木涼子「摂関・院政期の宗教儀礼と天皇」（『岩波講座　日本歴史』第五巻・古代五、二〇一五年）

詫間直樹「延久度造宮事業と後三条親政」（『書陵部紀要』四〇、二〇〇三年）
田島　公「『無題号記録』解説」（前田育徳会尊経閣文庫編『尊経閣善本影印集成四九　無題号記録　春玉秘抄』八木書店、二〇一一年）
田島　公「除秘抄」（『明治大学図書館所蔵三条西本　除目書』八木書店、二〇一九年）
樋笠逸人「嘉承二年の『御即位次第』について」（『歴史文化社会論講座紀要』一三、二〇一六年）
平岡定海「四円寺の成立について」（『日本寺院史の研究』吉川弘文館、一九八一年）
美川　圭『後三条天皇』（山川出版社、二〇一六年）

白河天皇——歴史を変え始めてしまった皇統への執念

父：後三条天皇
誕生：天喜元年（一〇五三）六月十九日
母：藤原茂子
崩御：大治四年（一一二九）七月七日
在位期間：延久四年（一〇七三）十二月八日～応徳三年（一〇八六）十一月二十六日
陵墓：成菩提院陵（京都市伏見区竹田浄菩提院町）
諱：貞仁

五十有余年の専政の君

「天下を治めること五十七年、その間の天皇は自らをいれ四人。尊い明君にして長きにわたる君主。ほしいままに人事をとりおこなった。比類なき王である」（『藤原宗忠日記《ふじわらのむねただにっき》』大治四年〈一一二九〉七月七日条）と貴族に賞賛され、自身も、「思うままにならないものはただ延暦寺《えんりゃくじ》の悪僧《あくそう》と鴨川の洪水、そして双六《すごろく》のサイの目だけだ」（『平家物語《へいけものがたり》』）と自ら豪語した専制君主であったとされる。ただしその権力は最初から約束されたものではなかった。むしろ逆である〔美川・佐古・辻二〇二一〕。

彼は、天喜元年（一〇五三）に当時皇太弟《こうたいてい》であった父後三条《ごさんじょう》と母藤原能信《よしのぶ》養女との間に誕生した。岳

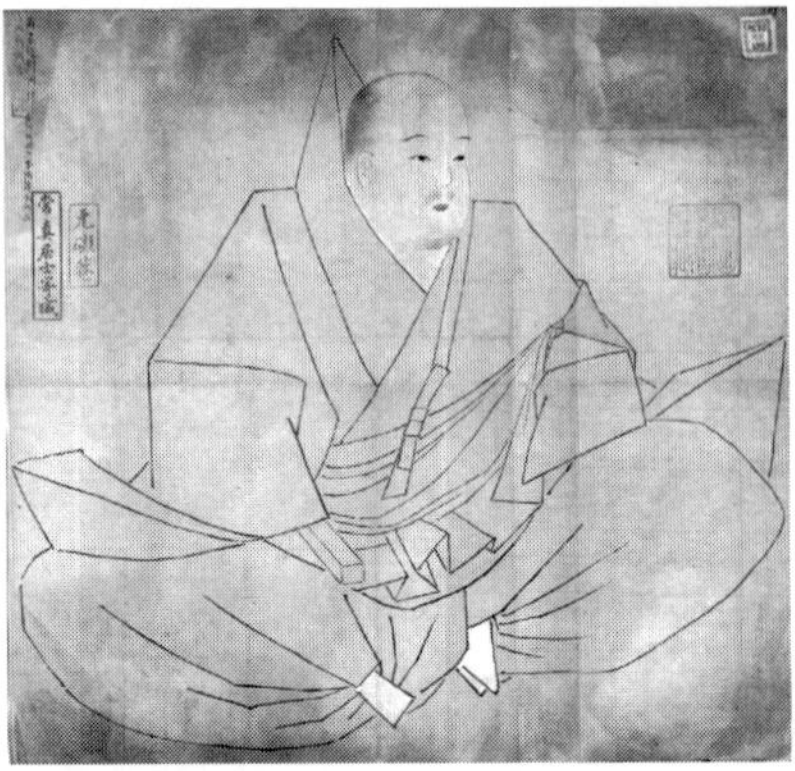

白河法皇画像　国立国会図書館蔵

父能信は藤原道長《みちなが》の男子であったから、血筋は決して悪くはない。後三条が位を譲ったのは白河《しらかわ》であったものの、父が定めた真の皇位継承者は、三条天皇系異母弟の皇太弟実仁《さねひと》・皇子輔仁《すけひと》であった。白河は一代限りの中継ぎの天皇でしかなかったのである。

後三条の遺志にあらがい

しかし運気は彼にあった。父後三条と皇太弟実仁の死である。これにより応徳三年（一〇八六）、息子堀河《ほりかわ》天皇への譲位を実現する。ところが嘉承二年（一一〇七）にその堀河が急死し、最大のピンチを迎えた。問題は白河の血統に繋がるのがわずか四歳の宗仁《むねひと》親王（鳥羽《とば》天皇）のみだったことである。堀河天皇に続いての幼主である。幼主は例外というのがそれまでの常識である。またこれまでの最年少は一条《いちじょう》天皇の七歳であった。四歳はそれを更新する。

後三条指名の輔仁は存命で、朝廷内にはそれを支持するグループもいたから、これはかなり無理筋であった。白河は自ら復位をも考えたが出家の身ではむずかしく、結局鳥羽即位を強行した。

幼主である以上、その身辺で補弼《ほひつ》・代行するものの役割が極めて重要である〔樋口二〇一八〕。白河自身にはそれができない。上皇と天皇の同居はタブーだったからである。次に重要なのは摂政であり、堀河天皇の関白藤原忠実《ただざね》が順当である。忠実は、白河自身の関白藤原師実《もろざね》（頼通息《よりみち》）の孫にあたる。師実は白河后の賢子《かたいこ》（堀河母）の養父でもあり、白河の信任は厚かった。師実没後、すでに父師通も亡くしていた忠実の政治的立場は弱かったが、白河は二十五歳年下の忠実を積極的に支援した。

しかし大きな問題があった。忠実と鳥羽天皇は直接の血縁がなかったのである。一方、鳥羽のオジにあたる藤原公実《きんざね》は自ら摂政を望む。それまでの摂政はすべて幼主の外戚《がいせき》（祖父・オジ）であったから、公実は有利であった。結局、公実に反対する意見もあって、苦慮の末白河は、これまでの慣習を破り忠実を選んだのである。異例ずくめの鳥羽・忠実体制の発足は、朝廷内で不満や疑念をもって受け止められたであろうから、安定した政権運営により周囲を納得させ、正当性を獲得する必要が白河にはあり、主導性を発揮した〔美川・佐古・辻二〇二一〕。

鳥羽・忠実の政治が安定するように、摂政忠実と密に連絡をとり、細やかな指示・支援を行う。連絡役は、朝廷実務の要職である蔵人《くろうど》・弁官《べんかん》であり、当時の日記に連絡役としての彼らの多忙な姿が書き記されている。人事案件では、白河の案を示した人事候補名簿＝「任人折紙《にんじんおりがみ》」に従って、内裏内での除目《じもく》が行われた。このような遠隔操作のためには、天皇居所と白河居所が近いほうが合理的である。天皇居所は院御所に近い里内裏に固定し、平安京内裏は鳥羽以降、儀式用の一時利用以外は使用されなくなった。また白河は京外の鳥羽御所に頻繁に行ったが、政治向きの事案では必ず旧市街地の院御所にもどっている。

公卿の合意形成方法も変化があった。自らが関係した寺社強訴《ごうそ》対応のために院御所に有力貴族を集めて協議を行うことは以前からあったが、この時期から、扱う範囲が大幅に拡大し、本来、内裏内陣定《じんのさだめ》で話し合われた朝廷内部の議題も扱うようになる。もちろん白河の考えを追認するだけの場合も多かったであろうが、公卿側の意思表明と院と公卿集団の意思疎通において、形式的にせよ合意形成の場であった。天皇・摂政との細やかな連絡と並び、あからさまに独断という形にならないための政治的配慮といえる。

形式的には復位を断念したものの、実態としては復位したに等しかったのである。

法勝寺と多数の仏事

人々の支持を集めるためのイベントも目立つ。白河は九州ついで中国地方で反乱を起こした河内源氏《かわちげんじ》源義親《みなもとのよしちか》を平正盛《たいらのまさもり》に命じて鎮圧させた。すばやく報償を出すと共に、その凱旋《がいせん》行列を、熱狂する民衆とともに見物した。鳥羽天皇即位の六ヶ月後、天仁元年（一一〇八）正月二十九日のことである〔『藤原宗忠日記』同日条〕。政権の治安維持能力を示すものといえる。

イベントという点では、多数の仏教行事（法会・修法）と堂舎造営・仏像建立こそ白河が何よりも注力したものである〔美川・佐古・辻二〇二一〕。大治四年（一一二九）七月十五日、白河の葬儀の当日、次のように語られたという〔『藤原宗忠日記』同日条〕。

院は多くの善根《ぜんこん》（善行）を施した。仏像図は五四七〇余躰《たい》、生丈仏五躰、丈六一二七躰、半丈六六躰、等身三一五〇体、三尺以下二九四〇余躰、そして七つの寺院・堂舎、塔二十一基、小塔四四六六四〇余基、さらに金泥《こんでい》一切経書《いっさいきょうしょ》を書写、それ以外にも真言秘法の実施は千万壇、特にこの二、三年は諸国に殺生禁断を命じた。まさに大善根というべきだ、と。

まさに仏教を保護する金輪聖王《こんりんじょうおう》というにふさわしい。その起点にして、もっとも重要な拠点が鴨川東岸北部白河の地にあった法勝寺《ほっしょうじ》である。

法勝寺造営事業の開始は、後三条死後の二年後であり、承暦元年（一〇七七）には落慶供養を行っている。即位からまもなくの建立は、父後三条の円宗寺《えんしゅうじ》を倣ったものだった。他に金堂《こんどう》を持つ独立寺院であること、あるいは延暦寺《えんりゃくじ》・興福寺《こうふくじ》など有力四か大寺による論義法会《ろんぎほうえ》である大乗会《だいじょうえ》開始も同様である。法勝寺大乗会は、円宗寺法華会《ほっけえ》・最勝会《さいしょうえ》とともに北京三会《ほっきょうさんえ》として僧綱《そうごう》昇進の場となった。円宗寺の路線を継承したとも言えるのだが、実は大きな断絶がある〔遠藤二〇〇八〕。

円宗寺はこれに先行する他の三つの天皇御願寺《ごかんじ》と同じ、京都北西の仁和寺《にんなじ》地区で、「円」を含む寺名だが、法勝寺はそれらを継承していない。仁和寺地区は宇多《うだ》天皇以来の天皇家ゆかりの地であるのに対して、白河地区は、摂関家出身の国母《こくも》上東門院《じょうとうもんいん》の邸宅跡で関白師実が献上したものだから、道長以来の摂関家遺産の継承でもあった。

またこれ以前の天皇家御願寺では、一代限りの傍系の例はないから、皇太弟がおり中継ぎとされた白河が、こうした大規模な御願寺を建立することは異例である。さらに奇抜なのは九重塔である。前代未聞の高さであるこの塔は、皇子善仁《たるひと》親王（のちの堀河天皇、当時二歳）のためであった。法勝寺は明らかに、後三条の遺志に背き自らの系統に天皇の位を導くための舞台・装置と考えられる。

なお法勝寺は、道長建立の法成寺を意識したという考え方がある〔上島二〇〇一〕。ただ白河の少年時代は頼通による法成寺再建（康平二年〈一〇五九〉から治暦元年〈一〇六五〉）があったから、会ったこともない曽祖父より本人の感覚ではむしろ大叔父でかつ義理の祖父にあたる頼通を意識するほうが多かったのかもしれない。

ともあれ、彼は法勝寺を会場にさまざまな法会を行い、仏教の大旦那として振る舞う。たとえば、幼主鳥羽天皇即位後の天仁元年十月からは、それまで平安宮大極殿《だいごくでん》を会場とした千僧御読経《せんそうみどきょう》なる大規模法会の会場を法勝寺に移し、自ら臨席し参加僧侶に布施を振る舞っている。また法勝寺での一切経供養が、たび重なる雨のために何度か延期となったことに怒った白河が、雨を器に溜め、雨を捕らえたと称して検非違使《けびいし》に投獄させた逸話〔『古事談』一〕がある。この時期の日本では大陸（宋《そう》・高麗《こうらい》）の影響で、すべての経典を揃えた一切経供養が流行していた〔上川二〇〇八〕。頼通による平等院一切経がよく知られる。白河はこれに倣《なら》い在位中から、金字で書かれた一切経書写事業を法勝寺で行っており、その完成を記念する供養が、鳥羽即位から三年後、天永元年に行われた。逸話はそのときのものである。一切経会供養で人々の耳目をひいたのは、広大な中庭で行われた舞楽奉納である。華やかな舞楽は、出席する貴族・僧侶に対して自らの力をアピールするには絶好の機会であった。それを妨げられたために、雨を捕らえるなどというやや子供じみた振る舞いになったのである。

さらに、白河地区の天皇家寺院は法勝寺にとどまらなかった。堀河天皇が尊勝寺《そんしょうじ》、鳥羽天皇が最勝寺《さいしょうじ》を建立し、かつての仁和寺地区を超える天皇家御願寺地域となっていった。特に尊勝寺での灌頂は重要である。これは密教伝授儀式の一種であり、真言僧の昇進機会を提供した。顕教の法勝寺と密教の尊勝寺は、それぞれ僧侶世界の秩序を形成する役割を担うこととなったのである。

本来、天皇家にとって平安京内での象徴空間は平安宮内裏だったが、鴨川東岸の白河六勝寺《りくしょうじ》地域は、これに変わる新しい空間となった感がある。

白河の三大不如意のひとつに鴨川洪水があるが、鴨川対岸にある白河地区への往来の障害となることも困難の理由のひとつであろう。同地域の重要性を暗に示していると思われる。

うち捨てられる平安宮内裏

一方で本来の象徴空間である平安宮内裏は放置されていた。白河は、父後三条とは違い平安宮内裏に拘りがなかった〔詫間二〇二二〕。まず後三条死後早々に大極殿と並ぶ重要儀式会場である豊楽院《ぶらくいん》再建を中止した。在位中の永保二年（一〇八二）の内裏焼亡後も、再建には着手しなかった。およそ五歳から十八歳の多感な時期には、平安京内裏は存在しなかったから、白河はその必要性をあまり感じていなかったのかもしれない。

再建しない一方で、譲位直前には、京都南郊に広大な鳥羽殿を造営した。殿舎造営は近臣受領《ずりょう》一名の重任功、広大な庭園造作の力役は全国の受領が動員された。同地域には公卿以下の邸宅も構えられ、あたかも都移りの様であったという〔『扶桑略記』〕。庭園を伴う郊外型の大規模施設という点では、頼通の宇治殿《うじどの》・平等院《びょうどういん》を模倣したものであった。

なお内裏は、関白師通主導で康和二年（一一〇〇）に再建され、その後、成人である堀河天皇が三年間程度使用したものの、鳥羽・崇徳《すとく》は、儀式の一時的利用以外には、放置状態となった。おそらくは、幼主には広大な平安宮内裏は不向きであること、そして平安宮に上皇は入れないという原則が、白河が天皇の後見として指導・監督する上で障害になること、などがその理由だろう。

平安宮内裏の造営・維持財源は、里内裏や院御所、そして天皇家の御願寺に当てられることとなったのである。

鎮守神への畏怖と武士の登用

法勝寺他での法会によって、僧侶世界の秩序をコントロールした点や、最大のパトロンである点など、金輪聖王として仏教界に君臨し、それを統制した〔平一九九二〕とも言えるが、同時に神仏への畏怖への裏返しでもあった。

白河の周辺では呪詛《じゅそ》死疑惑事件が目立つ。後三条護持僧成尊《せいそん》による後冷泉《ごれいぜい》、園城寺鎮守新羅明神《しんらみょうじん》による延久五年（一〇七三）の父後三条〔『新羅明神記』〕、園城寺僧頼豪《らいごう》による承暦元年（一〇七七）の白河皇子敦文《あつふみ》〔『愚管抄《ぐかんしょう》』〕、春日明神の寛治六年（一〇九二）の白河（ただし体調不良）〔『春日権現験記《かすがごんげんげんき》絵《え》』〕などがあるが、とりわけ延暦寺鎮守日吉《ひえ》明神による承徳三年（一〇九九）の師通の呪詛死〔『愚管抄』〕は強いインパクトを残した。師通の命令で延暦寺悪僧の強訴を押さえようとした武士が、担ぎ出された日吉明神の神輿に射かけたことへの報復であった。

自らの皇統の権威上昇のために白河が招いた僧侶は、延暦寺・園城寺・興福寺・東大寺・仁和寺・醍醐寺など中央門閥顕密寺院にほぼ限定された。これらを優遇して僧位僧官制度を運用した。この時期から多発・激化する寺社強訴はこうした方針も意識したものだろう。いわば白河の優遇に乗じたというわけである。

強訴の原因はさまざまである。寺院間の対立、寺院と受領との対立、白河自身による寺内人事への介入などがある。特に強行だったのは延暦寺・興福寺で、それぞれ鎮守の神輿・神木を担ぎ出した武具携帯の覆面僧侶の大集団は、都を混乱に陥れた。先に見た鎮守の呪詛の力をアピールした恐怖の圧力である。有名な白河にとっての三大不如意に延暦寺悪僧が挙げられるのは、この恐怖に由来する。

王都の静謐《せいひつ》を守ろうとする白河は、それまでの河内源氏に加えて、伊勢平氏《いせへいし》を登用する〔美川・佐古・辻二〇二一〕。しかし彼らに課されたのは強訴の京内侵入の防御にとどまる。武力による鎮圧や追討を目的としたのではない。あくまでも抑止目的であった。後世の織田信長の焼き討ちに比べれば生ぬるいものだった。その理由は、鎮守の報復＝祟りを畏怖したからに他ならない。実際のところ、強訴とは、中央大寺院の優遇と鎮守への畏怖を計算にいれた仏教側の示威行為と言える。その意味で、白河と寺院は共依存だった。

一番利を得たのは動員された軍事貴族の武士であったのかもしれない。それまで彼らの活躍の場は主に地方での反乱鎮圧・治安維持であったが、強訴防衛により中央での存在感を大幅に上昇させたからであった。その政治的地位は確実に上昇し、白河没約三十年後の保元平治の乱では決定的な役割を果たし、「武者《むしゃ》の世《よ》」（『愚管抄』）をもたらす。

もちろんそれは、白河の意図ではないが、強訴対応の武士登用は、時代の変化の始まりであった。こうしたことは他にもある。

受領規制の撤廃

白河は、御願寺・御所造営・仏像建立などの財源として受領成功《じょうごう》を積極的に採用した〔美川・佐古・辻二〇二一〕。成功では、財務能力だけでなく造営事業の能力が問われることとなり、それに長けたものが有利となる。格差の発生である。

これまた白河没後の述懐である。白河のときに初めて出現したことは以下六点であったという〔『藤原宗忠日記』大治四年七月十五日裏書〕。

成功として受領の負担する額が、飛躍的に上昇した。十代前半の超若年受領が登場した。全六十余国の半数が特定の人々の間で占有されるようになった。親子合わせて一家で同時に三、四ヶ国独占することが出現した。神社・寺院・貴族に給与である封戸《ふこ》を支払うべき受領が、その義務を一切果たさなくなった。

要は、多額の成功を負担できる特定数人の貴族とその一族の間で受領ポストが独占されるようになり、他のものの機会が失われてしまったこと、そして伝統的給与である封戸制度が機能不全となったと述べている。

このうち、超若年受領と一族複数同時独占とは、実態としては同じことで、いわゆる知行国《ちぎょうこく》のことを指している〔五味一九八四a〕。つまり、若い息子たちを受領につかせ実際は父親が知行国主ということである。さらに成功財源に流用されたのは寺社や貴族に収められるべき封戸であった。御願寺造営など院への奉仕が優先され、他の権利が犠牲となったのである。

かくして有力受領の性格は、院に経済面で奉仕する役職へと変質してしまったのである。本来の地方行政長官という性格は急速に後退する。この時期以降受領は、現地に行かず在京が定着し、現地には代理人である目代《もくだい》のみを派遣するようになる〔五味一九八四b、佐藤二〇〇一〕。遥任《ようにん》である。高位公卿である知行国主の拡大はそれに拍車をかける。

当初現地の在庁官人《ざいちょうかんじん》は受領の下向を強く要求していた。在庁官人の力は中央貴族である受領の権威に支えられていたからであろう。受領の対応はせいぜい任期末に短期間、一宮など国内有力神社に参拝する程度であった。下向を求める在庁官人に、むしろ受領は自らへの忠誠を見て過信すらしたのではないか。しかし、現地と受領の対面業務が失われたことの影響は極めて大きかった。やがていくつかの曲折を経ながらも、新たな中央との、あるいは地域内での結びつきを追及する在庁官人層・地域勢力の自立を促進していく。

また、この時期に北方において謀反人藤原清衡《きよひら》が地域権力を確立する。白河自身のこれに対する姿勢は黙認というか、放置というのが適切である〔遠藤二〇〇五〕。受領遥任が定着することと相通じるものと言える。

きたるべき新しい時代への実行キーをたたく

後三条の意志に反して自らの皇統を残すことこそ白河の最大の課題であり、そのため仏教の大檀那《おおだんな》として振る舞うために、大規模な造営事業と仏教イベントを行った。中央大寺院の優遇や、財源確保の手段として従来は抑制された優遇措置のための規制緩和が選択実施された。

その結果、寺院強訴と受領遥任が起こり、さらに武士の成長と国衙を介した京都と地域の隔離、地域の自立を引き起す。最終的に白河の没後約五十年後に治承・寿永の内乱、そして頼朝の政権の登場となるわけで、白河自身はまったく想像すらしていなかったものの、意図せずに朝廷の単独優位が崩れ新しい社会にいたるプログラム起動のキーを押したとみることもできる。

（遠藤基郎）

【主要参考文献】

上島　享「藤原道長と院政」（『日本中世社会の形成と王権』名古屋大学出版会、二〇一〇年。初出二〇〇一年）
遠藤基郎「院政期の天皇家王権仏事」（『中世王権と王朝儀礼』東京大学出版会、二〇〇八年）
遠藤基郎「平泉藤原氏と陸奥国司」（入間田宣夫編『東北中世史の研究』上、高志書院、二〇〇五年）
上川通夫「一切経と中世の仏教」（『日本中世仏教史料論』吉川弘文館、二〇〇八年）
五味文彦「院政期知行国の分布と変遷」（『院政期社会の研究』山川出版社、一九八四年a）
五味文彦「前期院政と荘園整理の時代」（『院政期社会の研究』山川出版社、一九八四年b）
佐藤泰弘「平安時代の国務文書」（『日本中世の黎明』京都大学学術出版会、二〇〇一年）
平　雅行「中世移行期の国家と宗教」（『日本中世の社会と仏教』塙書房、一九九二年）
詫間直樹編『新皇居行幸年表』（八木書店、二〇二一年）
樋口健太郎『中世王権の形成と摂関家』（吉川弘文館、二〇一八年）
美川圭・佐古愛己・辻浩和『京都の中世史1　摂関政治から院政へ』（吉川弘文館、二〇二一年）

堀河天皇――人格を備え敬愛された賢帝

父：白河天皇	誕生：承暦三年（一〇七九）七月九日
母：藤原賢子	崩御：嘉承二年（一一〇七）七月十九日
	諱：善仁
在位期間：応徳三年（一〇八七）十一月二十六日～嘉承二年（一一〇七）七月十九日	
陵墓：後円教寺陵（京都市右京区龍安寺朱山　龍安寺内）	

一　青年天皇の死

「ただ今死なんずるなりけり。大神宮、助けさせたまへ。南無平等大慧講妙法華」など、まことにたふとき《（尊き）》ことどもおほせ《（仰せ）》られつつ、「苦しう堪へがたくおぼゆる。抱き起こせ」とおほせらるれば、起き上がりて抱き起こしまゐらするに、日ごろは、かやうに起こしまゐらするに、いと所せく抱きにくくおぼえさせたまへるなりけり、いとやすらかに起こされさせたまひぬ。〔『讃岐典侍日記《さぬきのすけにっき》』〕

嘉承二年（一一〇七）七月十九日、僧侶による読経の声がとどろく中、僧正《そうじょう》や乳母たちに囲まれて、堀河《ほりかわ》天皇は最期の時を迎えようとしていた。堪え難い苦しみを訴えつつ、死期を悟った堀河は、息も絶え絶えに皇祖神を祀る伊勢神宮に救いを求め、仏法への帰依《きえ》を唱えた。衰弱しきったその体は、たやすく抱き起こせるほどに軽い。天皇の死がここまでリアリティをもって伝えられているのは希有なことといってよい。死にゆく天皇の姿を、限りない哀切の思いをもって克明に書き記したのは、堀河に仕える女房であり、かつ愛人でもあった讃岐典侍藤原長子《さぬきのすけふじわらのながこ》。『讃岐典侍日記』は全編を通して堀河天皇に対する思慕で貫かれている。

堀河の死を嘆き、その思いを隠すことなく書き綴ったのは、堀河近臣の藤原宗忠《むねただ》も同様である。男女の近習が慟哭する中、今生で主君にまみえることができるのは今が最後と思いつめた宗忠は、堀河の外戚《がいせき》である左衛門督《さえもんのかみ》源雅俊《みなもとのまさとし》の手をとり、最後に今ひとたび堀河を見せてほしいと懇願する。御簾《みす》の隙間から宗忠が目にしたのは、生前と変わらず、ただ眠っているかのように見える亡き堀河の姿であった。能吏《のうり》であった宗忠だけに、堀河の死に接した院（白河《しらかわ》）や関白（藤原忠実《ただざね》）の動向をしっかりと記録することも忘れていない。しかし、彼が記した『中右記《ちゅうゆうき》』からまず伝わってくるのは、敬愛する主を失った一廷臣の深い悲しみである。

八歳で即位し、在位二十一年に及んだ堀河の事績について、宗忠が第一に挙げるのが、堀河の人徳である。いわく、堀河は慈悲深く、信仰心に厚く、喜怒哀楽や人の好悪を表に出すことがなかった。好き嫌いがはっきりしていて、依怙贔屓が激しく、伝統的な秩序を乱した、と、堀河の父白河を評したのとは対照的である〔『中右記』大治四年〈一一二九〉七月七日条〕。

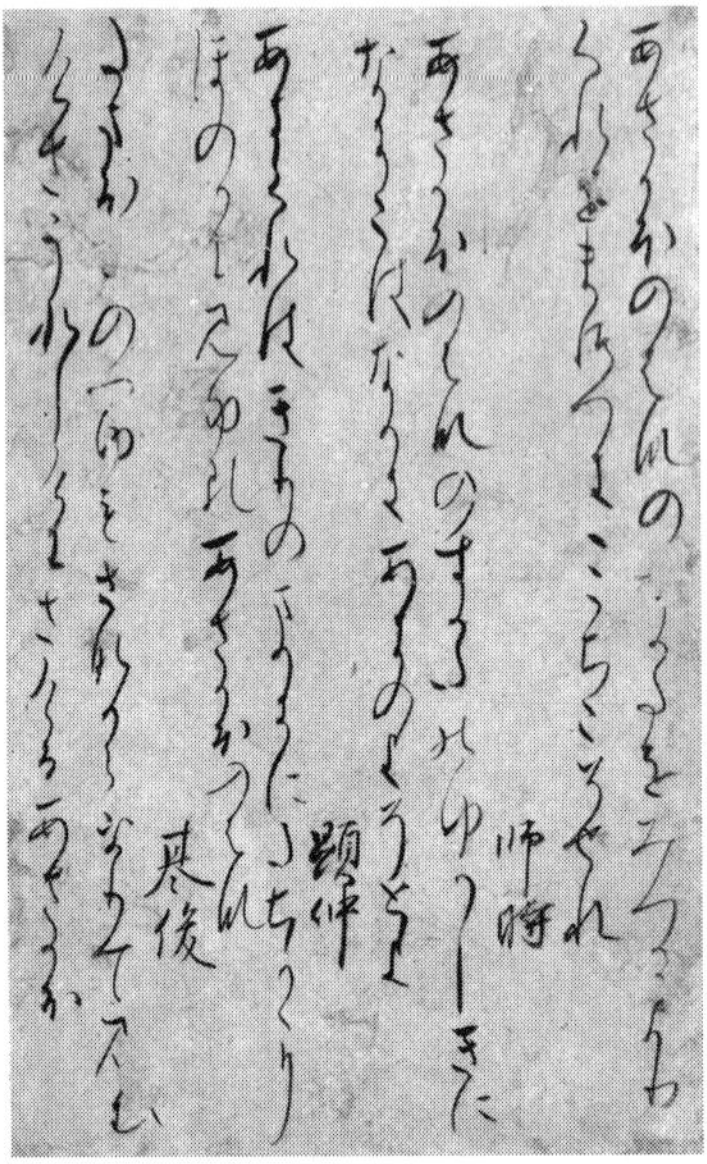

堀河院百首切「あさかほの」 東京国立博物館 出典：ColBase https://colbase.nich.go.jp/collection_items/tnm/B-3280?locale=ja

次に、諸道に通じ、法に明るく、管弦や詩歌に優れていた堀河の才智は、いにしえの聖代にも劣らないとの賛辞を贈っている。この点、堀河天皇は、白河院・鳥羽《とば》院という代表的な院政主に挟まれ、芸能を愛した風雅な天皇としてイメージされることが多い。堀河と笛、あるいは和歌をめぐるエピソードは枚挙にいとまがない。

一方で、堀河を芸能に傾倒した天皇としてのみ評価することは正しくない。実際に、宗忠による堀河評の最後には、為政者としての堀河についても触れ、政務の要である叙位《じょい》・除目《じもく》において道理を先とした点が評価されている。そして、「世間の事、両方に相分かつ」との文言からは、父白河とともに政治的な実権を握っていた堀河の姿が浮かび上がってくる〔『中右記』嘉承二年七月十九日条〕。以下、人格を備えた賢帝として敬愛された堀河の生涯をたどることにしたい。

「院政」型皇位継承

承暦三年（一〇七九）七月九日、堀河は白河天皇の皇子として誕生した（名は善仁《たるひと》）。母は中宮《ちゅうぐう》藤原賢子《かたいこ》。賢子の実父は村上源氏《むらかみげんじ》の源顕房《あきふさ》だが、女子のいない関白藤原師実《もろざね》の養女となり、白河のもとに入内《じゅだい》していた。賢子は白河の寵愛をうけ、承保元年（一〇七四）には皇子敦文《あつふみ》、承保三年（一〇七六）には皇女媞子《やすこ》、承暦二年には皇女令子《よしこ》、堀河誕生ののち、永保元年（一〇八一）には皇女禛子《よしこ》を生んだ。母賢子が摂関家当主師実の養女だったことにより、堀河は在位前も、そして即位した後も、外戚である師実の手厚い後見をうけて成長することになる〔樋口二〇一八〕。

后腹《きさきばら》の新皇子の誕生に宮中は沸き立った。そして、承暦元年に第一皇子敦文を赤疱瘡《あかもがさ》（はしか）で失っていた白河にとって、堀河は待ち望んだ皇子であった。白河から（あるいは後三条から）、堀河、鳥羽、崇徳《すとく》へと、真っすぐな一本の直線で連なる皇統譜を目にする後世の私たちにとって、現任天皇の皇子として生をうけた堀河は、誕生の瞬間から皇位を約束された皇子であり、白河から堀河への皇位継承は自明のことのように見える。しかし、実際には、堀河への皇位継承が実現するまでの過程は、白河にとって苦渋に満ちた道のりであり、さらに、堀河への皇位継承を実現してもなお、王家内部における白河・堀河父子の立場は盤石ではなかった。なぜならば、王家の中で、もともと白河の地位自体が中継ぎにすぎなかったからである〔河内二〇〇七〕。

白河は、父後三条が即位した翌年の延久元年（一〇六九）に皇太子とされた。ところが、後三条と寵愛する源基子《もとこ》との間に、実仁《さねひと》・輔仁《すけひと》という白河には異母兄弟にあたる皇子が生まれると、後三条は基子腹の皇子を自らの直系とみなすようになる。延久四年、後三条は白河に譲位し、その同日に実仁を皇太弟に立てた。後三条が五年にも満たない短い在位期間で位を譲ったのは、実仁への皇位継承を確実にするためである〔美川二〇〇三〕。

このように、白河は位についたとはいえ、父によって異母弟への皇位移譲が定められており、本来自身の皇子への皇位継承は許されていなかった。しかし、寵愛するキサキとの間に生まれた愛息に位を伝えたいのは、白河も同様である。そうしたなか、中継ぎの立場に耐えた白河に好機が訪れることになる。延久五年に、父後三条が実仁の即位を見届けることなく死去し、さらに応徳二年(一〇八五)には、実仁自身が疱瘡をわずらって十五歳で急死したのである。白河はこの機をとらえ、応徳三年(一〇八六)十一月二十六日に八歳の善仁を立太子し、即日に譲位した。堀河天皇の誕生である。

准母立后

こうして白河は、後三条―実仁・輔仁という嫡系に対し、自身の子息である堀河に皇位を継承させることによって、白河―堀河という新たな皇統を立ち上げた。しかし、実仁没後も、いまだその弟の輔仁が残されており、後三条母の陽明門院《ようめいもんいん》を筆頭に宮廷社会にも輔仁を支持する勢力が存在した。先帝後三条の定めた嫡系の存在感に白河は長く脅かされ続けることになる。王家内部における他皇統の存在を常に意識せざるを得なかった白河は、さまざまな特異な方策をとった。その一つが皇女の准母立后《じゅんぼりっこう》である。准母とは、「母に准《なぞら》える」、すなわち生母ではない女性が母に擬せられることをいい、立后は、中宮・皇后など后位につけることをいう。

堀河が即位した翌年の寛治元年（一〇八七）十二月十六日、堀河同母姉の媞子内親王が「今上の母儀に擬」せられて入内した〔『本朝世紀《ほんちょうせいき》』『中右記』同日条〕。さらに、寛治五年正月二十二日には、媞子は「天皇養母」であるとの理由で中宮となった〔『扶桑略記《ふそうりゃっき》』同日条〕。媞子の立后を告知する宣命《せんみょう》に、「太上天皇仰」によるものと記されているので〔『後二条師通記《ごにじょうもろみちき》』同日条〕、媞子の准母立后を主導したのが父白河であることは明らかである。堀河生母賢子は、堀河の即位を見ることなく、応徳元年（一〇八四）に二十八歳の若さで死去しており、母后の不在という状況があったことは確かである。しかし、姉とはいえ、媞子と堀河の年齢差はわずかに三歳（媞子が准母となった寛治元年段階で堀河は九歳、媞子は十二歳）。年端もいかず、年齢差もない姉を弟の母にするなどという養子関係はなんとも不自然である。

この前代未聞の准母立后の背景には、先述した王家内部に存在する他皇統の存在が関係していた。白河の胸中には、父後三条によって嫡系と定められた実仁、その後継者としての輔仁の存在が常に意識されていた。後三条―実仁・輔仁の皇統と自ら立ち上げた皇統とが拮抗する中で、白河は、譲位という手段で皇統を受け継ぐ存在として堀河を位置づけるだけではなく、堀河の母に自身の血を引く媞子を設定することにより、母系からも自身の権威を流入させ、自己に始まる新嫡系をアピールしたと考えられるのである〔栗山二〇一二〕。

堀河中宮

寛治三年（一〇八九）正月五日、堀河は十一歳で元服する。通例では、天皇が元服するとしかるべき女性が入内することが多いが、堀河の場合は適当な女性がいなかったせいか、しばらくキサキの参入はなかった〔『為房卿記《ためふさきょうき》』寛治五年十月二十五日条〕。元服後約三年を経て、寛治五年に堀河のもとに入内したのが篤子《あつこ》内親王である。のち寛治七年には中宮となった。彼女は後三条の第四皇女で白河の同母妹である。堀河にとっては叔母にあたり、入内時は三十二歳。十三歳の堀河との年齢差は十九歳もある近親婚であった。

「ただ四の宮を」と、堀河が篤子の参入を求めたとする記録もあるが〔『今鏡《いまかがみ》』すべらぎの中、第二〕、尋常ならざる年齢差や血の濃さからは、やはり政治性を帯びた結婚と見るほうが妥当である。従来、この婚姻は、自身の妹と嫡子堀河との皇嗣獲得を目指した白河によって推進されたもの、あるいは、篤子を養女としていた陽明門院の希望によるものなどと考えられていた。確かに両者がこの婚姻に関与していることは事実なのだが、婚姻に至る経緯を眺めると、実はこの婚姻を終始差配していたのは、摂関家当主藤原師実であることがわかる。では、なぜ、師実は皇女である篤子の入内・立后を推進したのだろうか。

その理由は、やはり当該期の皇統分立状況が影を落としている。先述したように、堀河の母賢子は師実の養女であり、堀河朝において師実は外戚の地位を確保していた。しかし、白河―堀河と拮抗する輔仁へ皇位が移った場合、師実は天皇との外戚関係を失う。輔仁の即位を望まないという点で、白河と師実の利害は一致していた。白河の皇統、そして師実率いる摂関家、双方の家の安定性確保と関係強化のためには、堀河の正妃は摂関家出身である必要があった。しかし、かの賢子が師実養女であったように、師実にも、師実嫡子師通《もろみち》にも、堀河に入内させるべき女子がいなかった。そこで、白羽の矢が立ったのが篤子である。こうして、篤子は「関白従一位の養子」〔『扶桑略記』寛治七年二月二十二日条〕として、つまり摂関家の后妃として、堀河のキサキとなったのである〔栗山二〇一二〕。

入内後の篤子と堀河は穏やかな夫婦関係を築いたことがうかがわれる。「中宮御方」では数々の管弦や御遊《ぎょゆう》、和歌会が開催され、堀河が夜通し箏《そう》を弾くこともあった〔『中右記』嘉保二年〈一〇九五〉二月十一日条〕。中宮篤子の存在は、堀河が芸能の才を開花させる上で大きく寄与したと高く評価されている〔岩佐二〇〇三〕。

鳥羽の誕生

堀河とその正妻篤子は、たびたびの祈願にもかかわらず、皇嗣を得ることができなかった。そのため、承徳二年（一〇九八）、堀河のもとに新たに女御苡子《にょうごしげこ》（藤原実季《さねすえ》の娘）が入内する。篤子のときとは異なり、今度は白河が「偏《ひとえ》に沙汰」した〔『中右記』承徳二年十月二十九日条〕。そして、康和五年（一一〇三）

正月十六日、苡子は皇子を産み落とす。のちの鳥羽天皇（名は宗仁《むねひと》）である。翌日参内した宗忠に対し、堀河は「長年、皇子誕生のことをずっと思い詰めていた。それが今ようやく叶い、これほどすばらしいことはない」と喜びを露わにしている。その思いは、「天皇・法皇・孫皇子」相並ぶ直系の確立を願っていた白河も同様である。歓喜のあまり白河は落涙したという（『中右記』康和五年正月十七日条）。

ところが、皇子誕生に沸き立つさなか、新生児の母苡子が急死する。堀河の嘆きは深く、やり場のない悲しみに打ちひしがれている（『中右記』康和五年正月二十六日条、二月七日条）。生まれた直後に母を失った新皇子は、祖父白河の院御所に引き取られた。皇統の後継者を、白河は自ら養育したのである（河内二〇〇七）。

院政・親政・摂関政治

一般には、堀河の即位をもって白河院政が始まったといわれる。しかし、これまで見たように、堀河が即位した時点の白河はその地位自体が不安定であり、専制的な権力が発揮できるような状況ではなかった。堀河朝開始後、白河は、ともに輔仁親王の存在を脅威とする摂関家当主師実と共同歩調をとって政務にあたった。

寛治八年（一〇九四）三月、師実に替わり師実嫡子の師通が関白となった。剛直で知られる師通は、院である白河にも父の大殿《おおとの》師実にも諮ることなく政務を行った（『愚管抄《ぐかんしょう》』巻四、鳥羽）。加えて、この頃になると、堀河も十代半ばを越え、政治意志を発揮し得る年齢となっていた。例えば、承徳元年（一〇九七）四月には、堀河は自ら求めて冒頭に登場した藤原宗忠を内蔵頭《くらのかみ》に任じている。「お前を内蔵頭にしようと思うがどうか」と堀河に問われた宗忠は、当初、経済力が求められる官職だけに再三固辞したが、重ねての「叡慮《えいりょ》」を受け受諾している（『中右記』承徳元年四月三十日条）。自らの主体性をもって政務に関与するようになった堀河と白河が、個別の局面で対立することもままあった。

このように、堀河朝は、院（白河）・天皇（堀河）・摂関（師実、師通）が政治的主導権をめぐって競合した時期であり、堀河も当該期の政治に重要な役割を占めていた。白河院政が確立するのは、堀河の死去、鳥羽の登位を待たねばならない〔美川一九九六〕。

追憶の日々

堀河の死後、讃岐典侍長子は、白河院の命により新帝鳥羽に出仕することになる。鳥羽に従って長子は内裏に入った。かつて堀河に奉仕した場である内裏には、堀河との思い出が随所に刻まれていた。「私を抱っこして、障子の絵を見せてよ」という幼い鳥羽を抱いて、長子が清涼殿《せいりょうでん》のあたりを歩き回っていると、夜御殿《よるのおとど》の壁に、堀河が朝夕見て覚えようと貼り付けていた笛の譜の跡が壁に残されているのを見つけてしまう。涙ぐんだのを悟らせまいと「ついあくびが出て、涙が出てしまいました」という長子に、鳥羽は「ほもじのりもじのこと、思ひ出でたるなめり（堀河院のことを思い出しているのでしょう）」。

愛する主君を失った女房と父を亡くした幼帝の交流が描かれている。『讃岐典侍日記』は、周囲の人々に愛された一人の人間としての堀河の姿を鮮やかに伝えてくれるのである。

（栗山圭子）

【主要参考文献】

岩佐美代子「日記の真髄」（『宮廷文学のひそかな楽しみ』文芸春秋、二〇〇一年）
岩佐美代子「ただ四の宮を」（『内親王ものがたり』岩波書店、二〇〇三年）
朧谷　寿『堀河天皇吟抄』（ミネルヴァ書房、二〇一四年）
栗山圭子「篤子内親王論」（『中世王家の成立と院政』吉川弘文館、二〇一二年。初出二〇〇七年）
栗山圭子「准母立后制にみる中世前期の王家」（『中世王家の成立と院政』吉川弘文館、二〇一二年。初出二〇〇一年）
河内祥輔「後三条・白河『院政』の一考察」（『日本中世の朝廷・幕府体制』吉川弘文館、二〇〇七年。初出一九九二年）
樋口健太郎「中世前期の摂関家と天皇」（『中世王権の形成と摂関家』吉川弘文館、二〇一八年。初出二〇一四年）
美川　圭「公卿議定制から見る院政の成立」（『院政の研究』臨川書店、一九九六年。初出一九八六年）
美川　圭『白河法皇』（ＮＨＫ出版、二〇〇三年）

鳥羽天皇——嫡流を確定させ院政を確立した〝王者〟

父：白河天皇	誕生：康和五年（一一〇三）正月十六日
母：藤原賢子	崩御：保元元年（一一五六）七月二日
	諱：宗仁
在位期間：嘉承二年（一一〇七）七月十九日～保安四年（一一二三）正月二十八日	
陵墓：安楽寿院陵（京都市伏見区竹田浄菩提院町）	

嫡孫天皇の即位

嘉承二年（一一〇七）十二月一日、大極殿《だいごくでん》において新帝鳥羽《とば》の即位式が行われた。儀式に臨むにあたって、准母《じゅんぼ》令子《よしこ》内親王が鳥羽と高御座《たかみくら》において同座し、さらには摂政藤原忠実《ふじわらのただざね》も常に玉座の側に祗候《しこう》した。忠実は時折菓子を与えて、鳥羽を儀式につなぎとめるべく奮闘している（『殿暦《でんりゃく》』同日条）。時に鳥羽は五歳。この前例にない幼い天皇が、天皇としての職務を遂行するためには、それを補佐するサポート役の存在が必須だった。本来は天皇生母の后妃（母后《ぼこう》）が担っていた高御座での同座の機能を果たしたのが、母に准える存在として設定された准母である。今回、鳥羽の准母となった令子内親王は、鳥羽

鳥羽法皇画像　東京大学史料編纂所蔵模写

には叔母にあたる白河皇女である。令子を人選したのは、令子の父であり、新帝鳥羽の祖父である白河である〔『殿暦』嘉承二年十月六日条〕。

そして、幼帝の間近で儀式を遂行した摂政忠実の地位認定を行ったのも白河である。鳥羽の母は閑院流《かんいんりゅう》藤原実季《さねすえ》娘の苡子《しげこ》であり、鳥羽と忠実は外戚関係になかった。外叔父藤原公実《きんざね》が摂政に就任する可能性もあるなか、忠実の摂政就任は白河の宣命《せんみょう》によって宣言された〔河内二〇〇七〕。院により天皇の後見を受託された准母と摂政、そしてやはり院により後継者として選定された新帝。彼らが座した即位式における高御座は、院を頂点とする中世王権を象徴する場だったといえる〔末松二〇一〇〕。鳥羽の即位以降、白河院政が確立し、また外戚関係によらない家格としての摂関家が成立する。鳥羽の登位は政治構造を大きく変貌させる契機となった。

誕生秘話

康和五年（一一〇三）正月十六日、堀河天皇の女御苡子は、御産所《ごさんじょ》である藤原顕隆《あきたか》の五条高倉第《ごじょうたかくらだい》において男子を出産した（名は宗仁《むねひと》）。待望の後継者の誕生に、父堀河も祖父白河も歓喜する。後年、鳥羽は、自身の出生について次のように語っている。

まだ私が生まれる前のこと、父堀河が重病を患ったとき、世の人々は、皇位を継ぐべき存在として三宮輔仁親王《さんのみやすけひと》に心を寄せた。これを危惧した祖父白河は、自分は出家したとはいえ、まだ受戒《じゅかい》していないし、法名《ほうみょう》も名乗っていない。堀河にもしものことがあった場合は、私が重祚《ちょうそ》しよう、と思い詰めたという。

私が母の胎内にあったとき、外祖母（実季の妻）は、皇子の誕生を賀茂明神《かもみょうじん》に祈願した。その夢の中で、賀茂明神が外祖母の衣の袖に降り立って語らった。また他日の夢では「男を生むだろう。間木《まぎ》（長押《なげし》の上に設けた棚）にある物を取れ」とのことなので、夢から覚めて間木を探したところ、銀作りの龍を得た。その龍は私のところにある。坊門《ぼうもん》亭には、夢の中で賀茂明神が舞い降りた衣をご神体とする社がつくられた。私は今でもその社に供御《くご》を進上している。

さらに、女人が母の家にやってきて「男を生むだろう。生まれる男子の右の尻には痣《あざ》があるはずだ」という。母の兄の公実がその女に会おうとしたが行方知れずとなった。人々は、あれは神様だったにちがいないと噂した。ほどなくして私が生まれ、果たして私の右の尻には痣があった。その痣はいまなお残っている。このように奇異のことが多く、私の誕生は人知を超えたものなのだ、と『台記《たいき》』康治元年〈一一四二〉五月十六日条）。

以上の鳥羽誕生譚からは、皇子誕生を渇望する外戚家の様子や、自身を神に選ばれし者とする鳥羽の王者意識がみてとれる。一方で、前半で語られている通り、鳥羽が誕生する前後の宮廷社会では、白河が重祚を考えるほど、白河異母弟「三宮」輔仁親王の存在が大きかった。

即位後数年を経た永久元年（一一一三）十月五日、天皇鳥羽の暗殺計画が発覚する（永久の変）。輔仁の御持僧《ごじそう》仁寛《にんかん》が、兄の醍醐寺座主《だいごじざす》勝覚《しょうかく》に仕える千手丸《せんじゅまる》という童に命じて鳥羽の暗殺を謀ったという（『殿暦』同日条、槇二〇〇二）。事件後、輔仁は閉門し、仁寛と勝覚の父で、輔仁を支援していた源俊房《みなもとのとしふさ》も謹慎する。この政治的疑獄事件によって、長く白河を脅した輔仁親王勢力は瓦解した。白河の皇統が、後三条《ごさんじょう》によって刻印された傍流の桎梏《しっこく》から解き放たれ、嫡流の位置を確定させるまでには長い年月を要したのである。

待賢門院藤原璋子――院養女の中宮

鳥羽の最初の妻となったのは藤原璋子《たまこ》、のちに院号宣下《いんごうせんげ》されて待賢門院《たいけんもんいん》と称される女性である。永久元年（一一一三）正月一日、十一歳となった鳥羽は元服する。当初、成人した鳥羽のキサキに配される予定だったのは、忠実女泰子《やすこ》（もと勲子《いさこ》。本稿では泰子で統一する）だった。しかし、鳥羽と泰子の婚姻は成立せず、永久五年十二月、璋子が鳥羽に入内《じゅだい》することになった。

璋子の父は、忠実の摂政就任を脅かした、かの藤原公実である。母は従二位《じゅにい》典侍《すけ》藤原光子《みつこ》で、堀河・

鳥羽二代の天皇の乳母をつとめた。璋子は幼い頃から白河院とその寵姫祇園女御《ぎおんにょうご》に養育され、院養女として成長した〔『今鏡《いまかがみ》』ふぢなみの上、第四〕。もともと璋子は摂関家の御曹司藤原忠通《ただみち》（忠実の子）と婚姻予定であったが、こちらの婚姻も実現しなかったため、鳥羽と璋子が結び付けられることになったのである。

このように、鳥羽と璋子の結婚は当初から計画されたものではなく、鳥羽と泰子、璋子と忠通という、王家《おうけ》と摂関家の間の二つの婚姻の破談によってもたらされた。しかし、結果的に、白河が自らの手元で育てた嫡孫と養女の結婚は、皇位継承の行方をおのれの意のままに管理しようとする、白河の直系形成にむけた執念を明示する究極の婚姻となった〔河内二〇〇七〕。璋子は、白河皇統を継ぐ者としての鳥羽の立場を象徴する妻だったといえる。なお、「院養女」璋子の参入により、白河は内裏内に独自の回路を持つことになった。そのことは、天皇の後見を一手に請け負ってきた摂関家の位置に動揺を生じさせ、のちの関白忠実の失脚につながっていくことになる〔樋口二〇一八〕。

入内した璋子は、元永二年（一一一九）五月二十八日に顕仁《あきひと》（のちの崇徳《すとく》）を出産する。皇子の降誕は「法王のため、天下の御ために大慶」と評価されている〔『中右記』同日条〕。鳥羽の第一子である以上に、白河の「曽孫皇子」であった顕仁は、生まれ落ちた瞬間から白河皇統の継承者と目される存在であった。璋子は、その後も鳥羽との間に、禧子《さちこ》、通仁《みちひと》、君仁《きみひと》、統子《むねこ》（初めは恂子《のぶこ》）、雅仁《まさひと》（のちの後白河）、本仁《もとひと》（のちの覚性《かくしょう》法親王）の、合わせて七人の皇子女を出産した。

保安元年の政変

顕仁の誕生により、白河から顕仁に続く皇統と未来の国母《こくも》としての璋子の位置は安定したかに思われた。ところが、その翌年、政界を揺るがす大事件が起こる。保安元年（一一二〇）十一月、関白忠実の内覧《ないらん》が停止されたのである。その理由は、去年の秋以降、鳥羽が忠実女泰子の入内を持ち掛け、忠実がそれに応じようとしたためであるという〔『中右記』同年十一月九日条〕。

先述したように、もともと泰子は鳥羽に入内する予定だったが破談したという経緯がある。ここで問題となるのは、泰子の入内を鳥羽が推進しようとした点である。摂関家出身の泰子が入内すれば、現在鳥羽正妻の座を占めている璋子の立場はゆらぐ。また、入内すれば泰子との間に皇嗣誕生の可能性も生じる。鳥羽が自身を取り巻く状況に納得しているのであれば、こうした行動を取るとは考えにくい。つまり、鳥羽は白河によって差配された自身の正妻や後継者を必ずしも良しとしていなかったということになる。

白河からすると、鳥羽と忠実の行動は、自らが選んだ后妃璋子、未来の皇位継承者顕仁を否定する行為に他ならない。そこで、自立化を志向する鳥羽と、自分の代理として鳥羽を抑制することを期待していた忠実とを掣肘するために、白河は忠実を罷免したのである〔河内二〇〇七、樋口二〇一八〕。勅勘を受けた忠実に代わり、子の忠通が関白に就任した。

このあと、白河の在世中に鳥羽が父祖へ抵抗することはなかった。保安四年正月、皇位は鳥羽から顕仁に継承される〈崇徳天皇〉。四代にわたる直系継承を果たした白河は「本朝の七十余代の帝王の中で、私ほどの帝王はいない」と自賛した〈『師遠朝臣記《もろとおあそんき》』大治二年〈一一二七〉六月一日条〉。

一方、白河の思い描く皇位継承路線からの逸脱は許されなかったものの、白河の晩年になると、「新院」鳥羽は「本院」白河と国政案件を共有し、政務に関与した〈槇一九九三、栗山二〇一二〉。白河にとっては、鳥羽もまた直系に連なる欠くべからざる存在であった。鳥羽は白河皇統の構成員として、白河院政に参与したのである。

高陽院藤原泰子――摂関家との提携

大治四年〈一一二九〉七月七日、白河が死去した。長年にわたる祖父のくびきから解き放たれた鳥羽は、白河によって逼塞させられていた忠実の復権を図る。天承元年〈一一三一〉十一月、鳥羽の召しを受けた忠実は、実に十二年ぶりに院御所に出仕した。

そして、長承二年〈一一三三〉六月には、忠実女泰子が鳥羽のもとに院参する。白河が遺言で厳禁していたにもかかわらず、鳥羽が泰子を迎えたことは、白河による支配からの脱却を印象付けるものであった。とはいえ、翌長承三年に、泰子が前例のない「院」の女御として立后した際、「上皇〈＝鳥羽〉また御心を入れず、ただ太相国〈＝忠実〉まげて申請せらる」という状況だったことからすると〈『長秋記《ちょうしゅうき》』同年三月二日条〉、泰子の院参は、娘の入内という悲願達成を図る忠実側の要望によって進められたと見たほうがよい。鳥羽としては、泰子の院参自体を欲したというより、忠実との提携の象徴としての意味合いが大きかった。泰子は、保延五年（一一三九）には院号宣下されて高陽院《かやのいん》と称されるようになった。高齢でキサキとなった泰子に皇嗣の誕生はなかったが、このあと、彼女は鳥羽と忠実をつなぐ重要な役割を果たす。保元の乱前夜には、忠実とその子頼長《よりなが》が孤立していく中で、両者と鳥羽を媒介する最終回路となって関係改善に努めた〔元木二〇〇〇〕。

美福門院藤原得子――「院寵人」の登場

泰子の入内・立后が落ち着いた頃、鳥羽にとって運命の女性が登場する。藤原得子《なりこ》、のちの美福門院《びふくもんいん》である。長承三年（一一三四）に「院寵」があったことが記録に見え〔『長秋記』同年八月十四日条〕、早くも翌保延元年（一一三五）には叡子《としこ》内親王が誕生している。その後も得子は鳥羽の寵愛を一身に集め、暲子《あきこ》（のちの八条院《はちじょういん》）、体仁《なりひと》（のちの近衛《このえ》天皇）、姝子《よしこ》（のちの高松院《たかまついん》）の四皇子女を出産した。得子の父は、末茂《すえしげ》流藤原氏の藤原長実《ながざね》。白河院に重用された院近臣《いんのきんしん》である。得子の出自は、閑院流出身で「院養女」の璋子や、摂関家出自の泰子とは比べるべくもなく、当初は「院寵人」と称される存在にすぎなかった。しかし、所生の皇子である体仁の立太子にともなって女御となり、ついに体仁が即位するに及んで皇后に冊立され、鳥羽の正妻の座に昇りつめていくのである。

父祖によって定められた璋子、摂関家との提携の証として迎えた泰子とは違って、自ら求めた得子を鳥羽は愛し引き立てていくが、一方で、自身と得子をめぐる諸勢力との関係にも意を配っている。得子所生の長女叡子は、誕生後まもなく泰子と忠実の養女となった。この段階ではいまだ「院寵人」の産んだ皇女にすぎない叡子に最高の後見を得させるとともに、鳥羽との間に皇子女のない泰子、そして忠実との連帯をさらに深める目的があった。

得子所生の唯一の皇子である体仁の養育と即位に関しても同様である。保延五年に誕生した体仁は、誕生後まもなく崇徳と中宮聖子《きよこ》（忠通女）の養子となっている。体仁の即位に関しては、従来、『愚管《ぐかん》抄《しょう》』等の言説に基づき、体仁が「皇太子」ではなく「皇太弟」として即位したことによって崇徳は院政の可能性を断たれ、鳥羽と崇徳の関係は破綻したと考えられてきた。しかし、体仁と崇徳・聖子との養子関係は、永治元年（一一四一）の即位以後も継続し、むしろ実母得子以上に密接な関係を保っていた〔佐伯二〇一五〕。鳥羽は、体仁を崇徳の「子」として即位させることにより、白河によって定められた皇位継承路線と自ら選定した新たな嫡子の即位を止揚させようとしたのである〔栗山二〇一二〕。

また、体仁が終始聖子によって養育されたことにより、聖子の父忠通は近衛の「外祖」の地位を得ることになった。鳥羽は、泰子・忠実父子―叡子の養子縁組と並行して、聖子・忠通父子―体仁の関係を設定し、摂関家内部における諸関係のバランスをとったのであった。

王家領荘園の成立

鳥羽院政期には、院や女院の御願寺《ごがんじ》の建立を契機とした荘園形成が飛躍的に増大した。王家領荘園の形成に大きな役割を果たしたのが、院・女院に奉仕した近臣たちである。王家領荘園（御願寺領）は、院らが建立した御願寺で行われる国家的仏事の経費をまかなう目的で設定される。院近臣は、知行国主《しゅ》や受領《ずりょう》として御願寺の造営を請け負うとともに、御願寺の寺用を調達するための荘園の立荘《りっしょう》にも主導的な役割を果たした。美福門院得子の従兄弟である藤原家成《いえなり》は、鳥羽院近臣の筆頭格として多くの鳥羽院領荘園形成に関わっている〔高橋二〇〇四〕。

鳥羽のもとに集積された荘園群の大部分は、最愛の后妃得子とその娘暲子へと伝領され、のちには、後白河が集積した長講堂領と並ぶ代表的な王家領荘園群八条院領となった。

終局へ

王権中枢で辛くも保たれていた均衡は、次第にほころびを見せ始める。忠通には長く男子が誕生しなかったため、忠実は宇治《うじ》蟄居中に誕生した次男の頼長を忠通の子とし、摂関家の継承を図った。しかし、康治二年（一一四三）に忠通に実子基実《もとざね》が生まれると、忠通は基実を自身の後継者にしたいと考えるようになり、忠実・頼長と忠通の関係は悪化していく。久安六年（一一五〇）になると、元服した近衛のもとに、頼長と忠通はそれぞれ養女の多子《まさるこ》と呈子《しめこ》を入内させた。鳥羽が双方の働きかけを許諾したことで、かえって対立は激化し、両者の関係は修復不可能となっていく〔橋本一九六四〕。

そして、久寿二年（一一五五）七月、近衛が皇子を得ぬまま死去したことにより、鳥羽の構想した皇位継承の見取り図は水泡に帰した。近衛亡き後、鳥羽は、側近の源雅定《まささだ》・藤原公教《きんのり》らを集め「王者議定《おうじゃのぎじょう》」を行った〔『兵範記《ひょうはんき》』同年七月二十三日条〕。愛娘の暲子を女帝とするか、得子が手元で養育していた重仁《しげひと》（崇徳息）あるいは守仁《もりひと》（雅仁息）に皇位を継承させるか、関白忠通との数度にわたる消息のやり取りも交え、話し合いは翌朝まで難航した。最終的に、将来的な守仁の即位を前提に、まずは守仁父の雅仁が登位することに決定した。後白河天皇の誕生である。

本来は、鳥羽の長男で、天皇経験者である崇徳の皇子重仁こそ、もっとも順当な皇位継承者のはずであった。重仁の登位が否定されたことによって、これまで保たれていた鳥羽と崇徳の一体的関係は破綻する。また、摂関家においても、忠実・頼長父子が切り捨てられた。近衛の死をめぐり、愛宕山の天狗像の目に釘をうって呪詛したことによるものであるという風聞がたち、忠実・頼長の所為であるとした得子と忠通の讒訴を鳥羽は信じたのである〔『台記』久寿二年八月二十七日条〕。鳥羽のもとで拮抗しつつも統合されていた王権秩序が崩壊に向かう中、保元元年（一一五六）七月二日、鳥羽は五十四歳で死去する。保元の乱が勃発するのは、そのわずか八日後であった。

（栗山圭子）

【主要参考文献】

河内祥輔「後三条・白河『院政』の一考察」(『日本中世の朝廷・幕府体制』吉川弘文館、二〇〇七年。初出一九九二年)
栗山圭子「中世王家の存在形態と院政」(『中世王家の成立と院政』吉川弘文館、二〇一二年。初出二〇〇五年)
佐伯智広「鳥羽院政期王家と皇位継承」(『中世前期の政治構造と王家』東京大学出版会、二〇一五年。初出二〇一二年)
末松　剛「即位式における摂関と母后の高御座登壇」(『平安宮廷の儀礼文化』吉川弘文館、二〇一〇年。初出一九九九年)
高橋一樹『中世荘園制と鎌倉幕府』(塙書房、二〇〇四年)
橋本義彦『藤原頼長』(吉川弘文館、一九六四年)
橋本義彦「美福門院藤原得子」(『平安の宮廷と貴族』吉川弘文館、一九九六年)
樋口健太郎「『保安元年の政変』と鳥羽天皇の後宮」(『中世王権の形成と摂関家』吉川弘文館、二〇一八年)
槇　道雄「鳥羽院政論」(『院政時代史論集』続群書類従完成会、一九九三年。初出一九八三年)
槇　道雄「永久の変の歴史的位置」(『院近臣の研究』続群書類従完成会、二〇〇一年。初出一九九七年)
元木泰雄『藤原忠実』(吉川弘文館、二〇〇〇年)

崇徳天皇——皇統争いに翻弄された悲劇の天皇

父：鳥羽天皇	誕生：元永二年（一一一九）五月二十八日
母：藤原璋子（待賢門院）	崩御：長寛二年（一一六四）八月二十六日
	諱：顕仁
在位期間：保安四年（一一二三）正月二十八日〜永治元年（一一四一）十二月七日	
陵墓：白峯陵（香川県坂出市青海町）	

叔父子

崇徳《すとく》について論じるためには、まずはこのエピソードから始めねばならないだろう。

待賢門院《たいけんもんいん》は白川《しらかわ》院御猶子《ゆうし》の儀にて入内《じゅだい》せしめ給ふ。其の間、法皇、密通せしめ給ふ。人皆之を知るか。崇徳院は白川院の御胤子と云々。鳥羽《とば》院も其の由を知《し》ろし食《め》して、「叔父子《おじこ》」とぞ申さしめ給ひける。之に依て大略不快にて止ましめ給ひ畢《おわん》ぬと云々。

鳥羽院、最後にも惟方《これかた》〈時に廷尉佐《ていいのすけ》〉を召して「汝許《ばかり》ぞと思ひて仰せらるるなり。閉眼の後、あな賢《かしこ》、新院にみすな」と仰せ事ありけり。案の如く新院は「見奉らん」と仰せられけれど、「御

遺言の旨、候ふ」とて、懸け廻らし入れ奉らずと云々。〔『古事談《こじだん》』第二、臣節〕

白河の養女として鳥羽のもとに入内した待賢門院藤原璋子《たまこ》は、実は養父白河と密通しており、鳥羽と璋子との間の皇子崇徳は、実は白河の子であった。そのことを知っていた鳥羽は、崇徳のことを「叔父子」（自分の子ということになっているが、実際には、祖父白河の子なので鳥羽からは叔父にあたる）と呼び、崇徳のことを疎ましく思っていたという。

死を前にした鳥羽は、近臣の惟方に「お前を見込んで頼むのだ。私が死んだ後、新院（崇徳）に私の死に顔を見せるな」と命じた。崇徳は父との最後の別れを求めたが、惟方は「御遺言でございますので」と言って、崇徳を拒絶したとのことである。

鳥羽と崇徳の軋轢については、崇徳から近衛《このえ》への皇位継承にまつわる話も著名である。

「ソノ定ニテ譲位候ベシ」ト申サレケレバ、崇徳院ハ「サ候ベシ」トテ、永治元年十二月ニ御譲位アリケル。保延五年八月ニ東宮《とうぐう》ニハタタセ給ニケリ。ソノ宣命《せんみょう》ニ皇太子トゾアランズラントヲボシメシケルヲ、皇太弟（ト）カヽセラレケルトキ、コハイカニト又崇徳院ノ御意趣ニコモリケリ。〔『愚管抄《ぐかんしょう》』巻四、近衛〕

鳥羽が晩年に愛した美福門院藤原得子《びふくもんいんふじわらのなりこ》との間に生まれた近衛は、異母兄崇徳とその妻の皇嘉門院《こうかもんいん》藤原聖子《きよこ》の養子となっていた。崇徳が近衛へ譲位する際、宣命には皇太子と書かれているはずが、皇太弟と書かれていたので、近衛「父」として院政を行う可能性を断たれた崇徳は遺恨に思ったという。

これらの逸話を関連付けて、通説では、崇徳を「叔父子」として疎ましく思っていた鳥羽によって、だまし討ちのように位を追われた崇徳は憤懣やるかたなく、そのことが保元の乱の遠因となった、と考えられてきた。崇徳の父が実は白河であるというスキャンダラスな逸話は、保元の乱に至る王家の内訌の原因として説得力があり、また、医学的見地を交えたと称する「実証」によって、長く真実と見なされてきた〔角田一九八五〕。

さらに、崇徳に関しては、怨霊《おんりょう》と化した人物としても著名である。『保元物語《ほうげんものがたり》』では、保元の乱に敗れ、讃岐に配流《はいる》された崇徳は望郷の思いやみがたく、後世《ごせ》のために記した血書の五部大乗経《ごぶだいじょうきょう》を都の寺に奉納することさえも拒否されて怨みを募らせ、生きながら天狗になったとされている〔『保元物語』下〕。虚実ないまぜに語られる崇徳の実像について、以下、近年の研究成果に基づいてたどっていくことにしたい。

曽孫皇子の誕生

元永二年（一一一九）五月二十八日、鳥羽中宮《ちゅうぐう》藤原璋子（のちの待賢門院）は白河院御所三条烏丸《さんじょうからすま》亭において皇子を出産した（顕仁親王《あきひと》）。顕仁の誕生は「法王のため、天下の御ために大慶」、「曽孫皇子を見ること、我が朝《ちょう》いまだこの例あらず」と祝福されている〔『中右記《ちゅうゆうき》』同日条〕。「法王のため」あるいは「曽孫皇子」との文言から、顕仁が曽祖父白河に始まる皇統を継ぐべき存在として認知されていたことがわかる。

顕仁にとって、白河は父方曽祖父であると同時に、母璋子が白河養女だった点において、「外祖父」でもあった〔樋口二〇一八〕。そうした関係から、顕仁の誕生に際して、白河は産所に同殿して「大小雑事を仰下」し、諸儀式を「手ずから御沙汰」した〔『御産部類記《ごさんぶるいき》』所引『源礼記』『外師記』〕。顕仁は白河最愛の養女が産んだ待望の嫡曽孫皇子であった。

ところが、顕仁が誕生した直後の元永二年秋以降、顕仁の父鳥羽が、関白藤原忠実《ただざね》の娘泰子《やすこ》（初めは勲子《いさこ》）の入内を求めていたことが発覚する〔『中右記』保安元年十一月九日条〕。自ら選んだ后妃と皇統の後継者の立場を揺るがしかねない鳥羽と忠実の行動に白河は激怒し、忠実の内覧を停止、かわって忠実子息の忠通が関白に就任した（保安元年の政変）。

成人し、自らの政治意志を発揮するようになった鳥羽は、泰子の入内を図ることで、后妃や嫡子を強要する白河に対する異議申し立てを行おうとしたのである。しかし、結果的に、鳥羽による父祖への反逆は封じられ、保安四年（一一二三）に、皇位は鳥羽から顕仁へ継承される（崇徳天皇）。白河は四代にわたる直系継承を実現した。その後の鳥羽は白河に対して従順であり、白河・鳥羽・璋子・顕仁は一体的な関係を保っている。鳥羽と璋子の間には、崇徳のあとも四男二女（禧子《さちこ》、通仁《みちひと》、君仁《きみひと》、統子《むねこ》〈初めは恂子《のぶこ》〉、雅仁《まさひと》（のちの後白河）、本仁《もとひと》〈のちの覚性《かくしょう》法親王〉）が生まれ、夫婦仲は安定しているかに見える。鳥羽と璋子、そして白河は、毎年連れだって熊野に御幸するなど「三院御幸」を繰り返した。

崇徳の在位期間は、永治元年（一一四一）に近衛に譲位するまで十八年に及んだ。その間、大治四年（一一二九）の白河の死去をはさむ。白河が死去した後も十年以上崇徳が在位したことは、崇徳に対する鳥羽のまなざしを考える上で注目される。仮に鳥羽が崇徳について含むところがあるのなら、白河の「重し」が外れたあと、崇徳を退位させることは可能だったはずで、そのように考えると、鳥羽は自らの意志として崇徳を在位させ続けたことになる。鳥羽が、冒頭の「叔父子」説―妻璋子が祖父白河と密通し、顕仁は自分の子ではない―を知っていたならば、かような行動を取るとは思えず、この時期の鳥羽が、顕仁の出生に疑念を抱いていたと考えるのは難しい〔河内二〇〇二、美川二〇〇四〕。

大治四年正月、十一歳になった崇徳は元服し、直後に摂政忠通の娘聖子（のちの皇嘉門院）が入内する。聖子の入内に関しては、随所に「本院」の関与が見られる〔『中右記』『長秋記《ちょうしゅうき》』〕。白河は、後継者たる崇徳に、摂関家という最高の家格を有する「輔弼《ほひつ》の家」の女性を選定することで、皇統の安定を願ったのである。結果的に、これが崇徳に対する白河の最後の置き土産となった。同年七月、白河は七十七歳で死去する。

鳥羽院政の開始

白河の死去により、新院だった鳥羽が替わって王家を主導するようになった。先に述べたように、崇徳の在位は継続しており、璋子を正妻とし、崇徳を嫡子とする白河皇統の基本的な体制は維持された。

一方で、鳥羽院政の開始にともなって、新たな動きもみられるようになる。天承元年（一一三一）以降、白河の勅勘《ちょっかん》を受け蟄居していた忠実が政界に復帰し、さらには、忠実失脚の原因となった忠実の娘泰子が鳥羽のもとに院参し立后《りっこう》するのである。

白河が在世中であれば決して実現しなかったはずの鳥羽と泰子との婚姻は、璋子・崇徳母子を動揺させた。長承三年（一一三四）に泰子が立后する際、本来は、内裏から新后の理髪《りはつ》のために典侍《ないしのすけ》が泰子の在所に参仕するはずが、やってきたのは「勾当掌侍《こうとうのないし》」ただ一人で、「少輔典侍」は直前になってやって来ず、掌侍《ないしのじょう》・命婦《みょうぶ》・蔵人《くろうど》までもが不参であった。その理由は「主上の仰せ」がなかったからだという（『長秋記』同年三月十九日条）。崇徳は立后儀式の遂行に水を差し、父と泰子の婚姻に同意しない立場を表明したのである。

また、立后直前に、璋子は源師時《もろとき》に「立太子の人の御年月日を注すべき」ことを命じている（『長秋記』同年三月十七日条）。泰子はこのときすでに四十歳となっていたが、キサキとなった以上、皇子誕生の可能性はゼロではなく、一方、崇徳にはまだ皇子はいなかった。最高の家格を誇る新たなキサキの出現に、璋子は崇徳の「次」を模索したのではないだろうか。璋子と崇徳は、潮目の変化を感じていたはずである。

そうした流れは、一人の女性の登場で決定的になる。白河の近臣だった藤原長実《ながざね》の娘得子（のちの美福門院）である。長承三年八月には「院寵」があったことが記録にみえ（『長秋記』同年八月十四日条）、鳥羽は「いづこにも離れ給はず」（『今鏡《いまかがみ》』すべらぎの下、第三）といわれるほど得子に傾倒していく。

得子に対する寵幸を目の当たりにした崇徳は、得子の親族を抑圧した。得子の兄長輔は「近習を停止」、その他の兄弟も備後守・伯耆守の国務を停止され、姉は「家地庄園資財雑具」を収公された〔『長秋記』同年八月十四日条〕。

出身階層の低い得子は「院寵人」にすぎず、当初はこれまでと同様に崇徳の母璋子が鳥羽とともに王家仏事等に参加するなど、鳥羽正妻として処遇されていた。しかし、得子は保延元年（一一三五）以降、叡子《としこ》、暲子《あきこ》（八条院）、体仁《なりひと》（近衛天皇）、姝子《よしこ》（高松院《たかまついん》）を出産し、次第に後宮での地位を上昇させていく。

「鳥羽王家」の一員として

こうして鳥羽の寵愛を得た得子の優勢が明らかとなっていくが、一方で、鳥羽は、祖父白河によって定められた王権秩序を一気に破壊するような強引な行動はとらなかった。得子が生んだ体仁は、保延五年（一一三九）五月の誕生まもなく崇徳と中宮聖子の養子となって両者のもとで養育され、誕生の三ヶ月後には、「皇太子」として立太子した〔佐伯二〇一五〕。鳥羽は、皇統の後継者としての立場を、崇徳から剥奪して体仁に与えるのではなく、崇徳の「子」として移譲させようとしたのである。体仁が誕生した段階で、まだ皇子を持たない崇徳は体仁を受け入れざるを得なかったが、自身の「子」ということであれば、将来的に体仁「父」として院政が可能である。それゆえ、体仁との養子関係は、崇徳としても許容できるものだった。鳥羽は、父祖の敷いた皇統のレールと、愛息を後継者としたい自身の欲望を両立させようとし、その結果、崇徳は体仁「父」として、改めて「鳥羽王家」の一員として位置づけられることになった〔栗山二〇一二〕。

保延六年九月、内裏女房であった兵衛佐《ひょうえのすけ》（法勝寺《ほっしょうじ》執行信縁《しんえん》の娘）との間に、崇徳の第一皇子重仁《しげひと》が誕生した〔角田一九七七〕。重仁の誕生は、体仁立太子のちょうど一年後というタイミングだけに、異母弟を「子」とせざるを得なかった崇徳の皇嗣獲得への意志を感じさせる。一方で、兵衛佐にははかばかしい後見もなく、重仁は生まれてすぐ得子の養子となった〔『台記《たいき》』天養元年十月二十八日条、『今鏡』みこたち、第八〕。後ろ盾がないとはいえ、現天皇の第一皇子は有力な皇位継承候補者となり得る。得子は、立太子したばかりの体仁の地位を脅かす存在となりかねない重仁を、膝下で養育することにしたのである。

永治元年（一一四一）、崇徳は体仁に譲位した（近衛天皇）。この譲位に関しては、一般には冒頭に挙げたように、崇徳は半ばだまされるように近衛への譲位を強いられ、父鳥羽から排除されたといわれる。しかし、近衛への譲位の前後を通じて崇徳の立場に変化は見られない。まだまだ幼い近衛と同居し、養育の任を果たしたのは養母聖子であり、崇徳と聖子は変わらず近衛の「父母」であり続けた〔佐伯二〇一五〕。崇徳の側も、実子重仁と得子との間の養子関係を尊重していた。久安六年（一一五〇）に重仁が元服した際には、自分ではなく養母得子への拝礼を指示している〔『本朝世紀《ほんちょうせいき》』久安六年十二月一日条〕。加えて、同年には、崇徳の同母弟雅仁の王子で、重仁と同様に得子の養子となっていた守仁が着袴《ちゃっこ》（はじめて袴をつける儀式）を行っているが、崇徳はその儀礼に参加し、腰結役《こしゆいやく》を担っている〔『本朝世紀』同年十二月十三日条〕。近衛朝においては、これらの人為的かつ双方向に構築された親子関係を前提に、「鳥羽王家」は崇徳をはじめとする璋子腹の皇子女も含みこむかたちで、ともかくも安定した状態を保っていたのである。

なお、得子が近衛の即位にともない国母《こくも》として皇后になったことにより、崇徳の母璋子は、鳥羽の嫡妻の立場を名実ともに得子に譲り渡すことになった。近衛即位・得子立后の直後には皇后得子の呪詛事件に関与していたことが発覚し、璋子の衰勢は決定的になる。久安元年八月、璋子は四十五歳で死去した。崇徳は、璋子所生子の長男として追善《ついぜん》仏事を差配し、璋子の御願寺《ごがんじ》である法金剛院《ほうこんごういん》や円勝寺《えんしょうじ》の管理にも携わった〔佐伯二〇一五〕。

保元の乱へ

久寿二年（一一五五）七月、近衛の死去により、これまでの均衡が破られる。次の皇位継承候補者として挙がったのは、得子の次女暲子と、得子が養育した重仁と守仁であった。本来、この三者の中でもっとも順当な皇位継承者は前天皇崇徳の皇子重仁だが、得子と重仁の養子関係を越えて、実父崇徳の院政が予想されたため、得子は重仁を忌避した〔橋本一九九六〕。近年、冒頭の「叔父子説」は、崇徳が鳥羽の直系ではないと鳥羽に信じさせ、重仁を皇位から排除するために、重仁の登位を望まない得子と忠通によって流布された政治謀略であった可能性が指摘されている〔美川二〇〇四〕。

得子を愛する鳥羽は、得子が生誕時より手元で養育した守仁を皇位につけようと考えたが、現存の父を差し置いて子が先に即位する例がなかったため、守仁の将来的な即位を織り込んだ上で、まずは父である雅仁が登板することになった（後白河天皇）。後白河にとって、即位は想定外の事態であった。逆に、重仁の登位が順当であっただけに、予想だにしなかった弟への皇位継承に崇徳は絶望した。鳥羽と崇徳との一体的な関係が破綻したのはこの時点である。いまや新帝となった後白河は、それまで同宿していた崇徳の中御門東洞院第《なかみかどひがしとういんだい》から、鳥羽が準備した高松殿《たかまつどの》に迎え入れられた〔『兵範記』久寿二年七月二十三・二十四日条〕。崇徳は、母を同じくする後白河との連帯までも分断されたのである。

近衛が死去した久寿二年七月から翌保元元年（一一五六）にかけての崇徳の動向は、それまであった仏事参加なども見られなくなり、逼塞しているかに見える。このあと保元の乱で行動を共にする頼長とも目立った交流は見受けられず、崇徳と頼長との提携は短期間に醸成されたものと考えられる〔橋本一九六四〕。

そして、保元元年七月二日、鳥羽が死去したことにより、事態は急速に動く。得子・後白河の陣営は「上皇・左府同心し軍を発し、国家を傾け奉らんと欲す」との風聞があるとして兵を集め、崇徳・頼長を挑発した〔『兵範記』同年七月五日条〕。七月九日、崇徳は滞在していた鳥羽田中殿《たなかどの》から白河前斎院《さきのさいいん》（同母妹統子）御所に御幸し、翌十日には隣の白河殿に入って軍勢を召集、頼長もそこに合流した。崇徳と頼長方の戦力の主力となったのは、源為義《ためよし》や平忠正《たいらのただまさ》、平正弘《まさひろ》らの一族である〔元木二〇〇四〕。

他方、後白河陣営も武士を集結させ、十日夜半過ぎには、平清盛《きよもり》・源義朝《よしとも》・源義康《よしやす》が白河に向けて発向し、翌十一日には早くも崇徳方の本拠地白河殿が陥落した。戦地を落ちのびた崇徳は、同母弟「五宮」覚性の仁和寺《にんなじ》御所に入り庇護を求めたが固辞され、後白河方の武士に身柄を確保された。七月二十三日には讃岐国に配流され、二度と都の土を踏むことなく、長寛二年（一一六四）八月二十六日、四十六歳で死去した。

崇徳院怨霊の成立

崇徳蔵人であった藤原為経《ためつね》を作者とする『今鏡』が伝える崇徳の動静や、崇徳自身の詠歌によれば、配流ののちの崇徳は、『保元物語』で描かれる怒り狂う姿とは異なり、都から離れた讃岐でひっそりと後生を祈りつつその生を終えた。また、勝者の側である後白河は、保元の乱直後は高らかに乱の勝利を宣言し、長寛二年の崇徳の死去に際しても喪に服すこともなく、崇徳をあくまでも罪人として扱った。そこには崇徳を怨霊とみなす意識はない。

しかし、安元二年（一一七六）に後白河周辺の人物が相次いで死去し、翌三年には、延暦寺の強訴に加え、安元の大火における大極殿《だいごくでん》の焼失などが続き、これらの災禍は崇徳と頼長の怨霊によるものとみなされるようになる〔『愚昧記《ぐまいき》』同年五月九日条〕。後白河は、崇徳院という諡号《しごう》を宣下し、成勝寺《じょうしょうじ》での法華《ほっけ》八講《はっこう》や粟田宮《あわたのみや》の建立などを行って、崇徳の鎮魂に努めた。怨霊は、それを認識する側によって生み出される。崇徳の怨霊をもっとも恐れたのは、後白河であった。後白河の没後、崇徳院怨霊に対する恐れは一時沈静化するが、承久の乱後、後鳥羽院の怨霊の影響をうけて、『保元物語』の怨念に燃える崇徳院像が創り上げられていった〔山田二〇〇一〕。

（栗山圭子）

【主要参考文献】

河内祥輔　『保元の乱・平治の乱』（吉川弘文館、二〇〇二年）
栗山圭子　「中世王家の存在形態と院政」（『中世王家の成立と院政』吉川弘文館、二〇一二年。初出二〇〇五年）
佐伯智広　「鳥羽院政期王家と皇位継承」（『中世前期の政治構造と王家』東京大学出版会、二〇一五年。初出二〇一二年）
角田文衞　「崇徳院兵衛佐」（『王朝の明暗』、東京堂出版、一九七七年）
角田文衞　『待賢門院璋子の生涯―椒庭秘抄―』（朝日新聞社、一九八五年）
橋本義彦　『藤原頼長』（吉川弘文館、一九六四年）
橋本義彦　「美福門院藤原得子」（『平安の宮廷と貴族』吉川弘文館、一九九六年。初出一九八七年）
美川　圭　「崇徳院生誕問題の歴史的背景」（『古代文化』五六―一〇、二〇〇四年）
元木泰雄　『保元の乱・平治の乱を読みなおす』（日本放送出版協会、二〇〇四年）
山田雄司　『崇徳院怨霊の研究』（思文閣出版、二〇〇一年）

近衛天皇——政争に翻弄された院の跡継ぎ

父：鳥羽天皇	誕生：保延五年（一一三九）五月十八日
母：藤原得子（美福門院）	崩御：久寿二年（一一五五）七月二十三日
	諱：体仁
在位期間：永治元年（一一四一）十二月七日～久寿二年（一一五五）七月二十三日	
陵墓：安楽寿院南陵（京都市伏見区竹田浄菩提院町）	

父と母

保延五年（一一三九）五月十八日、二十歳の内大臣《ないだいじん》藤原《ふじわらの》頼長《よりなが》は、従三位《じゅさんみ》藤原得子《なりこ》が、鳥羽《とば》上皇《じょうこう》の子を出産したと聞き付け、院御所《いんごしょ》に駆けつけた。すでに院御所に参上していた中納言《ちゅうなごん》藤原宗能《むねよし》に「男か」と尋ねたところ、宗能は「そうです」と答えた（『台記《たいき》』同日条）。七月十六日、若宮《わかみや》は親王宣下《せんげ》されて体仁《なりひと》と名付けられた。これがのちの近衛《このえ》天皇である。

体仁の母得子は体仁が生まれたとき、従三位の位階《いかい》しかもたなかったように、もともと上皇の正式な后妃《こうひ》ではなかった。上皇の正式な后妃だったのは、待賢門院《たいけんもんいん》藤原璋子《たまこ》である。彼女は閑院流《かんいんりゅう》藤原氏出身の権大納言《ごんのだいなごん》公実《きんざね》の娘で、嘉承二年（一一〇七）十一月十二日、父公実が没すると、鳥羽天皇の祖父である白河《しらかわ》法皇の養女とされた。そして、永久五年（一一一七）十二月十三日、彼女は鳥羽天皇に入《じゅ》内《だい》して、翌年正月二十六日、立后《りっこう》して中宮《ちゅうぐう》となった。彼女は天皇に愛されて、顕仁《あきひと》・通仁《みちひと》・君仁《きみひと》・雅《まさ》仁《ひと》・本仁《もとひと》・最忠《さいちゅう》の五皇子《おうじ》と、恂子《のぶこ》（統子《むねこ》）・禧子《よしこ》の二皇女《おうじょ》を出産し、このうち顕仁は保安四年（一一二三）正月二十八日、父から皇位を譲られ、崇徳《すとく》天皇として即位したのである。翌年十一月二十四日、璋子は院号《いんごう》を宣下されて待賢門院となるが、その後も鳥羽上皇とは三条西殿《さんじょうにしどの》に同居し、院の正妻としての地位を確保し続けていた。

ところが、風向きが変わったのは、大治四年（一一二九）七月七日の白河法皇の死去からだった。璋子は後ろ盾を失うとともに、鳥羽上皇の心も彼女から離れていった。そして、そこに登場したのが、善《ぜん》勝寺流《しょうじりゅう》藤原氏出身の権中納言《ごんのちゅうなごん》長実《ながざね》を父とする得子であった。彼女は長承二年（一一三三）八月十九日、父長実を失ったが、父から多くの邸宅や所領を相続した。そのうち二条万里小路殿《にじょうまでのこうじどの》は、長実生前から上皇の御所とされており、上皇と得子はこれを介して出会ったと考えられている〔橋本一九八七〕。得子を寵愛《ちょうあい》するようになった上皇は、彼女の八条殿《はちじょうどの》に移り、璋子とは別居するようになったのである。

得子は保延元年（一一三五）、上皇の子を身ごもったが、十二月四日、生まれたのは皇女（叡子《としこ》）だった。そして、翌年にも再び懐妊したが、保延三年四月八日、生まれたのはまたしても皇女（暲子《あきこ》）だった。そんななか、二年後の保延五年、ついに誕生した待望の皇子こそ体仁で、彼は同年八月十七日、生後二ヶ月にしてさっそく皇太子に立てられた。そして、得子も皇太子の母として女御《にょうご》の身分を与えられたのである。

立太子から即位へ

一方、体仁が皇太子となると、問題になるのが、異母兄である崇徳天皇との関係である。この当時の国政形態は、上皇が最高権力者としてこれを主導する院政が定着し、上皇は、皇位継承者の選定権も掌握した。だが、院政を行うことのできる上皇は、天皇の直系尊属《ちょっけいそんぞく》に限られていた。したがって、体仁に皇位を明け渡すと、兄である崇徳は院政を行えないばかりか、自分の子孫に皇位を継承できる可能性も失ってしまう。周知のように、崇徳は鳥羽法皇の死の直後、挙兵して保元の乱を起こすが、これまで、その淵源はここにあると理解するのが一般的であった。

しかし、近年ではこうした理解は見直され、実は崇徳と近衛の間には養子縁組がなされていたことが指摘されている〔佐伯二〇一二〕。鎌倉時代に慈円《じえん》が書いた『愚管抄《ぐかんしょう》』（巻第四）では、体仁の立太子《りったいし》に当たり、宣命《せんみょう》に「皇太子」とは書かれず、「皇太弟《こうたいてい》」と書かれていたので、ここに崇徳は院政を行う可能性を失い、鳥羽上皇のことを怨むようになったとされていた。ところが、体仁の立太子では、冒頭に登場した藤原頼長が体仁の傅《ふ》（養育役）に任じられており、彼は保延六年（一一四〇）一月二十二日、左近衛大将《さこのえのたいしょう》を辞任したときの辞表で「皇太子傅」と署名していた〔『続本朝文粋《ぞくほんちょうもんずい》』〕。このことから体仁は「皇太弟」ではなく、確かに「皇太子」であったことが確認できる。

しかも、実は早くから体仁は、鳥羽上皇と得子のもとから離れ、崇徳と中宮藤原聖子《きよこ》の夫妻のもとで養育されていた。冒頭で見たように、体仁が誕生したのは、保延五年五月十八日であるが、わずか一ヶ月後の六月二十七日には、八条殿から崇徳のいる内裏《だいり》（小六条殿《ころくじょうどの》）に入り、以降、崇徳・聖子と生活をともにした。鳥羽は崇徳・体仁の養子関係を実体のあるものとして認めたのであり、崇徳による院政の可能性を残していたのである。

そして、こうしたなかで、永治元年（一一四一）十二月七日、崇徳は退位し、体仁は三歳にして即位して近衛天皇となった。だが、彼と崇徳との父子関係は、即位後も変わらなかったようである。上皇は退位すると、内裏から退出するのが不文律《ふぶんりつ》のため、崇徳は退位すると内裏から出て、三条西洞院第《さんじょうにしのとういんてい》に移った。しかし、聖子は皇太后《こうたいごう》となった後も内裏内にあって近衛を元服まで養育し、行幸《ぎょうこう》に際しては同じ輿《こし》に乗って、天皇を補佐した。

また、院政期には正月、天皇が院御所に行幸して上皇に拝舞《はいぶ》する朝覲《ちょうきん》行幸が行われた。近衛天皇の朝覲行幸では、行き先は鳥羽上皇の御所であったものの、そこには崇徳上皇も同席することがあった〔栗山二〇〇五〕。崇徳は退位後も、鳥羽上皇を中心とする権力中枢から排除されたわけではなかったのである。近衛への譲位についても、強制的な皇位からの排除ではなく、上皇が成人した天皇との政治的な軋轢を避けるために行われたものと理解されている〔佐伯二〇一二〕。

二人の后妃

近衛天皇の即位によって、往時の勢いを取り戻したのが摂関家《せっかんけ》である。近衛の養母となった皇太后聖子の父は関白《かんぱく》藤原忠通《ただみち》で、近衛の即位にともなって摂政《せっしょう》に任じられた。彼はあくまで養外祖父《ようがいそふ》ではあったものの、摂関家の当主が天皇の外祖父として摂政に任じられたのは、応徳三年（一〇八六）十一月二十六日、堀河《ほりかわ》天皇の即位にともなって外祖父藤原師実《もろざね》が摂政になって以来、五十五年ぶりのことであった（堀河天皇の母賢子《かたいこ》は師実の養女だったので、師実も養外祖父であった）。

また、そもそも摂関政治期には、母后《ぼこう》が幼帝《ようてい》と同居してこれを養育するとともに、母后の父や兄弟も内裏内に直廬《じきろ》とよばれる宿所を構えるようになり、外戚《がいせき》一族が天皇と同居して、家族のなかに天皇を包摂した。近衛天皇の時代には、忠通の娘である聖子が皇太后として天皇と同居し、これを養育したため、まさに摂関政治期の権力体制が再現された。鳥羽上皇は最高権力者ではあるが、上皇であるため、天皇の住まいである内裏に入ることはできなかった。得子は近衛即位とともに皇太后となったが、彼女も基本的に上皇と同居して院御所で生活していたため、天皇が上皇・得子に会う機会はまれであった（樋口二〇一七）。その結果、天皇は必然的に摂政忠通の強い影響下に置かれたのである。

一方、忠通には長く跡継ぎとなる男子が生まれなかった。そのため、彼は二十九歳となった天治二年（一一二五）、二十三歳違いの異母弟を養子に迎えた。これが頼長である。大治五年（一一三〇）四月十九日、頼長は元服すると、摂関家の後継者として急速に官位を上昇させていき、保延二年十二月九日には内大臣に任じられた。近衛天皇が即位すると、頼長は皇太后聖子の居所に頻繁に出入りし、聖子に仕える女房との間に女児までもうけている。聖子が内裏を出入りする際にも奉仕を行っており、頼長も摂関家の後継者として、権力中枢に包摂される存在であったと考えられる〔樋口二〇二一a〕。それゆえに、体仁立太子に際しては、彼が皇太子傅に任じられたのである。

しかし、康治二年（一一四三）、忠通に実子基実《もとざね》が誕生すると、忠通と頼長の関係は不安定になる。これ以前、忠通の母である源《みなもとの》師子《もろこ》は、自身に仕える女房《にょうぼう》が頼長との間にもうけた兼長《かねなが》を忠通に養子として迎えさせ、頼長の次の後継者にしようとしていた〔樋口二〇二一b〕。だが、基実が誕生すると、忠通はこのことに不満を抱き、久安四年（一一四八）十一月、一方的に兼長との養子縁組を解消した。

こうしたなか、久安六年正月三日、近衛天皇が十二歳で元服すると、翌月二十七日、皇太后聖子は院号を宣下され、皇嘉門院《こうかもんいん》となって内裏から退出した。一方、正月十日には、頼長の養女多子《まさるこ》が入内して、同十九日に女御となり、三月十四日には立后して皇后となった。多子が入内すると、天皇は連日彼女の居所を訪れて、多子や頼長と「お馬さんごっこ」や「目隠し鬼」「ひな遊び」といった遊びをして戯れるようになった〔『台記』同年正月二十三日・二月十四日・四月十日・同十一日条〕。これは、天皇を補佐・後見するメンバーが、天皇元服にともない、忠通―聖子から、頼長―多子へと世代交代したことを物語るものといえるだろう。

ところが、この年四月二十一日、突然、藤原呈子《しめこ》（当初は為子《ためこ》）が忠通の養女として入内し、同二十八日、女御とされた。そして、六月二十二日、立后されて中宮となる。多子が天皇より一歳年下の十一歳だったのに対し、呈子は九歳上の二十一歳で、呈子の入内はかなり強引なものにも見えるが、ともかくも、近衛には二人の后妃が並ぶことになったのである。呈子は得子の近臣である藤原伊通《これみち》（摂関家傍流）の娘であるが、二年前から得子の養女とされており、得子は呈子を入内させて近衛の後宮に影響力を持とうとしたものと思われる（得子は久安五年八月三日、院号を下され、美福門院《びふくもんいん》となっていた）。一方、忠通は多子入内によって、天皇補佐・後見者の役割が頼長に移ってしまうと、基実への摂関継承が困難になる。その前に、もう一度、自分の足場を確保しようとして、得子と結び、呈子入内を実現させたのである。

暴走する天皇

しかし、こうした忠通の動きに激怒したのが、忠通・頼長の父である前関白藤原忠実《ただざね》である。彼は忠通に頼長への摂政譲渡を迫り、それが拒絶されるや、久安六年（一一五〇）九月二十六日、忠通を義絶して藤原氏の氏長者《うじのちょうじゃ》（藤氏長者《とうしちょうじゃ》）の地位を没収し、頼長に与えた。

だが、忠実は忠通から摂政の地位までは奪うことができなかった。摂政の地位はあくまで天皇・上皇によって任じられるべきものだったからである。一方で、鳥羽法皇と忠通の関係は良好であったため、法皇もそう簡単に摂政を解任できなかった。こうして摂関家当主の座から追われた忠通であったが、以後も摂政の地位を保持して、天皇の側に近侍し、天皇との密接な関係を武器にして忠実・頼長に反撃していった。

久安七年正月一日、近衛天皇は法皇に使者を派遣して、頼長が節会《せちえ》の宴会に参入するなら、自分は節会には参加しないといい、明日も頼長が参入するなら、行事を中止するなどと伝え、法皇を怒らせた。そして実際に天皇は元日の節会に参入しなかった。

また、同月六日、法皇は叙位《じょい》の執筆役を頼長に命じたのだが、天皇はこれを拒否し、右大臣《うだいじん》源雅定《まささだ》に奉仕させるよう命じた。しかも、蔵人《くろうど》平範家《たいらののりいえ》が「法皇は左大臣《さだいじん》（頼長）を指名しています」というと、「私の命令はこの通りだ。よろしく法皇にお伝えせよ」といって怒りだしたという〔以上、いずれも『台記』同日条〕。

このように、忠通義絶後、天皇は頼長を避け、法皇に命じられても、頼長に役を勤めさせるのを拒否した。この裏には忠通の存在があったと考えられる。ここまで見てきたように、近衛天皇は幼少期より、父母のもとから離され、養母となった聖子や養外祖父忠通の影響下に置かれてきた。こうしたなかで、忠通は天皇に頼長の悪口を吹き込み、頼長を避けさせるように仕組んだのである。こうしてみると、もはや天皇は法皇にもコントロールできなくなっていたといえるだろう。法皇は頼長を内覧《ないらん》に任じて天皇の側に置き、コントロールしようとしたが、天皇は以後も相変わらず頼長を拒絶し、上手くいかなかった。

こうしたなか、仁平元年（一一五一）六月六日、四条《しじょう》内裏が焼失すると、天皇は得子の八条殿に移った。ところが、このとき呈子は八条殿に入ったものの、多子は八条殿に入ることができず、事実上、内裏より排除されてしまう。しかも、その後、天皇は小六条殿、六条烏丸殿《ろくじょうからすまどの》を経て、同年十一月十三日、近衛殿《このえどの》を新たな里内裏としたが、これはもともと忠通の邸宅であった。このことによって、天皇と忠通の関係はより強固なものとなっていった〔角田一九八二〕。天皇は忠通の邸宅に居を移し、忠通に完全に囲い込まれたのである。

そのうえ、仁平二年十月、内裏に住む唯一の后妃となった呈子が懐妊する。四条内裏の焼失は忠通の直廬からの出火であったというから、忠通は自ら火事を起こして内裏から多子を排除し、呈子の懐妊を確実なものにしようと図った可能性もあるだろう。ところが、翌年三月、臨月《りんげつ》になっても呈子に出産の気配は見られなかった。結局、彼女の妊娠は想像妊娠だったのである〔『台記』同年九月十四日条〕。すると、この頃から、忠通は近衛天皇を諦め、天皇の譲位を画策するようになる。仁平三年九月、忠通は法皇に対して、近衛が眼病のため、雅仁親王（崇徳の同母弟）の皇子で、美福門院に養育されている守仁王《もりひとおう》への譲位を考えていると言いだしたのである〔『台記』同年九月二十三日条〕。法皇はこれを取り合わなかったが、この頃、呈子の懐妊が無に帰していることから考えると、忠通は近衛に子ができないことを悟り、次の策として、新たな幼帝への譲位へと舵《かじ》を切りはじめたのではないだろうか。

一方で、翌仁平四年になると、七月五日、法皇が天皇の眼病により、行幸を停止させるなど〔『台記』

安楽寿院南陵（近衛天皇陵）　京都市伏見区　撮影：筆者

同日条」、天皇の眼病は周知のものとなり、天皇は政務を行うのも困難になっていく。そして、翌久寿二年（一一五五）七月、天皇の病は重篤となり、七月二十三日、十七歳という若さで亡くなった。ここに忠通は鳥羽法皇と図って、守仁王への皇位継承を前提として、その父である雅仁親王を即位させた。これが後白河《ごしらかわ》天皇である。

残された紙幅はわずかのため、ここで十分な検討はできないが、近衛の死については、釈然としないものがある。呈子の懐妊が想像妊娠に終わり、忠通にとって近衛が用済みのものとなった段階で、近衛は眼病となり、しかも彼の症状は眼病だけだったのに、突然危篤となって亡くなってしまうのである。これは忠通に都合のよい展開なので、彼に疑いがかかってもよさそうなものだが、忠通は自分に疑いがかかる前に、むしろこの疑惑を政敵に押しつけることで、政治的に利用していった。

近衛没後の八月、ある人が巫女《みこ》を召して近衛の口寄せをしたところ、近衛は自分の目が見えなくなったのは、自分を呪詛《じゅそ》して愛宕山《あたごやま》（京都市右京区）の天狗像《てんぐぞう》の目に釘を打った者がいるからだと語った。そこで、鳥羽法皇が使者を愛宕山に派遣してその像を見させたところ、実際に釘が打たれていた。これ

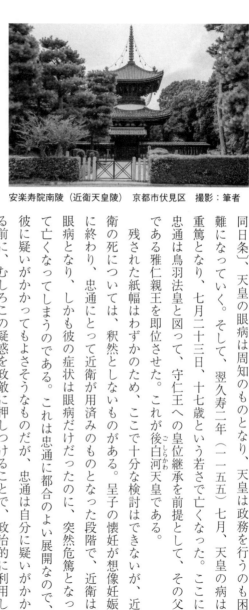

を聞いた美福門院や忠通が、忠実や頼長の仕業かと疑うと、法皇も、頼長が近衛に避けられていたことを知っていたため、そう思い込むようになったのである〔『台記』久寿二年八月二十七日条〕。

この結果、頼長は後白河天皇の即位後、内覧に再任されず、失脚して籠居《ろうきょ》した。追い詰められた頼長は、後白河の即位によって院政を行う可能性を失った崇徳上皇と結び、翌保元元年（一一五六）七月、挙兵して保元の乱を起こした。

（樋口健太郎）

【主要参考文献】

栗山圭子「中世王家の存在形態と院政」（『中世王家の成立と院政』吉川弘文館、二〇一二年。初出二〇〇五年）
佐伯智広「鳥羽院政期王家と皇位継承」（『中世前期の政治構造と王家』東京大学出版会、二〇一五。初出二〇一二年）
角田文衞「法性寺関白忠通」（『王朝史の軌跡』學燈社、一九八三年。初出一九八二年）
橋本義彦「美福門院藤原得子」（『平安の宮廷と貴族』吉川弘文館、一九八六年。初出一九八七年）
樋口健太郎「居所からみた白河・鳥羽院政期の王権」（『中世王権の形成と摂関家』吉川弘文館、二〇一八年。初出二〇一七年）
樋口健太郎「鳥羽院政期の王家と摂関家―保元の乱前史再考―」（『龍谷日本史研究』四四・四五、二〇二二年ａ）
樋口健太郎「藤原頼長と子息「三長」」（『史聚』五五、二〇二二年ｂ）

後白河天皇──時代を変えた規格外の帝王

父：鳥羽天皇	誕生：大治二年（一一二七）九月十一日	諱：雅仁
母：藤原璋子（待賢門院）	崩御：建久三年（一一九二）三月十三日	
在位期間：久寿二年（一一五五）七月二十四日〜保元三年（一一五八）八月十一日		
陵墓：法住寺陵（京都市東山区三十三間堂廻り町）		

定まらぬ評価

後白河《ごしらかわ》天皇の六十六年の生涯は、政治の局外で今様《いまよう》に明け暮れた前半生と、政治の中枢で浮き沈みを繰り返した激動の後半生とに、大きく二分される。後半生における政治的な浮沈は、半ばは時代的な制約や偶発的な要因によるが、半ばは後白河本人の責任に帰する。

同時代人による後白河の人物評としてよく知られているのは、「天皇となる器量ではない」（鳥羽院《とばいん》）、「日中史上まれな暗君」（信西《しんぜい》）、「日本一の大天狗」（源頼朝《みなもとのよりとも》）といった酷評であろう。藤原兼実《ふじわらのかねざね》は、後白河が死去した際にこそ「心が広く思いやりがあり、慈悲を世に施した」と述べているが、生前には

「軽々しく頭がおかしい」などとも評している。

　一方で、現代の研究者からは「乱世の梟雄」「美の領導者」〔棚橋二〇〇六〕、「司祭王」〔元木・佐伯・横内二〇二二〕といった積極的な評価もあり、棺を蓋《おお》いて八〇〇年以上を経て、むしろ事定まらずといった様相を呈している。本稿では、後白河の生涯の概略を語ったのち、それを彩るいくつかの具体的なエピソードを紹介することとし、評価は読者に委ねたい。

後白河法皇画像　東京大学史料編纂所蔵模写

思いがけない即位

　後白河天皇は、大治二年（一一二七）、鳥羽院と待賢門院《たいけんもんいん》（藤原璋子《たまこ》）との間に生まれた。誕生時には同母兄の崇徳《すとく》天皇がすでに即位しており、さらに永治元年（一一四一）には異母弟近衛《このえ》天皇（母美福門院《びふくもんいん》藤原得子《なりこ》）が即位したため、後白河が皇位を継承することは想定されていなかった。そのせいもあって、後白河は、当時流行していた今様という歌謡にのめり込んでいく。千日間続けて歌うといった今様への打ち込みぶりは、後白河自身が晩年に『梁塵《りょうじん》秘抄《ひしょう》口《く》伝集《でんしゅう》』で述べている。先述した「天皇となる器量ではない」

という鳥羽の評は、こうした即位前の後白河に対するものである。

ところが、久寿二年(一一五五)に近衛が死去したことで、事態は急転する。近衛には子がなかったため、鳥羽は美福門院に二人の養子を迎えさせていた。一人は崇徳の子重仁《しげひと》親王、もう一人が後白河の子守仁《もりひと》王《おう》である。

そもそも、鳥羽は、崇徳とその外戚《がいせき》である藤原氏閑院流《かんいんりゅう》を中心とする待賢門院派(待賢門院自身は久安元年〈一一四五〉死去)と美福門院派の対立、また、摂関家における藤原忠実《ただざね》・頼長《よりなが》と忠通《ただみち》の対立という二つの対立構造の上に、調停者として君臨し、院政を行っていた。こうした状況で、皇位継承者に重仁を選択すれば、将来的には崇徳が院政を行い、美福門院に対して優位に立つことは必然である。

そこで、鳥羽院が現妻である美福門院の将来のことを重視すれば、守仁を選択したいところであったが、存命の父を差し置いて、子が皇位を継承するという先例が存在しなかったこと、守仁はまだ十四歳と若年であり、崇徳院の権威や経験に対抗するのが難しかったことといった問題があった。その点、後白河(当時二十九歳)であれば、問題はすべて解消されるうえに、外戚となる藤原氏閑院流を崇徳院から切り離して取り込むことができ、同母姉統子《むねこ》内親王(上西門院《じょうさいもんいん》)が相続していた待賢門院御願寺《ごがんじ》領への関与も可能となる。こうして、守仁へのつなぎとして、後白河が皇位継承者に選択されたのであった。

二度の戦乱と政治的引退

後白河の即位に問題があるとすれば、「天皇となる器量ではない」という評価であった。この点を補ったのが、後白河の乳父（養育役）で、博学多才を世に謳われた信西である。保元元年（一一五六）、鳥羽の死去をきっかけとして起きた保元の乱で、信西は後白河陣営を主導して崇徳・頼長軍に勝利すると、荘園整理令をはじめとする保元新制の発布、大内裏の再建といった政策を矢継ぎ早に断行した。中継ぎであった後白河から守仁（二条《にじょう》天皇）への譲位は保元三年に行われたが、その決定は信西と美福門院によって行われた。当該期の政治体制が「信西政権」〔五味二〇一一〕とまで評される所以である。

しかし、信西が政治を主導し、信西の子どもたちが朝廷の要職に任じられたことは、他の院近臣たちの反発を買った。平治元年（一一五九）、院近臣たちは信西が詰めていた後白河の院御所三条殿《さんじょうどの》を襲撃し、信西は自殺に追い込まれたのである（平治の乱、以下は基本的に〔元木二〇一二〕による）。

乱の直前、信西は唐《とう》の安史《あんし》の乱《らん》を題材とした絵巻物を後白河に献上し、信頼の叛意を告げたが、後白河はこれを看過している。

乱を起こした院近臣たちも、後白河派と二条派とに分かれていた。その頂点にいたのは藤原信頼《のぶより》であり、武力の中核となったのは源《みなもとのよしとも》義朝であったが、彼らは本来後白河の近臣であったにもかかわらず、後白河を信西もろともに襲撃し、襲撃後は後白河を大内裏の一本御書所《いっぽんごしょどころ》に軟禁して、二条を擁立して論功行賞《ろんこうこうしょう》を行った。中継ぎであった後白河は、近臣にすら見放されてしまったのである。

結局、当時は中立的立場であり、信頼らの挙兵時には熊野詣《くまのもうで》のため京都を離れていた平清盛《きよもり》が、二条派の藤原経宗《つねむね》らと連携して二条を六波羅《ろくはら》に迎え、孤立した信頼・義朝らに戦闘で勝利して、乱は終局を迎える。一方、後白河は戦闘前に仁和寺《にんなじ》に脱出していたが、乱の二ヶ月後の永暦元年（一一六〇）、後白河に無礼を働いた経宗らが清盛に逮捕されて流罪となり、二条派も打撃を受けた。

後白河と二条との対立は、応保元年（一一六一）に二条が後白河を政務から排除することで決着する。このとき、後白河は新たに寵愛した平滋子《しげこ》との間に憲仁《のりひと》親王を儲けていたが、二条天皇は滋子の異母兄平時忠《ときただ》らを放言を理由に解官《げかん》（解任）し、後白河を事実上の引退に追い込んだのである。

政治的復活と平清盛との連携

後白河が政治的復活を果たしたのは、二条が永万元年（一一六五）に二十三歳の若さで死去したことによる。死の直前、二条は子の六条《ろくじょう》天皇に譲位しており、政務は養外祖父である摂政藤原基実《もとざね》（忠通の子、六条の養母藤原育子《むねこ》は基実の猶子《ゆうし》）が行ったが、仁安元年（一一六六）に基実までもが死去したことにより、後白河が六条の祖父として院政を行うこととなったのであった〔五味一九九九〕。

復権した後白河の政治的なパートナーとなったのが、平清盛である。平治の乱での勝利によって武士の圧倒的ナンバーワンとなり、権大納言《ごんのだいなごん》まで昇進していた清盛を、後白河は復権した年の内に内大臣《ないだいじん》へと昇進させ、さらに翌仁安二年には太政大臣《だいじょうだいじん》へと昇進させたのである。在任わずか三ヶ月で太政大臣を辞した清盛は、翌仁安三年に病気を理由に出家し、その後は京を離れて摂津国福原《ふくはら》（神戸市兵庫区）に居住したが、重要な案件については両者の間で協議が行われて決定が下された。

後白河と清盛とをつなぐ役割を果たしたのが、先述の平滋子であった。清盛の妻平時子《ときこ》が、滋子の異母姉であったからである。後白河と滋子との間に生まれた憲仁は、後白河の復権にともなって皇太子とされ、仁安三年に即位した（高倉《たかくら》天皇）。さらに、承安元年（一一七一）に後白河が滋子をともなって福原を訪れると、その直後に清盛と時子の娘徳子《とくこ》が後白河の養女とされ、高倉天皇の后に迎えられた。承安四年には、後白河はふたたび滋子とともに福原を訪れ、さらに清盛をともなって、清盛が篤く信仰した安芸国の厳島《いつくしま》神社（広島県廿日市市）へと詣でている。

治承三年政変

一方で、清盛はもともと院近臣の出自であり、他の後白河の近臣たちからすれば、清盛一門の勢力拡大は、自分たちの地位が圧迫されることを意味した。また、嘉応元年（一一六九）に後白河の近臣藤原成親《なりちか》の知行国尾張でのトラブルが延暦寺《えんりゃくじ》の強訴《ごうそ》を引き起こした際に、成親を擁護する後白河の姿勢が事態を拡大した一方、清盛一門が後白河の防御命令に従わなかったように、後白河の近臣と清盛一門との利害は、必ずしも一致しなかった。そして、高倉と徳子との間には、なかなか子が生まれなかった。

このように、後白河と清盛との間に潜在していた矛盾は、安元二年（一一七六）に滋子が三十五歳の若さで亡くなったことによって、一気に噴出する。後白河は、自身の子で高倉の異母弟に当たる道法法《どうほう》親王・承仁《しょうにん》法親王を、高倉の養子とし、皇位継承者にしようとした〔五味二〇二〇〕。これが実現すれば、清盛は天皇の外戚となることができなくなってしまう。さらに、後白河は、蔵人頭《くろうどのとう》の地位に、上席である清盛の子知盛《とももり》を差し置いて、近臣の藤原光能《みつよし》を任命した。

そして、翌治承元年（一一七七）、後白河の近臣である僧西光《さいこう》の知行国加賀で、延暦寺とのトラブルが発生し、事態がエスカレートすると、後白河は、上洛した清盛に、延暦寺の攻撃を命じた。これに対して、清盛は平家打倒の企みがあったとして成親・西光ら後白河の近臣を処罰したのである（鹿ケ谷《ししがたに》事件）。

このときは後白河自身への処罰は行われなかったが、翌治承二年に徳子が言仁《ときひと》親王を出産すると、もはや清盛が後白河の処罰をためらう理由は失われた。治承三年に清盛の娘盛子《もりこ》が亡くなると、清盛は盛子が藤原基実の妻として相続していた摂関家領を高倉に継がせたが、後白河は高倉の父として摂関家領の支配に介入した。さらに、摂関家の後継者として、後白河は基実の子基通《もとみち》（盛子の養子、妻は清盛の娘完子《さだこ》）ではなく、現任の関白であった藤原基房《もとふさ》（基実の弟）の子師家《もろいえ》を選択した。これら後白河の挑戦的な行動に対し、清盛は軍勢を率いて上洛し、武力クーデターによって政権を掌握する。この治承三年政変によって、後白河は鳥羽殿に幽閉され、ふたたび政治的引退に追い込まれたのである。

平家の滅亡

だが、清盛の天下も長くは続かなかった。治承四年（一一八〇）二月に高倉から言仁親王（安徳天皇《あんとく》）への譲位が行われたが、五月に高倉の異母兄以仁王《もちひとおう》が反平家の兵を挙げた。この挙兵は短期間で制圧されたものの、八月に伊豆で源頼朝が挙兵、九月には信濃で源義仲《よしなか》が挙兵するなど、内乱は全国に拡大する。『吾妻鏡《あずまかがみ》』に掲げられた以仁王の令旨《りょうじ》で、清盛が後白河を幽閉したことが指弾されているように、反平家を掲げる勢力にとって、後白河の処遇は、反平家の軍事行動を正当化する根拠となっていた。内乱への対応の一環として、清盛は十二月に後白河の幽閉を解除する。さらに、翌養和元年（一一八一）正月に高倉が病死すると、実権は清盛が握っていたものの、形式的には後白河による院政が復活した。

源頼朝銅像　神奈川県鎌倉市・源氏山公園

そして、同年閏二月に清盛が病死すると、跡を継いだ宗盛《むねもり》は、後白河の命に服することを申し入れた。ここに後白河はふたたび復権したのである。

反平氏勢力は頼朝・義仲に収斂《しゅうれん》していったが、後白河との関わりが深かったのは頼朝である。頼朝の父義朝は、平治の乱まで後白河の近臣であり、頼朝の母も、後白河の近臣藤原範忠《のりただ》の妹であった。頼朝自身も後白河の姉上西門院統子内親王に仕えており、平治の乱で頼朝が処刑されず伊豆への流罪に止められた背景には、後白河の意思が働いていたと推測されている。『平家物語《へいけものがたり》』は、頼朝が挙兵した際、後白河の院宣《いんぜん》を奉じていたとする（『愚管抄《ぐかんしょう》』は院宣を文覚《もんがく》の偽作とする）。後白河と頼朝との関わりが明確に示されたのは養和元年（一一八一）八月のことであり、頼朝の密奏を受けた後白河は、宗盛に頼朝との和平を命じたが、宗盛は父清盛の遺言を盾にこれを拒絶したのであった。

その後、寿永二年（一一八三）に宗盛は義仲軍に京都から追われて、安徳を擁し西海へと脱した。このとき、後白河は宗盛を見限って延暦寺に逃れたが、その後の論功行賞で、後白河は入京した義仲の功績を第二とし、頼朝の功績を第一とした。その後も、後白河が、安徳に代わる天皇として、義仲が擁立する北陸宮《ほくりくのみや》（以仁王の子）ではなく後鳥羽《ごとば》天皇（高倉天皇の第四皇子）を立てたこと、義仲の勢力圏である東山道《とうさんどう》での荘園・公領の秩序回復を頼朝に命じたこと（寿永二年十月宣旨）により、後白河と義仲とは対立、ついに義仲軍が後白河の籠もる法住寺殿《ほうじゅうじどの》を攻撃するに至った（法住寺合戦）。

だが、翌元暦元年（一一八四）、源義経《よしつね》・範頼《のりより》（ともに頼朝の弟）率いる頼朝軍が上洛、義仲は敗死した。福原まで勢力を回復していた宗盛軍も、一の谷《いちのたに》の合戦で撃破され、翌文治元年（一一八五）、壇ノ浦《だんのうら》の合戦で敗れて滅亡した。

晩年の栄光

後白河と頼朝との関係も、順風満帆というわけではなかった。平家滅亡後、頼朝と対立した義経が反頼朝の兵を挙げると、後白河は義経に頼朝追討を命じたのである。上洛後に後白河を守護する役目を果たしていた義経を、後白河は擁護したわけだが、挙兵は失敗に終わり、義経は奥州へと逃れた。後白河は、追討命令は自分の意思ではなかったと頼朝に弁解したが、頼朝は後白河の近臣たちの解官や、藤原兼実の内覧《ないらん》任命、政治的決定に関与する議奏公卿《ぎそうくぎょう》十名の任命などの廟堂《びょうどう》改革を要求したのである。「日本一の大天狗」という頼朝の後白河評は、このときの後白河の弁明に対する返答の中で述べたものである。

さらに、文治五年（一一八九）には、頼朝は追討命令を出し渋る後白河の意向を無視し、独断で奥州藤原氏を滅ぼしている。このように、後白河と頼朝の利害もしばしば衝突したが、後白河にとって、もはや頼朝以外に頼れる武力は存在せず、頼朝にとっても、後白河に代えて擁立できる存在はなかった。結局、後白河は頼朝の奥州藤原氏討伐を追認する。

そして翌建久元年（一一九〇）、頼朝は挙兵以来はじめて上洛し、後白河との対面を果たした。砂金八〇〇両など大量の貢物を持参し、忠誠を誓った頼朝を、後白河は権大納言・右近衛大将《うこのえだいしょう》に任じ、翌建久二年には頼朝に諸国の治安維持を担当させる命令を発した。ここに、頼朝＝鎌倉殿《かまくらどの》に率いられた御家人が諸国の治安維持に当たるという鎌倉期の体制が確立したのである。こうしてようやくもたらされた平和と安定の中で、建久三年、後白河は死去した。

後白河にとって、応保元年の一度目の院政停止は、中継ぎとして即位した立場の弱さに起因するものであった。だが、治承三年政変による二度目の院政停止は、後白河自身の挑発的な行動によるものであった。平治の乱前に信西の諫言を看過していることや、義経問題への対応など、治世における政変・戦乱には回避可能であったと思われるものもあり、これらに対する後白河の政治的責任は否めない。

もっとも、後白河自身は、頼朝と対面した際、清盛のことを「短気」と評していた〔『渋柿』所収源頼朝御教書〕。頼朝に対するリップサービスを含んだ言ではあるが、王たる自分に臣下は従うべきであるという、コンプレックスの裏返しの自負心を示しているようにも思われる。

文化の王後白河

近年の後白河研究において特に注目されているのは、文化・宗教面での営みである。後白河が今様とともに打ち込んだ芸能は蹴鞠であり、自ら蹴鞠を行った最初の院となった。また、後白河は多数の絵巻物を制作させ、他の宝物とともに、院御所とした法住寺殿の一角、蓮華王院《れんげおういん》（三十三間堂《さんじゅうさんげんどう》）の宝蔵《ほうぞう》に秘蔵した。

後白河は神仏に対する信仰心も篤く、蓮華王院・長講堂《ちょうこうどう》・新熊野社《いまくまのしゃ》・新日吉社《いまひえしゃ》などを新たに造営し、内乱で焼失した東大寺の再建を行った。また、みずからも出家して法皇となり、生涯で自ら法華経《ほけきょう》の読誦を八万回以上も行っている。

清盛が福原で行った千人の僧による法華経読誦に、後白河がたびたび出席したように、これらの文化・宗教活動は、高度に政治的な営みでもあった。また、東大寺大仏の開眼供養の際、諸国から参列した多くの人々の前で、後白河自身が開眼の筆を執ったように、仏事は人々に対するパフォーマンスの場ともなっていた。芸能・工芸に関わる職能者には、貴族社会の枠外の下層の人々が含まれていたが、後白河は彼らとも直接の関係を結んでいた。

三十三間堂　京都市東山区

ただし、頼朝が上洛した際、後白河が蓮華王院宝蔵の絵巻物を見せようとしたのを謝絶したように、こうした政治性がつねに有効に働いたわけではない。また、後白河が園城寺《おんじょうじ》を特に重んじたことが、延暦寺の反発を招いたように、後白河の行き過ぎた行動は、時に軋轢《あつれき》を引き起こしている。兼実は後白河の仏教への帰依を「梁《りょう》の武帝《ぶてい》以上」と述べているが、皇帝の身で出家するなどした武帝は、侯景《こうけい》の乱《らん》で幽閉されて死去しており、単純な賛美ではない。兼実が「軽々しく頭がおかしい」と論評したのも、後白河の戯言を真に受けた蒔絵師が蒔絵の箱を献上しに来たのを、後白河の近臣が追い出したという出来事に対してであり、後白河の身分秩序を越えた活動は、批判の対象ともなったのである。

後白河の行動は、今後も研究対象として分析され続けるであろう。正負どのように評価されるのであれ、後白河が平凡とはかけ離れた人物であったことは間違いない。

（佐伯智広）

【主要参考文献】

遠藤基郎『後白河上皇　中世を招いた奇妙な「暗主」』（山川出版社、二〇一一年）
五味文彦『平清盛』（吉川弘文館、一九九九年）
五味文彦『平家物語、史と説話』（平凡社、二〇一一年。初出一九八七年）
五味文彦『鎌倉時代論』（吉川弘文館、二〇二〇年）
棚橋光男『後白河法皇』（講談社、二〇〇六年。初出一九九五年）
美川　圭『後白河天皇　日本第一の大天狗』（ミネルヴァ書房、二〇一五年）
元木泰雄『保元・平治の乱　平清盛勝利への道』（角川学芸出版、二〇一二年。初出二〇〇四年）
元木泰雄『平清盛と後白河院』（角川学芸出版、二〇一二年）
元木泰雄『源頼朝　武家政治の創始者』（中央公論新社、二〇一九年）
元木泰雄・佐伯智広・横内裕人『京都の中世史二　平氏政権と源平争乱』（吉川弘文館、二〇二二年）

二条天皇——夭折した正統の皇位継承者

父：後白河天皇	誕生：康治二年（一一四三）六月十七日
母：藤原懿子	崩御：永万元年（一一六五）七月二十八日
諱：守仁	
在位期間：保元三年（一一五八）八月十一日～永万元年（一一六五）六月二十五日	
陵墓：香隆寺陵（京都市北区平野八丁柳町）	

院政期に「親政」を布《し》いた天皇

歴史教科書等で、保元《ほうげん》の乱《らん》から鎌倉幕府成立に至る平安末期の政治史の叙述を一読すると、貴族の主導者として武士に対したのは、一貫して後白河《ごしらかわ》天皇（院）であったかのような印象を受ける。

だが、実際には応保元年（一一六一）～仁安元年（一一六六）にかけて、後白河院政は中断していた。応保元年に後白河院政を停止して親政を行ったのが、二条《にじょう》天皇である。それはなぜ可能となったのか、また、二条はいかなる政治を行おうとしたのか、解説していこう。

正統の皇位継承者

二条天皇は、康治二年（一一四三）に雅仁《まさひと》親王（後白河天皇）の長男として生まれた。諱《いみな》は守仁《もりひと》といい、誕生時点で父はまだ即位していないため、守仁親王ではなく守仁王ということになる。母は藤原経実《ふじわらのつねざね》の娘藤原懿子《よしこ》であり、源有仁《みなもとのありひと》の養女として雅仁と結婚していたが、二条を出産した七日後に、疱瘡《ほうそう》のため亡くなっている。

誕生時は鳥羽《とば》院が院政を行っており、皇位は崇徳《すとく》天皇（母待賢門院《たいけんもんいん》藤原璋子《たまこ》、後白河天皇の同母兄）から近衛《このえ》天皇（母美福門院《びふくもんいん》藤原得子《なりこ》、後白河天皇の異母弟）へと継承されていた。待賢門院派と美福門院派との間には対立が存在していたが、一方で、鳥羽は、近衛を崇徳の養子とし、崇徳の子重仁《しげひと》親王を美福門院の養子とするなど、両派の上に調停者として君臨していた。その一環として、二条も、幼少時から美福門院の養子として養育されている。

皇位継承から外れた存在であった二条は、仁和寺《にんなじ》で出家して僧となるよう予定されていた。ところが、近衛が病弱であったため、近衛が跡継ぎを残さぬまま死去した場合の皇位継承者候補としての期待が、美福門院派の人々や摂政藤原忠通《ただみち》から、二条へと寄せられることとなった。一方、待賢門院派の人々は重仁に期待を寄せていた（待賢門院自身は久安元年〈一一四五〉に死去）。

重仁が親王（天皇の子）であるのに対し、当時の二条は王（天皇の孫）であったため、二人の立場だけを比較すると、重仁のほうが優位である。しかし、久寿二年（一一五五）に近衛が死去すると、鳥羽は皇位継承者として二条を選択した。これは、両者を比較した結果というよりも、その支持勢力を比較した結果であった。鳥羽は、先妻の子崇徳ではなく、現妻の美福門院を選択したのである。

だが、すでに晩年に差し掛かっていた鳥羽が近い将来死を迎えた場合、いまだ幼い二条では、自ら崇徳に対抗するのは荷が重い。そこで、二条が政治的に自立できるまでの中継ぎとして、鳥羽は二条の父後白河を即位させることとした。これは「存命の父を差し置いて子が即位した先例はない」という問題も解決され、待賢門院派の人々や荘園も後白河であれば取り込めるという、一石三鳥の策であった。結果、二条は皇太子とされ、将来の皇位継承を約束されたのである。

二条のため、鳥羽は結婚相手も定めた。皇太子妃となったのは、鳥羽と美福門院の娘姝子《よしこ》内親王である。これが美福門院との関係強化につながるのはもちろんだが、重要な点は姝子が待賢門院の娘統子《むねこ》内親王の養女となっていたことである。統子は待賢門院領を相続していたことから、待賢門院領は将来的に姝子が産んだ子へと相続されることが見込まれていた。

父後白河との確執と平治の乱

鳥羽は後白河を「天皇となる器量ではない」と評価していたが、鳥羽の近臣で後白河の乳父となっていた切れ者の僧信西《しんぜい》が、その欠を補うものと考えられた。実際、保元元年(一一五六)に鳥羽が死去すると、信西の主導の下、後白河方は崇徳方を挙兵に追い込み、合戦で勝利する。この保元の乱での敗戦によって、崇徳は讃岐国に配流《はいる》され、後白河・二条父子に対抗する存在はなくなった。

保元の乱以前、後白河は外戚《がいせき》の閑院流《かんいんりゅう》から藤原忻子《よしこ》を女御《にょうご》に迎え、乱後には中宮《ちゅうぐう》としていたが、同じく閑院流から藤原琮子をさらに女御《にょうご》に迎え、連携を強化していた。また、後白河は統子を准母《じゅんぼ》として皇后に立て、さらに上西門院《じょうさいもんいん》という院号を宣下して女院《にょいん》としている。こういった方策によって、後白河は自身の権威を強化していたが、一方で、美福門院も後白河の准母として遇されており、鳥羽の後家《ごけ》として、家内部においては後白河の上位にあって家長の権限を代行していた。保元三年（一一五八）には既定の方針の通り、後白河は二条へと譲位したが、この譲位は、信西と美福門院との間のみの協議によって行われており、当時まだ十六歳の二条はもちろん、後白河の意向も反映していなかった。

こうした状況から、現在の研究において、当時の政治体制は信西政権と評されるほどであるが〔五味二〇一一〕、形式としては後白河による院政という形を取っていた。だが、院政という政治形態は、幼少の天皇に代わって直系尊属（父・祖父・曽祖父）として院が政務を代行するという根拠で行われていたから、二条が成長して政務を執ることが可能となる年齢（およそ二十歳前後）が近づくにつれ、後白河の執政を継続しようとする後白河派と、二条への執政交代を望む二条派との間で、利害の対立が生じつつあった。後白河派は、外戚である藤原氏閑院流や、近臣である藤原信頼《のぶより》・成親《なりちか》、源師仲《もろなか》（村上源氏）・義朝《よしとも》らであった。これに対し、二条派は、養母である美福門院や、外戚である藤原経宗《つねむね》（懿子の弟）、乳母子である藤原惟方《これかた》、乳母の父である源光保《みつやす》（美濃源氏、武士）らであった。

信西は長男の俊憲《としのり》を二条の蔵人頭《くろうどのとう》として二条への権力移行に備えていたが、弁官《べんかん》や播磨守《はりまのかみ》といった院近臣にとっての主要ポストを息子たちに占めさせたことが、後白河派・二条派双方の敵意を買った。その結果、平治元年（一一五九）、藤原信頼の主導の下、源義朝を主力とする軍勢が、信西の詰めていた後白河の院御所三条殿《さんじょうどの》を襲撃した。これが平治の乱である。

重要な点は、本来は後白河の近臣であった信頼・義朝らが、後白河の院御所を襲撃していることである。信西は自殺に追い込まれたが、その後の論功行賞《ろんこうこうしょう》も、二条の命令という形式で行われており、後白河は大内裏の一本御書所《いっぽんごしょどころ》に押し込められていた。信頼・義朝らは、後白河を見限って、二条派に乗り換えを図ったのである。

もっとも、旧来の二条派にとってみれば、信西という共通の敵を倒すために後白河派の近臣と手を結んだものの、一時的な呉越同舟であって、本来的な利害は対立する。かくして、二条派は、帰京した中立かつ最大の武力を有する平清盛《たいらのきよもり》と連携し、二条を清盛の六波羅第《ろくはらてい》へと脱出させる。後白河にも仁和寺に脱出された旧後白河派は、清盛を中核とする官軍との合戦にも敗北し、平治の乱は終結したのである。

乱の結果、旧後白河派のうち、信頼は死刑、義朝は東国に落ち延びる途中尾張国で家人長田忠宗《おさだただむね》（致）によって討たれ、師仲は下野国に流罪、成親は解官《げかん》などの処罰を受けた。ところが、最終的に官軍として勝利したはずの二条派も、経宗・惟方は乱の二ヶ月後に後白河院の命によって捕えられ流罪、光保は乱の半年後に薩摩国に流罪とされ、配流先で殺害されてしまった。直接的な罪状は、経宗・惟方は後白河院に無礼を働いたこと、光保は謀反の噂であったが、背景には、平治の乱を首謀したことに対する貴族社会の反感があったものと考えられている（以上、平治の乱については〔元木二〇一二〕）。

こうした平治の乱の顛末は、一見すると後白河・二条双方にとって痛み分けに見える。だが、後白河にとって最大の支持基盤であった外戚の閑院流は、乱の原因に一切関与しておらず無傷であった。閑院流はすでに乱前に大臣への昇進を果たすなど摂関家に次ぐ勢力を有しており、信西一門や他の近臣たちは、直接の競争相手ではなかった。この点は摂関家傍流の出身である経宗も同様であり、乱に積極的に関わる必要性はなかったのだが、摂関の地位を狙っていたものの、現実には父も自身も大臣昇進すら果たしていなかった焦りが、経宗を乱へと駆り立てたのであろう。

加えて、平治の乱からおよそ一年後の永暦元年（一一六〇）十一月、二条にとって最大の庇護者であった美福門院が死去する。こうして二条が自派の有力者をことごとく失った状況下で、応保元年（一一六一）九月、後白河と寵姫平滋子《しげこ》（建春門院《けんしゅんもんいん》）との間に、新たに皇子（のちの高倉《たかくら》天皇）が誕生する。これは二条にとって最大の危機となりえる事態であったが、現実にはこれを機に後白河は政務から排除され、二条は親政を確立するに至った。それはいかにして成ったのか。

二条親政の成立

平治の乱の直後、二条は政治的自立の道を歩み始めていた。その第一歩が、乱翌月の永暦元年（一一六〇）正月に行われた、藤原多子《まさるこ》の再入内である。多子は閑院流の藤原公能《きんよし》の娘で、久安六年（一一五〇）に摂関家の藤原頼長《よりなが》の養女として近衛の皇后となったが、近衛の死後は皇太后を経て太皇太后とされていた。本来、太皇太后は天皇の祖母に与えられる称号であるが、当時は新帝の后が立てられる際に以前の天皇の后がところてん式に押し出されて祭り上げられる地位となっており、多子はいまだ二十二歳であった。

とはいえ、日本において天皇の后が再入内した前例はなく、その後も現代にいたるまで行われていない。二条がそのような前代未聞の行動に出た理由を、『平家物語《へいけものがたり》』は多子が天下第一の美人であったためとするが、政治的に重要な点は、多子が閑院流の出身であったことであり、当時権大納言《ごんのだいなごん》・右大将《うだいしょう》の要職にあった公能は、再入内を渋る多子を、公能は「皇子が誕生すれば私も外祖父になる」と説得したと『平家物語』は伝える。それが事実かは定かではないが、再入内後の同年八月に公能が右大臣《うだいじん》へと昇進したように、公能にとって多子の再入内が政治的にプラスに働いたことは間違いなく、二条の意図は、後白河の外戚である閑院流を自派に取り込むことにあったと考えられる。

そしてもう一つ、『平家物語』は、後白河の再入内反対を、二条が「天子に父母なし」と押し切ったとする。これも真偽は定かではないが、院と天皇が婚姻をめぐって対立したことについては先例が存在する。それは、保安元年（一一二〇）、十八歳の鳥羽天皇が祖父白河院の意向に背いて関白藤原忠実《ただざね》の娘泰子《やすこ》（高《か》陽院《やのいん》）を后に迎えようとした事件である。このときは激怒した白河によって忠実が謹慎させられ（翌年関白辞任）、保安四年に鳥羽は崇徳天皇へと譲位させられているが、成人した天皇が親権者たる院からの政治的自立を目指したとき、皇位継承問題と密接にかかわる天皇の配偶者の選択は、一つの着火点たり得たのだ。

　そして、応保元年九月の高倉誕生に際し、二条は再び新たな后を迎え、難局を打開した。それは、関白藤原基実《もとざね》の養女、育子《むねこ》である。これが摂関家の自派取り込みを意味していたことは言うまでもない。基実の父忠通は、保元の乱で後白河方に付いたものの、摂関家の家産機構に属していた武士は乱で壊滅した上、乱後は後白河や信西によって圧迫を受けていた。平治の乱でも忠通・基実（保元三年に関白就任）父子はさしたる動きを見せなかったが、乱で信西が死去したことによって生じた政治的空白を埋めるべく、後白河・二条とともに政務決裁に当たるようになっていたのである。

　なお、育子の実父について、『山槐記《さんかいき》』は忠通とするが、『百錬抄《ひゃくれんしょう》』『尊卑分脈《そんぴぶんみゃく》』などは藤原実能《さねよし》（公能の父）、『愚管抄《ぐかんしょう》』の追筆と想定される注記箇所は藤原公能とする。現状では忠通とみる説が多数を占めつつある状況であり、実父を実能とする記述が生まれた原因は、二条の子六条《ろくじょう》天皇（誕生、永万元年〈一一六五〉即位）の生母が実能の養女となったとする『今鏡《いまかがみ》』の記事の誤記ではないかとする説も出されているが〔海野一九九六〕、いずれにせよ、先に述べた多子の再入内と合わせて、閑院流が二条派へと鞍替えしていたことは間違いない。

このほか、美福門院や忠通と近しい立場にあった太政大臣《だいじょうだいじん》藤原伊通《これみち》は、天皇の心得を記した意見書『大槐秘抄《たいかいひしょう》』（応保二年〈一一六二〉以降成立）を、二条に捧げている。また、本来は中立的な立場にあった平清盛（永暦元年に参議《さんぎ》に昇進）が妻平時子《ときこ》を二条の乳母とし、一門を挙げて二条の里内裏押小路《おしのこうじ》東洞院殿《ひがしとういんどの》を警護するなど、鳥羽が正統と定めた二条には、広範な支持が集まった。これに対し、後白河院政が停止された際に処罰を受けたのは、平教盛《のりもり》（清盛の異母弟）・時忠《ときただ》（時子・滋子の兄）らごく少数であり、後白河の支持者はわずかな近臣に限られていた。こうした上級貴族層の広範な支持の下、二条親政は確立したのである。

未完の王権

だが、二条親政は長くは続かなかった。永万元年（一一六五）七月二十八日に、二条は二十三歳の若さで亡くなってしまったからである。

死の一ヶ月前に、二条は六条に譲位したが、六条の誕生は前年十一月十四日であり、それまで皇位継承が可能な男子が存在しなかった以上、二条が譲位して院政を行うことは不可能であった。

院政下では重大事に際して開催された公卿議定《くぎょうぎじょう》（会議）は院の御所で開催されたのに対し、二条親政期の公卿議定は天皇の御前で開催された。また、鳥羽院政期に院の命令で多数の王家領荘園が立荘されたことにともない、荘園をめぐるトラブルが多発するようになっていたが、二条は廃れていた太政《だいじょう》官《かん》の裁判機能を再建しようとしていた〔美川一九九六〕。こうした政策は、信西が推進していた旧儀復興路線と通じるものがある。二条が長期間にわたって親政を継続しようとしていたのか、その場合、旧儀復興路線は当時の社会状況において矛盾をきたさなかったのか、興味をひかれるところであるが、二条の死によって、すべては未発の可能性で終わった。

二条が行ったことで、その後の歴史に最も大きな影響を及ぼしたのは、暲子《あきこ》内親王（八条院《はちじょういん》）の処遇である。暲子は美福門院の娘であるが、先述した通り、美福門院が後白河の准母とされた際、暲子は母に代わって二条の准母とされた。

そして、親政確立から三ヶ月後の応保元年十二月十六日に、二条は暲子を女院とし、八条院の号を宣下した。これは、育子が中宮とされたために、それまで中宮であった姝子内親王が高松院《たかまついん》の号を与えられたことに対応する処置であった。普通、女院とされるのは名誉なことであったが、姝子の場合は后の立場をはく奪されるという意味合いを持っていた。だが、二条にとって、姝子は、自身が鳥羽の定めた正統な皇位継承者であることを示す役割を果たす存在であり、姝子を后でなくするのであれば、その役割を代わりに果たす存在が必要となる。そのための存在こそが暲子であり、そのための手段こそが院号宣下であった。

正統な皇位継承者であることを示すという八条院の役割は、二条の死後も受け継がれた。治承四年（一一八〇）に全国的内乱のきっかけを作った以仁王《もちひとおう》の挙兵が、八条院の荘園や組織に依拠して行われているのは〔上横手一九八五〕、その一つの現れであった。
そもそも、二条が後白河よりも長く生きていれば、後白河が復権することもなく、後白河院政期に引き起こされた平安末の動乱の様相も、大きく変わっていただろう。歴史物語『今鏡』が、「末世の賢王であり、人々がその早世を惜しんだ」と述べるように、早すぎる死が惜しまれる生涯であった。

（佐伯智広）

【主要参考文献】

上横手雅敬『平家物語の虚構と真実　上』（塙書房、一九八五年。初出一九七三年）
海野泰男『今鏡全釈（上・下）』（パルトス社、一九九六年。初出一九八二・一九八三年）
栗山圭子『中世王家の成立と院政』（吉川弘文館、二〇一二年）
五味文彦『平家物語、史と説話』（平凡社、二〇一一年。初出一九八七年）
佐伯智広『中世前期の政治構造と王家』（東京大学出版会、二〇一五年）
美川　圭『院政の研究』（臨川書店、一九九六年）
元木泰雄『保元・平治の乱　平清盛勝利への道』（角川学芸出版、二〇一二年。初出二〇〇四年）

六条天皇——歴代最年少の幼帝

父：二条天皇	誕生：長寛二年（一一六四）十一月十四日
母：伊岐致遠女（？）	崩御：安元二年（一一七六）七月十七日
	諱：順仁
在位期間：永万元年（一一六五）六月二十五日～仁安三年（一一六八）二月十九日	
陵墓：清閑寺陵（京都市東山区清閑寺歌ノ中山町）	

最年少で即位した天皇

六条《ろくじょう》天皇は、平安時代の歴代天皇の中で、世間的には最も影が薄い存在と言っても過言ではないかもしれない。読者の中にも、本書ではじめて存在を知るという方は多いのではないだろうか。

在位期間二年七ヶ月は、平安時代の歴代天皇中三番目に短く、十二歳八ヶ月での死去は安徳《あんとく》天皇（六歳五ヶ月）に次ぐ幼さである（なお、本節・次節に限り満年齢で記載）。安徳天皇は壇《だん》ノ浦《うら》の合戦で平時子《たいらのときこ》に抱えられての入水死であるから、自然死した中では最も幼かったことになる。

そして何より、践祚（皇位継承）時に生後七ヶ月というのは、歴代でも最年少であった。即位の儀式の際には、六条が大声で泣き出してしまったため、介添えの乳母が授乳するという一幕もあった。譲位時の三歳三ヶ月というのも、当時の最年少記録である（承久三年〈一二二一〉に仲恭《ちゅうきょう》天皇が二歳六ヶ月で廃位）。

院政期の典型的な天皇

幼少時に即位し、成人前に譲位し、元服前に亡くなったのであるから、当人にさしたる事績が残るはずもなく、知名度が低いのは当然である。なので、これは当人の資質の問題ではない。

ただし、六条ほどでなくとも、「幼少で即位し、若年で譲位する」というのは、院政期には珍しくなく、むしろスタンダードであった。現在、院政という政治システムが確立するのは嘉承二年（一一〇七）の鳥羽《とば》天皇即位の時点と考えられているが、鳥羽が四歳六ヶ月で即位し二十歳で譲位したのを皮切りに、崇徳《すとく》天皇は三歳八ヶ月で即位し二十二歳七ヶ月で譲位、近衛《このえ》天皇は二歳六ヶ月で即位し十六歳二ヶ月で死去、後白河《ごしらかわ》天皇は二十七歳十ヶ月で即位し三十歳十一ヶ月で譲位、二条《にじょう》天皇は十五歳二ヶ月で即位し二十二歳で譲位、六条の次代の高倉《たかくら》天皇は六歳五ヶ月で即位し十八歳五ヶ月で譲位、安徳は一歳三ヶ月で即位し六歳五ヶ月で死去している。即位時にまだ元服していない天皇、すなわち幼帝が六代（鳥羽・崇徳・近衛・六条・高倉・安徳）、元服済みの天皇が二代（後白河・二条）であるから、院政期とは幼帝の時代だったのだ。

また、院政は、幼くして即位した天皇に代わり、直系尊属（父・祖父・曽祖父）たる院が政務を行うというのが、基本的な仕組みである。このため、天皇が成人して政務に関与するようになると、政務を代行していた院との間に軋轢《あつれき》が生じやすく、政治上の構造的な不安定要素となっていた。天皇が政務に関与するようになる年齢は二十歳前後であり、鳥羽・崇徳の譲位はこのパターンである（二条は病気による譲位）。建久元年（一一九〇）、源頼朝《みなもとのよりとも》が上洛した際、関白藤原兼実《ふじわらのかねざね》に「院政下での天皇は皇太子のようなもの」と語ったことはよく知られているが、天皇としての六条の立場は、まさにこれに当てはまる。

逆に、天皇としての六条の最も特異な点は、成年よりはるかに幼い年齢での譲位ということになる。以下、六条の即位と譲位の背景について述べていこう。

思わざる即位

六条は長寛二年（一一六四）十一月十四日に二条の第二皇子として生まれた。翌永万元年（一一六五）六月二十五日、病のため重体となった二条から譲位されたが、第一皇子である尊恵《そんえ》（長寛二年七月二十二日誕生、のち僧）を押しのけて六条が天皇とされたのは、六条の生母の出自によるものと考えられる。

尊恵の母は「馬助光成女」（『百錬抄《ひゃくれんしょう》』長寛二年七月二十二日条）と伝えられ、光成は、『山槐記《さんかいき》』保元三年（一一五八）八月二十三日条および『尊卑分脈《そんぴぶんみゃく》』から、清和源氏《せいわげんじ》の源光成と考えられる。『山槐記』の記事より、光成の子光綱《みつつな》が皇太子時代の二条の東宮帯刀長《とうぐうたちはきのおさ》を務めていたことがわかるので、おそらくその姉妹が女房などとして二条に仕えていたのであろう。加えて、光成の弟光保は鳥羽院の近臣であり、光保の娘は鳥羽院の寵愛を受け、二条の乳母となっていた。階層としては諸大夫《しょだいぶ》の出身ということになる。

これに対し、六条の母は、史料によって記述がバラバラである。唯一の同時代史料である『顕広王記《あきひろおうき》』裏書は母を「大蔵大輔伊岐致遠法師女子」としており、『愚管抄《ぐかんしょう》』も「大蔵大輔伊岐宗遠女子」としていることから、伊岐致遠《いきのむねとお》（宗遠）の娘とするべきと思われるが、『本朝皇胤紹運録《ほんちょうこういんじょううんろく》』・『皇代記《こうだいき》』・『皇代略記《こうだいりゃっき》』・『神皇正統記《じんのうしょうとうき》』は大蔵大（少）輔伊岐善盛《よしもり》の娘とし、『簾中抄《れんちゅうしょう》』・『皇年代略記《こうねんだいりゃっき》』・『平家物語《へいけものがたり》』（覚一本《かくいちぼん》）は大蔵大輔伊岐（吉）兼盛《かねもり》の娘、『百錬抄』は大蔵大輔藤原義盛《よしもり》の娘、『今鏡《いまかがみ》』は藤原実能《さねよし》の娘とする。そもそも、『顕広王記』も六条を二条の「第一皇子」と誤っており、記述の混乱ぶりは甚だしい。

この記述の混乱は、『愚管抄』が「母不分明」と記した上で「密儀」として生母を記しているように、実母が誰なのかが公には伏せられていたことに原因するのであろう。また、ほぼ同時期に大蔵少輔を務めた伊岐善盛が存在したこと〈『山槐記』永暦元年〈一一六〇〉十一月十五日条〉も、混乱に拍車をかけたものと思われる。

なお、致遠が大蔵大輔であったことは『兵範記《ひょうはんき》』仁平三年（一一五三）九月二十一日条に見えるが、保元二年（一一五七）正月三十日条では「大蔵少輔致遠」と記されており、同時代の史料の中でも混乱が見られる。名前についても、『中右記《ちゅうゆうき》』の中で「致遠」「宗遠」両方の表記が見られる。要するに、貴族社会内部において、致遠はその程度の存在でしかなかったということである。伊岐氏は壱岐・伊伎・伊吉とも表記され、渡来系とするものや中臣《なかとみ》氏・卜部《うらべ》氏など神官系とするものなど、系譜的なルーツもはっきりしない氏族であり、階層としては諸大夫よりもさらに低い侍《さむらい》にあたる。

ただし、致遠は侍の出自の者としては異例の出世を遂げており、学才を評価されて文章生《もんじょうしょう》から右少史《うしょうし》を経て〔『中右記』天仁元年正月二十四日条〕、大治四年（一一二九）正月二十四日に出羽守に任じられ受領《ずりょう》となり〔大治四年正月二十四日条〕、最終的に大蔵大輔に任官している。また、同じく大治四年四月三日に藤原氏閑院流《かんいんりゅう》の藤原実能によって平野社《ひらののしゃ》の禰宜《ねぎ》に推挙されている、康治〜天養年間（一一四二〜一一四四）に実能の娘の荘園である名西河北庄の立庄に関わり預所《あずかりどころ》となっている〔以上、佐伯二〇〇三〕、仁平元年（一一五一）正月二十六日に実能が徳大寺《とくだいじ》（実能の建立した寺院）で行った大饗《だいきょう》（宴会）に奉仕している〔『台記《たいき》』〕など、実能と深い関係にあった。『今鏡』が六条の母を実能の娘としているのは、こうした関係の反映と考えられ、致遠の娘が実能の養女とされた可能性も想定される。

藤原実能は鳥羽の后として崇徳・後白河を産んだ藤原璋子《たまこ》（待賢門院《たいけんもんいん》）の同母兄であり、久寿二年（一一五五）の後白河即位後は左大臣《さだいじん》へと昇進し、嫡男公能《きんよし》の娘忻子《よしこ》が後白河の中宮《ちゅうぐう》となるなど、外戚《がいせき》として後白河を支えていた。しかし、保元二年に実能が死去したのち、二条が成人し、後白河との間で政治上の主導権争いが生じる中で、二条は公能の娘でかつて近衛の后となっていた太皇太后多子《まさるこ》を再入内させ、公能の自派への取り込みを図った。公能は応保元年（一一六一）八月に右大臣《うだいじん》で死去したが、その直後の九月に二条が後白河を政務から排除して親政を確立すると、中納言《ちゅうなごん》であった公能の嫡男実定《さねさだ》がその一翼を担ったと考えられている。

二条親政確立の決め手となったのは、六条の養母となった育子《むねこ》の入内であった。育子は、摂関家大殿《おおとの》藤原忠通《ただみち》の娘であり、忠通の嫡男である関白基実《もとざね》の養女として入内したが、一部の史料は、育子の実父を実能〔『尊卑分脈』ほか〕ないし公能〔『愚管抄』の追筆の注記〕としている。これが事実であれば、育子の入内は、摂関家だけでなく実定をも取り込もうとしたものであったと想定される。

以上をまとめると、六条は生母を通じた藤原実定との関わりを背景に、中宮育子の養子とされて即位したということになる。二条は譲位から一月後に死去したため、育子の養父である摂政藤原基実が、幼い六条に代わって政務を行った〔五味一九九九〕。ところが、その基実までもが、翌仁安元年（一一六六）に死去したことで、六条の運命は暗転したのであった。

譲位後の沈淪

摂政基実の死後、六条に代わって政務を行いうる者は後白河しか残されていなかった。かくして、後白河院政が復活する。この時点で強固な支持勢力を持たなかった後白河は、保元・平治の乱での勝利を経て武士の圧倒的第一人者となっていた平清盛《きよもり》との連携を選択する。基実の死の時点ですでに権大納言となっていた清盛は、基実の死の四ヶ月後、同年十一月に内大臣《ないだいじん》に昇進、翌仁安二年（一一六七）二月には太政大臣《だいじょうだいじん》へと昇り詰めた。

さらに、後白河は、摂政・藤氏長者《とうしちょうじゃ》の地位は基実の異母弟基房《もとふさ》に継承させたが、摂関家の家産の大半は、清盛の娘で基実の妻であった盛子《もりこ》に継承させ、清盛の影響下に置かせた。これが、いわゆる「平清盛による摂関家領の押領」である。

そして、六条は基実の死後すぐに退位させられることはなかったものの、基実の死から三ヶ月後の仁安元年十月、憲仁親王《のりひと》が皇太子に立てられた。憲仁は後白河の子であり、六条から見ればおじというこ とになる。憲仁の母平滋子《しげこ》は、清盛の妻平時子の異母妹であり、後白河と清盛とは、互いの妻を通じて義理の兄弟の関係にあった。憲仁が誕生した応保元年（一一六一）の時点では、清盛は後白河ではなく二条を支持することを選択したが、二条と基実の相次ぐ死の結果、この姻戚関係が効力を発揮することとなったのである。六条から憲仁（高倉天皇）への譲位が行われたのは、立太子の二年後、仁安三年二月十九日のことであった。

譲位時に六条は五辻殿《いつつじどの》を里内裏《さとだいり》としていたが、土御門東洞院殿《つちみかどひがしとういんどの》に移った後、同年四月九日に後白河の院御所法住寺殿《ほうじゅうじどの》へと移った〔『愚昧記《ぐまいき》』〕。こののち、六条は祖父である後白河の保護の下、法住寺殿周辺で暮らしたようであり、承安三年（一一七三）四月十二日には法住寺殿の北に位置する七条殿《しちじょうどの》の萱御所《かやのごしょ》で暮らしていたが、火災のために避難している。このとき、萱御所では滋子（嘉応元年〈一一六九〉建春門院《けんしゅんもんいん》）も暮らしていた（『玉葉《ぎょくよう》』・『たまきはる』）。前年の承安二年（一一七二）正月八日には、六条は後白河・滋子と牛車《ぎっしゃ》を連ね、法勝寺《ほっしょうじ》の修正会《しゅしょうえ》に出席している（『愚昧記』）。

一方で、六条の養母であった育子は、譲位と同年の十月九日に出家している（『兵範記』）。育子は夫の二条が死去したときから出家を志していた。夫と養父を相次いで失った育子にとって、六条が手元から離れたことは、出家への最後のきっかけとなったのであろう。

また、院の家政機関である院庁《いんのちょう》の職員として、譲位当初は乳母藤原成子《しげこ》（藤原邦綱《くにつな》娘）の夫藤原成《なり》頼《より》が別当《べっとう》であったことが知られるが（『兵範記』仁安三年三月十一日条）、別当としての活動は仁安三年しか確認できず、承安四年には出家してしまっている。一方で、仁安三年八月二十五日に藤原忠雅《ただまさ》が太政大臣任官拝賀のため六条を訪問した際には、別当として藤原光能《みつよし》が取次ぎを行っているが（『兵範記』）、光能は後白河の近臣であった。おそらく、後白河の保護下に移ったことで、実態としては後白河の家産機構が六条の身辺も世話をすることとなったのであろう。

元服前の死

こうして六条は後白河の保護下に置かれたが、後白河にとっても、かつて対立した二条の後継者を保護下に置くことは、政治的安定のために必要であった。

六条に代わって、二条の正統的立場を一部受け継ぐこととなったのは、以仁王《もちひとおう》である。以仁王は後白河の子であり、本来は天台座主《てんだいざす》最雲《さいうん》法親王の下で僧となる予定であったが、最雲が応保二年（一一六二）に亡くなったため俗世にとどまっていた。永万元年（一一六五）に以仁王が元服したのは二条が再入内させた大皇太后藤原多子の御所においてであり、治承四年（一一八〇）に以仁王が反平氏の兵を挙げた際に依拠していたのは、二条が応保元年の親政開始後に准母として院号を宣下した八条院《はちじょういん》（鳥羽と美《び》福門院《ふくもんいん》藤原得子《なりこ》の娘暲子《あきこ》内親王）であった〔上横手一九八五〕。

このように、以仁王は二条の王権を構成した人脈に支えられていたことに加え、自身も最雲から城《じょう》興寺《こうじ》と付属する荘園を継承していた。これらの人的組織と財政基盤こそ、院政期に形成された、政治的独自性を持つ権門の存立基盤であったが、後白河の保護下にあった六条のあり方は、独自の人的組織と財政基盤を持たない限り、院であっても政治的な独立性を持ちえないことを示している。

とはいえ、六条にとって、後白河の対立勢力の旗頭として擁立されることは、大きなリスクともなりえる。まして、譲位の時点では、後白河と清盛とは基本的に協調的な関係にあり、前後の争乱期と比較して、相対的には政治的安定期にあった。後白河の保護下で平穏な幼少期を送ることは、六条にとってむしろよかったともいえるだろう。

問題は、六条が成人して政治的意思を持ったとき、自らの境遇をどのようにとらえるかである。だが、その日が訪れることはなかった。安元二年(一一七六)七月十七日、六条は数え年十三歳で死去したからである。死因は「痢病」と伝えられるが(『百錬抄』)、藤原兼実《かねざね》の日記『玉葉』には、嘉応二年(一一七〇)七月六日・承安元年(一一七一)七月二十九日に重い病であるという情報が記されており、幼少時から病気がちであったのか、元服を迎えることなく死去したのであった。

死去の間際、六条は後白河の御所から、乳母の父藤原邦綱の東山の邸宅へと移され、そこで亡くなっている(『百錬抄』)。おそらく死穢《しえ》を避けるための処置かと思われるが、幼くして父を亡くし帝位を失ったことによる不遇の印象はぬぐいがたい。

(佐伯智広)

【主要参考文献】

上横手雅敬『平家物語の虚構と真実　上』(塙書房、一九八五年。初出一九七三年)

五味文彦『平清盛』(吉川弘文館、一九九九年)

佐伯智広「徳大寺家の荘園集積」(『史林』八六―一、二〇〇三年)

佐伯智広『中世前期の政治構造と王家』(東京大学出版会、二〇一五年)

山内益次郎『今鏡の周辺』(和泉書院、一九九三年)

高倉天皇――父後白河と舅清盛の狭間で

父：後白河天皇
母：平滋子
誕生：永暦二年（一一六一）九月三日
崩御：治承五年（一一八一）正月十四日
諱：憲仁
在位期間：仁安三年（一一六八）二月十九日〜治承四年（一一八〇）二月二十一日
陵墓：後清閑寺陵（京都市東山区清閑寺歌ノ中山町）

憲仁誕生と二条親政の成立

のちに高倉《たかくら》天皇となる憲仁《のりひと》親王は、永暦二年（一一六一）九月三日、父後白河院《ごしらかわいん》と母平滋子《しげこ》（時信《ときのぶ》の娘。上西門院《じょうさいもんいん》〈後白河同母姉〉女房）の皇子として誕生した。当時、日常的な国政運営は後白河・二条《にじょう》天皇および摂関家の大殿《おおとの》藤原忠通《ただみち》・関白基実《もとざね》（忠通の子）の合議によって進められていた。だが、滋子の兄平時忠《ときただ》が憲仁の立太子を計画したとして、九月十五日に時忠・平教盛《のりもり》（清盛《きよもり》弟）が解官《げかん》（解任）され、十一月二十九日には院近臣の藤原信隆《のぶたか》・藤原成親《なりちか》ほか六名も解官された（『百練抄《ひゃくれんしょう》』、『山槐記《さんかいき》』）。憲仁誕生を契機に、後白河は政策決定から外され、二条親政が成立した〔下郡一九九九、佐伯二〇一五〕。

憲仁の母滋子は、平清盛の妻時子《ときこ》の異母妹に当たるが、この立太子の動きに清盛（憲仁の義理のおじ）の表立った関与は見られない。それどころか、時忠・教盛が解官される一方、清盛は九月十三日に権中納言《ごんのちゅうなごん》に昇進している。平治の乱後、清盛は後白河と二条の間を「アナタコナタ」〔『愚管抄《ぐかんしょう》』〕（後白河と二条の間で双方に対して上手に振る舞った、の意）したとされるが、後白河への奉仕は経済面に限られ、基本的には鳥羽院《とばいん》の正統後継者である二条天皇派に属していたからである〔元木一九九六〕。二条が同年の五節舞姫献上の人選について清盛に諮問したことからはその信頼の厚さがうかがえ〔『山槐記』応保元年九月三十日条〕、また翌応保二年（一一六二）三月に二条の里内裏《さとだいり》（押小路東洞院《おしのこうじひがしのとういん》）が新造されると、清盛は宿直所を設置して警固に当たった〔『愚管抄』〕。

二条は、親政を開始するとすぐに、当時の政務運営上その支持が不可欠となっていた大殿忠通を取り込み、さらには徳大寺実能《とくだいじさねよし》の娘育子《むねこ》（忠通養女）を基実の猶子《ゆうし》として入内させて後白河の外戚《がいせき》徳大寺家との提携も進めた〔佐伯二〇一五〕。加えて長寛二年（一一六四）四月には、関白基実の北政所《きたのまんどころ》に清盛娘の盛子が据えられる。こうして貴族社会における支持基盤を整備した二条による国政運営が続く限り、憲仁の即位は難しい状況にあった。

ところが、長寛三年になって体調を崩した二条は、六月二十五日に子順仁《のぶひと》に譲位し（六条《ろくじょう》天皇。二歳）、七月二十八日に没した（二十三歳）。二条の死後は摂政基実が六条天皇を支えて国政を主導したが、基実も翌永万二年（一一六六）七月二十六日に死去した（二十四歳）。結果、後白河院政が復活し、憲仁の即位が実現することになったのである。

即位の背景には後白河・平清盛の提携

仁安元年（一一六六）十月十日、憲仁（六歳）が六条天皇（三歳）の皇太子に立てられた。これが六条の退位を見据えた措置であったことは明らかであろう。皇太子に付けられた春宮坊《とうぐうぼう》には、大夫《だいぶ》清盛（十二月重盛《しげもり》に交代）、権大夫《ごんのだいぶ》藤原邦綱《くにつな》（摂関家家司《けいし》。基実没後、盛子による摂関家領の相続を清盛に献策した）、亮《すけ》教盛、大進《だいしん》知盛《とももり》が任じられ、憲仁の乳母には重盛妻経子《つねこ》と邦綱娘綱子《つなこ》が選ばれ、平家一門によって憲仁が支えられることが明示された〔『兵範記《ひょうはんき》』〕。二条が亡くなると、清盛は憲仁の即位を望む後白河の方針を支持するようになり、これにより憲仁の立太子が実現したわけである。

仁安三年二月十九日、憲仁は閑院《かんいん》（当時は摂政松殿基房《まつどのもとふさ》第）で践祚《せんそ》し、三月二十日に即位した。この直前の二月二日に清盛が病に倒れており、後白河は提携する清盛を失う前に憲仁即位を実現し、自身の政治基盤の確立を強行に進めたと見られる〔上横手一九八九〕。なお、清盛は二月末からは快方に向かい、翌年春には子重盛に家督を譲り摂津国福原《ふくはら》（神戸市中央区・兵庫区）に移住する。これ以降、清盛は重大な政治局面では上洛して政治介入するものの〔髙橋二〇〇七〕、基本的には福原に隠棲して国政とは距離を置くようになった〔川合二〇一四〕。

後白河と清盛ら平家との間を仲介した存在として近年注目されているのが、高倉の母滋子である〔栗山二〇一二）。憲仁立太子直後の仁安二年正月から滋子は後白河と法住寺殿《ほうじゅうじどの》で同居を始め、高倉即位にともない皇太后、嘉応元年（一一六九）四月には院号宣下を受けて建春門院《けんしゅんもんいん》を称し、天皇の国母《こくも》・院の正妻としての立場を確立した。滋子は貴族社会の人事に関与し、後白河不在時には政務を代行したほか、清盛の娘徳子《のりこ》が高倉に入内した際も尽力したと見られる〔『玉葉《ぎょくよう》』承安元年十二月二日条ほか〕。承安元年（一一七二）十月、後白河は福原に御幸して清盛と入内について相談し、帰京後は重盛とも会談している。その上で、十二月十四日、徳子は重盛の猶子となり、さらに待賢門院璋子《たいけんもんいんたまこ》の先例にならい後白河の猶子ともされた上で入内した。徳子は二十六日に女御《にょうご》に、翌年二月十日には中宮《ちゅうぐう》となった。七年後の治承二年（一一七八）十一月、皇子言仁《ときひと》（のちの安徳《あんとく》天皇）が生まれる。

居住地は閑院内裏

高倉天皇は、仁安三年（一一六八）三月に大内裏（大極殿《だいごくでん》）で即位礼を行った後、四月九日に閑院に遷幸した〔『兵範記』〕。その後、高倉は閑院を里内裏とした。高倉が居住した当時の閑院内裏は一町四方であり、東は西洞院大路、南は押小路、西は油小路、北は二条大路に面し、各面に門が開かれていたという〔野口二〇〇四〕。閑院内裏は、高倉が居住して以降、安徳・後鳥羽《ごとば》・土御門《つちみかど》・順徳《じゅんとく》・後堀河《ごほりかわ》・四条《しじょう》・後嵯峨《ごさが》・後深草《ごふかくさ》の里内裏となり、鎌倉期にかけて継続して使用された。

閑院内裏に居住した高倉の警固を目的に、平重盛によって整備されたのが内裏大番役《おおばんやく》である〔木村二〇一六、川合二〇〇九〕。鎌倉幕府の大番役も、平家段階の大番役が継承され、まずは閑院内裏を対象とする軍役として始まり、承久の乱後は院御所も警固対象とされた。ただし、平家による大番役は在京武士を番に編成したもので、一定の制度化は確認できるものの、安元三年（一一七七）の延暦寺強訴《えんりゃくじごうそ》や大火に際しての警固体制を検討する限りは過大な評価はできない。ここでは、高倉が閑院内裏を恒常的に使用し始めたことが、鎌倉期以降の里内裏や大番役のあり方を規定した点を指摘しておきたい。

高倉天皇が国政の中心に

安元二年（一一七六）の母滋子の死を契機に、後白河院と平家との関係が悪化したことに起因して、高倉天皇が国政運営の中心に位置するようになった。

安元二年七月、体調を崩していた滋子が最勝光院《さいしょうこういん》（滋子の御願寺《ごがんじ》。法住寺殿南部に建立）で亡くなると（三十五歳）、架け橋を失った後白河と清盛との関係は急速に悪化した。滋子の死からわずか四ヶ月後の十月末～十一月頭にかけて、後白河は二人の皇子（のちの道法《どうほう》・承仁《しょうにん》法親王）を高倉の猶子とした〔五味二〇二〇〕。高倉が国政に関与しうる年齢（十六歳）となる一方、高倉と徳子の間に皇子は生まれていなかったため、後白河はかつて父鳥羽院が子崇徳《すとく》天皇に弟の体仁《なりひと》親王（のちの近衛《このえ》天皇）を養子に迎えさせ譲位させた手法と同様の方策を講じたのである〔佐伯二〇一九〕。この猶子関係の設定は、高倉の皇位を不安定化させ、加えて徳子の産んだ皇子の即位を望む清盛との溝を深めることにもなった。

後白河と清盛の対立が顕現する契機となったのが、安元三年事件（いわゆる「鹿ケ谷事件《ししがたに》」）である。四月十三日、延暦寺大衆《だいしゅ》が加賀国白山宮《はくさんぐう》（延暦寺末）と所領相論を起こした院近臣の加賀守藤原師高《もろたか》（西光《さいこう》の子）の配流《はいる》を求めて、高倉が居住する閑院内裏に強訴をかけた。後白河は大衆の要求をのみ、師高を流罪に処した。だが五月に入ると、後白河は天台座主《てんだいざす》明雲《みょううん》を伊豆国へ流刑に処す。護送中の明雲が大衆に奪われると、後白河は比叡山への武力攻撃を計画するに至る。こうした中で、五月二十七日に清盛が上洛し、院近臣の西光・藤原成親を捕縛《ほばく》して武力攻撃を停止させた。この結果、高倉・後白河・関白松殿基房の合議で運営された国政は高倉により主導されることになった〔下郡一九九九〕。

十一月十五日の京官除目《きょうかんじもく》は「一向内《いっこううち》［高倉］の御沙汰《ごさた》」とされ、高倉は後白河の意向に配慮しながらも、最終的な判断を下した〔『玉葉』〕。これ以降の除目では、高倉が任人折紙《にんじんおりがみ》（除目以前に院や天皇により記された異動の指示書。これをもとに除目の正式決定書類が作成された）を記すようになった〔玉井二〇〇〇〕。

また、母滋子の死により皇位が不安定化する中、高倉が母の遺領である高松院《たかまついん》領・最勝光院領を伝領した点も注目される〔佐伯二〇一五〕。当時、天皇による母の遺領の相続は異例であったが（鎌倉期の七条院《しちじょういん》領伝領に対応する先駆的事例と評価される）、これらの所領集積は皇位を追われかねない現実に直面した高倉が取り組んだ努力だと評価しておきたい。

公家新制から読み取る高倉の政策基調

安元三年事件（一一七七）以降、高倉天皇が国政を主導するようになったが、その時期に策定された治承二・三年新制《しんせい》（一一七八・七九）を分析することで、高倉が示した政策基調や政治姿勢を確認していこう。

治承二年新制の策定に際し、当初、高倉は保元新制からの取捨選択を指示した。だがこの方針は、長保元年（九九九）以降の新制から幅広く取捨し、現実の社会状況に対応した法にすべきとの右大臣《うだいじん》九条兼実《くじょうかねざね》の意見をうけて変更された。六月八日、兼実から十五ヶ条の新制案が提出され、高倉は清盛（徳子御産のため上洛中）にも相談した上で、閏六月十七日に新制十七ヶ条を発布した〔『玉葉』〕。現在、そのうち次の十二ヶ条が伝わる。①年中諸祭祀の勤行、②年中諸仏事の勤行、③五節舞《ごせちのまい》での過差《かさ》禁制、④六斎日《ろくさいじつ》での殺生禁制、⑤鴨川堤の営築、⑥諸官司による諸国済物《さいもつ》の苛責禁止、⑦私出挙《しすいこ》の利息制限、⑧社寺修造、⑨陸海盗賊・放火犯の追捕、⑩諸社神人《じにん》・諸寺悪僧の濫行停止、⑪諸国人民による神人・悪僧《あくそう》への私領寄進の停止、⑫人身売買人の逮捕、が確認できる〔『続左丞抄《ぞくさじょうしょう》』、水戸部一九六二〕。これらのうち①～③は長保新制、④・⑥～⑪は保元新制から継承したものである。また、⑤は洪水対応、⑨は安元の大火、⑩⑪は延暦寺強訴、と現実に直面していた社会問題への対応策も盛り込まれていた〔川合二〇〇九〕。加えて、条文は伝わらないものの、京中官人の過差禁止令が含まれていたことも明らかにされている〔佐々木二〇〇八〕。

翌年の治承三年新制は、八月三十日に三十二ヶ条が発布された。史料が残らず全容は不明だが、前年に兼実が提案して不採用とされた一ヶ条が含まれ、それは万物沽価法《ばんぶつこかほう》（市場における物品価格、調庸などの換算基準を定めた法）であったことが指摘されている〔井原二〇一一〕。七月二十五日付の高倉天皇綸旨《りんじ》では、①万物沽価法、②日宋貿易で国内に流入した宋銭の取り扱い（「銭之直法」）について、有識貴族らが諮問されている〔『玉葉』〕。このうち②については、（ア）宋銭流通を容認した政策、（イ）宋銭と物品貨幣（に用いられる商品）との交換比を定め、物品貨幣の価値下落に歯止めをかけ、市場の物品価格の安定を図った政策、など評価が分かれている（研究史については〔井原二〇一一、髙橋二〇一三〕を参照）。いずれにせよ、宋銭流通にともなう物価の混乱への対策が諮問されたと見られ、治承三年令において沽価法が定められることになった。

以上二つの新制からは、旧来の新制を継承する一方、現実の社会問題に意欲的に取り組む高倉の姿勢を読み取ることが許されよう。これと関わって注視したいのが、新制の実効性である。治承二年令に関しては、蓮華王院総社祭《れんげおういんそうじゃさい》や春日祭《かすがさい》での適用が確認でき〔『玉葉』十月五日・十一月二日条〕、翌年の賀茂《かも》祭《さい》でも過差禁止令違反が発生したことに高倉が「不快」を示し、藤原為保《ためやす》らが処罰されている〔『玉葉』四月二十一日条ほか〕。治承三年令の沽価法についても、別当平時忠のもと検非違使《けびいし》が五日に一度「分番」して東西市に向かい、新制に背いて物価をつり上げる違法行為を取り締まるよう定められ、実行されてもいた〔「大夫尉義経畏申記」〕。高倉は、新制を実体のともなう法令として機能させようと動いていた。

帝王学を身に付けた「文王」

治承五年（一一八一）正月十四日に若くして亡くなった高倉の死を惜しんだ藤原定家《さだいえ》は、「新院〔高倉院〕已《すで》に崩御《ほうぎょ》（中略）今此《いまこ》の事《こと》を聞《き》くに心肝摧《しんかんくだ》けるが如《ごと》し、文王已《ぶんおうすで》に没《ぼっ》す、嗟乎悲《ああかな》し」（『明月記』）と記している。「文王」と評された高倉の文化活動について、まずは漢詩製作から見ていこう〔仁木二〇〇五〕。

高倉天皇が政治を主導し始めた治承二年春頃から、宮中での作文の記事が貴族日記に散見するようになり、九条兼実は高倉の作品を「筆跡も文体も美と称するに値する」と評している（『玉葉』三月十六日・五月八日条ほか）。六月十七日には、高倉は後三条《ごさんじょう》天皇以来催されてこなかった中殿《ちゅうでん》作文〈内裏清涼殿〈今回は閑院内裏〉で催された歌会〉を復活させた（『山槐記』、『古今著聞集《ここんちょもんじゅう》』）。翌治承三年十月十八日には閑院内裏で御書所衆に漢詩を作らせ、その才を試させたという（『山槐記』）。漢詩製作の催しには、源通親《みなもとのみちちか》・平親宗《ちかむね》ら側近貴族のほか、儒者では侍読の藤原永範《ながのり》・藤原俊経《としつね》、若手の藤原通業《みちなり》・菅原忠規《すがわらのただのり》（のちに為長《ためなが》）・藤原孝範《たかのり》・藤原資実《すけざね》らが出席した。よく知られる通親以外にも、彼らのうち若手の多くは後鳥羽・順徳らの文学活動の場でも引き続き活躍しており、高倉期は好文の時代の先例として継承された〔「順徳院御記」建保四年十一月五日条〕。

また高倉は、音楽、特に笛についても堀河《ほりかわ》・鳥羽天皇と並び称された腕前の持ち主であった（『禁秘抄《きんぴしょう》』、豊永二〇一七）。承安五年（一一七五）正月四日の朝覲行幸御遊《ちょうきんぎょうこうぎょゆう》では、高倉は鳥羽の先例にならい笛を演奏した。高倉は笛の名手藤原実国《さねくに》の指導を受けて熱心に練習したようで、特に呂の曲の音は兼実に「御笛神なり妙なり」と評されている（『玉葉』、『百練抄』）。安元二年（一一七六）三月六日の後白河五十歳御賀（後宴）でも、高倉は笛を吹いており、その音色は出席者に強い印象を与えたようである（『玉葉』、「安元御賀記」）。

高倉は学問や音楽といった中世の天皇に求められた帝王学を熱心に学び身につけた天皇であった。同時代を生きた天皇や貴族たちの高倉への評価はそれを裏づけるものであろう。

平家政権の成立と高倉の役割

治承三年（一一七九）十一月十四日、清盛は大軍を率いて福原から上洛した。その理由は、後白河院が①平重盛（七月没）の知行国越前を没収したこと、②盛子（六月没）が相続してきた摂関家領を院近臣藤原兼盛《かねもり》に預け自らの管理下に置いたこと、③松殿師家《もろいえ》を摂関家嫡流と位置づけ、清盛が懐に温めていた近衛基通《もとみち》（基実子・盛子養子。妻は清盛娘完子《さだこ》）に摂関家・摂関家領を相続させる計画を否定したこと、への抗議であった（『玉葉』、『山槐記』）。翌十五日、清盛は閑院内裏の高倉のもとに子の重衡《しげひら》を使者として送り、徳子・言仁を連れて福原に戻ると圧力をかけ、高倉の「勅定《ちょくじょう》」によって関白松殿基房を罷免させ、基通を関白・内大臣・氏長者に任じさせた。これを見た後白河は、今後の政務不介入を自ら申し出ざるをえず（『玉葉』、『百練抄』）、鳥羽殿に幽閉された。十七日には、後白河院近臣や基房に近い貴族ら三十九名が解官された。以上がいわゆる治承三年政変であり、後白河院政は停止され、高倉親政と平家政権が成立する。以後、高倉と関白基通を中心に、平宗盛《むねもり》（政変後、清盛は福原へ戻った）が軍事面を支える国政運営が始まる。

政変の過程で注目されるのは、清盛が高倉の「勅定」を根拠に太政官機構を動かし正規の執行手続きをとって関白を更迭・補任した点、すなわち高倉親政を推進するという手法で政変の正当化を図った点であろう。ここに平家政権下における高倉の役割があった。十二月十一日、翌年正月の言仁の着袴《ちゃっこ》・魚味《ぎょみ》、二月の譲位、四月の言仁即位が高倉・時忠・清盛によって「内々に」決定された〔『山槐記』〕。重要事項の判断は、清盛を中心とする「内議《ないぎ》」で決められ、それが高倉の政治意志に転換して執行されたのである〔田中一九九四〕。なお、翌治承四年二月二十一日に高倉が言仁に譲位し、高倉院を治天《ちてん》の君《きみ》とする政治体制が構築されても、「内議」により重要事項を判断する政治手法に変化はなかった。

十二月十四日、高倉天皇の後院庁《ごいんのちょう》（天皇親政の開始にともない王家家産を管理するために設置された機関）が開設される。後院庁の院司には、別当に藤原長方《ながかた》・吉田経房《よしだつねふさ》・藤原隆季《たかすえ》が後白河院庁からスライドされる形で起用された。彼らは翌年二月に高倉院庁が開設された際にも継続して別当に任じられた。後白河院政の実務を引き継ぐ上で理に適った人材が高倉の後院庁・院庁職員に配されたのである。また、政変を契機にのべ四十ヶ国以上に及ぶ大幅な国司の異動があった。従来注目されてきた平家知行国の増加（十一月十七〜九日に補任）に加え、公卿・実務官人層にも二十ヶ国以上が与えられており（十二月〜翌年正月に異動）、高倉を支える有能な人材の確保が図られていた〔前田二〇一七〕。こうして政治体制の整備を進めた上で、高倉を治天の君とする院政が発足する。

高倉院政の発足と体調の悪化

治承四年（一一八〇）三月、高倉院は譲位後初の神社参詣先に平家との関係が深い安芸国厳島《いつくしま》神社（広島県廿日市市）に出向いた。従来、院の初度参詣は石清水《いわしみず》・賀茂社など京都近郊の神社が選ばれてきたが、その先例に反する厳島御幸は権門寺社の反発を招いた。三月十七日には、厳島に出発予定の高倉と鳥羽殿に幽閉中の後白河の身柄を延暦寺・園城《おんじょうじ》寺・興福《こうふくじ》寺が奪う謀議があるとの報告が入っている（『山槐記』）。御幸はいったん延期されたが、三月十九日に清盛の強い意向によって高倉は厳島へ向かった。二十一日に清盛とともに福原を出た高倉は、二十六日に宮島に到着し二十九日まで滞在した。御幸の様子は同行した源通親が記した『高倉院厳島御幸記』に詳しい。

四月九日に高倉が帰京すると、二十二日に安徳天皇の即位儀が挙行された。即位叙位では高倉が任人折紙を記した（『吉記』）。この直後の五月十日、以仁王《もちひとおう》（後白河皇子）の挙兵計画が露見する。厳島御幸の際に平家との対立を深めた園城寺・興福寺が以仁王に加担したことも明らかになった。五月二十六日、以仁王らは園城寺から南都へ移動する途中で討ち取られたと見られるが、その後も権門寺社の動向は明確でなく、京都周辺の軍事的緊張は解消されなかった。高倉院政は発足直後から難題に直面することになったのである。

六月二日、清盛は安徳天皇および高倉・後白河院を福原に移す。いわゆる福原「遷都」である。ただし突然の移動であり、福原の準備はままならず、新都の造営場所も二転三転し、七月半ばになって福原を整備する方針が固まるという有様であった〔『玉葉』七月十六日条〕。この頃から高倉の体調悪化を伝える史料が散見するようになり、高倉は政務を摂政基通に委ね、自身は王家仏事のみを管轄したいと吐露したという〔『山槐記』七月二十九日条〕。また、高倉の周辺では還都論が提起され、清盛を激怒させてもいた〔『玉葉』八月十二日条〕。九月二十一日、高倉は病をおして再び厳島に参詣する。十月六日に福原に戻るが、その直後に平維盛《これもり》率いる追討軍が富士川《ふじがわ》合戦で関東の反乱軍に敗れたとの情報が入る。反乱が各地に広がる中、十一月になると、高倉は反乱軍から美濃源氏を引き離して味方にしようと計画し〔松島二〇〇三〕、また日吉社・延暦寺に近江国の反乱鎮圧への協力を命じるなど〔『吉記』〕、精力的に動いていたようである。十一月二十六日には高倉が清盛を強く説得したこともあり〔高倉は自身が福原で没したら「終身の恨みを遺す」と発言したという〔『玉葉』〕〕、還都が実現する。

だが、十一月十八日に守覚《しゅかく》法親王に依頼して孔雀経法《くじゃくきょうほう》を勤修させたことから明らかなように〔「北院御室日次記」〕、高倉の体調はさらに悪化していたようで、翌治承五年正月十四日、六波羅池殿《ろくはらいけどの》で崩御した〔二十一歳〕。亡骸は清閑寺《せいかんじ》に葬られたという〔『百練抄』〕。

閑院内裏の整備や王家領の伝領方法さらには文化活動など、鎌倉期以降の朝廷・王家に少なからず継承された点があったことを、高倉天皇の時代の特質として指摘しておきたい。

〔前田英之〕

【主要参考文献】

井原今朝男『日本中世債務史の研究』（東京大学出版会、二〇一一年）
上横手雅敬「平氏政権の諸段階」（『日本中世の諸相　上』吉川弘文館、一九八九年）
川合　康『源平の内乱と公武政権』（吉川弘文館、二〇〇九年）
川合　康「平清盛」（『中世の人物　京・鎌倉の時代編第一巻』清文堂、二〇一四年）
木村英一『鎌倉時代公武関係と六波羅探題』（清文堂、二〇一六年）
栗山圭子『中世王家の成立と院政』（吉川弘文館、二〇一二年）
五味文彦『鎌倉時代論』（吉川弘文館、二〇二〇年）
佐伯智広『中世前期の政治構造と王家』（東京大学出版会、二〇一五年）
佐伯智広『皇位継承の中世史』（吉川弘文館、二〇一九年）
佐々木文昭『中世公武新制の研究』（吉川弘文館、二〇〇八年）
下郡　剛『後白河院政の研究』（吉川弘文館、一九九九年）
髙橋昌明『平清盛　福原の夢』（講談社、二〇〇七年）
髙橋昌明『平家と六波羅幕府』（東京大学史料出版会、二〇一三年）
田中文英『平氏政権の研究』（思文閣出版、一九九四年）
玉井　力『平安時代の貴族と天皇』（岩波書店、二〇〇〇年）
豊永聡美『天皇の音楽史』（吉川弘文館、二〇一七年）
仁木夏実「高倉院詩壇とその意義」（『中世文学』五〇、二〇〇五年）
野口孝子「閑院内裏の空間領域」（『日本歴史』六七四、二〇〇四年）

前田英之　『平家政権と荘園制』（吉川弘文館、二〇一七年）
松島周一　「高倉院政と平時忠」（『愛知教育大学研究報告』五二人文・社会科学編、二〇〇三年）
水戸部正男　『公家新制の研究』（創文社、一九六一年）
元木泰雄　『院政期政治史研究』（思文閣出版、一九九六年）

安徳天皇――壇ノ浦に沈んだ平安最後の天皇

父：高倉天皇	誕生：治承二年（一一七八）十一月十二日
母：平徳子	崩御：元暦二年（一一八五）三月二十四日
	諱：言仁
在位期間：治承四年（一一八〇）二月二十一日～元暦二年（一一八五）三月二十四日	
陵墓：阿弥陀寺陵（山口県下関市阿弥陀寺町）	

待望の皇子誕生

のちに安徳《あんとく》天皇となる言仁《ときひと》親王は、治承二年（一一七八）十一月十二日、父高倉《たかくら》天皇と母中宮《ちゅうぐう》徳子《のりこ》（平清盛《たいらのきよもり》の娘）の皇子として誕生した。五月二十四日に徳子の懐妊が判明すると、六月二日に当時は摂津国福原《ふくはら》（神戸市中央区・兵庫区）に居住していた清盛が上洛し、同二十八日には着帯の儀（平宗盛《むねもり》〈清盛の子〉が御帯を調達）が行われた。以後の、御産関連行事は、徳子入内時に養父となった平重盛《しげもり》（清盛の子）を中心に進められていくことになる（後述）。このような平家一門による熱心な奉仕は、承安元年（一一七一）の徳子入内以降、皇子が誕生しない中で、安元二年（一一七六）十月末～十一月初頭に後白《ごしら》河《かわ》が自身の皇子二人（のちの道法《どうほう》・承仁《しょうにん》法親王）を高倉天皇の猶子《ゆうし》とし〔五味二〇二〇〕、高倉の次を見据えて動き始めていたことに対する危機感のあらわれといえよう。

十一月十二日寅刻《とらのこく》（午前四時頃）、徳子は産気づき、未二点《ひつじのにてん》（午後二時頃）に皇子を産んだ。重盛が祝詞《のりと》を唱えて枕元に銭（清盛が用意したという）を置き、乳付では乳母洞院局《とういんのつぼね》（領子《むねこ》〈藤原顕時《あきとき》娘。時忠《ときただ》の妻〉。言仁の即位後「帥佐」。当初、平清子《きよこ》〈時信《ときのぶ》娘。宗盛の妻〉が予定されていたが、七月十六日に死去したため変更）が言仁の口をぬぐい、「御乳人」は故兵衛大夫通清《みちきよ》の娘（時子の女房）が務めた〔『山槐記《さんかいき》』〕。『平家物語《へいけものがたり》（覚一本《かくいちぼん》）』によると、平重衡《しげひら》（中宮亮）が「御産平安、皇子誕生候ふぞや」と宣言し、清盛は涙したと記される。平家関係者にとって待望の皇子誕生であった。

御産関連行事は平家が差配

治承二年（一一七八）閏六月二十七日、懐妊した徳子の御産所は養父平重盛第の六波羅《ろくはら》泉殿《いずみどの》と定められ、徳子は翌月二十八日に行啓《ぎょうけい》した。八月二日の御産定では、承暦元年（一〇九七）の善仁《たるひと》親王（のちの堀河《ほりかわ》天皇）御産に準じて関連行事を実施する方針が定められた〔『山槐記』〕。九月十七日に泉殿から十社奉幣《じっしゃほうべい》が発遣され、同二十日には五壇法《ごだんほう》、十月二十五日には孔雀経法《くじゃくきょうほう》などさまざまな祈禱が行われた。孔雀経法の際には、清盛が中門南廊で密かに聴聞したという。皇子誕生後は、産養《うぶやしない》（三・五・七・九夜に産所で行われる祝宴）が催された。これも「承暦例」にならい、三夜は徳子、五夜は重盛、七夜は高倉天皇、九夜は上西門院《じょうさいもんいん》が沙汰した。次いで誕生五十日・百日にも、通過儀礼である五十日《いか》儀・百《もも》日《か》儀という饗宴が開かれた。

御産関連行事の多くは、徳子の養父である重盛により執行された〔前田二〇一七〕。特に産養では、従来は院・摂関に限定された用途の諸国所課を重盛が指示したことが指摘されている〔遠藤二〇〇八〕。また五十日儀の用途についても、本来は東宮職《とうぐうしき》が沙汰する予定であったが、日程がタイトだったため、重盛が平家知行国に賦課することで調達された〔『山槐記』治承三年正月六日条〕。重盛の他にも、中《ちゅう》宮職《ぐうしき》の大夫《だいぶ》時忠・権亮《ごんのすけ》維盛《これもり》、さらには頼盛《よりもり》も加わり〔田中二〇一一〕、平家が行事運営の中心を担った。

その一方で、御産前後の時期、後白河の動きは目立たない。産養の担当者が定められた際は、「承暦例」にならい九夜は言仁の祖父後白河が担当すべきでありながら、外された。中宮権大夫として御産定に出席した中山忠親《なかやまただちか》は「祖父である院が一夜も担当しないのは古今先例を聞かない」との感想を記している〔『山槐記』八月二日条〕。祈禱についても、大半が徳子母の時子により沙汰された一方、後白河は薬師《やくし》法《ほう》を一度沙汰したにとどまる。

言仁をめぐる平清盛・後白河の思惑

治承二年（一一七八）十一月二十六日、御産後に一度福原へ戻った清盛がもう一度上洛し、後白河と会談した。このとき、清盛は孫の立太子を要請したとみられ、二十八日、後白河は右大臣《うだいじん》九条兼実《くじょうかねざね》に二一・

三歳で立太子した先例は「不快」であるため、年内の立太子について関白松殿基房《まつどのもとふさ》と議論せよと命じている。兼実は、四歳まで待つのは遅いため、急ではあるが年内の立太子で問題ないと回答した〔『玉葉《ぎょくよう》』〕。十二月九日、皇子に親王宣旨が下り「言仁」と名付けられ、十五日に立太子儀が執り行われた。東宮傅《ふ》には左大臣《さだいじん》藤原経宗《つねむね》（重盛の子宗実《むねざね》を猶子としていた。当初、後白河は重盛を任じる意向だったが、重盛は自身の儀礼指南役として信頼を寄せる経宗を推薦したという）が任じられ、春宮坊《とうぐうぼう》には大夫平宗盛、権大夫花《か》山院兼雅《ざんいんかねまさ》（清盛の婿）、亮重衡、権亮維盛、少進時兼《しょうしんときかね》（時忠の猶子）が配された。言仁の側近は外戚《がいせき》の平家一門や昵懇の貴族により固められた。

その一方で、清盛と同様に皇位継承者の孫を得た後白河は、どのように振る舞ったのか。言仁誕生四日後の十一月十五日、後白河は御産所へ御幸した。康和五年（一一〇三）に白河院が堀河天皇第一皇子宗仁《むねひと》親王（のちの鳥羽《とば》天皇）の御産所に御幸した先例にならった御幸であった〔『玉葉』〕。後白河の意図は、〈白河—堀河—鳥羽〉になぞらえ、〈後白河—高倉—言仁（安徳）〉という皇統を創出することにあったと見られる〔北條二〇一九〕。また後白河は、翌治承三年二月十日に基房室の忠子を言仁の「御養母」と位置づけた〔『山槐記』〕。提携する基房の妻を言仁の准母とすることで、言仁に対する影響力の維持を画策したと見られる。だがこの准母関係は有効に機能したとは考えがたく〔栗山二〇一八〕、言仁を自身の皇統に位置づけたい後白河の思惑はこの時点では成就しなかった。

治承三年二月二十八日には高倉天皇第二皇子（守貞《もりさだ》。のちの後高倉院《ごたかくらいん》）が誕生したが、この皇子の養育は平知盛《とももり》に委ねられ、言仁に何かあった場合の控えとして平家に囲い込まれた〔髙橋二〇〇七〕。さらに四月十六日には、安元二年十月に高倉の猶子とされた道法（後白河第八皇子）が出家する〔『玉葉』〕。後白河は、徳子に皇子が誕生しなかった場合に備えて自身の皇子を皇位継承者候補に据えていたが（先述）、道法は徳子とも猶子関係を結ばされて平家による管理下に置かれていたとみられ〔栗山二〇一二〕、言仁誕生を契機に出家させられた〔『山槐記』〕。この結果、後白河は高倉の次の皇位決定には携わることができない立場にあることが明確になった。

立場を悪化させた後白河は、六月に盛子、七月に重盛を相次いで亡くした清盛を挑発し、盛子が管理してきた摂関家領、重盛が知行してきた越前国を没収した。十一月十四日、清盛は大軍を率いて福原から上洛し、後白河院政を停止する。いわゆる治承三年政変である。こうして平家政権が成立したことで、高倉—言仁（安徳）間での皇位継承と皇統の確立〔髙橋二〇〇七・二〇一三〕は「平氏系新王朝」と呼称）が現実味を帯びてきたのである。

清盛、『太平御覧』を献上

治承三年（一一七九）十二月十六日、政変直後の厳戒態勢の中、言仁は清盛が滞在していた西八条《にしはちじょう》第《てい》に行啓した。言仁は祖父清盛を「全く嫌ひ給はず」に抱かれ、唾で指を湿らせて明障子に穴をあけ、清盛が教えるとまた穴をあけて遊んだという。清盛は涙を流して喜び、この障子を倉に保管させたという〔『山槐記』〕。

この日、清盛は言仁に『太平御覧《たいへいぎょらん》』を献上した。『太平御覧』は、北宋の皇帝太宗《たいそう》の指示で太平興国二〜八年（九七七〜八三）に編纂された全千巻に及ぶ百科事典である。天地の全事象を包括することを目指し全五五部を附目含む五四二六類目に細分し、各目に諸書の記事・文章を抜粋して収録したもので、皇帝の知識の源泉とすべく編纂されたという〔『中国史籍外題辞典』〕。当時、宋は輸出を禁止しており、清盛に献上されるまで本朝未到来の書物であったという。

清盛は『太平御覧』について、同年二月十三日の時点で「摺本」（木版印刷本）を「内裏」（高倉天皇）に献上し、筆写したものを自身の手許に置く計画で作業を進めていたようである〔『山槐記』〕。ところが、十二月十一日時点で翌年二月に高倉から言仁への譲位と四月の即位が内定したため〔『山槐記』〕、献本先は言仁になったのであろう。清盛の『太平御覧』献上には、近未来の天皇たる言仁に東アジア全般に関心を持つ新たな時代にふさわしい天皇に育ってほしいとの願いがこめられていたとされるが〔高橋二〇〇七〕、清盛の願いは〈高倉─言仁（安徳）〉の皇統に向けられたものであったと考えておきたい。

なお、これに立ち会った春宮《とうぐう》大夫中山忠親（当初、大夫には宗盛が任じられたが、正月十九日に花山院忠雅に交代し、十一月十七日には忠雅も関白基房と親しく更迭されたため、忠親が補任された）は、献本する清盛の姿を藤原道長《みちなが》に重ね合わせて自身の日記に書き残している〔『山槐記』〕。万寿年間（一〇二四〜二八）に後朱雀院《ごすざくいん》が皇太子だった頃、道長が『文選《もんぜん》』『白氏文集《はくしもんじゅう》』を贈った先例を想起しているのである。貴族社会での必読書を孫に贈った道長にならい、清盛も孫が知識豊かな天皇に育つことを望み献上したのであろう。なお、忠親の記述は貴族社会における清盛の立場を理解する上でも興味深い。永万二年（一一六六）に藤原基実《もとざね》が没して基実正妻の盛子が摂関家を継承すると、清盛は盛子を介して摂関家家長である「大殿《おおとの》」に擬せられ、国政に関与できる正当な位置づけを得ていた〔樋口二〇一一、川合二〇一四〕。清盛本人はもちろん、大殿を意識して振る舞っていたのであろうが、貴族社会がそれを認め、清盛の立場を道長に準えて理解するまでに定着していたことも確認しておきたい。

治承四年の即位と大嘗会

治承四年（一一八〇）正月二十日、言仁は着袴《ちゃっこ》・魚味《ぎょみ》の儀式を済ませ、二月二十一日に父高倉から譲位され、践祚《せんそ》する。四月二十二日、安徳天皇は紫宸殿《ししんでん》で即位した。高御座《たかみくら》に登壇する際は母徳子が安徳とともに出御した。しかし翌五月には、以仁王《もちひとおう》（後白河皇子）の挙兵計画が露見する。安徳天皇が即位し、その父高倉の院政が始まったことで皇位継承が絶望的となった以仁王は、源頼政《よりまさ》や諸国の武士に挙兵への参加を呼びかけていた。五月二十六日、以仁王は園城寺《おんじょうじ》から南都へ移動する途中で討ち取られたと見られるが、挙兵に加担した園城寺・興福寺《こうふくじ》ほか権門寺社の動向は不透明であり、京都周辺の軍事的緊張は解消されなかった。そこで清盛は、安徳を京都から自身が居住していた福原へ移動させる。六月二日、安徳は父高倉や後白河、摂政近衛《このえ》基通《もとみち》、一部の公卿・実務官人をともない福原へ出発した。

福原の安徳天皇行在所跡碑　神戸市兵庫区

いわゆる福原「遷都」である。安徳は当初、平頼盛第に入り、六月四日からは清盛別荘に居住するようになり、そこが「内裏」とされた（『玉葉』六月十四日条）。ただし、軍事的緊張を背景とする急な移動であったため、新都造営は着手されておらず、六月九日に和田《わだ》（輪田。神戸市兵庫区・長田区）での造営が決まるものの（『百練抄』、『親経卿《ちかつねきょう》記《き》』）、十五日には和田京案が放棄されて、高倉院は昆陽《こや》野《の》（兵庫県伊丹市）を（『玉葉』）、清盛は印南野《いなみの》（兵庫県稲美町・加古川市付近）を提案するなど（『玉葉』六月十七日条）、造営候補地は二転三転した。七月半ばになり、福原を整備する方針が決定したが（『玉葉』七月十六日条）、これと合わせて安徳天皇の大嘗《だいじょう》会《え》をどこで挙行するかが議論されるようになる。大嘗会は、天皇一世一代の大礼であり、即位関連行事の掉尾《ちょうび》を飾る重要儀式である。新天皇の即位が七月以前であればその年に実施するのが通例であったため、清盛は福原で安徳の大嘗会を実施することで、遷都の既成事実化を図ろうと構想していた（髙橋二〇〇七・二〇一三）。

八月十二日に開催された院御所議定では、中山忠親が述べた「大嘗会の斎場所は九月には造る必要があるが皇居が定まらないのに設置するのは適切ではない、したがって今年は新嘗会以前に清盛による皇居の造営を完了して新嘗会を実施、大嘗会は来年に延期」との発言を軸に意見がまとめられて高倉院に伝えられ、高倉もこれに同意して大嘗会の延期を命じた〔『山槐記』〕。こうして大嘗会の当年実施は見送られたが、遷都に拘る清盛により皇居の造営は進められ、安徳は十一月十一日に新造皇居に行幸し、十七日～二十日にかけて五節《ごせち》・豊明節会《とよあかりのせちえ》が実施された（ただし、新嘗会は福原に適当な場所がなかったため平安京の神祇官《じんぎかん》で挙行された）。その一方で、治承・寿永の内乱は激化していたため、十二日には清盛の承認により還都が決定しており、二十三日に安徳は福原を出発、二十六日に平安京の五条東洞院第《ごじょうひがしのとういんてい》に入った。

大嘗会の挙行と平宗盛・後白河の思惑

治承五年（一一八一）正月十四日、高倉院が亡くなる。父の死による諒闇《りょうあん》のため、安徳の大嘗会はもう一年延期されることになった。

前年十一月の還都以降、清盛は荘園領主層を組織した戦時体制の構築を進めていた〔元木一九九六〕。二月十七日には、安徳は平安京八条・九条付近に整備されつつあった軍事拠点内に位置する八条殿に行幸する〔上横手一九八九〕。その直後の閏二月四日に清盛は亡くなるが、後を継いだ惣官職《そうかんしき》平宗盛のもとで追討軍の編成が進められ、三月に美濃・尾張国境の墨俣川《すのまたがわ》での合戦で源行家《ゆきいえ》率いる反乱軍を破った。以後、戦線は平家方有利のまま、養和の飢饉の影響もあって約二年間膠着する。四月十日、軍事情勢の好転と朝廷儀礼催行の便宜を理由に、安徳は父高倉が居住した閑院《かんいん》内裏へと移った〔『吉記《きっき》』〕。

翌養和二年（寿永元年・一一八二）、二年続けて延期された安徳の大嘗会がようやく挙行された。七月十三日、平宗盛は追討戦の再開について大嘗会との兼ね合いで判断する必要があると発言し、大嘗会を優先する方針を述べている〔『玉葉』〕。九月十四日には、宗盛は後白河と慎重に協議して追討使の停止を決定し、十月三日には内大臣《ないだいじん》に任官する。十月二十一日に実施された大嘗会御禊《ごけい》（天皇が賀茂川に行幸して身を清める儀式）にて、大臣職が条件とされた節下役《せちげやく》（節旗の下で儀式を執り行う大臣）を勤仕して行幸を差配することが目的であったと見られる。宗盛自ら大嘗会を優先する姿勢を示したことで、十一月に二年越しの大嘗会が挙行された〔前田二〇一七〕。貴族社会に軍役の負担を求める追討戦の継続のためにも、推戴する安徳天皇の正統性を示す大嘗会は優先的に着手すべきと判断されたと見られる。

その一方で、この年の大嘗会は後白河院と安徳との関係を考える上でも重要な意味を持つ。七月六日、後白河は大嘗会御禊行幸で安徳に同輿させるため娘亮子《あきこ》の准母立后《じゅんぼりっこう》を九条兼実に諮問した〔『玉葉』〕。准母立后とは、皇女が天皇の准母となり立后することで、幼帝を補佐し、その天皇がどの皇統に連なるかを周知させる機能を担った。治承五年二月に安徳の母徳子が院号宣下（建礼門院《けんれいもんいん》）をうけて安徳と同輿する資格を失った際は、故近衛基実（清盛の婿）の娘通子が准母に据えられた。だが、八月十四日、後白河の意向で亮子が准母立后する〔『吉記』〕。大嘗会にのぞむ安徳に対し、娘亮子を准母に据えることで、安徳を後白河皇統に位置づく天皇だと明示したと見られるのである〔栗山二〇一一・二〇一八〕。

この措置は翌年の平家都落ち後も安徳の立場に影響を与えることになる。

平家都落ち後の安徳天皇

寿永二年（一一八三）二月二十七日、平宗盛はその当時としては異例にも内大臣を辞すことで、追討戦を優先順位の最上位に位置づけた。三月には「四万余騎」（『玉葉』六月五日条）に及ぶ追討軍を北陸道に派兵する。だが、追討軍は五月に越中国砺波山《となみやま》（富山県小矢部市・石川県津幡町）で木曽義仲《きそよしなか》に大敗する。七月二十五日、宗盛は一時的に西国へ撤退して勢力を挽回する計画を立て、安徳天皇と三種の神器を携えて九州へ下った。いわゆる平家都落ちである。

京都を出発した安徳は、福原に立ち寄った後、八月下旬に九州に入った（『玉葉』十月十四日条）。大宰府《だざいふ》（福岡県太宰府市）や豊前国宇佐宮《うさぐう》（大分県宇佐市）に滞在後（『平家物語《へいけものがたり》』（延慶本《えんきょうぼん》））、十月下旬に九州を出立し、讃岐国屋島《やしま》（香川県高松市）を本拠とした（『吉記』十一月四日条）。翌寿永三年正月には、平家軍は清盛三回忌を行うため福原に移動した。だが、二月七日に後白河の指示をうけた鎌倉軍の攻撃により生田森《いくたのもり》・一《いち》の谷《たに》合戦で大敗を喫し、安徳は再び屋島へ戻った。このときに捕虜となった平重衡を介して屋島の宗盛との間で和平交渉が行われ、宗盛は三種の神器と安徳・徳子・時子を上洛させる一方、自身は讃岐国を知行国として賜り在国したいと返答している（『玉葉』二月二十九日条）。しかし、生田森・一の谷合戦で勝利した頼朝は、軍事的に包囲した上での降伏を求める終戦構想を描くようになっていた

（川合二〇一五）。結果、和平交渉は打ち切られ、元暦二年（一一八五）二月十八日、源義経《よしつね》の攻撃により屋島からの撤退も余儀なくされる。さらに三月二十四日、長門国壇《だん》ノ浦《うら》合戦でも敗れ、安徳は時子と入水し、三種の神器の一つ剣とともに海底に沈んだ。

最後に、都落ち後の安徳について、京都の後白河や貴族社会がどのように位置づけていたかに言及して稿を閉じたい。安徳が都落ちした後、八月二十日に異母弟の尊成《たかひら》親王（母藤原信隆《のぶたか》娘）が皇位継承者に定められ、後鳥羽天皇が践祚する。この後、貴族日記において安徳は「旧主」「前主」などと呼称された。だが、同年末に平家が畿内へ迫ると、安徳は「西海主君」「西海主」と記されるようになる（松薗二〇〇三）。大外記《だいげき》清原頼業《きよはらのよりなり》は「西海主君［安徳］入りたまはば、当今《とうぎん》［後鳥羽］いかん、若《も》しくは六条院の体か」と発言し、安徳が入洛すれば、後鳥羽はかつて高倉の即位にともない譲位を迫られた幼帝六条のように扱われるのではと危惧している（『玉葉』十二月二十四日条）。こうした貴族たちの認識の背景には、後白河皇統に位置づけ直された安徳の立場があったのではないだろうか。生田森・一の谷合戦で鎌倉軍の出撃を促したのは後白河であり（元木二〇〇一）、また義経が頼朝の命ではなく後白河の許可のみで屋島へ出陣したことが指摘されるように（宮田二〇二〇）、後白河は一貫して追討を優先する姿勢をとっていた。かつての清盛との対立や都落ち同道への拒否に、安徳が帰京した際の後鳥羽との調整という難題も加わり、後白河は和平を望まなかったのだろう。この後白河の判断が、安徳の入水自殺という悲劇を招く一因になったのである。

（前田英之）

【主要参考文献】

上横手雅敬　「平氏政権の諸段階」（『中世日本の諸相　上』吉川弘文館、一九八九年）

遠藤基郎　『中世王権と王朝儀礼』（東京大学出版会、二〇〇八年）

川合　康　「平清盛」（『中世の人物　京・鎌倉の時代編第一巻』清文堂、二〇一四年）

川合　康　「治承・寿永内乱期における和平の動向と『平家物語』」（『文化現象としての源平盛衰記』笠間書院、二〇一五年）

栗山圭子　『中世王家の成立と院政』（吉川弘文館、二〇一二年）

栗山圭子　「日本中世における母―安徳天皇を事例に―」（『女性学評論』三二、二〇一八年）

五味文彦　『鎌倉時代論』（吉川弘文館、二〇二〇年）

髙橋昌明　『平清盛　福原の夢』（講談社、二〇〇七年）

髙橋昌明　『平家と六波羅幕府』（東京大学史料出版会、二〇一三年）

田中大喜　『中世武士団構造の研究』（校倉書房、二〇一一年）

樋口健太郎　『中世摂関家の家と権力』（校倉書房、二〇一一年）

北條暁子　「後白河院の皇統意識」（『歌人源頼政とその周辺』青簡社、二〇一九年）

前田英之　『平家政権と荘園制』（吉川弘文館、二〇一七年）

松薗　斉　「「中世天皇制」と王権―安徳天皇を素材にして―」（『年報中世史研究』二八、二〇〇三年）

宮田敬三　『源平合戦と京都軍制』（戎光祥出版、二〇二〇年）

元木泰雄　『院政期政治史研究』（思文閣出版、一九九六年）

元木泰雄　「頼朝軍の上洛」（『中世公武権力の構造と展開』吉川弘文館、二〇〇一年）

あとがき

山勢まことに前聞にかなうと云々、この国山河襟帯《きんたい》し、自然に城をなす、この形勝により新号を制すべし、宜しく山背国を改めて山城国となすべし、また子来《しらい》の民、謳歌の輩、異口同辞に号して平安京という（『日本紀略』延暦十三年十一月八日条）

延暦十三年（七九四）十月二十二日、桓武天皇は新京に移り、十月二十八日には遷都の詔が発せられた。その翌月、山が襟のように囲んでそびえ、河が帯のように巡って流れ、天然の要害となっている優れた地勢にちなんで、新京が所在する山背国は山城国と改められた。天皇の徳を慕って集まり、また褒め称える民衆は、異口同音に新京を平安京と呼んだ。これが「平安京」という名の由来であるという。この平安京に、政治・経済・文化の中心があった時代であることをもって、八世紀から十二世紀末までの約四百年間を「平安時代」と称している。

しかし、「平安」あれかし、との祈りとは裏腹に、平安時代は、富士山の噴火や地震、蝦夷との戦闘や承平・天慶の乱、保元・平治の乱などの戦乱、干ばつや大雨、それらによる飢饉、疫病の蔓延など、天災や戦乱が多発した時代でもあった。こうした災禍に接した当時の人々は、その原因を、恨みをのんで非業の死を遂げた者、多くは政治的敗者の怨霊によるものと考えた。

怨霊をもっとも恐れたのが、本書の主人公たち―天皇であっただろう。なぜならば、怨霊となった人々を生前に失脚させて死に追いやったのは、ほかならぬ勝者の側の天皇であり、怨霊を怨霊たらしめた当事者であるという自覚が天皇本人にあったからである。

平安時代には幾度も政争が繰り返された。本書を読了された読者の方々は、天皇自身が、平安時代の数々の政争の「主語」となっていた事実に気づかれたのではないだろうか。例えば、今でも高校の歴史教科書などでは「醍醐天皇の時、藤原時平は策謀を用いて（菅原）道真を政界から追放した」（昌泰の変）、「左大臣源高明らを藤原氏が失脚させた」（安和の変）などのように説明されることがある。平安時代（特に前期から中期）というと、藤原氏が他氏を排斥しつつ、政治の実権を把握していく時代としてイメージされることが多い。しかし、本書の諸論考が明らかにしたように、平安時代の天皇は、藤原氏に祭り上げられたお飾りなどではなく、皇位継承問題の当事者として政争を闘い、あるいはその時々の困難な政治課題に向き合うなどして、政権の中心で主体性を発揮する存在であった。

また、平城天皇のような敗者や狂気の天皇として知られる冷泉天皇こそが、実は当時は正統な皇位継承者であり、逆に、聖帝と称賛される一条天皇や、院政期の代表的な院となる後白河天皇のほうが、当初は脆弱な立場からスタートしたことも意外に思われたかもしれない。近年、これまでの通説によらない、新たな平安時代の天皇像が次々と明らかにされている。本書をきっかけに、平安時代の天皇に対する関心が高まれば幸いである。

今回、タイトなスケジュールにもかかわらず、現段階における最新の知見を盛り込んだ論考をご寄稿いただいた各執筆分担者の方々には、心よりお礼を申し上げたい。また、しっかり者のもう一人の編者樋口健太郎氏、常に穏やかにかつ丁寧なお仕事で刊行まで導いてくださった戎光祥出版株式会社の丸山裕之氏にあらためて感謝申し上げる。本書が、一人でも多くの読者の手に届くことを願う次第である。

二〇二三年八月

栗山圭子

【執筆者一覧】（編者以外は掲載順）

樋口健太郎　別掲

栗山圭子　別掲

遠藤みどり
一九八一年生まれ。現在、お茶の水女子大学基幹研究院人文科学系助教。
【主な業績】『日本古代の女帝と譲位』（塙書房、二〇一五年）、「日本古代後宮制度の再編過程」（『日本史研究』六八七、二〇一九年）、「譲国儀の成立」（『歴史学研究』一〇一五、二〇二一年）

岩田真由子
一九七三年生まれ。現在、同志社大学嘱託講師。
【主な業績】『日本古代の親子関係―孝養・相続・追善―』（八木書店、二〇二〇年）、「古代における内親王の恋と結婚―皇孫の血の世俗化―」（『日本歴史』編集委員会編『恋する日本史』吉川弘文館、二〇二一年）、『はじめて学ぶ芸術の教科書―史料の森を歩く』（共編著、京都芸術大学・東北芸術工科大学出版局芸術学舎、二〇二一年）

告井幸男
一九六七年生まれ。現在、京都女子大学文学部教授。
【主な業績】『摂関期貴族社会の研究』（塙書房、二〇〇五年）、『『小右記』と王朝時代』（共著、吉川弘文館、二〇二三年）、『論点・日本史学』（共編著、ミネルヴァ書房、二〇二二年）、『恋する日本史』（共著、吉川弘文館、二〇二一年）

仁藤智子

一九六三年生まれ。現在、国士舘大学文学部教授。

【主な業績】『平安初期の王権と官僚制』（吉川弘文館、二〇〇〇年）、「女帝の終焉―井上・酒人・朝原三代と皇位継承―」（『日本歴史』八三七、二〇一八年）、「平安時代における親王の身分と身体―廃太子・親王宣下をめぐって―」（古瀬奈津子編『古代日本の政治と制度―律令制・史料・儀式―』同成社、二〇二一年）、「『篁物語』の総合的研究（七）中世藤原家における歌書の伝来と西山本（承空本を含む）」（『国士舘人文学』一三、二〇二三年）。

神谷正昌

一九六三年生まれ。現在、豊島岡女子学園高等学校教諭。

【主な業績】『平安宮廷の儀式と天皇』（同成社、二〇一六年）、『清和天皇』（吉川弘文館、二〇二〇年）、『皇位継承と藤原氏　摂政・関白はなぜ必要だったのか』（吉川弘文館、二〇二二年）

堀井佳代子

一九八一年生まれ。現在、京都精華大学講師。

【主な業績】『平安宮廷の日記の利用法』（臨川書店、二〇一七年）、『平安前期対外姿勢の研究』（臨川書店、二〇一九年）、「儀式から見た時平と忠平」（『文化史学』七二、二〇一六年）

東海林亜矢子

一九六九年生まれ。現在、国際日本文化研究センター客員准教授。

【主な業績】『平安時代の后と王権』（吉川弘文館、二〇一八年）、古瀬奈津子・東海林亜矢子著『日記から読む摂関政治』（臨川書店、二〇二〇年）、「『小右記』にみえる立后儀礼―穏座の成立―」（倉本一宏・加藤友康・小倉慈司編『『小右記』と王朝時代』吉川弘文館、二〇二三年）

高松百香

一九七三年生まれ。現在、東京学芸大学特任准教授。

【主な業績】服藤早苗・高松百香共編『藤原道長を創った女たち―〈望月の世〉を読み直す―』（明石書店、二〇二〇年）、「中世を導いた女院たち」（総合女性史学会編『ジェンダー分析で学ぶ　女性史入門』岩波書店、二〇二一年）、「「一帝二后」がもたらしたもの―一条天皇、最期のラブレターの宛先―」（『日本歴史』編集委員会編『恋する日本史』吉川弘文館、二〇二一年）

海上貴彦

一九九二年生まれ。現在、東京大学史料編纂所助教。

【主な業績】「鎌倉期における大殿の政務参加―摂関家の政治的転換点をめぐって―」（『日本史研究』六九二、二〇二〇年）、「藤原頼通の関白辞任―『古事談』説話の検討から―」（『日本歴史』八六六、二〇二〇年）、「五摂家分立をめぐる一考察―摂関継承の転換について―」（『鎌倉遺文研究』四六、二〇二〇年）

遠藤基郎

一九六三年生まれ。現在、東京大学大学院情報学環・情報学府（史料編纂所兼務）教授。

【主な業績】『中世王権と王朝儀礼』（東京大学出版会、二〇〇八年）、「後三条・白河院の年中行事」（田島公編『禁裏・公家文庫研究　第5輯』思文閣出版、二〇一五年）、「中世起請文の成立と関白師通の急逝」（『東京大学史料編纂所研究紀要』三二、二〇二二年）

佐伯智広

一九七七年生まれ。現在、帝京大学文学部准教授。

【主な業績】『中世前期の政治構造と王家』（東京大学出版会、二〇一五年）、『皇位継承の中世史』（吉川弘文館、二〇一九年）、『平氏政権と源平争乱』（共著、吉川弘文館、二〇二二年）

前田英之
一九八四年生まれ。現在、梅花女子大学文化表現学部准教授。
【主な業績】『平家政権と荘園制』（吉川弘文館、二〇一七年）、「一国平均役の制度と運用実態」（『ヒストリア』二六九、二〇一八年）、「鎌倉期の荘園制と複合的荘域」（『日本史研究』七〇三、二〇二一年）

【編者略歴】

樋口健太郎（ひぐち・けんたろう）

1974年愛知県生まれ。神戸大学大学院文化学研究科（博士課程）修了。博士（文学）。

現在、龍谷大学文学部准教授。

主な著書に、『中世摂関家の家と権力』（校倉書房）、『九条兼実―貴族が見た『平家物語』と内乱の時代―』（戎光祥出版）、『中世王権の形成と摂関家』（吉川弘文館）、『摂関家の中世―藤原道長から豊臣秀吉まで―』（吉川弘文館）、『図説藤原氏―鎌足から道長、戦国へと続く名門の古代・中世』（共著、戎光祥出版）がある。

栗山圭子（くりやま・けいこ）
1971年生まれ。神戸大学大学院文化学研究科（博士課程）修了。博士（文学）。
現在、神戸女学院大学文学部准教授。
主な著書に、『中世王家の成立と院政』（吉川弘文館）、『藤原道長を創った女たち』（共著、明石書店）、『歴史のなかの家族と結婚』（共著、森話社）がある。

平安時代天皇列伝《へいあんじだいてんのうれつでん》

2023年11月20日初版初刷発行

編　者　樋口健太郎　栗山圭子
発行者　伊藤光祥
発行所　戎光祥出版株式会社
〒102-0083 東京都千代田区麹町1-7 相互半蔵門ビル8F
TEL：03-5275-3361（代表）　FAX：03-5275-3365
https://www.ebisukosyo.co.jp
編集協力　株式会社イズシエ・コーポレーション
印刷・製本　モリモト印刷株式会社
装　丁　堀 立明

ISBN：978-4-86403-489-0